Seychellen

Wolfgang Därr

DUMONT
Reise-Handbuch

Inhalt

Wissenswertes über die Seychellen

Wissenswertes für die Reise

Unterwegs auf den Seychellen

Kapitel 1 Mahé und küstennahe Inseln

Inhalt

Kapitel 3 Outer Islands

Themen

Inhalt

Alle Karten auf einen Blick

► Dieses Symbol im Buch verweist auf die Extra-Reisekarte Seychellen

Abendlicher Zeitvertreib auf Mahé

Ein Paradies nicht nur für Urlauber: die Anse Royale auf Mahé

Wissenswertes über die Seychellen

Inseln des Überflusses

Etwa 86 000 Menschen leben auf den acht ständig bewohnten Inseln der Seychellen, 90 % davon auf der größten Insel Mahé, der Rest auf den kleineren Eilanden der Umgebung, wie Praslin, La Digue und Silhouette. Doch überall, auch auf Mahé, findet man einen Streifen weißen, weichen Strand, an dem man allein ist.

Selbst der beliebteste Strand Mahés, der Beau Vallon Beach in der großen Bucht im Nordwesten mit seinen drei mittelgroßen Hotels und vielen kleinen Gästehäusern, präsentiert sich so, wie man sich einen tropischen Strand vorstellt. Strahlend blaues, klares Wasser, weicher, feiner, silbrig glänzender Sand und dahinter bis über 900 m hoch aufragende, mit tropisch-grünen Wäldern bewachsene Berge machen ihn zu einer Augenweide. Der Strand ist so lang und die Bucht so groß, dass selbst Wasserski fahrende und surfende Touristen den einheimischen Fischerbooten nirgends im Weg sind. Kinder sitzen im Sand und sammeln Tec-Tec-Muscheln, aus denen die Mutter eine Suppe bereitet, während wenige Meter daneben Gäste aus Europa ihr Sonnenbad nehmen. Von der Hotelterrasse aus kann man Kinder beobachten, die – mit einem Stock bewaffnet – auf Korallenriffen umherstapfen, um einen Oktopus aus seinem Versteck zu holen, der abends zu einem köstlichen Curry verarbeitet wird. Gäste aus aller Welt und die Seychellois wohnen und leben hier friedlich miteinander.

Der erste Eindruck täuscht nicht

Wenn man statt der Schnellstraße auf dem aufgeschütteten *reclaimed land* die alte Küstenstraße am Fuß der Berge nimmt, gewinnt man schon auf dem Weg vom Flughafen nach Victoria, der kleinsten Hauptstadt eines selbstständigen Staates, einen Eindruck vom Leben auf den Seychellen. Es ähnelt zwar dem auf anderen tropischen Inseln, ist aber zugleich gänzlich anders. Man sieht kleine Kramerläden, Frauen, die ihre Wäschebündel auf dem Kopf zur Waschstelle tragen, klare Bäche, die von den Bergen herunter ins Meer fließen, Bananenstauden und Kokospalmen rechts und links der Straße. Aber es gibt keine Armut, keine Bettler und keine aufdringlichen Händler – eine der Besonderheiten, durch die sich die Seychellen von anderen tropischen Urlaubszielen unterscheiden.

Die Hauptstadt Victoria

Victoria verdient nach europäischen Maßstäben die Bezeichnung Stadt eigentlich nicht. Es ist eher ein Dorf, das morgens zwischen 7 und 8 Uhr und abends zwischen 16 und 17 Uhr von den hereinströmenden und wieder hinausfahrenden Angestellten der Büros und Geschäfte überschwemmt wird. Man findet hier passabel ausgestattete Läden, einen am Samstagmorgen lebendigen Markt und als architektonische ›Attraktion‹ eine Miniaturnachbildung des Londoner Big Ben (ein ähnliches Modell steht auch an der Vauxhall Bridge Road in London). Neben Restaurants, die kreolisches Essen anbieten, erwarten auch Restaurants mit Gerichten zahlreicher anderer Nationalitäten ihre Gäste.

Die ruhige Westküste und die abgelegenen Inseln

Die Westküste von Mahé ist weit weniger bewohnt und von unglaublicher natürlicher Schönheit. Je weiter man entlang ihren kleinen Buchten in den Süden fährt, desto unberührter werden die Strände. Einige von ihnen zählen zu Recht zu den schönsten der Erde. Und fast alle Segnungen unserer Zivilisation kann man hinter sich lassen, wenn man per Segelschoner oder Flugzeug zu den Nachbarinseln Praslin und La Digue reist. Frühe, bibelfeste Entdecker hielten diese Eilande für den Garten Eden, und mancher Urlauber der heutigen Zeit stimmt ihnen zu, selbst wenn er nicht an das Paradies glaubt. Bis heute fahren dort nur wenige Autos, viele Häuser besitzen noch immer kein elektrisches Licht. Kleine Bungalowhotels verlieren sich an langen, weißen Stränden. Wem das nicht genug an Unberührtheit und Ruhe ist, der kann die Insel Félicité mit ihrem Sechs-Zimmer-Luxushotel als Ganzes mieten und sich bei Kerzenlicht das Essen in den stillen Bungalows oder am Strand servieren lassen.

Schwerer erreichbar als Mahé, Praslin, La Digue und ihre kleinen Satelliteninseln sind die vielen Inseln außerhalb der Seychellen-Hauptgruppe. Regelmäßige Verbindungen mit Air Seychelles bestehen nach Bird Island, Denis Island, Frégate, Desroches und Alphonse, mit dem Hubschrauber lassen sich Silhouette und Cousine erreichen. Auf diesen Inseln lebt jeweils nur eine Handvoll Seychellois, um die Gäste der Bungalowhotels zu versorgen, Gemüse anzubauen und Kokosnüsse zu ernten. Ansonsten gehören die Inseln und ihre unberührte Natur den wenigen Gästen allein.

Naturgenuss und friedlicher Urlaub

Wem der Sinn nach kulturellen Sensationen und ausgefallener Abwechslung steht, ist auf den Seychellen schlicht am falschen Urlaubsort. Außer einigen wenigen Diskotheken, ein paar Bands, die am Abend in den Bars der Hotels spielen, und drei Spielkasinos wird auf den Inseln keine Abendunterhaltung im landläufigen Sinn geboten. Die Seychellen sind – Gott sei Dank – kein ›Ferienparadies‹ wie die allseits bekannten – und gefürchteten – lebhaft-umtriebigen Badeorte rund um das Mittelmeer. Und es scheint, als ob sie dies auch in naher Zukunft nicht werden würden. Nicht zuletzt, weil man den Tourismus auf hohem, aber, was die Besucherzahlen angeht, begrenztem Niveau halten will. So bleiben die Gäste auf den Inseln sich selbst sowie der Schönheit der tropischen Natur überlassen – erleben und genießen hier Erholung und Entspannung pur.

Das ganze Jahr über herrscht auf dem Archipel die Witterung eines warmen mitteleuropäischen Sommertages, und es weht ständig eine angenehme Brise, die für sanfte Kühlung sorgt. Selbst in der Regenzeit ist es ungewöhnlich, wenn die Sonne einmal länger als zwei Tage hinter den Wolken verborgen bleibt.

Hinzu kommt, dass die Natur auf den Seychellen ausgesprochen friedlich ist: Auf den Inseln gibt es keine Giftschlangen oder giftigen Insekten, keine Malaria übertragenden Moskitos und keinerlei gefährliche Raubtiere. Statt dessen findet man eine tropische Vegetation – zugegeben, es gibt einige giftige Pflanzen – mit verschiedenen Palmenarten, blühenden Sträuchern, Gewürzpflanzen und tropischen Früchten.

Ein wahres Paradies stellt der Archipel auch für Taucher und Sportfischer dar. So zählen die Tauchgründe rund um die Seychellen zu den besten der Welt – Taucher schwören sogar, dass hier selbst die Haie friedliebend sind. Und was das Fischen anbelangt: dadurch dass die Fischbestände in der Region nicht durch Großfischerei dezimiert wurden, finden auch die Anhänger dieses Sports hier ihren Garten Eden. Es verwundert in keiner Weise, dass die wenigen einheimischen und die für ein paar Wochen anreisenden ausländischen Sportfischer eine Reihe von Weltrekorden halten – die sie in seychellischen Gewässern aufgestellt haben.

Steckbrief Seychellen

Daten & Fakten

Name: Seychellen
Fläche: 454 km² Landfläche, 390 000 km² Seefläche
Hauptstadt: Victoria (Mahé)
Amtssprachen: Kreolisch, Englisch und Französisch
Einwohner: 86 000
Bevölkerungswachstum: 0,43 % pro Jahr
Lebenserwartung: 72 Jahre (Männer 66, Frauen 77)
Analphabetenrate: 8 %
Währung: Seychellen-Rupie (SCR)
Zeitzone: MEZ + 3 Std.; MESZ + 2 Std.
Maßeinheiten: Metrisches System. Meter, Kilometer.
Landesvorwahl: +248
Internet-Kennung: .sc

Landesflagge
Das Blau steht für den Himmel und das Meer um die Inseln, das Gelb für die Sonne über den Inseln, das Rot für den Zusammenhalt der Seychellois, das Weiß für die soziale Gerechtigkeit und das Grün für den Erhalt einer gesunden Umwelt.

Geografie

Innerhalb einer riesigen Seefläche 1000 km östlich der Küste Kenias befinden sich außer den gebirgigen Inseln der Inneren Seychellen etwa 100 flache Inseln korallinen Ursprungs. Die größte Landfläche besitzt das unbewohnte Aldabra Atoll, das größte zusammenhängend aus dem Wasser ragende Korallenatoll der Erde.

Geschichte

Arabische Seefahrer hatten die Inselgruppe im 7. Jh. entdeckt und ihre Lage mündlich weitergegeben. Erst in der Folge der portugiesischen Entdeckungsfahrten unter Leitung arabischer Navigatoren um 1500 wurde die Inselgruppe auf Karten verzeichnet. Ab Ende des 18. Jh. bestellten französische Kolonialisten mit Hilfe afrikanischer und madagassischer Sklaven kleine Plantagen. Zu Beginn des 19. Jh. wurden die Inseln englische Kolonie, und Anfang der 1970er-Jahre entstanden dann politische Parteien – die Seychelles Democratic Party (SDP) und die Seychelles Peoples United Party (SPUP). Gemeinsam setzten sie 1976 die Unabhängigkeit der Inseln von England durch. Nach nur einem Jahr Koalitionsregierung führte die SPUP einen unblutigen Putsch durch und errichtete einen Einparteienstaat. Nach dem Zusammenbruch der sozialistischen Staaten Ende der 1980er-Jahre orientierte man sich wieder nach Westen und verabschiedete 1993 eine demokratische Verfassung.

Staat und Politik

Bei der Konstruktion der Staatsverfassung orientierte man sich am englischen Zweiparteiensystem. Schon eine relativ geringe Mehrheit der Wählerstimmen führt zu einer starken

Mehrheit der Parlamentssitze. In einigen Details lehnte man sich auch an das deutsche Wahlsystem an, denn Parlamentsabgeordnete werden zum Teil direkt in ihren Wahlkreisen gewählt (Direktmandate), zum Teil dürfen die Parteien Parlamentssitze nach den Prozentsätzen der Wählerstimmen für die Parteien besetzen. Der Nationalversammlung gehören 34 Abgeordnete an.

Wirtschaft und Tourismus

Nach dem Preisverfall von Kopra (getrocknetes Fleisch der Kokosnuss) und Gewürzen wie Vanille, Zimt und Muskat hat sich die Wirtschaft dem Tourismus als Haupteinnahmequelle zugewandt. Wegen der nur wenige Kilometer langen Küstenlinien bevorzugt man einerseits einen hochpreisigen Luxustourismus, andererseits will man durch Unterstützung eines Gästehaustourismus sicherstellen, dass auch einfache einheimische Familien am Ertrag aus dem Tourismus unmittelbar beteiligt werden. Preiswerter 3- oder 4-Sterne-Tourismus hingegen wird nicht unterstützt, da er die Gefahr der Übernutzung birgt. Neben dem Tourismus erwirtschaftet der Export von Frischfisch und Thunfisch in Dosen einige Devisen. International konkurrenzfähige Industrieansiedlung scheitert bei nur etwa 25 000 Menschen im Alter zwischen 20 und 65 Jahren am Mangel an Arbeitskräften.

Der Wert der einheimischen Währung ist nach der Aufhebung der Devisenkontrolle um etwa 50 % gesunken. Dennoch bleibt das Preisniveau im Tourismus vergleichsweise hoch, weil auch der Lebensstandard im Vergleich zu anderen tropischen Inseln hoch ist. Allerdings müssen allein 60 % der Deviseneinnahmen für Erdölprodukte, weitere 20 % für Grundnahrungsmittel (Reis, Zucker, Salz, Gemüse) ausgegeben werden. Lediglich 20 % bleiben für ›Luxusgüter‹ wie Bauholz, Zement, Autos, Waschmaschinen, Haushaltsgegenstände, edle Lebensmittel für Hotelgäste und Bevölkerung übrig.

Bevölkerung, Sprache und Religion

Im Laufe der Besiedlung durch Kolonisten und deren Sklaven hat sich auf den Seychellen eine kreolische Mischbevölkerung entwickelt. 80 % der Seychellois sind dunkelhäutig, 20 % haben helle Haut. Erst während der letzten 50 Jahre sind indische und chinesische Bewohner hinzugekommen, deren Bevölkerungsanteil heute bei 2 % liegt.

Muttersprache aller Seychellois ist das Kreolische, eine Mischsprache auf der Basis des Französischen. In diese Sprache sind Wörter aus dem afrikanischen Suaheli, dem Madagassischen und in den letzten Jahrzehnten auch aus dem Englischen eingeflossen. Englisch und Französisch sind neben dem Kreolischen gleichberechtigte Amtssprachen und werden schon in der Grundschule erlernt, zum Teil ist Englisch sogar Unterrichtssprache.

Seychellois sind überwiegend katholische Christen. Etwa 10 % gehören der anglikanischen Kirche an und weitere 10 % bekennen sich zu kleineren christlichen Gruppierungen, wie den Zeugen Jehovas, den Bahai und den Adventisten. Eine kleine Minderheit (weniger als 1 %) sind Moslems. Unabhängig davon spielen Hexerei, Magie und Wahrsagerei durchaus eine Rolle. Nicht selten sucht man einen Wahrsager *(bonhomme oder bonne femme de bois)* auf, oder man trägt ein *gris-gris*, ein Amulett. Die Wertvorstellungen entsprechen den europäischen. Unter Jugendlichen findet man auch »Rastas«.

Natur und Umwelt

Erst seit 200 Jahren beeinflusst der Mensch die Natur der Seychellen. In dieser kurzen Zeit sind Krokodile verschwunden, Riesenschildkröten wurden als lebender Proviant an Schiffsbesatzungen verkauft und vor der Ostküste Mahés schüttete man flaches Land auf. Heute stehen immerhin über 40 % der Landfläche unter Naturschutz.

Geografische Gliederung

Das Staatsgebiet der Seychellen erstreckt sich über die gigantische Seefläche von 390 000 km², 1000 km östlich von Afrika und fast ebenso weit nördlich von Madagaskar. In diesem riesigen Hoheitsgebiet liegen allerdings nur knapp 100 Inseln, die mehr sind als nur ein aus dem Wasser herausragender Felsen. Die bewohnbare Landfläche aller Inseln zusammen beträgt lediglich 454 km², ein Quadrat mit dieser Fläche würde nur eine Kantenlänge von etwas mehr als 21 km aufweisen!

Ein gutes Dutzend dieser Inseln sind aus Granit geformt und ragen bis über 900 m aus dem Meer auf. Ihre Basis bildet ein unterseeisches Plateau, das zum Urkontinent Gondwana zählte. Die übrigen Inseln bestehen aus Kalkstein und sind nördlich und südlich der granitenen Inseln durch Korallenwachstum entstanden.

Die **Zentrale** oder **Innere Seychellen-Gruppe** besteht im Wesentlichen aus den Inseln Mahé, Praslin, Silhouette und La Digue. Hinzu kommen die etwas kleineren Eilande Aride, Curieuse, Frégate, Cousin, Cousine und North Island sowie 33 weitere Inselchen, die teilweise nur Heimat für zehn oder 20 Kokospalmen sind. Die Innere Seychellen-Gruppe liegt 4°–6° südlich des Äquators und damit etwa auf gleicher Höhe wie das knapp 1600 km westlich gelegene Mombasa an der Ostküste Kenias. Bis zur Nordspitze Madagaskars sind es über 900 km, bis nach Mumbai (Bombay) an der Westküste Indiens gar 3500 km.

Die übrigen etwa 50 Inseln, die **Outer Islands,** sind alle korallinen Ursprungs; ihre Entfernung von der zentralen Gruppe beträgt bis zu 1100 km (Amiranten, Aldabra). Viele von ihnen reichen an ihren höchsten Erhebungen kaum einen Meter über den Meeresspiegel hinaus. Geografisch teilt man die Outer Islands in zwei Gruppen: die Amiranten mit 24 Inseln rund um die zentralen Inseln African Banks, St. Joseph, Poivre und Alphonse sowie die Farquhar- und Aldabra-Gruppe mit 22 Inseln um die Zentren Providence, Farquhar, Cosmolédo und Aldabra. Plate und Coëtivy im Süden sowie Denis Island und Bird Island im Norden Mahés sind einzeln gelegene Koralleninseln, die keiner der beiden Gruppen zuzuordnen sind. Bird Island und Denis Island werden manchmal auch den Inneren Seychellen zugeordnet, obwohl sie – anders als die übrigen Inseln dieser Gruppe – nicht aus Granit geformt, sondern wie die Amiranten und Aldabra korallinen Ursprungs sind. Der Grund: Dieselbe unterseeische Hochebene in nur etwa 40 m Tiefe, auf der auch die Granitinseln der Inneren Seychellen stehen, bildet ihre Basis.

Die Granitinseln

Mit ihren von 0–900 m aufragenden Bergen und den riesigen, rund geschliffenen granitenen Felsen haben die Seychellen einen eigenen landschaftlichen Charakter, den man kaum anderswo auf der Welt findet. Alle anderen ›ozeanischen‹ Inseln sind entweder vulkanischen oder korallinen Ursprungs. Als die Erdteile Südamerika, Afrika und Asien aus dem gigantischen Urkontinent Gondwanaland herausbrachen, blieben an der ›Nahtstelle‹ zwischen dem heutigen Indien und der afrikanischen Ostküste zwei große und einige kleine ›Brocken‹ stehen. Die großen Reststücke heißen heute Madagaskar und Sri Lanka, während einige kleine ›Kiesel‹ in dem dazwischen entstandenen Meer die heutige Innere Seychellen-Gruppe bilden. Die weiteren Seychellen-Inseln, die Amiranten und Aldabra sowie die Atolle der Malediven tauchten erst später aus dem Meer auf und sind korallinen Ursprungs. Mauritius und La Réunion sind Vulkaninseln, die ebenfalls weitaus später durch gigantische unterseeische Eruptionen entstanden.

Geologen haben berechnet, dass Gondwanaland vor etwa 200 Mio. Jahren auseinandergebrochen sein muss. Indien, Australien und die Antarktis trennten sich damals vom heutigen Afrika und begannen nach Osten abzudriften. Dazwischen senkte sich der Boden und zwischen diesen Landplatten entstand der Indische Ozean. Später teilten sich die Seychellen vom heutigen Indien ab, das weiter nach Norden driftete. Wenn man sich die rund geschliffenen Granitfelsen auf den verschiedenen Inseln der Inneren Seychellen genauer ansieht, erkennt man verschiedenfarbige, zusammengepresste Kristalle. Diese entstanden, nachdem die im Erdinneren erhitzte Gesteinsmasse an die Erdoberfläche gehoben wurde und sich dort abkühlte. Im Laufe von vielen Millionen Jahren bildeten sich Kristalle unterschiedlicher Struktur, die für die variierenden Schattierungen der Granitfelsen auf den Inseln Mahé, Praslin und La Digue verantwortlich sind. Die Inseln Silhouette und North Island sind im Vergleich zu den anderen Granitinseln mit etwa 40 Mio. Jahren noch jung. Die dortigen Felsen bestehen nur zum Teil aus Granit. Im Übrigen bestehen sie aus Syenit, einem wie Granit unter großer Hitze gepressten Stein, der kein Quarz enthält und daher dunkler gefärbt ist. Die Quarzkristalleinschlüsse lassen den Granit auf Mahé meist hellgrau erscheinen, nur selten leicht rötlich schimmern. Die Felsen auf den Nachbarinseln Praslin und La Digue sind heller und rötlich-orange gefärbt. Außergewöhnlich hell sind die großen Quarzkristalleinschlüsse im Granit der kleinen Insel Thérèse vor der Westküste Mahés.

Die Granitinseln der Inneren Seychellen-Gruppe sind von einem geschlossenen Korallenring, einem ›Hausriff‹ umgeben. Auffällig ist, dass die Korallenriffe an den Ostseiten der Inseln meist weit ausladend, die Riffe der Westküsten hingegen schmal sind. Grund hierfür ist der gleichmäßige Südostwind, der von Juni bis August warmes, planktonreiches Wasser an die Ostküsten der Inseln spült und durch seinen Nährstoffgehalt das Korallenwachstum begünstigt.

Die Koralleninseln

Charles Darwin erklärte als erster Wissenschaftler die Entstehung von Korallenriffen und Atollen einleuchtend. Für seine naturwissenschaftlichen Studien verbrachte er viele Jahre in den Gewässern des Indischen Ozeans. Voraussetzung für die Entstehung eines Atolls ist nach Darwin, dass zunächst ein Vulkan über die Wasseroberfläche herausragt. An den Küstenlinien um den Vulkan bilden sich dann knapp unter der Wasseroberfläche ringsum Korallenstöcke. Diese Polypen gedeihen am besten in der warmen, oberflächennahen Wasserzone, wo sie reichlich Sonnenlicht erhalten. Wenn der Wasserspiegel etwa durch Abschmelzen der Polkappen sehr langsam ansteigt, steigen gleichzeitig die Korallen aufwärts, um knapp unter der Wasseroberfläche möglichst viel Sonnenlicht zu bekommen. So entsteht an den ursprünglich von seichtem Wasser bedeckten Außenrändern des Vulkans ein Korallenring. Da die Wasseroberfläche ansteigt, wird der über das Wasser hinausragende Teil des Vulkans immer kleiner, bis eines Tages auch die Vulkanspitze wieder vom Meer überspült wird. Knapp unter der Wasseroberfläche bleibt der Ring von Korallenriffen rund um den versun-

Südseeträume werden wahr: Abendstimmung auf den Outer Islands

kenen Vulkangipfel übrig. Bei später wieder sinkendem Meeresspiegel tauchen die oberen Korallenschichten aus dem Meer auf, das Innere des Rings wird voll Sand gespült, Tiere und Pflanzen siedeln sich an – eine koralline Insel ist entstanden.

Diese über 150 Jahre alte Theorie Charles Darwins konnte nach dem Ende des Zweiten Weltkrieges auf wissenschaftlichen Expeditionen in die Riffregionen der Südsee, aber auch des Indischen Ozeans untermauert werden. Auf den Marshall-Inseln (Südsee) wurde in einer Tiefe von 1200 m ein Rest vulkanischen Gesteins gefunden. Man stellte fest, dass ein etwa 3000 m hoher Vulkan, vor Urzeiten im Meer versunken, die Basis der dortigen Korallenriffe bildete. Nahezu identische Ergebnisse brachten viele weitere geologische Untersuchungen auf pazifischen Koralleninseln. Außerdem stellte man fest, dass das durchschnittliche Wachstum der Korallen dort 2,3 m in 1000 Jahren ausmacht, was in etwa mit der Geschwindigkeit übereinstimmt, mit der die Vulkane ins Meer absanken bzw. mit der die Meeresoberfläche anstieg. Auch andere Untersuchungen lassen heute keinen Zweifel mehr daran, dass die Atolle dieser Erde so entstanden sind, wie Charles Darwin es schon 1835 vermutet hatte.

Warum aber entstehen am Rande von Inseln knapp unter dem Meeresspiegel Korallenriffe? Korallen sind kleine Polypen, die aus dem Meerwasser Kalk herausfiltern, um sich damit eine Schutzhülle aufzubauen. Um zu überleben, benötigen sie warmes Wasser und viel Sonnenlicht. Das Licht aber wird vom Wasser absorbiert, sodass es schon in wenigen Metern Tiefe für das Wachstum von Korallen nicht mehr ausreicht. Solange der Meeresspiegel in konstanter Höhe bleibt, breiten sich die Korallen horizontal unterhalb der Wasseroberfläche aus und bilden so ein breites Riff. Sinkt der Wasserspiegel, sterben die Tiere ab, welche nun aus der Wasseroberfläche herausragen, und das tote Kalkskelett überragt die Wasseroberfläche – eine Insel entsteht. Steigt der Wasserspiegel aber an, müssen die Korallen durch vertikales Wachstum den für ihr Überleben idealen Abstand zur Wasseroberfläche halten, um nicht mangels Licht und Wärme zu sterben. Bei kontinuierlichem Anstieg des Meeresspiegels (oder Absinken des Meeresgrundes) wächst dann der Kalkstock nach oben, und eine unterseeische Korallenwand entsteht. In den vergangenen Jahrzehnten hat die Wissenschaft einen Anstieg des Meeresspiegels um fast 1 cm in nur zehn Jahren festgestellt. Da die Meere jedoch genug Nährstoffe für Korallenwachstum bereitstellen, dehnen sich die Riffe auch noch in horizontaler Richtung unter der Wasseroberfläche aus. Auch hier kann man der Darwinschen Theorie folgen, wonach sich jeweils diejenigen Tiere und Pflanzen durchsetzen, die den äußeren Umständen am besten angepasst sind. In Phasen eines schnellen Anstiegs der Wasseroberfläche dürften die Korallenarten vorgeherrscht haben, die nur eine leichte und dünne Kalkunterlage benötigen und daher schneller dem Licht entgegen wachsen können. Wenn die Meere nur langsam anstiegen, traten andere Korallenarten verstärkt auf, und zwar solche, die eine massive Kalkbasis aufbauen und sich horizontal ausbreiten.

Während der letzten Eiszeit, vor etwa 15 000 Jahren, als an den Polkappen weit mehr Wasser in Form von Eis gebunden war als heute, dürfte sich der Meeresspiegel weltweit um etwa 100 m abgesenkt haben. Vor 9000 Jahren begann der Meeresspiegel dann wieder anzusteigen, erreichte aber bisher nicht ganz den Stand, den er vor der Eiszeit hatte. Beweise hierfür sind die bis zu 10 m über der heutigen Meeresoberfläche zu findenden Korallenüberreste, die an Granitfelsen auf La Digue haften. Ein weiterer Beweis sind die Korallenpilze, die etwa 10 m über die Oberfläche der flachen Lagune innerhalb des Aldabra Atoll hinausragen.

Urzeitliche Natur

Aufgrund der Trennung von den Kontinenten seit Millionen von Jahren hat sich auf den Inseln eine Flora und Fauna entwickelt, die sich von allem unterscheidet, was man auf den benachbarten Kontinenten Afrika und Asien findet. Fachleute können Ähnlichkeiten zur Tier- und Pflanzenwelt Madagaskars entdecken, doch ist die Artenviefalt im Vergleich zu dessen großen Naturlandschaften gering. Tausende von Kilometern Ozean machten den Austausch mit der Außenwelt nahezu unmöglich und neue Arten konnten über Millionen Jahre nicht eindringen. Berühmtes Beispiel für die Einmaligkeit der seychellischen Pflanzenwelt ist die **Meereskokosnuss** (s. Thema S. 252 ff.). Diese Palme ist ausschließlich auf den Inseln Praslin und Curieuse heimisch und kommt auf Mahé und La Digue lediglich vereinzelt vor. Sie ist wesentlich höher als die bekannte Kokospalme, mit der sie entfernt verwandt ist. Die Meereskokosnüsse erreichen ein Gewicht von bis zu 20 kg und sind damit weltweit die größten und schwersten Samen. In der Tierwelt bildet die **Riesenschildkröte** (s. Thema S. 322 f.) ebenfalls ein Überbleibsel aus den Urzeiten der Erde. Sie lebt auf Aldabra in einigen 100 000 Exemplaren in ihrer ursprünglichen Umgebung wie seit Tausenden von Jahren.

Die Erforschung der Fauna und Flora steckt in den Anfängen

Erst in der zweiten Hälfte des 20. Jh. begann die Wissenschaft, sich intensiv mit den Besonderheiten der Natur auf den Inseln des westlichen Indischen Ozeans zu befassen. Programme wurden aufgelegt, um das Tierleben über und unter Wasser zu erforschen, und geologische Expeditionen zur Untersuchung des Meeresbodens und der Gesteinsformationen wurden ausgesandt. Vor allem wollte man herausfinden, ob Rückschlüsse auf die Lebewesen möglich sind, die in früheren Zeiten den Globus bevölkerten. Die Ergebnisse waren positiv. Man stellte fest, dass die Region die Möglichkeit bietet, neue Erkenntnisse über unsere Erde zu gewinnen – insbesondere hinsichtlich der Natur, bevor der Urkontinent Gondwanaland sich in die heutigen Kontinente Afrika, Asien und Europa aufspaltete. Auf den Seychellen hat sich – anders als auf den großen Kontinentmassen,

Fischer in der Lagune des Aldabra Atolls

die sich gegenseitig befruchteten, wo neue Arten entstanden und alte ausstarben – nach diesem Naturereignis wenig verändert. Die Expeditionen machten aber auch deutlich, dass Schutzmaßnahmen zu ergreifen waren, wollte man diese einmalige Chance, die Natur in vorgeschichtlichem Zustand zu beobachten und zu erforschen, nutzen. Seither sind auf den Seychellen viele **Naturschutzgebiete** entstanden. Die wichtigsten von ihnen schützen ein großes, nahezu unberührtes Gebiet rund um den 905 m hohen Morne Seychellois (s. S. 200) und den etwas niedrigeren Le Niol auf Mahé, das Vallée de Mai auf Praslin (s. S. 250 f.), 93 % der Oberfläche der Insel Silhouette, die die drittgrößte Insel der inneren Seychellen ist (292 ff.), und das Atoll Aldabra (s. S. 314 ff.).

Empfindliches ökologisches Gleichgewicht

Die Zahl der auf den Seychellen heimischen Pflanzen und Tiere ist im Vergleich zu denen auf großen Kontinenten gering. So gibt es beispielsweise nur 21 Arten von Landvögeln, von denen manche erst nach 1945 eingeführt worden sein dürften. In Afrika findet man auf einem entsprechend großen Areal bis zu 100 Arten. Ähnlich sieht es bei Bäumen, Büschen und Palmen aus. Ursache dieser für den Laien nicht erkennbaren Artenarmut ist die abgeschiedene geografische Lage. Die meisten Tiere oder Pflanzen gelangten auf dem Luftweg auf die Seychellen. Entsprechend kommen vor allem Vögel und Insekten mit besonders guter Flugfähigkeit vor sowie Pflanzen, deren Sporen der Wind über weitere Entfernungen hat tragen können. Hierzu gehören beispielsweise Farne und Orchideen. Pflanzen mit großen Samen hingegen (wie etwa Eichen und Koniferen) blieben auf die Landmassen der großen Kontinente beschränkt. Einige Pflanzenarten dürften auch über Vogelexkremente von Afrika oder Madagaskar herbeigetragen worden sein.

Den Süßwasserbewohnern der Seychellen gehören Arten an, die sich sowohl in Salzwasser als auch in Süßwasser wohlfühlen, sie vermochten, aus dem Meer in Flussmündungen zu wandern. Geckos, Chamäleons und kleine Schlangen gelangten wahrscheinlich auf Kokosnüssen oder anderen über das Meer herangeschwemmten Pflanzen auf die Seychellen. Neue Arten, die auf diese Weise den Archipel erreichten, mussten sich einer neuen Umgebung anpassen. Manchen gelang dies gut, andere konnten sich nicht behaupten und starben wieder aus.

Als dritter Importeur von Flora und Fauna betätigte sich schließlich der Mensch. Viele Arten führte er absichtlich – oder unabsichtlich – ein. Mit jedem Schiff gelangten Bakterien und Pflanzensamen ebenso an Land wie Ratten, Mäuse, Kakerlaken, Termiten usw. Importierte lebende Tiere tragen Fliegen, Läuse und andere Parasiten am oder im Körper. Würmer und kleines Getier befinden sich in der Erde eingeführter Pflanzen. Glücklicherweise überleben nur wenige dieser Neuankömmlinge längere Zeit. Doch allein von den wenigen, die zufällig für sie gute Bedingungen auf den Seychellen antreffen, geht eine große Gefahr für die Natur der Inseln aus. Daher bestehen strenge Quarantänebestimmungen für die Einfuhr von Haustieren und im Flugzeug muss ein Insektenvertilgungsmittel versprüht werden.

Artenwandel im Laufe von Jahrmillionen

Für den Fachmann ist interessant zu beobachten, auf welche besondere Weise sich endemische Tiere und Pflanzen im Laufe von Jahrmillionen auf abgelegenen Inseln entwickelt haben. Das berühmteste Beispiel für eine von der übrigen Welt isolierte Entwicklung von Fauna und Flora bilden Madagaskar und die Galapagos-Inseln. Aber auch die Riesenschildkröten von Aldabra kommen nirgends sonst auf dieser Erde in ihrer natürlichen Umgebung vor. Ein berühmtes Beispiel für die Einmaligkeit der Natur der Seychellen ist die Meereskokosnuss (kreol. *koko dmer*) von der Insel Praslin. Wie sich ausgerechnet hier eine so außergewöhnliche Palme mit dem schwersten aller Samen dieser Erde entwickeln konnte, ist bis heute unklar. Es könnte aber auch sein, dass der Urkontinent Gondwanaland in weiten Bereichen von Koko-Dmer-Wäldern bedeckt war, die später von neu entstehenden Pflanzenarten und neu eintreffenden Tieren verdrängt wurden. Hierfür spricht, dass in den Regenwäldern Ostmadagaskars eine der Meereskokosnuss ähnelnde, aber deutlich kleinere Palme existieren soll. Eine wissenschaftliche Untersuchung steht noch aus.

Pflanzenwelt

Als im 17. Jh. die ersten Siedler auf den Seychellen an Land gingen, hinterließen sie lebendige Berichte von der Schönheit der Wälder, welche die Inseln bedeckten. Mahé wurde auf den ersten französischen Seekarten auch Île d'Abondance (Insel des Überflusses) genannt. Auch wer heute auf Mahé ankommt, ist zunächst von der Dichte der Vegetation und den Formen und Farben der riesigen Blätter von Bäumen und Sträuchern überwältigt. Mit der Pflanzenwelt, wie sie von den Kolonisten beschrieben wurde, ist die heutige jedoch nicht mehr identisch. Viele später als Nutzpflanzen eingeführte Arten haben sich in den Wäldern verbreitet. Insbesondere die Zimtpflanze begegnet auch dem Wanderer in höher gelegenen Bergregionen auf Schritt und Tritt.

Nachdem Mangrovensümpfe im Laufe der Zeit zurückgegangen waren, findet man einen geschlossenen Mangrovensumpf heute nur noch in Port Glaud. Mittlerweile haben sich jedoch entlang der Westküste sowie in dem schmalen Salzwasserstreifen zwischen der Ostküste Mahés und der erst in den 1990er-Jahren aufgeschütteten Inselkette zwischen Victoria und dem Flughafen wieder Mangroven angesiedelt.

Hinter dem Mangrovengürtel befindet sich ein flacher Festlandstreifen, auf dem sich ein dichter Wald erstreckte, der auch an den dahinter steil ansteigenden Berghängen bis in 300 m Höhe gedieh. Die Edelholzbäume – der bekannteste wurde wegen seiner Härte *bois de fer* (Eisenholz, s. S. 28 f.) genannt – waren bis zu 40 m hoch, wiesen einen Umfang von 5 m und bis zu einer Höhe von 20 m gerade, astlose Stämme auf.

Über dem Waldgürtel erstreckte sich bis zu einer Höhe von 600 m ein Vegetationsgürtel mit ca. 20 m hohen Bäumen. In diesem dichten Dschungel fanden sich auch Blumen, Sträucher, Büsche, Kräuter und Orchideen. Die **Fleur-Paye-en-Queue** ist eine Orchideenart, die es bis heute ausschließlich auf den Seychellen und in einigen botanischen Gärten gibt. Die letzten 300 Höhenmeter bis zu den Gipfeln der höchsten Berge Mahés bedeckte niedriger, buschiger Bergwald, dessen Blätterdach nicht mehr als 10–15 m über dem Erdboden endete. Die dortigen Bäume hatten dicke, dunkelgrüne, lederartige Blätter. Die Wälder lieferten den Rohstoff für Schiff- und Hausbau sowie Feuerholz für Öfen, in denen Zimtöl hergestellt wurde.

Kokosplantagen und verschiedene kleinere Bäume, wie Zimt- und Cashewbäume, verdrängten schon im 19. Jh. große Teile der Urwälder. Doch finden sich in den höheren Regionen von Mahé, Silhouette, Praslin und La Digue noch unberührte Inseln dieser ursprünglichen Pflanzenwelt, die heute unter Naturschutz stehen. Auf Aride, Cousin, Cousine, Frégate und North Island wird der ursprüngliche Wald durch umfangreiche Renaturierungsprogramme wieder zum Leben erweckt. Die unbewohnte Insel Aride, auf der dies bereits seit mehreren Jahrzehnten geschieht, wurde nahezu wieder in ihren Urzustand zurückversetzt. Lediglich Krokodile hat man nicht wieder angesiedelt!

Die Kokospalme – eine Urpflanze der Seychellen?

An einer der einheimischen Pflanzen der Seychellen hat der Mensch bis heute großes wirtschaftliches Interesse. Es handelt sich um die Kokospalme, die mit Vorliebe auf sandigen Böden entlang der tropischen Küstenlinie, vor allem an den Küsten des Indischen und des Pazifischen Ozeans gedeiht. Seit 1609 loben Beschreibungen der Seychellen die Kokospalme und ihren vielfältigen Nutzen für menschliche Ansiedlungen. So mancher gestrandete Seemann wurde durch die Kokospalme gerettet.

Es gibt verschiedene Theorien, wie die Kokospalme auf die Seychellen gelangt sein könnte. Eine besagt, sie sei hier endemisch, habe sich also auf den Inseln des westlichen Indischen Ozeans entwickelt. Andere meinen, sie stamme aus dem polynesischen Raum und sei von Polynesiern zu der Zeit auf die Inseln gebracht worden, als diese auch Madagaskar besiedelten. Sie könnte aber auch von arabischen Händlern eingeführt worden sein, die ja schon vor vielen Jahrhunderten den Indischen Ozean durchquerten.

Noch immer ist die Kokospalme quasi einer der wichtigsten ›Arbeitgeber‹ für die Bevölkerung der Seychellen. Kokospalmen stehen im Mittelpunkt der landwirtschaftlichen Tätigkeit. Kokoshaine bedecken noch heute einen großen Teil des flachen, landwirtschaftlich nutzbaren Landes und auch der Koralleninseln in den Amiranten. Die Palmen benötigen viel Sonne und Feuchtigkeit, aber nahezu keine Pflege. Es müssen lediglich die herabgefallenen Nüsse gesammelt und zu Kopra verarbeitet, die Stämme zu Möbeln geschreinert und die Blätter zu Dächern verarbeitet werden.

Die Latanier-Palme

Vier verschiedene Palmenarten tragen den gemeinsamen Namen Latanier-Palme, und alle sind auf den Seychellen heimisch, in anderen Gebieten der Erde hingegen selten. Bei der **Latanier Mille-Pattes** (Tausendfüßler-Latanier) handelt es sich um eine mittelgroße Palme von etwa 15 m Höhe mit langen Blättern und langen Ästen, an denen gelbe Blüten und rote Früchte hängen. Die **Latanier Hauban**, die kleinste der Latanier-Palmen, wird lediglich 8–9 m hoch. Normalerweise werden Sie dieser Palme nicht begegnen, da sie nur auf den höchsten Gipfeln von Mahé und Silhouette heimisch ist. Die **Latanier Feuille** (Blatt-Latanier) hat kleine weiße Blüten und rote Früchte. Sie wächst auf den Hügeln oberhalb der Kokosplantagen. Ihre Blätter werden als Dachabdeckung benutzt, woher auch ihr Name rührt. Die vierte Latanier-Sorte, die **Latanier Latte**, wird 30 m hoch, weist breite, dunkelgrüne, ungeteilte Blätter sowie Bündel von weißen Blüten und mittelgroße rote Früchte auf. Sie wächst in etwa 500 m Höhe an steilen Berghängen.

Die Raffia-Palme – Rohstoff für Einkaufstaschen und Hüte

Die ursprünglich madagassische **Raffia-Palme** ist auf den Seychellen weit verbreitet, insbesondere auf Mahé findet man sie häufig vor. Sie liebt die feuchten Gebiete an der Küste, wo die Bergbäche ins Meer münden. Aus dem oberen Ende des etwa 8 m hohen Stammes wachsen riesige, bis zu 2 m lange, gefiederte Blätter heraus. Die Palme benötigt einige Jahre, um sich bis zu ihrer vollen Größe zu entfalten; erst dann blüht sie ein einziges Mal und stirbt dann ab. Aus den großen Raffia-Blättern werden Seile, Matten und Körbe hergestellt.

Die fleischfressende Kannenpflanze

Insgesamt gibt es weltweit 70 Arten sogenannter fleischfressender Pflanzen, die in der Lage sind, Insekten zu fangen und zu verdauen. Ein spezielles Blatt der **Kannenpflanze** (engl. *pitcher plant*) ist wie ein Becher ausgeformt. Im Inneren des Bechers befindet sich eine klebrige Flüssigkeit, die einen Duft verströmt, der die Insekten anlockt. Ist ein Insekt in den Becher gekrochen, bleibt es an dem Saft kleben und ertrinkt darin. Der Saft ist zugleich die ›Magensäure‹, die das Insekt auflöst. Millionen Jahre der Evolution haben dazu geführt, dass es inzwischen eine Moskitoart gibt, die sich im ›Magensaft‹ der Pflanze so wohl fühlt, dass sie ihn als Brutstätte für den eigenen Nachwuchs benutzt!

Giftige und medizinisch wirksame Pflanzen

Die Tropen sind dafür bekannt, dass die dortigen Pflanzen besonders viele Stoffe beinhalten, die bei richtiger Anwendung medizi-

Die Palmenblätter sind ein vielseitig zu nutzender natürlicher Rohstoff

Auch auf den Seychellen ein häufiger Anblick: die herrliche Frangipani

nisch wirksam sind. Die tropischen Regenwälder Südamerikas, Asiens und Afrikas und vor allem Madagaskars sind daher seit Jahrzehnten natürliche Forschungslabore der weltweiten Pharmaindustrie. Da 80 % der Pflanzenwelt der Seychellen endemisch sind, ist auch ihre medizinische Wirkung inzwischen Gegenstand wissenschaftlicher Forschung. Allerdings haben einheimische Ärzte und Naturheilkundige schon früher über umfangreiches Wissen verfügt und dieses von Generation zu Generation weitergegeben.

In rohem Zustand sind die dünnen, hellgrünen Blätter des **Schwarzen Nachtschattens** (kreol.: *brede marin*) giftig. Gekocht dagegen sind sie ungiftig und wohlschmeckend. In vielen seychellischen Gärten findet man die Pflanze, aus der eine Suppe mit einem interessanten spinatähnlichen Geschmack gekocht wird.

Das **Dumb Cane,** auch **Bois Tangue** genannt, stammt ursprünglich aus den heißen Gegenden im Süden der USA. Die Blätter und Äste dieser niedrigen, buschigen Pflanze besitzen, wenn man sie kaut, eine berauschende Wirkung. Bei Frauen sollen sie eine sterilisierende Wirkung haben.

Ausschließlich auf den Seychellen gibt es den **Bois Jasmin.** Wenn man die Pflanze presst, fließt ein milchiger, giftiger Saft heraus, der gefürchtet ist. Es heißt, dass die ansässigen ›Zauberer‹ (frz. *tonton*) ein tödliches Gift daraus herstellen.

Die **Fleur Poison** ist eine dekorative, in den niedrigen und kultivierten Gebieten der Inseln wild wachsende Pflanze. Sowohl Blüten als auch Früchte sind giftig.

Auf den Seychellen findet man Kinder, die Ketten oder Armreifen mit dunkelrot gefärbten Kügelchen tragen. Die Kügelchen sind die Samen der **Reglisse,** einer aus Indien eingeführten Pflanze. Sie sind äußerst giftig und können, roh verzehrt, tödlich wirken. Pflanzenheilkundige (frz. *raspail*) wissen, wie man mit dem Gift umgeht, und können durch richtige Dosierung oder Mischung mit anderen

Naturprodukten verschiedene Arzneimittel daraus herstellen.

Die Samen des **Tanguin** dienten in vergangenen Jahrhunderten dazu, Todesurteile zu vollstrecken. Wegen ihrer besonderen Giftigkeit ist es auf den Seychellen gesetzlich jedem Landbesitzer auferlegt, die Pflanze auszurotten, sobald er sie im Garten findet. Die Naturmediziner in Madagaskar allerdings nutzen sie zur Herstellung vielfältig wirksamer Medikamente.

Stern von Bethlehem (kreol. *herbe poison*, giftiges Gras) wird ein bis zu einem halben Meter hohes Gestrüpp genannt, das man häufig in den Bergregionen findet. Oft wächst es im Schatten von Kokospalmen oder großen Felsen. Der aus dieser Pflanze ausgepresste Saft ist giftig und kann bei Berührung mit den Augen zur Erblindung führen.

Der **Strychninbaum** enthält, wie schon sein Name sagt, das Gift Strychnin. Er wächst niedrig und hat dünne horizontal über den Boden reichende Äste, die mit scharfen Stacheln ausgerüstet sind. Sehr häufig ist er an den Hängen der Westseite Mahés zu finden.

Die **Vacoa,** Schraubenpinie, kommt auf den Seychellen in sechs verschiedenen Arten vor, die sich äußerlich kaum voneinander unterscheiden. Ihre dünnen, stelzenartigen Wurzeln vereinigen sich erst oberhalb der Erdoberfläche zum Stamm. Dieser wird bis zu 2 m hoch. An seinem oberen Ende wachsen schraubenförmig dünne, dunkelgrüne, harte Blätter. Der Baum trägt Früchte, die der Ananas ähneln, aber nicht genießbar sind.

Kulturpflanzen aus der Kolonialzeit

Die **kultivierte Vanille** ist eine Orchideenart, die aus Zentralamerika in viele tropische Länder eingeführt wurde. Heute ist Madagaskar der größte Vanilleproduzent der Erde und auf La Réunion gibt es große Vanilleplantagen. Von den Seychellen kann dagegen nur noch wenig exportiert werden, denn aufgrund einer Krankheit starben die meisten Plantagen ab. Über alle Granitinseln verstreut finden Sie dagegen die einzigartige **wilde Vanille** der Seychellen, eine hier heimische Orchidee, die es nirgendwo anders auf der Welt gibt. Sie ist blätterlos und rankt sich an Büschen, Felsen und oft an Stämmen der Kokospalme nach oben. Ihre großen, weißen, im Inneren leuchtend lachsfarbenen Blüten halten nur einen Tag. Sie öffnen sich am Morgen und fallen abends ab. Diese Vanille-Orchidee ist eine ganz besonders attraktive Zierpflanze.

Der französische Gouverneur Pierre Poivre auf Mauritius bemühte sich um den Anbau von Gewürzen im Botanischen Garten von Pamplemousse. Von dort aus ließ er auch den **Zimtbaum** auf die Seychellen bringen und kultivieren. Es ist ein kleiner immergrüner Baum mit mittelgroßen, dunkelgrünen Blättern, Büscheln kleiner, grüner Blüten und schwarzen, beerenartigen Früchten. Wenn der Baum nicht beschnitten wird, erreicht er eine Höhe von bis zu 15 m. Zwecks besserer Bearbeitung und einfacherer Ernte beschneidet man ihn jedoch so, dass er statt in die Höhe in die Breite wächst. Die jungen Blätter leuchten hellrot und bilden einen schönen Kontrast zu dem vollen dunklen Grün der Wälder. Aus den Blättern gewinnt man ein Öl, welches als Ausgangsprodukt für synthetische Vanille (Vanillin) dient. Die Rinde des Baums, die man mit dem Hammer vom Baum herunter schlägt und in der Sonne trocknet, wird erst in Übersee gerieben und als das bei uns bekannte Zimtpulver verkauft. Zimt konnte aufgrund der niedrigen Weltmarktpreise bis zu Beginn dieses Jahrhunderts auf den Seychellen nicht rentabel angebaut und verkauft werden und verschwand fast völlig. Inzwischen gibt es aber wieder einige kleine Zimtpflanzer, die profitabel arbeiten und Zimt hoher Qualität in alle Welt verkaufen. Die Auswilderung des Zimtbaumes aus Plantagen in die Berghänge Mahés war zwar ungewollt, stellte sich jedoch als Segen heraus. Er verbreitete sich schnell an abgeholzten Berghängen und verhinderte so deren Erosion. Da inzwischen kein Edelholz mehr geschlagen wird und der ursprüngliche Regenwald nachgewachsen ist, rückt die Regierung den wuchernden Zimtbäumen nun zu Leibe, um Lebensraum für die endemische Vegetation zu schaffen.

In Sansibar und auf Madagaskar wird die **Gewürznelke** in großen Mengen angebaut. Die auf den Seychellen vorkommende Art wächst in höheren Bergregionen und wird nur noch in geringen Mengen produziert. Ihre Blätter werden gemeinsam mit den Zimtblättern zu einem wertvollen Öl verarbeitet.

Die **Zitronelle** (Zitronengras), die einen zitronenartigen Geruch verströmt, wächst wild überall auf den Inseln. In der Nähe von Häusern wird sie gehegt und frisch mit dem Küchenmesser geerntet, um sich einen Tee daraus zuzubereiten. In einem Topf mit kochend heißem Wasser aufgegossen, entsteht ein köstliches Getränk, das den Magen beruhigt und ein angenehmes Gefühl der Ruhe hervorruft. Traditionell wird nach dem Abendessen eine Tasse Zitronellentee serviert.

Mitte des 19. Jh. war **Patschuli** an den Höfen Europas ein beliebtes Parfüm. Im Laufe der Jahrzehnte besorgten sich allerdings auch Bürgerinnen dieses Parfüm, und es verlor sein hohes Ansehen an den Königshöfen. Es galt bald als das Parfüm der ›liederlichen Frauen‹. Während des Zweiten Weltkrieges, als Indonesien und Malaysia den Anbau einstellten, machten die Seychellen einen guten Gewinn mit Patschuli. Nach dem Krieg aber baute man auch in diesen Ländern wieder Patschuli in riesigen Plantagen an – die kleinen Plantagen der Seychellen mussten schließen.

Importierte Zierpflanzen

Wo immer man sich auf den Seychellen befindet, stets wird man irgendwo einen blühenden **Hibiskusstrauch** oder eine **Bougainvillea** sehen. Beide blühen das ganze Jahr über, und insbesondere der Hibiskus überrascht durch die Vielfalt seiner Blütenfarben – neben den bei uns am weitesten verbreiteten dunkelroten Blüten findet man hier auch gelbe, orangefarbene, blaue und violette.

Der bis zu 20 m hohe **Flamboyant-Baum** verdankt seinen Namen seiner Krone, die im November und Dezember über und über mit feuerroten Blüten bedeckt ist. Er stammt vermutlich aus Madagaskar, man findet ihn heute aber ebenso in vielen anderen tropischen Ländern.

Auf den Seychellen wird Zimt hoher Qualität produziert

Tropische Früchte

Zwei Arten von **Passionsfrucht** (auch Maracuja) gedeihen auf den Seychellen. Die eine weist im reifen Zustand eine dunkelrote, fast auberginefarbene harte Schale auf, die andere wird in diesem Stadium leuchtend gelb. Die Passionsfrucht wächst und reift das ganze Jahr über in Gärten und an Gartenzäunen. Sie ist eine Kletterpflanze, die auch hohe Bäume umrankt und an Hauswänden hochklettert. Man schneidet die harte Schale der nahezu kugelförmigen Frucht mit einem scharfen Messer in der Mitte durch und löffelt dann das geleeartige, mit kleinen schwarzen Kernen durchsetzte Fruchtfleisch heraus. Die roten Früchte sind in reifem Zustand in der Regel süß genug, der herb-säuerliche Geschmack der gelben Passionsfrucht aber ist nur in vollkommen ausgereiftem Zustand ohne Zucker genießbar.

Die aus Malaysia stammende **Karambole** (kreol. *karanbol*) ist bei uns auch als **Sternfrucht** bekannt. Man schneidet aus der länglich-ovalen, mit fünf Kanten versehenen Frucht eine Scheibe heraus und erhält so den Stern, dem sie ihren deutschen Namen verdankt. Wenn wir sie in Europa kaufen, wurde sie unreif geerntet und hat kaum Aroma, da sie ihren spezifischen Geschmack erst in der letzten Reifephase am Baum entwickelt – dann aber sieht sie weniger attraktiv aus. Reif geerntet, hat sie einen intensiv-süßen, erfrischenden Geschmack.

Der **Bilimbi-** oder **Gurkenbaum** (kreol. *bilenbi*) ist kleiner als sein Verwandter, die Karambole, seine Früchte wachsen direkt am Stamm. Sie sind grün, saurer als die Karambole und werden als Salat gegessen. Die **Zat** ist etwa tennisballgroß, rund und hat hellgrüne Schuppen. Entfernt man diese, stößt man auf ein weißes, leicht cremiges und sehr intensiv fruchtig schmeckendes Fleisch, das man am besten herauslöffelt. Dank seiner weichen Konsistenz eignet es sich hervorragend zur Herstellung von Desserts. Der Geschmack der **Stachelannone** oder **Korosol** (*corrosol, soursop*) ähnelt dem der Zat, ist jedoch intensiver, das Fruchtfleisch ist gallertartig. Die Schale der Frucht ist leuchtend dunkelgrün und mit vielen scharfen Spitzen versehen. Seychellois essen die Frucht grundsätzlich nicht am Abend, da sie schwer im Magen liegt. Wenn Sie auf der Speisekarte eines Restaurants ein Korosol-Eis entdecken, sollten Sie es unbedingt versuchen – eine Delikatesse!

Im Gegensatz zu den oben beschriebenen Früchten wie Stachelannone, Zat und Karambole eignet sich die **Litschi** (kreol. *letzis*) zum Export oder als Dosenfrucht und ist daher in den vergangenen Jahren in Europa bekannt geworden. Die kleinen runden Früchte mit harter Schale erinnern in ihrem Geschmack an Korosol und Zat. Ihr Fruchtfleisch ist jedoch fester und ihr Kern größer.

Die bekannteste tropische Frucht ist die **Banane,** von der es weltweit etwa 125 Sorten gibt. Nicht weniger als 25 davon wachsen auch auf den Seychellen, wo die Banane zu den wichtigsten Nahrungsmitteln zählt. Die gebräuchlichste Sorte ist die **Mille** (Tausend). Sie wird so genannt, weil sehr viele kleine Bananen an einer Staude wachsen. Ebenfalls weitverbreitet ist die **Gabou** mit ihren Varianten Gabou Naine, Gabou de Maurice und Gabou Géante. Als die geschmackvollsten Bananen gelten auf den Seychellen die Mignonne und die Tahiti. Die **Mignonne** erkennt man an ihrer dunkelroten Schale und ihrem süßen, fruchtigen Geschmack. Die **Tahiti-Banane** ist winzig, ihr Fruchtfleisch fast weiß.

Die **Brotfrucht** wurde zu Kolonialzeiten als Grundnahrungsmittel für die Sklaven importiert. Auf Silhouette ließen die Sklavenbesitzer damals neben jeder Hütte einen Brotfruchtbaum pflanzen, um so die Ernährung ihrer Arbeiterfamilien zu sichern. Lange Zeit war und blieb die Brotfrucht Grundnahrungsmittel der einfachen Seychellois. Nahezu in jedem Garten und entlang der meisten Straßen stehen mächtige Brotfruchtbäume, meist behangen mit den dicken, runden, hellgrünen Früchten. Der Baum wird über 20 m hoch, hat dichtes, volles Laub und wunderschöne weiße Blüten. Aus den Früchten wird ein wohlschmeckendes Curry zubereitet, man kann sie aber auch grillen, in Fett ausbraten oder kochen – nur roh kann man sie nicht essen!

Die **Jackfrucht** (engl. *jackfruit*) ist eine nahe Verwandte der Brotfrucht. Sie hat einen ca. 10 m hohen, geraden Stamm, aus dem unmittelbar die schweren grünen, an ihrer Außenhaut stark genoppten Früchte herauswachsen. Große Exemplare können bis zu 20 kg wiegen. Wenn man die Außenhaut öffnet, entströmt ihr ein intensiver, unangenehmer Geruch. Nimmt man jedoch eine der Fruchtfleischfasern heraus, wird man feststellen, dass sie roh gegessen hervorragend schmecken. Im Inneren der Fasern befindet sich ein Kern, der geröstet wird und in Größe und Geschmack der Haselnuss ähnelt.

Früher wurde der **Cashew-Baum** wegen seiner Samen angebaut, die in geröstetem Zustand einen angenehmen nussigen Geschmack besitzen. Heute pflanzt man ihn auf den Seychellen nicht mehr an, er findet sich wild wachsend in weiten Teilen, insbesondere auf den kargen Hochebenen von Praslin.

Den **Golden Apple,** einen ursprünglich aus Tahiti eingeführten Baum, findet man in vielen Gärten auf Mahé. Die grünen, apfelförmigen Früchte können roh verzehrt werden. Normalerweise bereitet man sie jedoch, fein gerieben und mit Essig und Öl angemacht, als eine Art Salat zu.

Die **Mango** wurde aus Indien eingeführt, wo man sie als Königin der Früchte bezeichnet. Die in europäischen Supermärkten angebotenen noch grün geernteten Mangos reichen leider im Geschmack nicht an eine in der Sonne und am Baum gereifte Mango heran. Der riesengroße Mangobaum besitzt ein dichtes, weit ausladendes Blätterdach, die Früchte sind etwa 10 cm lang und oval, das Fruchtfleisch ist weich, orange und schmeckt süßlich-herb. Auf den Seychellen gibt es viele verschiedene Mangoarten. Die schönste ist wohl die **Figette** mit ihren großen, dunkelroten Früchten. Die **Maison Rouge** und die **Perroche** gelten als die geschmacklich besten Mangos; beide sind relativ klein und sehr süß. Unreife, noch grüne Mangos werden zu Salaten verarbeitet, oft bestreut man sie auch mit Salz und isst sie roh. Zur Reifezeit von Oktober bis Dezember quellen die Seychellen von Mangos über, ja man verwendet sie sogar als Viehfutter! Im übrigen Jahr aber sind sie selten und auch auf dem Markt in Victoria nicht billig.

Die **Papaya** ist ein kleiner, schlanker Baum. Am oberen Ende seines Stammes breitet sich fächerartig ein kleines Dach dünner großer Blätter aus. Unter diesem Blätterdach wachsen schwere Früchte direkt aus dem Stamm. Sie werden bis zu 30 cm lang, ihre Haut ist in reifem Zustand hellgelb und ihr Fruchtfleisch orange und süß. Normalerweise bekommt man in Hotels oder auch in den Guesthouses frische Papayas zum Frühstück gereicht, da sie ganzjährig reifen.

Wenn Sie in den Bergen wandern, werden Sie rechts und links der Wege immer wieder kleine, dunkelrote, leuchtende **Ananas** sehen. Dies sind wilde Früchte, die leider nicht essbar sind, dafür aber umso schöner aussehen. Die essbaren Ananas werden in reifem Zustand gelb bis orange. Die Staudenpflanze erreicht eine Höhe von etwa einem halben Meter. Zunächst wachsen harte, dunkelgrüne Blätter aus der Erde hervor, aus deren Mitte dann ein kleiner Stamm sprießt. An dessen oberem Ende entwickelt sich die Frucht. Einmal im Jahr, etwa zur Weihnachtszeit, werden die Ananas reif und können im Markt von Victoria recht preiswert gekauft werden.

Die **Guave** (kreol. *gujav*) hat eine ovale Form und wird etwa apfelgroß. Unter einer dicken gelben Schale befindet sich ein kernreiches weiches Fruchtfleisch, das sehr vitaminreich (vor allem Vitamin C) ist. Ihr Geschmack ähnelt dem einer Quitte.

Heimische Hölzer

Bis zum Beginn des 20. Jh. exportierten die Seychellen Harthölzer. Leider bedachte man damals nicht, welchen Schaden ein solches Abholzen der Natur zufügt. Der schönste und bekannteste dieser Bäume war der **Bois de Fer** (Eisenholz), der auf Mahé wuchs. Seinen Namen verdankt er seinem harten Holz, das große Ähnlichkeit mit dem Teak aus Thailand aufweist. Mit mehr als 40 m war dies die höchste Baumart, die auf den Seychellen wuchs. Man nimmt an, dass heute noch einige Dutzend Exemplare in den dichten Urwäldern in den unter Naturschutz stehenden Bergregionen von Mahé zu finden sind.

Der **Albizia-Baum** ist wegen seines schnellen Wachstums weit verbreitet. Binnen zwei bis drei Jahren kann er eine Höhe von nahezu 30 m erreichen. Seine Rinde ist hellgrau und weich; die Äste breiten sich oben weit und flach in horizontaler Richtung aus.

Etwas seltener ist der mit der Albizia verwandte niedrigere **Bois Noir.** Seinen Namen erhielt der Baum wegen seines schwarzen, gut zu verarbeitenden Holzes – das wichtigste Holz der Inselgruppe zur Herstellung von Einrichtungsgegenständen. Weitere häufig anzutreffende Baumarten sind der **Rosenholzbaum** und der neu eingeführte **Mahagonibaum**, mit dem man gerodete Regionen aufzuforsten versucht.

An der Straße entlang der Ostküste Mahés von Victoria aus nach Norden findet man einige Exemplare der faszinierenden **Würgefeige,** die bei uns meist unter dem international gebräuchlichen Namen **Banyan-Baum** bekannt ist. Seine Samen werden von Vögeln fortgetragen und fallen auf fremde Pflanzen, die dann als Wirtspflanze dienen. Der Samen treibt Wurzeln aus, die sich nach unten in die Erde bohren. Wenn der Samen auf einem hohen Ast des Wirtsbaumes treibt, umwachsen die Luftwurzeln auf dem Weg zum Boden alle Hindernisse, die ihnen begegnen. Haben sie sich schließlich im Boden verwurzelt, werden sie stärker und bilden einen selbstständigen Stamm, der so mächtig wird, dass er die Pflanzen erdrückt, die er umschlungen hat. Mehr und mehr Luftwurzeln verwandeln sich zu neuen Stämmen, bis sie so dick sind, dass sie einen neuen gewaltigen Stamm bilden und die Wirtspflanze letztlich komplett umschlingen und töten.

Tierwelt

Vögel zu Land

Zu Beginn der Kolonisierung gab es auf den Seychellen 16 einheimische Landvögel, die ansonsten auf der Erde nicht vorkommen. Zwei davon, der grüne Seychellen-Sittich und der Serin, sind inzwischen ausgestorben. Der **Seychellen-Sittich** ist einer systematischen Verfolgung zum Opfer gefallen, weil er bei der Maisernte Schaden anrichtete. Das letzte Exemplar wurde nach zeitgenössischen Berichten 1867 getötet. Dem **Serin,** der nur auf der Insel Marianne lebte, wurde die Lebensgrundlage entzogen, als man den Wald abholzte, um Kokospalmen anzupflanzen. Einen nahen Verwandten des Serin, den **Maso Banane** trifft man noch vereinzelt in hohen Lagen Mahés an.

In etwa 30 Exemplaren dürfte auf Praslin noch der **Seychellen-Wasa-Papagei** (engl. *black parrot*, frz. *cateau noire*) existieren. Er hat eine für Papageien ungewöhnlich schlanke Körperform, dunkelgraues bis schwarzes Gefieder und einen gelblich-orangefarbenen Schnabel. Beeren und kleine Früchte, besonders Guaven, bilden seine Nahrung. Dieser Papagei nistet vorwiegend in hohlen Palmenstämmen, wo das Weibchen pro Jahr zwei bis drei Eier ablegt. Seit einigen Jahren schafft man diesen Vögeln künstlich Brutstätten, indem man alte, gestürzte Palmen zersägt, aushöhlt und im Vallée de Mai auslegt. Ob dies zur Vergrößerung der Papageienpopulation beiträgt, wurde noch nicht geprüft.

Ebenso ist der **Paradiesfliegenschnäpper** (frz. *veuve* = Witwe) vom Aussterben bedroht. Das Weibchen hat einen schwarzblauen Kopf und einen braun gefärbten Rücken. Das Männchen ist blauschwarz mit langen schleppenden Schwanzfedern. Der Vogel kam im 19. Jh. auf mehreren Inseln vor, heute kann man ihn nur noch auf La Digue entdecken. Ein etwas hinter dem Küstenstreifen gelegener Wald, seit wenigen Jahren Naturschutzgebiet, bildet dort die letzte Heimat der Veuve (Veuve Reserve, s. S. 273).

Der Engländer Newton berichtete im 19. Jh. von einem Vogel, der auf Mahé ausgestorben sei, jedoch auf einigen kleinen umliegenden Inseln noch existiert habe. Es handelte sich um den **Seychellendajal** (engl. *magpie robin,* frz. *pie chanteuse*) aus der Familie der Drosseln. Er lebte früher in großer Zahl auf der Insel Marianne, bevor diese zur Kokosplantage umgestaltet wurde. Heute fehlen natürliche Nistplätze, sodass der Vogel nur in einzelnen Exemplaren überleben konnte. Man trifft ihn inzwischen häufiger auf Frégate an, da dort eine weitgehend ursprüngliche Umgebung vorhanden ist, und man sich intensiv darum bemüht, die ursprüngliche Tier- und Pflanzenwelt wieder einzuführen. Von Frégate aus wurde er auch auf den unter Naturschutz stehenden Inseln Aride, Cousine, Cousin und North Island ausgewildert und kommt dort mittlerweile jeweils in einigen Dutzend Exemplaren vor. Als man mit den Schutzmaßnahmen begann, waren nur noch sieben Exemplare auf Frégate verblieben! Der Seychellendajal ist in seiner Erscheinung der Amsel sehr ähnlich. Er hat einen gedrungenen Körper und schwarzes Gefieder mit beiderseits einigen weißen Federn.

Häufig sieht man den **Kuhreiher** am Markt von Victoria, wo es Abfälle zu durchwühlen gibt. In Afrika ist der Vogel als Begleiter von Großwildherden in den Savannen bekannt, wo er die Haut der großen Tiere reinigt. Auf Mahé hat er sich zum ›Reinigungspersonal‹ von Marktplätzen entwickelt.

Ein häufig in Gärten zu findender, von der Ausrottung nicht bedrohter Vogel ist der einheimische **Nektarvogel** (engl. *sunbird,* frz. *colibri*). Das ist ein schönes kleines Tier von nur einigen Zentimetern Länge mit einem langgezogenen scharfen Schnabel, einem metallisch-blaugrün glänzenden Brustlätzchen und blaugrau gefärbter Oberseite. Er ist nicht mit den Kolibris Südamerikas verwandt, kann aber wie diese kurzzeitig im Flug auf der Stelle verharren, um Nektar aus Blüten zu saugen.

Toc-Toc heißt ein unscheinbarer, graubrauner und spatzengroßer Webervogel, den es nur auf den Seychellen gibt. Toc-Tocs ernähren sich von Pflanzensamen und lieben auch ungekochten Reis. Manche Seychellois füttern sie. Legt man regelmäßig zur gleichen Tageszeit Reis aus, kommt vielleicht ein großer Schwarm angeflattert. Ein naher Verwandter des Toc-Toc, der 1879 erstmals aus Madagaskar eingeführte **Madagaskar Fody,** breitete sich schnell auf den Inseln aus und fällt wegen seiner schönen roten Färbung auch stärker auf. Die Einheimischen nennen ihn der Farbe wegen auch Cardinal. Nach seiner Einführung fürchtete man zunächst, er werde den einheimischen Toc-Toc verdrängen. Beide Webervögel leben jedoch heute friedlich nebeneinander, ohne sich vermischt zu haben. Der seychellische Toc-Toc hat seine Brutgewohnheiten auf die fehlenden jahreszeitlichen Klimaschwankungen eingestellt und brütet das ganze Jahr über. Der Madagaskar Fody dagegen brütet nur in den Monaten November bis März, also in den Monaten, in denen es in seiner Heimat Madagaskar heiß ist.

Ein attraktiver Vogel ist die **Blaue Seychellentaube** (Holländische Taube, engl. *blue pigeon*, frz. *pigeon hollandais*) mit ihrem nachtblau schimmerndem Gefieder mit weißem Nacken und Bauch, rotem Kopf und blauem Rücken. Man kann sie gelegentlich noch auf Frégate finden; auf den anderen Inseln ist sie weitgehend ausgestorben.

Seevögel

Während der europäischen Sommermonate brütet eine gigantische Kolonie (ca. 1 Mio. Exemplare) von **Rußseeschwalben** (engl. *sooty tern*) auf Bird Island im Norden von Mahé, und auf Desnœufs, der südlichsten Insel der Amiranten-Gruppe, siedelt eine noch größere Rußseeschwalben-Kolonie mit geschätzten 2 Mio. Exemplaren. Morgens bei Sonnenaufgang verlassen die Vögel den Brutplatz in gigantischen Wolken und kehren abends kurz vor Sonnenuntergang in ebensolchen Schwaden zurück, um die Nacht an Land zu verbringen. Außerhalb der Brutzeiten halten sie sich über dem offenen Meer in tropischen und subtropischen Regionen auf und jagen Fische. Die Rußseeschwalbe ist ein eleganter, ca. 30 cm langer Vogel mit einer Spannweite von 60 cm. Ihr Bauch und die Unterseiten der spitz auslaufenden Flügel sind weiß, die Oberseite ist schwarz. Zwischen dem schwarzen Schnabel und dem schwarzen Kopf hat die Rußseeschwalbe in Augenhöhe einen weißen Fleck.

Ebenfalls auf Bird Island, aber auch auf Cousin, Aride und anderen Inseln finden sich die zutraulichen weißen **Feenseeschwalben**

Die weißen Feenseeschwalben brüten ohne Nest

(engl. *fairy tern).* Sie legen ihre Eier in Astgabeln auf etwas breitere Blätter, ohne sie durch ein Nest zu schützen oder abzusichern. Der brütende Vogel – alle drei Tage etwa wechseln sich das weibliche und das männliche Tier ab – muss beim Auffliegen vorsichtig sein, da sonst die Gefahr besteht, dass das Ei herunterfällt. Wenn der Jungvogel nach zwei bis drei Wochen geschlüpft ist, klammert er sich mit stark ausgebildeten Füßen an seinem Ast fest und bleibt für zwei bis drei Monate an Ort und Stelle, versorgt von den Eltern. Auch er muss nahezu regungslos sitzen bleiben, um nicht abzustürzen.

Der auffälligste Seychellenvogel ist der für den Laien einfach zu erkennende **Fregattvogel**. Es handelt sich um einen nahen Verwandten der Pelikane und Kormorane. Seine Flügel sind weiß, schmal und besitzen eine Spannweite von bis zu 2 m. Sein Körper, der aufgrund des langen gegabelten Schwanzes noch größer wirkt, kann bis zu 1 m Länge erreichen. Das Gefieder an der Oberseite des Fregattvogels ist komplett schwarz, der Bauch und ein Teil der Flügelunterseite sind weiß. Für die Balz besitzen die Männchen einen roten Kehlsack, den sie in Imponierpose aufblasen können. Gelegentlich ist er rund um die Inseln Cousin und Cousine vor der Westküste Praslins zu sehen oder wenn er die Berggipfel und Abhänge der geschützten Insel Aride regelmäßig umkreist. In noch größerer Zahl sind Fregattvögel auf einigen Amiranten-Inseln und vor allem auf Aldabra zu finden. Auf bewohnten Inseln sieht man Fregattvögel selten, denn sie reagieren empfindlich auf jedwede Störung. Allein schon, wenn sie von ihrem Brutplatz aufgescheucht werden, verlassen sie diesen endgültig. Andere – keine anderen Arten, sondern ebenfalls Fregattvögel – holen sich dann sowohl Eier als auch Jungtiere, rauben die verlassenen Nester ihrer Artgenossen aus. Die äußerst aggressiven Tiere attackieren auch Vögel, denen sie flugtechnisch überlegen sind (wie Ruß- und Feenseeschwalben) in der Luft. Im Flug ergreifen sie mit ihrem Hakenschnabel auch Fliegende Fische oder knapp unter der Wasseroberfläche schwimmende andere Fische. Tauchen oder schwimmen können sie nicht und sie sind auch nicht gut zu Fuß.

Reptilien

Auf La Digue findet man in sumpfigen Gebieten Exemplare der nur 20 cm langen **Sumpfschildkröte** (kreol. *soupap*). Sie ist – trotz Naturschutz – selten geworden, denn die Einheimischen verarbeiten sie mit Vorliebe zu Curry. Früher, als sie weniger selten war, fing man sie auch, um sie auszustopfen und als Touristensouvenir zu verkaufen. 1967 wurde der Handel verboten und damit das Tier vor der damals sicher erscheinenden Ausrottung gerettet. Die ursprüngliche Heimat dieser Schildkröte sind die flachen Seegrastümpel an der Ostküste Madagaskars, von wo sie über das Meer zu den Inseln des Indischen Ozeans und nach Ostafrika kam.

Wanderungen in den Wäldern der Seychellen begleitet das stetige Rascheln trockenen Laubes, denn überall gibt es verschiedene Arten von kleinen **Eidechsen**.

Weniger scheu zeigen sich die kleinen **Geckos**, die insbesondere abends, bei elektrischem Licht, an Wänden und Decken der Häuser zu finden sind. Die lebhaften Tiere, die eine Länge von bis zu 10 cm erreichen, sind lustig zu beobachten und sehr nützlich. Manchmal sitzen sie still, als ob sie zur Verzierung angebracht worden seien, doch plötzlich schießen sie behend vorwärts, um ein Insekt zu verschlingen. Sie können ohne Weiteres an senkrechten Wänden auf und ab laufen und sogar an Decken bewegen sie sich wie auf dem Fußboden. Lange Zeit wusste man nicht, wie sich die Tiere festhalten. Man vermutete, sie hätten kleine Saugnäpfe an den Zehen. Doch tatsächlich besitzen sie an den Füßen mikroskopisch kleine Härchen, mit denen sie sich nach Art des Klettverschlusses festkrallen können. Diese Härchen sind so fein, dass ihnen sogar die Oberfläche von Glas genügend Unebenheiten als Halt bietet! Auf Mahé haben die Geckos meist eine weißlich-graue Farbe, auf La Digue finden Sie prächtig hellgrün leuchtende Tiere. Es kommt darauf an, auf welchem Untergrund sie jagen. Ist er grün, so werden die Geckos darauf auch grün oder braun sein. Andersfarbige würden in kürzester Zeit von Vögeln und Katzen erkannt und gefressen werden.

Neben Eidechsen und Geckos gibt es auf den Seychellen weitere Reptilien, wie etwa eine **Chamäleon-Art** und einige kleine, ungiftige **Schlangen**. Sie sind so scheu, dass man sie selten zu sehen bekommt.

Insekten und Spinnentiere

Die Insekten der Seychellen sind für die Wissenschaft von großem Interesse. Untersuchungen in den letzten Jahrzehnten haben ergeben, dass etwa 65 % aller Insektenarten in der übrigen Welt unbekannt sind. Viele von ihnen benötigen als Lebensraum den Seychellen eigene, endemische Pflanzen. Der hohe Anteil absolut einmaliger Insektenarten ist einer der vielen Beweise dafür, dass sich die Inselwelt der Seychellen über einen sehr langen Zeitraum unabhängig von Einflüssen der Kontinente entwickeln konnte. Anhand der Insekten lässt sich auch nachweisen, dass zwischen den Inseln des Seychellen-Archipels einmal eine Landverbindung bestanden haben muss. Es scheint festzustehen, dass sich die Insekten auf den Inseln des westlichen Indischen Ozeans – von einigen wenigen Ausnahmen abgesehen – weitgehend gleichartig entwickelt haben, was darauf hindeutet, dass die Inseln erst relativ spät voneinander getrennt wurden. Experten vermuten, dass zur letzten Eiszeit, vor ca. 15 000 Jahren, der Meeresspiegel des Indischen Ozeans um etwa 100 m unter dem heutigen lag. Sollte dies richtig sein, so ragte damals das gesamte Seychellen-Plateau über die Wasseroberfläche hinaus. Da in einem Umkreis von knapp 400 km um Mahé das Meer nirgends eine Tiefe von mehr als 75 m aufweist, lag also dieser Sockel oberhalb des Meeresspiegels. Erst außerhalb dieses Gebirgsstocks fällt der Meeresgrund jäh bis in eine Tiefe von knapp 400 m ab. Man darf also annehmen, dass für einige Jahrtausende eine große Insel von etwa 50 000 km^2 Fläche existierte, auf der sich eine eigene Flora und Fauna herausbilden konnte.

Wer Glück hat, begegnet einer der beiden auf den Seychellen vorkommenden **Skorpionarten**. Sie sind selten und – anders als etwa ihre Artgenossen in Nordafrika – ungefährlich, wenngleich ihr Stich schmerzhaft sein kann. Ebenso harmlos und am Menschen uninteressiert sind die **Spinnen**, deren Netze Sie in der Stadt zwischen elektrischen Leitungen und auf dem Lande zwischen den Blättern der Palmen sehen.

Meereslebewesen

Die Unterwasserwelt der Seychellen wurde im Vergleich zu anderen Regionen der Erde in den vergangenen Jahrzehnten wenig verändert. Der Grund: In den Hoheitsgewässern der Seychellen ist das Fischen mit riesigen Schleppnetzen nicht erlaubt. Zudem erklärte die Regierung 1973 große Wassergebiete um die dem Hafen von Mahé vorgelagerten Inseln Sainte Anne, Cerf, Round und Moyenne zum Naturschutzgebiet (Ste. Anne Marine National Park, s. S. 172 ff.). Weitere Unterwasserschutzgebiete befinden sich an der Ostküste Mahés zwischen der Anse Royale und der Südspitze Mahés sowie an der Westspitze der Insel um Port Launay. In diesen Gebieten ist es sogar untersagt, an den Strand gespülte Muscheln zu sammeln.

Das Schutzgebiet rund um die Inseln des **Ste. Anne Marine National Park** hat entlang der Ostküste Mahés leider stark unter den Folgen der Aufschüttungsarbeiten für die Schnellstraße zum Flughafen gelitten. Sie bewirkten eine Veränderung der Strömungsverhältnisse und damit der Lebensräume unter Wasser, wodurch dort heimische Lebewesen abstarben. Vor der Nord- und der Westküste der Insel Cerf, wo sich früher blühende Korallengärten ausdehnten, liegen von der Strömung zerstörte Korallenteile am Meeresgrund – und neues Korallenwachstum ist an diesen schmalen Stellen nicht mehr möglich. Reiches Riffleben findet sich nach wie vor rund um die Inseln Round, Moyenne, Sainte Anne, Long und auf der Ostseite der Insel Cerf. Bis jedoch um diese Inseln herum wieder eine wirklich intakte Unterwasserfauna entsteht, werden Jahrzehnte vergehen.

Unbeeinträchtigt aber sind die strahlend weißen Strände der Seychellen geblieben. Sie sind zum größten Teil der Jahrtausende andauernden Arbeit der bunten **Papageienfische** zu verdanken, die mit ihren zangenartigen Kiefern Korallenstücke losbrechen, diese zermalmen und so die auf den Korallenskeletten lebenden Korallen und Algen abweiden. Beim Schnorcheln kann man sie beobachten. Man hört das Knacken und Reiben ihrer Kiefer, bevor feiner, weißer Sandstaub auf den Meeresboden herab sinkt.

In den Riffen der Seychellen finden sich über 1000 verschiedene Arten von **Knochenfischen** und einige Dutzend **Knorpelfische** (Haie, Rochen). Die meisten ähneln ihren Artgenossen in anderen Gegenden des Indischen Ozeans, Kenner unterscheiden jedoch z. B. problemlos einen Rotfeuerfisch von den Seychellen von denjenigen, die man im Roten Meer oder bei den Malediven findet.

Einige auffällige Fischarten sind bereits bei ufernahen Schnorchelausflügen zu sehen. Schwarz, weiß und gelb gestreifte **Clownfische,** leuchtend gelbe, manchmal braun gepunktete, manchmal bläulich längs gestreifte **Anglerfische** finden sich in jedem Riff. In kleinen Schulen umschwirren **Meeresgoldlinge** die Korallenstöcke, ebenso wie der **Kofferfisch**, der sich mit Wasser vollpumpt, um imponierender auszusehen, wenn er sich bedroht fühlt. Unter den **Raubfischen** finden sich der **Zackenbarsch** und der kleine, buntgefärbte **Anemonenfisch** (ebenfalls ein Barsch), der sich in Seeanemonen versteckt. Der zweiflügelige **Fliegende Fisch** kann bei der Überfahrt von Praslin nach La Digue beobachtet werden.

An vielen Stränden und in Mangroven kann man kleine graue Lebewesen beobachten, die an den Mangrovenästen oder knapp oberhalb der Wasseroberfläche an Granitfelsen kleben. Dort lassen sie sich von Wellen überspülen. Nähert man sich ihnen, springen sie gewandt durch einen harten Schlag ihres Schwanzes ins Meer zurück. Diese etwa 5–10 cm langen Fische, **Schlammspringer**, haben sich im Laufe der Evolution an ein Leben sowohl im Wasser als auch an Land an-

Bedroht: Haifische – die Löwen der Meere

Die Ozeane sind eine noch wenig erforschte Gemeinschaft von Tieren und Pflanzen. Sie verbergen in ihren Tiefen wahrscheinlich Millionen von Lebensformen, die der Mensch noch nicht mit lateinischen Namen versehen hat. Aber eines scheint gesichertes Wissen zu sein: Der Hai nimmt in den Meeren die Position ein, die der Löwe in der Steppe innehat. Er ist oberste Instanz, die das Gleichgewicht der Kräfte erhält.

Weltweit werden pro Jahr 200–300 Angriffe von Haien auf Menschen registriert. Die meisten davon sind provoziert, d. h. die Haie hingen bereits am Angelhaken, hatten sich in einem Fischernetz verfangen oder Taucher haben ihre Fluchtwege versperrt. Dennoch gehen die meisten dieser Verteidigungsattacken glimpflich aus, denn die Verletzungen haben selten das Ausmaß eines Hundebisses. Nur etwa zehn Haiangriffe pro Jahr enden tödlich, weil der attackierte Mensch durch Blutverlust seinen Verletzungen erliegt, bevor er ans rettende Ufer gelangt.

Viele tausend Menschen hingegen sterben jedes Jahr an Insektenstichen, viele hundert an Hundebissen – und wie viele im Straßenverkehr sterben, kann man täglich in der Zeitung nachlesen. Und doch gilt der Hai als außergewöhnlich gefährlich. Dabei ist der Hai in Wirklichkeit unter den Meeresbewohnern ein vergleichsweise harmloser Gegner. Gefährlicher sind beispielsweise Begegnungen mit Feuerquallen, Rotfeuerfischen oder Stein- fischen, deren Gift nicht nur schmerzhaft ist, sondern auch häufiger zum Tod eines Tauchers führt als ein Haiangriff. Doch wer die Filme »Der weiße Hai« (1–3) gesehen hat, wird sich vermutlich von der Angst vor der ›Fressmaschine‹ nur schwer befreien können. Die Schreckensbilder sind zu eindringlich.

Haie leben seit etwa 400 Mio. Jahren in den Weltmeeren und haben sich ihrer Umwelt perfekt angepasst. Zur Anpassung gehört die Wahl der Beute, und da Menschen keine Meeresbewohner sind, passen sie nicht in ihr Beuteschema. Es wird immer wieder festgestellt, dass ein in die Enge getriebener oder provozierter Hai Menschen zwar gelegentlich attackiert, möglicherweise auch zubeißt, aber sofort wieder von ihm ablässt und im Dunkel des Meeres verschwindet. Auch wenn Hollywood dies zuweilen glauben lässt, passt der Mensch keinesfalls ins Beuteschema der Haie. Die von Haien ausgehende Gefahr wird zudem von Jahr zu Jahr geringer, denn ihre Zahl nimmt drastisch ab. Zwischen 1990 und 2005 ist der Gesamtbestand aller etwa 400 Arten auf die Hälfte gesunken, besonders häufig gejagte Arten sind sogar auf nur wenige Prozent ihres früheren Bestandes zurückgegangen. Es besteht die Gefahr, dass Haie bald ihre Aufgabe im Kreislauf der Natur nicht mehr wahrnehmen können – eine Balance der Lebewesen im Meer zu erhalten, indem sie eine explosionsartige Vermehrung ihrer Beutetiere verhindern und so das seit Jahrmillionen eingespielte Gleichgewicht im Lebensraum Meer zu erhalten.

Unglücklicherweise besitzt der Hai viele Eigenschaften, die ihn als Jagdobjekt für den Menschen interessant machen. Seine angebliche Gefährlichkeit ist Anreiz für Sportfischer, ihre Kräfte mit ihm zu messen. Vor den Küsten des Atlantiks und im Golf von Mexiko

Thema

werden mehrere Millionen jedes Jahr ›zum Vergnügen‹ getötet, in anderen Regionen wahrscheinlich nochmals die gleiche Menge. Auch geschmacklich kommt Haifischfleisch beim Menschen offenbar gut an, denn es wird unter harmlos klingenden Namen wie Schillerlocken, Kalbsfisch, Speckfisch, Karbonadenfisch, Königsaal, Steinlachs oder Seestör für 5–10 €/kg verkauft. Ein weiterer Grund für die Jagd auf Haie ist die Nachfrage in asiatischen Ländern nach Haifischflossensuppe, die als Delikatesse mit potenzsteigernder Wirkung gilt: 1 kg Haifischflosse hat einen Wert von bis zu 300 €! Viele Millionen Haie werden daher gefangen, nur um ihnen die Flossen abzuschneiden (engl. *finning*) – die Haie selbst werden dann lebend (›den Haien zum Fraß‹) ins Meer zurückgeworfen.

Auf den Seychellen gehört Haifischfleisch traditionell auf den Speiseplan, Haifischflossen aber werden nicht gegessen. Der Walhai ist in den seychellischen Gewässern seines Lebens sicher, denn die heimischen Fischer trachten ihm nicht nach dem Leben. Erst durch die Nachfrage nach Haifischflossen und die hohen Preise haben sich manche auf den Fang von Haifischen spezialisiert. Um eine Ausbeutung und Überfischung zu verhindern, hat die Regierung daher das *finning* verboten und ausländischen, hochtechnisierten ›schwimmenden Fischfabriken‹ ist die Jagd nach Haifisch in den seychellischen Gewässern untersagt. Ziel ist es, die Haifischerei nachhaltig zu gestalten, also die Überfischung zu verhindern. Näheres findet man auch im Internet unter www.hai.ch.

Auch der Weißspitzen-Riffhai kommt in seychellischem Gewässer vor

Meeresschildkröten werden heute nicht mehr gejagt

gepasst. Im Wasser benutzen sie ihre Kiemen, um den benötigten Sauerstoff zu erhalten. Außerhalb des Wassers nehmen sie Sauerstoff über die Haut auf, zusätzlich führen sie im Mundsack einen Wasservorrat mit, den sie so lange durch die Kiemen spülen, bis der darin enthaltene Sauerstoff verbraucht ist. So können sie recht lange Zeit außerhalb des Meeres am Felsen überleben. Schlammspringer ernähren sich von kleinen Krabben und von Insekten, die sie sowohl innerhalb als auch außerhalb des Wassers jagen.

Auf den Seychellen sind die **Seekühe** ausgestorben, alle Schutzmaßnahmen kamen zu spät. Diese plumpen Meeressäugetiere, die sich in seichten Küstengewässern aufhalten, ernähren sich von unter Wasser wachsenden Algen. Wie bei den Walen handelt es sich um Nachfolger landbewohnender Tiere, die sich vor Millionen von Jahren an das Leben im Wasser anpassten. Das ihnen am nächsten verwandte lebende Tier ist der Elefant (!), wie man durch den Vergleich der Skelette herausgefunden hat. Noch vor einigen Jahrzehnten lebten die Dugongs, wie sie auch genannt werden, in großer Zahl überall dort, wo sie in Küstennähe gute ›Weidegründe‹ fanden. Reiseberichte europäischer Seeleute schildern, dass oft Herden von mehreren 100 Dugongs beobachtet wurden. Sie waren zutraulich, sodass man sich in aller Ruhe das dickste Tier heraussuchen und es mit einem Strick am Schwanz aus dem Wasser ziehen konnte. Ihr Fleisch soll in Aussehen und Geschmack dem Rindfleisch ähneln. Nur noch die Namen zweier Inseln erinnern an die früher häufigen Dugongs. Die Île aux Vaches (heute Bird Island) im Norden der Inneren Seychellen wurde nach den Seekühen (von frz. *la vache* = die Kuh) benannt, ebenso wie die kleine, steinige Île aux Vaches Marines in Sichtweite vor der Grand' Anse an der Westküste von Mahé. In anderen Regionen des Indischen Ozeans konnten die Dugongs überleben. Man findet sie noch häufig in Küstengebieten vor den Komoren und Madagaskar. Vielleicht kommt einmal eine internationale Organisation mit den entsprechenden finanziellen

Möglichkeiten auf die Idee, Dugongs wieder in den Gewässern um die Seychellen anzusiedeln? Dies wäre eine Möglichkeit, auf den Seychellen Fleisch zu produzieren, die Fleischproduktion zu erhöhen, ohne das knappe nutzbare Land zwischen Meer und Bergen in Anspruch nehmen zu müssen.

Bis zur Mitte des 19. Jh. wurden in den Gewässern der Seychellen **Wale** gefangen. Es gab viele davon, doch man jagte die Tiere nicht mit professioneller Ausrüstung. Da auf den Seychellen keine Not an Nahrungsmitteln herrschte, wurden bis zu Beginn des 20. Jh. nur wenige Wale erlegt. Dann aber siedelten sich gut ausgerüstete Walfänger auf den Seychellen an, die in den südlicheren Regionen des Indischen Ozeans nicht mehr ausreichende Beute fanden. Sie richteten auf der Victoria vorgelagerten Insel Sainte Anne eine Walfangstation ein, wo das Fleisch und das Fett auch verarbeitet wurden. Das Geschäft florierte jedoch nicht so, wie man es sich erhofft hatte, und nachdem 120 Pottwale gefangen waren, gab man das Unternehmen schon 1915 wieder auf.

Meeresschildkröten sind für den Menschen nicht nur wegen ihres hervorragenden Fleisches interessant. Sie wurden schon vor Jahrtausenden auch als Lieferant des Schildpatts gefangen, aus dem bereits die Ägypter Kämme und andere Gebrauchsgegenstände herstellten. Auf den Seychellen kamen Meeresschildkröten so häufig vor, dass sie nicht nur den heimischen Bedarf deckten, sondern sogar in großem Umfang nach Mauritius, La Réunion und Indien exportiert wurden. Um 1800 erkannte die Verwaltung aber, dass die Tiere vom Aussterben bedroht waren, und beschränkte die Fangquoten. Für die Tiere in den Gewässern rund um die zentralen Seychellen-Inseln war es allerdings zu spät; in großen Mengen lebten sie nur noch im Aldabra Atoll. Zeitgenössischen Berichten lässt sich entnehmen, dass vor der Festlegung der Fangquoten dort fast 10 000 Meeresschildkröten pro Jahr gefangen wurden. Der Fang war kinderleicht, denn viele hundert weibliche Tiere kamen jede Nacht auf die Strände, um im warmen Sand ihre Eier abzulegen. Von der nahe gelegenen Insel Assomption wird berichtet, dass das Rekordergebnis einer einzigen nächtlichen Jagd auf die weiblichen Tiere bei 400 Exemplaren gelegen haben soll! Man kann sich vorstellen, dass nach einigen Jahren nicht mehr viele übrig geblieben waren. Als die Fangergebnisse in den 1930er-Jahren immer schlechter wurden, versuchte man auf Assomption und Aldabra, die von den wenigen Weibchen noch abgelegten Eier an geschützten Orten künstlich auszubrüten und die ausgeschlüpften Jungen dann so ins Meerwasser zu setzen, dass sie nicht von Fregattvögeln gefressen werden konnten. Heute findet keine Jagd auf die Tiere mehr statt. Auf Aldabra, der wichtigsten Eiablagestelle im Indischen Ozean, gehen jährlich mehr als 1000 Weibchen unbehelligt an Land. Dadurch scheint die Erhaltung der Art zumindest auf Aldabra gesichert zu sein, aber auch auf den Inneren Seychellen kann man heute immer wieder Meeresschildkröten bei der Eiablage beobachten.

Umwelt- und Naturschutz

Den ersten Siedlern auf den Seychellen war nicht bewusst, dass die natürliche Umwelt der Inseln des Schutzes bedarf, wenn man sie auf Dauer bewohnen wollte. Letzteres indes war auch gar nicht ihre Absicht. Für sie waren die Inseln Brachland, das dem Menschen nutzbar gemacht werden sollte. Und wenn sie nichts mehr hergeben, sucht man sich andere Inseln. Die Siedler töteten zunächst die Krokodile, damit sie gefahrlos durch die Wälder streifen konnten, sie fingen die Riesenschildkröten, um sie zu essen und an vorbeikommende Schiffe als lebenden Proviant zu verkaufen, und sie schlugen einen großen Teil des wertvollen Hartholzes für den Export und um Land für den Anbau von ›Kolonialwaren‹ zu gewinnen.

Erste Umweltinitiativen

Erstmals fanden sich 1960 seychellische Umweltschützer mit internationalen Wissenschaftlern zusammen, um gegen einen Plan der britischen und amerikanischen Regierungen zu protestieren. Aldabra, der Welt größtes, aus dem Wasser ragendes Korallenatoll und Heimat der einzigen noch existierenden großen Kolonie von Riesenschildkröten, sollte in eine Militärbasis verwandelt werden. Die Kampagne war erfolgreich, Engländer und Amerikaner wichen auf die Inselgruppe Diego Garcia aus. Die Seychellois waren sich damals bewusst, dass sie zugunsten des Umweltschutzes auf gigantische Pachteinnahmen verzichten, die sie vom Militär erhalten hätten. Anstatt zur Militärbasis umgebaut zu werden, wurde Aldabra dem Schutz der Vereinten Nationen unterstellt und zum Welterbe erklärt. In den darauffolgenden Jahren erklärte die Regierung der Seychellen zusätzlich weite Teile der Meeresfläche nahe den Hauptinseln Mahé, Praslin und Silhouette (Ste. Anne Marine National Park, Silhouette Marine National Park, Curieuse Marine National Park) und große Teile der Landfläche der Inneren Seychellen (Le Morne Seychellois National Park) – insgesamt fast 50 % der Landfläche der Seychellen – zu Naturschutzgebieten, in die in keiner Weise von Menschenhand eingegriffen werden darf. Inseln wie Aldabra, Aride und Cousin wurden zu Vogelschutzinseln erklärt, auf die Menschen nur unter Führung von Wissenschaftlern ihren Fuß setzen dürfen. Beide sind im Laufe der vergangenen Jahrzehnte zu weltweit anerkannten wertvollen Biotopen herangewachsen.

Umweltschutz mit Verfassungsrang

Mitte der 1980er-Jahre richteten die Seychellen als erster Staat der Erde ein Ministerium ein, das sich mit dem Umweltschutz zu befassen hatte. Man hatte erkannt, dass eine intakte Umwelt nicht nur Voraussetzung für eine weiter florierende Tourismusindustrie ist, sondern auch für die Erhaltung der kleinen Inseln als gesunder Lebensraum der eigenen Bevölkerung. Nach einigen Jahren stellte sich indes heraus, dass dieses Ministerium seine Interessen gegen die Interessen anderer Ministerien selten durchsetzen konnte – auch in unseren europäischen Ländern ein nicht unbekanntes Problem. Daher wurde der Umweltschutz 1993 in die Verantwortung eines ›Superministeriums‹, des Ministeriums für Umweltschutz, Landesplanung und außenpolitische Angelegenheiten, gegeben. Seither genießt der Umweltschutz höchste Priorität bei Entscheidungen dieses Ministeriums, das im Ministerrat nach dem Präsidenten die gewichtigste Stimme besitzt. 1990 veröffentlichte die Regierung der Seychellen einen Umweltmanagement-Plan, und die neue Verfassung von 1993 hat den Erhalt der natürlichen Umwelt für die Gegenwart und für zukünftige Generationen zu einer der wichtigsten Aufgaben seychellischer Politik erklärt. Seither genießen Aldabra (s. S. 314 ff.) ebenso wie das Vallée de Mai (s. S. 250 f.) im Herzen der Insel Praslin auch in der Verfassung den dringend erforderlichen Schutz.

Von Plantagen- zu Tourismusinseln

Um den Druck von etwa 150 000 Urlaubsgästen pro Jahr auf die Umwelt der Hauptinseln Mahé, Praslin und La Digue zu reduzieren, ist man dabei, Inseln korallinen Ursprungs (Rémire, D'Arros, Plate, Poivre u. a.), die bisher als wenig rentable und keineswegs umweltfreundliche Kokosplantagen genutzt werden, für den Tourismus zu erschließen.

Umwelterziehung als Mammutaufgabe

Wie stark das Umweltbewusstsein innerhalb der Elite des Landes ist, zeigt ein Blick in die Tages- und Wochenzeitungen. Es gibt nahezu keine Zeitung, in der nicht ein umweltrelevantes Thema in ausführlichen Kommentaren abgehandelt wird, in denen nicht versucht wird, auch das Bewusstsein der einfachen Leute zu schärfen, insbesondere da einige Umweltgesetze ihnen gegenüber nicht einfach durchzusetzen sind. So ist es seit langem verboten, Bäume ohne ausdrückliche schriftliche Genehmigung zu fällen. Die Verarbeitung von Schildkrötenpanzern zu Gebrauchsgegenständen wie Aschenbechern, Kämmen usw. oder Souvenirs wurde 1994 endgültig verboten, obwohl damit die Lebensgrundlage einiger Familien zerstört wurde, die seit Generationen von diesem Handwerk lebten.

Des Weiteren stellt die Regierung in allen Wohngebieten **Abfalltonnen** (Abfalltrennung) auf. Allerdings bleibt, was den Umgang mit Abfall angeht, noch viel zu tun. Vor nicht langer Zeit konnten Seychellois praktisch alles achtlos wegwerfen, was sie nicht mehr benötigten, denn es wurde innerhalb kurzer Zeit von Ameisen und anderen Tieren verwertet und verschwand von selbst. Es wird wohl noch eine Generation dauern, bis man gelernt hat, Plastiktüten und Cola-Dosen in den ›Restmüll‹ zu werfen sowie Salatreste, Gras und Obstschalen auf dem Kompost in Erde zu verwandeln. Das Ministerium hat ein Handbuch über den Umgang mit Hausabfall und die Herstellung von Kompost herausgegeben, das kostenlos jedem Haushalt zur Verfügung steht. Sowohl im Fernsehen als auch in den Zeitungen wird ausführlich erläutert, wie wichtig die Kompostierung ist, wo doch die Erde insbesondere in den küstennahen Gebieten der Inseln wenig fruchtbar ist.

Ein 1995 verabschiedetes Gesetz regelt den Einsatz aller denkbaren **Chemikalien** – sowohl in der Landwirtschaft als auch in Bereichen wie der Herstellung von Farben, Lacken, Seifen und Parfüms. Ein Staatsunternehmen hat die Aufgabe übernommen, sich um die Entsorgung von festem Abfall zu bemühen. Dieser wird in Gefahrengruppen aufgeteilt und sachgerecht entsorgt.

Mit der Beseitigung bereits bestehender **Mülldeponien** und der davon ausgehenden Gefahren ist eine Firma beauftragt, die in Singapur eine entsprechende Aufgabe seit Jahren erfolgreich durchführt. Als erster Schritt werden die alten Abfälle zusammengetragen und mit einem Schiff in Deponien gebracht. Nahe der Anse Royale wurde mit Hilfe der Europäischen Union eine moderne Mülldeponie errichtet, die allen Normen entspricht, die auch in der EU anzuwenden sind.

Heute schon muss jeder Haushalt über einen *septic tank* verfügen, die großen Hotels haben hauseigene **Kläranlagen**, eine Ringkanalisation mit gemeinsamer großer Kläranlage wird im dichten Siedlungsgebiet von Victoria errichtet, für die touristisch besonders stark genutzte Region in Nordmahé befindet sie sich im Planungsstadium. Mit Unterstützung des Ministeriums sowie deutscher und schweizerischer Entwicklungshilfe haben Hotels und Gästehäuser Kläranlagen gebaut, in denen die Abwässer ohne Einsatz von Chemikalien oder elektrischer Energie durch Ableiten in speziell für die Tropen konzipierte Klärbecken gereinigt werden. Es wird viel getan, aber es bleibt noch viel zu tun. Im Vergleich zu den meisten Ländern ähnlichen Entwicklungsstadiums aber sind die Seychellen vorbildlich.

Keine neuen Umweltprobleme

Besonderes Augenmerk wird darauf gelegt, die Entstehung neuer Umweltprobleme zu verhindern. Es wird darauf geachtet, dass Wohnhäuser oder Wohngebiete dort errichtet werden, wo genügend Wasser vorhanden ist, dass keine Zersiedlung stattfindet, dass intakte Ökosysteme erhalten bleiben. Solche Überlegungen waren Grundlage für die Entscheidung, vor der Ostküste durch Aufschüttung neuen Siedlungraum zu schaffen. Mangels verfügbaren flachen Siedlungsraumes mussten Straßen in die Berghänge geschnitten werden, um auch dort die Errichtung von Siedlungen zu ermöglichen. Eine Destabilisierung der Hänge war die Folge, und immer häufiger kam es bei starken Regenfällen zu Erdrutschen. Die neuen Inseln nehmen nun Siedlungsdruck von den Bergen – auch wenn sie für das Meer vor der Ostküste für einige Jahre ein Problem darstellen.

Natürlich existieren Umweltprobleme. Es sollte jedoch nicht vergessen werden, dass all die oben geschilderten Maßnahmen von einem Staat mit nur 86 000 Einwohnern (also der Größe einer mittleren deutschen Stadt) inmitten des Indischen Ozeans ergriffen werden. Gleichzeitig wird in Deutschland über Gasgewinnung unter dem Grundwasserspiegel durch ›Fracking‹ diskutiert, 30–40 % unserer Wälder sind krank oder stehen kurz vor dem Absterben, Autos dürfen weiterhin mit unbegrenzter Geschwindigkeit über Autobahnen rasen und für die globale Erwärmung verantwortliche Abgase ausstoßen. Das große Industriegebiet im Norden Italiens mit Mailand und Bologna bedient sich wie vor 100 Jahren der Flüsse und der Adria als ›biologischer Kläranlage‹. Auf den Seychellen stehen fast 50 % der Landfläche unter mehr oder weniger strengem Schutz, während das auf sein ältestes Umweltministerium Europas stolze Bayern 3 % seiner Landfläche unter Naturschutz gestellt hat. Viele streng kontrollierte Einzelmaßnahmen sorgen für guten Schutz des sensiblen Ökosystems.

Um die Bilanz noch positiver zu machen, kann auch jeder Urlauber einen Beitrag leisten und somit den Einheimischen als positives Vorbild dienen: Werfen Sie keine Dosen oder Plastiktüten in den Straßengraben, nehmen Sie keinen Sand vom Strand mit, sammeln Sie keine lebenden Schnecken, bringen Sie Pfandflaschen zurück, bleiben Sie bei Spaziergängen auf den Wegen, pflücken Sie keine Pflanzen, nehmen Sie ihren Plastikmüll (Zahnpastatuben, Sonnencreme) zurück nach Europa, essen Sie heimisch produzierte Lebensmittel, verzichten Sie auf die Benutzung von Klimaanlagen, baden Sie im Meer, nicht im Swimmingpool, nehmen Sie Ihren Müll von den Stränden wieder mit – und falls welcher da sein sollte, auch den anderer –, fahren Sie mit dem Fahrrad oder gehen Sie zu Fuß usw.! Großes Aufsehen erregte eine Aktion von jungen Touristen, die sich Säcke besorgten und Müll, Bierdosen, Plastik usw. aus den Straßengräben Victorias einsammelten. Die Zeitungen waren voll davon, und viele Seychellois begannen nachzudenken.

National- und Naturparks

Auf den Seychellen hat man diverse Arten von Naturreservaten eingerichtet: **Areas of exceptional natural beauty** (Gebiete von herausragender Naturschönheit) werden so geschützt, dass jedermann sie gleichermaßen nutzen und genießen kann. Beispiel: Anse Lazio auf Praslin (s. S. 242 ff.). **Nationalparks und Meeresnationalparks** werden eingerichtet, um die Erhaltung und Ausbreitung von Pflanzen und Tieren unter und über Wasser sicherzustellen. Beispiele: Ste. Anne Marine National Park (s. S. 172 ff.), Baie Ternay National Park (s. S. 199), Le Morne Seychellois National Park (s. S. 200), Port Launay Marine National Park (s. S. 228), Vallée de Mai (s. S. 250 f.) sowie Curieuse Marine National Park (s. S. 285). In den Meeresnationalparks der Seychellen ist es strikt untersagt, Meerestiere zu fangen, zu sammeln oder zu fischen. Schnorcheln, Baden und Tauchen sind gestattet, Anker dürfen lediglich an mit Bojen gekennzeichneten Stellen geworfen werden. Darüber hinaus ist das Sammeln oder Nutzen von Sand am Strand auf den Seychellen grundsätzlich (nicht nur in den Meeresnationalparks) verboten.

Kolonien von Rußseeschwalben gibt es nicht nur auf Aride

Special Reserves werden zum Schutz spezieller, gefährdeter Tiere oder Pflanzen eingerichtet. Beispiele: Aride Island (s. S. 278 ff.), Cousin Island (s. S. 274 f.), La Digue Veuve Reserve (s. S. 273). Aride und Cousin gehören der Royal Society for Nature Conservation und werden vom International Council for Bird Preservation verwaltet. **Strict Nature Reserves** sollen der ungehinderten Entwicklung der Natur ohne jede Einwirkung von außen dienen. Sie wurden bisher noch nicht ausgewiesen.

Alle drei Arten der Naturreservate werden von einer Abteilung des Umweltministeriums verwaltet. Hinzu kommen **Schutzgebiete in Privateigentum,** die auch privat geschützt werden. North Island (s. S. 296 ff.), Cousine Island (s. S. 277 f.) und Frégate (s. S. 298 ff.) sind Inseln in Privatbesitz, auf denen jeweils ein kleines, extrem teures Hotel steht. Ein erheblicher Anteil aus den Hoteleinnahmen fließt in Maßnahmen zur Rückführung der Inseln in einen dem Urzustand ähnlichen Status: Eingeführte Pflanzen und Tiere werden bekämpft und durch auf den Seychellen seit Jahrtausenden heimische Arten ersetzt. Außerdem wildert man Tiere wieder aus, die ausstarben, weil die für sie erforderlichen Pflanzen gerodet und durch Kulturpflanzen ersetzt worden waren.

Das Vallée de Mai (s. S. 250 f.) und Aldabra (s. S. 314 ff.) sind von der UNESCO zum **Welterbe** erklärt worden. Die einzuhaltenden Schutzmaßnahmen wurden von der UNESCO festgelegt, ihre Einhaltung überwacht die Seychelles Island Foundation.

Wirtschaft, Soziales und aktuelle Politik

Die Seychellen sind eines der wohlhabendsten Länder Afrikas, wahrscheinlich das wohlhabendste. Jedoch sieht man dies nicht auf den ersten Blick, denn es gibt wenige reiche Seychellois, die dem Land äußeren Glanz verleihen könnten. Der Reichtum des Landes und seiner Bevölkerung liegt in der Fürsorge für Arbeitslose, Kranke und Alte, im staatlichen Schulsystem und der Sicherung der Grundbedürfnisse aller Seychellois.

Wirtschaftliche Entwicklung

Entstehung des seychellischen Sozialstaats

Die Seychellen hatten das Glück, aufgrund ihrer natürlichen Schönheit, des angenehmen Klimas und nicht zuletzt wegen ihrer strategisch lange Zeit interessanten Lage von den Kolonialmächten gepflegt und gefördert zu werden. Man konnte mit den Inseln wenig anfangen, hergeben wollte man sie aber auch nicht. Also schickten die Engländer Verwalter und viel Geld hin, damit niemand anders auf die Idee kam, dort die eigene Flagge zu hissen. So entstand ein **Sozialstaat** nach englischem Muster, nur mit dem Unterschied, dass man den Wohlstand nicht selbst erarbeiten musste. Freie Krankenversorgung, freie Altersversorgung, kostenlose Schulen – alles war schon damals vorhanden. Die **Wirtschaft** der Inseln basierte während der englischen Kolonialzeit auf den Subventionen sowie dem Export von Kopra nach Pakistan. Daneben wurden Zimtöl, ganze Kokosnüsse, Tee und gefrorener Fisch exportiert.

Vor der Jahrhundertwende erlebten die Seychellen eine wirtschaftliche Blütezeit. Man konnte über Sansibar nach London telegrafieren, das erste Krankenhaus war entstanden, der Long Pier in Victoria wurde gebaut und das erste Hotel auf den Seychellen, L'Équateur, in Victoria eröffnet. Der Kommandant eines französischen Schiffes schrieb: »Ich habe die Seychellen seit fünfzehn Jahren nicht mehr gesehen, und im Gegensatz zu unseren französischen Kolonien habe ich dort einen bemerkenswerten Fortschritt feststellen können. Die immer noch hübsche Stadt hat sich um vieles vergrößert, und die Einkünfte haben sich verdoppelt.«

Zeiten der Armut

Im Jahr 1900 war die Bevölkerungszahl auf 20 000 angewachsen – ein Anzeichen dafür, wie die Landwirtschaft florierte. Einen Einbruch brachte jedoch der Erste Weltkrieg, denn die Krieg führenden Nationen rüsteten ihre Handelsflotten für militärische Zwecke um. Dadurch waren die Seychellen von der Umwelt abgeschnitten, Exporte waren nicht mehr möglich. Armut breitete sich aus, Bewohner begannen zu stehlen, um ihr Überleben zu sichern. 2500 von 24 000 Einwohnern kamen ins Gefängnis! Ab 1919 normalisierte sich die Lage, doch brach mit der Weltwirtschaftskrise 1929 neues Chaos aus, denn Kopra, Kokosöl und Guano waren nicht mehr zu verkaufen. Als ab 1936 die Preise für Kopra erneut anzogen und auch die anderen Produkte wieder besser veräußert werden konnten, ging es den Seychellois einmal mehr gut. Doch schon mit dem Ausbruch des Krieges 1939 war die Zeit des Aufschwungs vorbei. Ab 1942 mussten die Lebensmittel rationiert werden, 900 junge Seychellois mussten als Pioniere der englischen Armee in Nordafrika gegen Rommel kämpfen.

Subventionen aus England

Nach dem Zweiten Weltkrieg ernannte Großbritannien Sir Selwyn Clarke zum neuen Gouverneur der Seychellen. Dieser arbeitete ein **Zehnjahresprogramm** zur Wiederbelebung der Wirtschaft aus. Aus England kam Geld, um Bewässerungsprojekte durchzuführen, um die Fischereiwirtschaft aufzubauen, Wälder aufzuforsten und neue Wohnungen zu errichten. Bis 1956 hatte das Programm einigen Fortschritt gebracht. Allerdings waren die Löhne für die Arbeiter noch immer niedrig, die Preise für Rohstoffe, welche die Seychellen auf dem internationalen Markt veräußerten, waren weltweit gesunken, während die Preise für Fertigprodukte – die die Seychellen auch heute noch importieren müssen – weiter stiegen. London musste weiter subventionieren. Man entsandte englische Experten, um Landwirtschaft und Fischerei zu fördern, und schon bald verbesserte sich die Lage. 1964 finanzierte England den Bau von Wohnungen und Häusern für die Armen, und die neue amerikanische Satellitenstation in La Misère brachte viel Geld ins Land. Die wirtschaftliche Situation der Seychellen sah nun besser aus, doch basierte sie weiterhin auf Unterstützung von außen.

Sozialparadies – die unabhängigen Seychellen

Nach der Unabhängigkeit der Seychellen 1976 und der Machtübernahme durch die sozialistische Opposition entwickelte sich der Inselstaat zu einem kleinen sozialistischen Paradies. Dabei erhielt er massive Unterstützung seitens der damaligen Sowjetunion, aber auch seitens des sozialistischen Tansania, Nordkoreas, Chinas, des sozialistischen Indien und der Deutschen Demokratischen Republik. Mancher Traum konnte verwirklicht werden, der in den großen sozialistischen Nationen scheiterte. Vieles wurde verwirklicht, wovon ein anständiger sozialistischer ›68er‹ träumte – bis auf die Freiheit, die eigene (abweichende) Meinung zu äußern, ohne mit massiven Nachteilen für sich und seine Verwandtschaft rechnen zu müssen.

Die seit Kolonialzeiten vorhandene soziale Sicherheit wurde aufrechterhalten und ausgebaut. Hinzu kamen wachsender Wohlstand und gleichmäßige Verteilung der Güter durch eine sozialistisch inspirierte Steuergesetzgebung und ein Lizenzierungssystem, das dafür sorgte, dass bisher unterprivilegierte Schichten – soweit sie der ›richtigen‹ Partei angehörten – eigene Unternehmen aufbauen konnten und die Reichen – soweit sie der ›falschen‹ Partei angehörten – nicht noch reicher wurden. All das wurde sowohl vom damaligen ›Ostblock‹ als auch von den USA finanziert.

Die Geberländer waren den Seychellen gegenüber großzügig, da Erfolge von Entwicklungsprojekten auf diesen kleinen Inseln relativ schnell sichtbar waren. Darüber hinaus hatten die Seychellen den Ruf, die als Entwicklungshilfe bereitgestellten Gelder weit effektiver in die vorgesehenen Projekte zu leiten, als dies in vielen anderen afrikanischen Ländern der Fall ist. Dennoch spielten die Einnahmen aus eigener wirtschaftlicher Tätigkeit im Staatshaushalt der Seychellen eher eine Nebenrolle.

Der Zusammenbruch des Ostblocks und die Folgen

Als Anfang der 1990er-Jahre das kommunistische System in Osteuropa zusammenbrach, wurde klar, dass die bisher so wertvolle Unterstützung in Form von Beratern und Geld zurückgehen würde. Damit drohte das Sozialsystem zusammenzubrechen, da die Einnahmen aus dem Tourismus nicht schnell genug zu steigern waren. Nicht zuletzt aus diesen Gründen entschloss sich France-Albert René, das sozialistische Paradies in eine Mehrparteiendemokratie umzuwandeln. Natürlich in der Hoffnung – genährt vom Beschluss der westlichen, wirtschaftlich starken Geberländer im Jahr 1992, Entwicklungshilfe nur noch an Staaten mit demokratischer Verfassung und Mehrparteiensystem fließen zu lassen –, dann vermehrt von westlichen Ent-

Treibnetzfischerei

In den Ozeanen dieser Erde werden täglich gigantische Treibnetze ausgehängt. Schätzungen sprechen von einer Gesamtlänge dieser Netze von 5000 bis 10 000 km. Die Weltmeere werden von diesen riesigen ›Staubsaugern‹ leergefegt und für traditionell fischende Boote bleibt immer weniger übrig.

Allein die japanische Tintenfischflotte soll jährlich über 100 Mio. Tintenfische aus dem Nordpazifik gefischt und an Bord verarbeitet haben. Als unerwünschter Zusatzfang (›Beifang‹) gingen dabei schätzungsweise 7 Mio. Haie, 300 000 Seevögel, 150 000 Lachse und Tausende von Meeresschildkröten in die Treibnetze. Da die Schiffe zur Verarbeitung dieses ›Beifangs‹ nicht ausgerüstet sind, werden die Tiere schwer verletzt ins Meer zurückgeworfen – wo sie elend zu Grunde gehen.

Als die amerikanische Regierung Ende der 1980er-Jahre feststellte, dass die Versorgung der indianischen Bevölkerung Alaskas – die sich vorwiegend von Lachs ernährte – gefährdet war, versuchte sie, ein Verbot dieser Art des Fischfangs durchzusetzen. Heftige Proteste der modern ausgestatteten japanischen, koreanischen, französischen und norwegischen Flotten verhinderten das Vorhaben. Man forderte die USA auf, die Versorgung der eigenen Bevölkerung zu sichern, ohne den freien Fischfang auf den offenen Weltmeeren zu behindern. Die Vereinigten Staaten beschränkten sich schließlich darauf, den Fischfang mit Treibnetzen innerhalb einer 200-Meilen-Hoheitszone entlang der Westküste Alaskas zu verbieten, doch die Lachsbestände erreichen seither nicht mehr das Niveau früherer Jahre.

Im Mittelmeer jagen etwa 700 italienische Fischerboote mit Treibnetzen und bringen jährlich Tausende von Tonnen Schwertfisch und Thunfisch an Land. Die dabei verletzten und getöteten Delfine, Haie, Schildkröten usw. werden von Haien gefressen oder tot an den Küsten des Mittelmeers angeschwemmt. Im Indischen Ozean sollen 150 taiwanesische, koreanische und französische Schiffe dieser Art operieren, während Japan die Treibnetzfischerei in der Region des Indischen Ozeans verboten hat. Allerdings gehören die Mehrheitsanteile an der Mauritius Tuna Fishing and Canning Enterprises mit Sitz in Port Louis auf Mauritius japanischen Fischereiunternehmen, die nunmehr den Fang der Flotten anderer Länder kaufen – und denen auch große Teile dieser Flotten gehören. Es ist sicher kein Zufall, dass die taiwanesischen Schiffe regelmäßig ihren Fang in Mauritius entladen und dass Port Louis mit japanischer Entwicklungshilfe zum größten Fischereihafen im westlichen Indischen Ozean ausgebaut wurde.

Obwohl das internationale Seerecht alle Staaten verpflichtet, die Ökosysteme der Weltmeere vor Zerstörung zu bewahren, konnte die ›Piraterie‹ mit Treibnetzen bisher nicht gestoppt werden. Das kommerzielle Interesse der großen Fischfangnationen an dieser weiterhin lukrativen Fangmethode ist dafür zu groß. Die Verpflichtungen in den Artikeln 116 ff. der Internationalen Seerechtskonvention zum Erhalt der Arten und zur Wiederaufzucht gefährdeter Arten stehen schlicht hinter dem finanziellen Interesse am Fang des wertvollen Fisches zurück. Nur einige wenige Nationen konnten sich bisher dazu durchrin-

Thema

gen, in ihren eigenen Hoheitsgewässern die Treibnetzfischerei zu verbieten.

Die Seychellen, die selbst keine Treibnetzfischerei betreiben, sondern einige sogenannte Longliners besitzen, gehören zu den wenigen Staaten, die Treibnetzfischerei in ihren Hoheitsgewässern grundsätzlich verboten haben. Es ist den Seychellen jedoch kaum möglich, das Verbot zu überwachen und gegebenenfalls mit Waffengewalt durchzusetzen. Mit einem einzigen Marineschiff ist die gigantische Seefläche von ca. 1500 km Länge und 1000 km Breite nicht zu kontrollieren. Man geht dennoch davon aus, dass in den Gewässern der Seychellen keine Treibnetzfischerei praktiziert wird, da die eigene kleine Flotte solchen Netzen innerhalb des seychellischen Hoheitsgebietes bisher nicht begegnet ist und auch die Satelliten der USA keine solchen Schiffe entdeckt haben. Die amerikanische Botschaft hat sich bereiterklärt, die Seychellen zu informieren, wenn verdächtige Schiffsbewegungen wahrgenommen werden.

Die Seychellois betreiben traditionellen Fischfang

wicklungshilfegeldern profitieren zu können. Nachdem eine demokratische Verfassung etabliert war und die Wahlen überraschend die alte Regierung im Amt bestätigt hatten (s. S. 64 f.), begann man dennoch den Weg der **Liberalisierung** zu beschreiten.

Staatsmonopole wurden aufgehoben, private Arztpraxen, Privatschulen erlaubt, und die Regierung erklärte sich bereit, einen Großteil der vorher ›im öffentlichen Interesse‹ verstaatlichten Grundstücke an die ursprünglichen Eigentümer zurückzugeben. Eine konsequente **Privatisierung** führte dazu, dass der Staatsanteil von früher 90 % inzwischen auf etwa 30 % gesenkt wurde. Viele der Unternehmen wurden zwar noch lange von denselben Leuten geführt wie zuvor – nun aber im eigenen Interesse und auf eigenes Risiko. Inzwischen hat sich gezeigt, welche dieser ›Neuunternehmer‹ – die vorher höhere Beamte mit dem richtigen Parteibuch gewesen waren – sich ohne staatliche Unterstützung im Wettbewerb behaupten konnten. Ergebnis dieser Entwicklung ist ein Staat, der den hohen Ansprüchen eines Rechtsstaats westeuropäischer Prägung vielleicht noch nicht gerecht wird. Die Veränderungen zu einem unabhängigen Rechtssystem, einer Presse, die keine innere Zensur mehr nötig hat, und zu einer Verwaltung ohne Vetternwirtschaft sind aber sichtbar und werden von der parlamentarischen und der außerparlamentarischen Opposition immer wieder eingefordert.

Die Wende von 1993 hin zur parlamentarischen Demokratie hat im Hinblick auf Entwicklungshilfe aus westlichen Ländern den Seychellen nicht die erhofften Gelder gebracht, denn der Lebensstandard des durchschnittlichen Seychellois war so hoch geworden, dass viele Projekte schon deshalb nicht mehr von außen finanziert werden.

Devisenmangel und Zwang zur Produktion von Konsumgütern

Bis 1994 konnte jeder Seychellois mit seinen erarbeiteten Rupien zur Bank gehen und sich dafür Dollars kaufen. Der Import von Kühlschränken, Autos, Fernsehgeräten usw. war kein Problem, da genug Devisen zur Verfügung standen. Dies änderte sich Mitte der 1990er-Jahre drastisch, weil bei den Banken jetzt nur noch wenige Devisen vorhanden sind, allein 60 % werden für den Erdölimport benötigt. Wenn es auch für die Bevölkerung der Seychellen traurig ist, dass importierte Waren im Preis steigen, hat diese Entwicklung auch ihre guten Seiten. Da in den vergangenen 20 bis 25 Jahren der Import von Lebensmitteln, insbesondere von Gemüse, Obst und tiefgefrorenem Fleisch extrem billig war, war landwirtschaftliche Tätigkeit unrentabel geworden. Inzwischen aber sieht man wieder Bauern, die kleine Farmen anlegen und ihr Gemüse auf dem Markt von Victoria verkaufen. Auf diese Weise hat die entstandene Devisenknappheit einen tot geglaubten Wirtschaftszweig wiederbelebt und Arbeitsplätze geschaffen. Seit langem aufgegebene Zimtplantagen nehmen ihre Produktion wieder auf, eine Krabbenzucht auf der Insel Coëtivy und eine Thunfischfabrik in Victoria erwirtschaften Deviseneinnahmen. Beide versorgen darüber hinaus den lokalen Markt, insbesondere die Restaurants, Hotels und Guesthouses.

Zukunftschancen

Als Einnahmequelle der Zukunft setzen die Seychellen auf **Finanzdienstleistungen** und auf einen **Freihafen**, der seit 1994 mit großem Aufwand international propagiert wird. Die Bedingungen für die Gründung von **Offshore-Unternehmen** (Unternehmen ohne Geschäftstätigkeit im Land) wurden verbessert, für **ausländische Unternehmensgründungen** wurden Steuerbefreiungen und Zollerleichterungen eingeführt.

Nachdem James Alix Michel 2004 die Leitung der Regierungsgeschäfte übernommen hatte, leitete er Reformen ein, die zu einem freieren Warenaustausch und niedrigeren Steuern führten. Von entscheidender Bedeutung war die Beschneidung der Befugnisse der staatlichen Import- und Exportgesellschaft **Seychelles Marketing Board** (SMB), damit sich wieder privater Handel entwickeln kann.

Wie im Mutterland England tragen Schulkinder einheitliche Kleidung

Tourismus

Erst als 1971 der internationale Flughafen auf Mahé eröffnet wurde, hat der Strom der Touristen aus Westeuropa, Japan und Südafrika zunehmend an Bedeutung gewonnen. Solange in den Gewässern der Seychellen kein Öl gefunden wird – und die Wahrscheinlichkeit ist gering – muss der Tourismus dafür sorgen, dass die Seychellois ihre soziale Sicherheit erhalten und Industrieprodukte aus dem Ausland kaufen können. Und weil die touristisch nutzbaren Küstenflächen und die Zahl der ›Traumstrände‹ begrenzt sind, haben die Seychellen nur eine Möglichkeit: die Zahl der Touristen über hohe Preise klein zu halten und damit eine ›Übernutzung‹ zu verhindern. Würde man die Seychellen einem Massentourismus öffnen, wären die landschaftlichen Schönheiten bald zerstört, und man hätte den dünnen Ast abgesägt, auf dem man sitzt.

Bis heute ist der Tourismus der wichtigste Wirtschaftszweig des Landes und damit auch der Zweig, in den der Staat in Zukunft am meisten investieren will. Das Augenmerk liegt besonders auf dem **Ökotourismus**. Man unterstützt die Entwicklung kleiner und gut ausgestatteter Hotels auf den Outer Islands, die ökologische Gesichtspunkte wie Solarenergienutzung, sparsamen Umgang mit Süßwasser, biologische Klärung von Abwässern und Ähnliches in den Vordergrund stellen. Hotelprojekte auf den Inseln Alphonse, Desroches, Denis Island, Bird Island, North Island und Sainte Anne sind verwirklicht. Die Frégate Island Lodge ist in eines der elegantesten und teuersten kleinen Inselhotels der Welt umgewandelt worden. Ähnliche Bungalowhotels mit ökologischer Zielsetzung wurden auch auf den Inseln Anonyme, Cerf und Cousine errichtet. Auf anderen Inseln werden sie z. Z. meist von seychellischen Unternehmern oder Unternehmergruppen in Kooperation mit ausländischen Hotelmanagementgesellschaften errichtet. Außerdem will man auf der Insel Assomption eine luxuriöse Bungalowanlage schaffen, die als Ausgangspunkt für Exkursionen ökologisch interessierter Gäste nach Aldabra dienen wird. Der (Umwelt-)Standard der bestehenden Hotels auf den Inseln Mahé, Praslin und La Digue soll angehoben werden, um ein noch anspruchsvolleres und zahlungskräftigeres Publikum als bisher anzulocken.

In der Anse Kerlan entstand das 98-Zimmer-Luxusresort Lémuria mit 18-Loch-Golf-

Gemeinsame Probleme kleiner Inselstaaten

Thema

Kleine Inselstaaten müssen Probleme bewältigen, die auf den Kontinenten kaum bekannt sind. Sie haben wenig landwirtschaftlich nutzbare Fläche, eine zu geringe Bevölkerung, um Industrieprodukte preiswert herzustellen, nur selten verfügen sie über eigene Bodenschätze und sie müssen hohe Transportkosten in Kauf nehmen.

Eine Gruppe von kleinen Inselstaaten – darunter neben den Seychellen Mauritius, die Komoren, die Malediven sowie viele Inselstaaten im Pazifischen Ozean und in der Karibik – hat sich zusammengetan, um Lösungen für gemeinsame Probleme zu finden. Letztere ergeben sich aus ihrer Lage weitab von den Kontinenten und ihrer Abhängigkeit von Importen, da mangels Landfläche, Arbeitskräften und Know-how weder Industrie- noch Landwirtschaftsprodukte konkurrenzfähig hergestellt werden können. Die Inseln sind von Importen abhängig, die hohe Transport- und Kommunikationskosten verursachen. Exporte sind fast unmöglich, denn Bodenschätze fehlen oder sind in unrentablen Mengen vorhanden.

Die Erwärmung der Erdatmosphäre und das Abschmelzen der Polkappen stellt für kleine Inselstaaten eine dreifache Bedrohung dar. Der Anstieg der Meeresoberfläche führt zur Erosion der Küstenstreifen – häufig die einzigen Landesteile, auf denen Landwirtschaft betrieben werden kann. Den Malediven droht gar der Untergang, da keine der 7000 Inseln mehr als 2 m über die Wasseroberfläche hinausragt. Steigende Tagestemperaturen oder Stranderosion könnten sogar die Tourismusindustrie schädigen. Die großen Industriestaaten haben diese und andere Gefahren erzeugt – und nur sie können sie durch eine bessere Umweltpolitik wieder beseitigen.

Besteht ein Inselstaat aus vielen kleinen, weit voneinander entfernten Inseln (Seychellen, Malediven, einige pazifische Staaten) verstärken sich diese Probleme. Deviseneinnahmen lassen sich durch den Export von Fisch, tropischen Früchten, Kopra, Zucker und Gewürzen erzielen. Nachdem sich der Fischfang jedoch zu einer kapitalintensiven Großindustrie entwickelt hat, Kopra weltweit nur noch wenig gebraucht wird, Vanille durch Vanillin ersetzt wurde und Zuckerrohr und Gewürze in großen Inselstaaten wie Kuba, Madagaskar oder Indonesien in riesigen Plantagen bei extrem niedrigen Löhnen angebaut werden, bleibt den kleinen Inselstaaten der Tourismus.

›Sanfter‹, ›kontrollierter‹ oder ›nachhaltiger‹ Tourismus ist eine der wenigen Möglichkeiten, kleine Inselstaaten zu entwickeln und den Lebensstandard der Bevölkerung zu heben. Aber wie? Welcher Inseltourist möchte etwa von tosendem Straßenverkehr umgeben sein? Andererseits ist es den Politikern kaum möglich, der eigenen Bevölkerung zu erklären, dass sie zwar Wohlstand durch gute Dienstleistung erwerben können, sich aber keine Waschmaschine anschaffen sollen, da die Wäscherin an der Flussmündung ein beliebtes Fotomotiv ist, keinen modernen Herd, weil der Gast den Fisch auf dem Holzkohlenfeuer gegrillt haben möchte, dass sie mit den Wasserreserven sparsam umgehen muss, damit die Touristen sich im Pool und unter der Dusche abkühlen können. Wofür soll man eine Tourismusindustrie aufbauen, wenn man das damit verdiente Geld nicht so einsetzen darf, wie man es gerne möchte?

platz und Wellnesszentrum. Hotels wie L'Archipel und Château des Feuilles (alle auf Praslin) haben eine früher auf den Seychellen nicht für möglich gehaltene Servicequalität erreicht, die sie zu den besten tropischen Strandhotels in Asien oder der Karibik aufschließen lässt. In Hinblick auf die Umweltverträglichkeit sind sie diesen ohnehin überlegen. Die Eröffnung neuer Hotelanlagen mit 100–200 Zimmern zwischen 2011 und 2015 wird die Seychellen verändern. Alle werden zwar sehr ökologisch konzipiert sein (Solarstrom, moderne Kläranlagen), aber doch von der bisher vorherrschenden Philosophie des »Small is Beautiful« abweichen.

Lebensstandard

Die in Gesprächen mit Seychellois auch heute anzutreffende Unzufriedenheit mit ihrer wirtschaftlichen Situation rührt weitgehend von der Fehleinschätzung der finanziellen Möglichkeiten eines durchschnittlichen Ausländers her. Sie kennen zumeist nur Ausländer, die sich einen Luxusurlaub in den Traumhotels der Seychellen leisten können, und schließen daraus auf den Lebensstandard in deren Herkunftsländern. Dabei verkennen sie, dass ein Seychellenurlauber zumeist ein weit überdurchschnittliches Gehalt bezieht.

Die durchschnittliche Seychellenfamilie genießt den höchsten Lebensstandard aller Afrikaner, ja er liegt sogar über dem der meisten süd- oder osteuropäischen Länder. Zwar beträgt das durchschnittliche Monatseinkommen umgerechnet nur etwa 500 €, doch sind die davon erforderlichen Nebenausgaben (Steuern, Sozialabgaben, Versicherungen, Miete, Altersvorsorge, Erziehung) gering.

Zudem sind die Hauptnahrungsmittel Reis und Fisch sowie die öffentlichen Verkehrsmittel billig, warme Kleidung wird nicht benötigt und Heizkosten entfallen. Private Alters- oder Krankheitsvorsorge ist nicht notwendig, denn es gibt eine allgemeine **Altersrente, Arbeitslosenunterstützung** und **kostenlose Gesundheitsversorgung**.

Die große Mehrheit der Seychellois verfügt über ein eigenes, wenn auch meist kleines Haus auf eigenem Grund. Seychellois ohne **Wohnungseigentum** haben Anspruch auf eine vom Staat vorfinanzierte Wohnung oder ein vom Staat gebautes kleines Haus. Die Rückzahlung überschreitet nie ein Viertel des Monatslohns. Im Falle der Arbeitslosigkeit wird die Rückzahlungsverpflichtung ausgesetzt. Dies hat die unangenehme Folge, dass Seychellois sich gerne in die **›soziale Hängematte‹** legen und ihre Arbeitskraft schonen, um ihr Einkommen hin und wieder – abgabenfrei – durch ein lohnendes Geschäft ›am Rande der Legalität‹ aufzubessern.

Bildungswesen

Staatliche Bildung

Auf den Seychellen besteht eine neunjährige **Schulpflicht**, und – anders als in den meisten afrikanischen Ländern – ist der Schulbesuch vom Kindergarten bis zum Abschluss mit normalerweise 18 Jahren kostenfrei. Nach der Grundschule haben die Kinder die Wahl, auf dem Polytechnikum eine handwerkliche Ausbildung oder ein englisches (Fern-)Abitur zu machen. Besonders qualifizierte Schulabgänger erhalten vom Erziehungsministerium Stipendien für Studien im Ausland.

Das Niveau auf den **staatlichen Schulen** ist niedriger als auf den privaten und der Unterricht erfolgt in den ersten fünf Schuljahren großteils auf Kreolisch. In der Grundschule lernen die Kinder Englisch in Wort und Schrift. Ab der sechsten Klasse wird weitgehend auf Englisch unterrichtet und es werden Schulbücher benutzt, die aus England kommen.

Privatgymnasium und Universität

Es gibt eine **International School**, die nach den Standards dieses weltweit existierenden Schultyps unterrichtet. Diplomaten und ausländische Geschäftsleute schicken ihre Kinder auf dieses privat zu bezahlende Gymnasium und seit 2010 gibt es eine kleine im Aufbau befindliche **Universität.**

Geschichte

Die Geschichte der Seychellen vor deren Entdeckung durch portugiesische Seefahrer liegt im Dunkeln. Hatten arabische Navigatoren die Inseln besucht und dort die Kokospalme eingeführt? Kannten sie bereits die Meereskokosnuss, hielten sie aber geheim, da Könige und Maharadschas sie mit Gold aufwogen?

Die ersten Seefahrer

Man nimmt an, dass **arabische Seefahrer** die Küsten Asiens, des Persischen Golfes, des Roten Meeres und des nordöstlichen Afrika schon vor etwa 3000 Jahren gut kannten. Auch Phönizier und Griechen unternahmen in den späteren Jahrhunderten mit hoher Wahrscheinlichkeit Erkundungsfahrten bis Indien. Erzeugnisse Indiens (Parfüm, Edelsteine, Gold) wurden allerdings entlang der Küsten nach Persien und Europa gebracht und nicht über das offene Meer transportiert. Die Seychellen dürften damals zu weit abseits der sicheren Schifffahrtswege gelegen haben, als dass sie von diesen Seefahrern erreicht worden wären. Als aber der Islam im 7. Jh. nach Verbreitung strebte, fuhren arabische Schiffe weiter nach Süden ins offene Meer. Neben der Verbreitung ihres Glaubens beabsichtigten die Araber natürlich, ihren politischen Einflussbereich auszuweiten und den Handel zu verstärken. Es ist sicher, dass sie auf ihren Fahrten die ostafrikanische Küste bis zum heutigen Tansania erreichten und im Osten bis an die Küste Indiens vordrangen. Arabischen Handschriften verdankt die Geschichtsschreibung daher auch die ersten Informationen über die Seychellen. Der Händler **Al Mas'eudi**, der ebenso wie **Ibn Battuta** im 14. Jh. regelmäßig die damals schon islamisierten Malediven besuchte, erwähnte in einer historischen Schrift die »hohen Inseln«, die sich auf dem Seeweg dorthin befänden.

Archäologische Bestätigung

Ein sensationeller Fund bestätigte im Jahr 1910 die Anwesenheit arabischer Seefahrer auf den Seychellen schon lange vor der Entdeckung durch die Europäer. In der Anse Lascars auf der Insel Silhouette fand man Gräber, die vom Meer ausgewaschen und kaum noch erkennbar waren – aber zweifellos die Grabstätte der Besatzung eines arabischen Schiffes gewesen sein müssen. Ein anderes Indiz für die Anwesenheit der Araber ist der Name der Insel Aldabra. Er stammt vom arabischen Namen Al-khadra ab, was ›die Grüne‹ bedeutet. In Schriften der Araber aus dem 14. und 15. Jh. werden die zentralen (hohen) Inseln der Seychellen auch Zarin – die Schwestern – genannt.

Europäer im Indischen Ozean

Portugiesen

Die **Portugiesen**, kühne Seefahrer mit einem ausgeprägten Forscherdrang, waren die ersten Europäer, die in den Indischen Ozean vordrangen. Sie kannten die Westküste Afrikas seit langem und waren auch bis an die Ostküste Südamerikas gelangt, hatten aber noch nicht herausfinden können, woher die Araber all die Schätze hatten, die sie so teuer nach Europa verkauften. Europäische Geografen vertraten die Theorie, dass Europa, Afrika und Asien von einem großen Ozean umgeben seien, und so versuchten die Portugiesen, auf dem Seeweg um Afrika in eine neue Welt vorzustoßen. Ein für die damalige Zeit sehr großes Segelschiff (ca. 30 m), das stark genug war, die schwere See im Süden Afrikas heil zu überstehen und gegen stürmischen Wind ankreuzen konnte, gelangte tatsächlich in den Indischen Ozean. Sein Kapitän war **Vasco da Gama**, der 1498 mit der Hilfe des arabischen Navigators Ibn Madjid Südindien erreichte. Ein anderer portugiesischer Seefahrer, **João de Nova**, entdeckte 1501 mehrere kleine Inseln, die im Gebiet der Seychellen lagen. Er benannte sie nach seinem eigenen Namen Islas João de Nova.

Im Jahr 1502 erreichte Vasco da Gama auf seiner zweiten Reise nach Indien eine andere Inselgruppe, die heute ebenfalls zu den Seychellen zählt. Da der portugiesische König da Gama nach seiner ersten Reise in den Indischen Ozean den Admiralstitel verliehen hatte, gab jener nun den Eilanden den Namen Admirals-Inseln – die heutigen Amiranten. Ab 1506 dann erschienen die Seychellen häufiger auf portugiesischen Seekarten; allerdings hatte sich noch kein einheitlicher Name für sie durchgesetzt. Unter der sachkundigen Führung arabischer Navigatoren erkundeten die Portugiesen die gesamte Region des Indischen Ozeans. Sie kannten Madagaskar, das sie São Lourenço‹ nannten, die Komoren (Ilhas do Comoro), La Réunion (Santa Polonia) und Mauritius. Die heutigen Seychellen tauchten unter der Bezeichnung As sete Irmãs (die sieben Schwestern) oder als Os Irmãos (die Brüder) auf. Man kann also annehmen, dass die Portugiesen häufiger vorbeisegelten und möglicherweise an Land gingen. Ansiedlungen errichteten sie jedoch vermutlich nicht; die Inseln dienten ihnen nur als Zwischenstation, auf der sie sich mit Süßwasser und vielleicht mit Proviant in Form von Riesenschildkröten versorgten.

Engländer, Holländer, Franzosen

Ab dem 17. Jh. erschienen die **Engländer** im Indischen Ozean, auch sie angelockt von den Reichtümern Indiens. Auf ihrer vierten Expedition traf die **East India Company** unter dem Kommando von Alexander Sharpeigh am 19. Januar 1609 auf die Inseln, die heute die Namen Mahé, Sainte Anne, North Island, Silhouette und Praslin tragen. Drei der Seefahrer, die auf dem Schiff Ascension mitfuhren, hinterließen schriftliche Aufzeichnungen.

So berichtete John Jourdain von vielen reifen und grünen Kokosnüssen, von Vögeln und Schildkröten – letztere wollten seine Männer aber nicht essen –, von Fischen und Krokodilen. Auch beschrieb er Bäume, die bis in 20–25 m Höhe keine Äste aufwiesen, als eines der besten Hölzer, die er je gesehen habe. Er lieferte – neben Beschreibungen anderer Besatzungsmitglieder desselben Schiffes – die erste ausführliche Schilderung des Landlebens auf den zentralen Granitinseln der Seychellen. Die Mannschaft blieb eine ganze Woche, überzeugt, dass noch niemand vor ihnen auf diesen Inseln an Land gegangen sei.

Im 17. und 18. Jh. begannen dann auch **Holländer** und **Franzosen**, sich für die Region des Indischen Ozeans zu interessieren. Ihre eigentlichen Ziele waren die Gewürzinseln Sumatra, Java, Borneo und die Molukken in Südostasien, doch benötigten sie auf dem langen Weg dorthin Zwischenstationen. Die Franzosen schufen sich aus diesem Grund mit Fort Dauphin an der Südspitze Madagaskars ihre erste befestigte Niederlassung, die zweite errichteten sie auf der Île Bourbon, die heute La Réunion heißt.

Reger Handel und Piraten

Engländer, Franzosen und Holländer begannen einen regen Handel zwischen Europa und Südostasien, mit Reichtümern beladene Schiffe durchquerten regelmäßig den Indischen Ozean. Das zog Piraten an, welche die Karibischen Inseln verließen und sich in den nun lukrativeren Gewässern zwischen Afrika und Asien betätigten. Ab 1685 wird häufig von ihnen berichtet, denn sie stellten eine ernsthafte Bedrohung für die Seefahrt dar. Die berüchtigtsten **englischen Piraten** hießen Read, Williams, Avery, White, Bowen, Howard und – allen voran – Captain Kid. Von den **fran-**

Die Meereskokosnuss war in Europa und Asien bereits lange bekannt, als Brayer du Barré sie im 18. Jh. der auf Praslin heimischen Riesenpalme zuordnen konnte

zösischen Piraten erlangten insbesondere Misson und Le Vasseur (genannt La Buse) Berühmtheit. Von den aus **Amerika stammenden Seeräubern** verdienen vor allem North, Tue, Burgess und Horsay Erwähnung. Doch ihre große Zeit war nur kurz: Schon 50 Jahre später, um 1730, werden sie nicht mehr erwähnt. Auf der Insel Frégate finden sich Beweise für den Aufenthalt von Piraten, ebenso auf Mahé in Grand' Anse, wo man Grabmale und andere Ruinen fand – nicht aber ihre Reichtümer. Zwar ist in Geschichten, die auf den Seychellen erzählt werden, immer wieder von Schätzen die Rede, die versteckt in verschiedenen Buchten liegen sollen. Man sagt auch, dass der Reichtum mancher seychellischer Familien auf dem Fund von Schatztruhen beruhe, die auf ihren Grundstücken vergraben waren. Doch es sind nur Vermutungen und Gerüchte. Der einzige mit Sicherheit verbürgte Schatzfund wurde 1911 auf der Insel Astove gemacht, wo man 700 Silberstücke zutage förderte.

Die Franzosen im Indischen Ozean

1735 hatte das französische Königshaus beschlossen, die Inseln La Réunion und Mauritius zu befestigten Zwischenstationen für ihre Kriegsschiffe auf dem Weg nach Indien zu

machen. Zu diesem Zweck wurde **Mahé de Labourdonais** als Gouverneur nach Mauritius geschickt. Er brachte sowohl La Réunion als auch Mauritius in den elf Jahren seiner Amtszeit großen Fortschritt. Der ehemalige Marineoffizier wollte auch Genaueres über die Inseln wissen, die auf den Karten im Norden von Madagaskar eingezeichnet waren – nicht aus reiner Neugier, sondern vor allem aus strategischen Gründen. Es bestand nämlich die Gefahr eines englischen Angriffs auf die französischen Besitzungen in Indien. Diese konnten nur wirksam verteidigt werden, wenn die Versorgung der auf Mauritius und La Réunion stationierten Kriegsschiffe gesichert war. Als Zwischenstation auf dem Weg von Mauritius nach Indien sollten nun die Inseln im Norden Madagaskars dienen.

Erster Landgang durch Lazare Picault

1742 sandte Mahé de Labourdonais den Kommandanten **Lazare Picault** mit den Schiffen Elisabeth und Charles aus, um den Archipel zu erkunden. Die Expedition passierte die Inseln Agalega, Farquhar und Astove und erreichte am 19. November 1742 die Ufer einer »bemerkenswerten Insel«. Am 21. November ging man an Land, und Lazare Picault notierte in seinem Tagebuch: »Wir sind wie gewöhnlich bewaffnet an Land gegangen, haben niemanden angetroffen, nichts deutete darauf hin, dass jemals jemand hier gelandet wäre. Man könnte diese Insel die Insel des Überflusses nennen. Viele Kokospalmen, die Früchte tragen. Überall an der Küste gibt es Holz und frisches Wasser im Überfluss.«

Die Bucht, in der Picault damals landete, war nicht diejenige im Südwesten von Mahé, die heute den Namen Baie Lazare trägt. Aus den Beschreibungen lässt sich vermuten, dass es die heutige Anse Boileau weiter nördlich war, von wo er wenige Tage später nach Mauritius zurückkehrte. Was er dort Gouverneur Mahé de Labourdonais berichtete, veranlasste letzteren, Picault sofort zurückzuschicken, um mehr und genauere Informationen zu sammeln. In seinem Tagebuch hatte Picault notiert, dass er es für möglich halte, an der erwähnten Bucht 300 Häuser zu bauen. Die Bäume seien von hervorragender Härte, der Boden von so guter Qualität, dass jede Art von Kulturen angelegt werden könne. Sogar der Anbau von Reis und von Zuckerrohr sei sehr gut möglich. Der Schiffskartograf nahm den gesamten Archipel auf, nannte ihn **Îles de Labourdonnais** und der größten Insel, der Île d'Abondance, gab er den Vornamen des Gouverneurs, sodass sie seither **Île de Mahé** heißt. Obwohl Picault auch nach seiner zweiten Reise dem Gouverneur in Mauritius optimistische Auskünfte überbringen konnte, dauerte es zwölf Jahre, bis sich die Franzosen ernsthaft für die Inseln interessierten. 1756 griff ein Generalgouverneur von

Mauritius die Idee seines Vorgängers auf und schickte eine Expedition zu den Labourdonnais-Inseln, um sie zu besiedeln und vor allem, um sie gegen die Engländer zu verteidigen. Die Inseln wechselten nochmals ihren Namen: Man benannte sie nun nach dem Finanzminister König Louis' XV, Jean Moreau de Séchelles. Der Kommandant der Expedition, **Nicolas Morphais,** wählte den 1. November 1756, um die Inbesitznahme der Inseln feierlich zu begehen: Auf einem Felsen im Hafen stellte er mit seinen Matrosen einen Stein auf, in den das französische Wappen eingemeißelt war – heute befindet sich dieser *pierre de possession* im Seychelles National Museum in Victoria (s. S. 155). Danach überließ Morphais die Inseln wieder ihren Bewohnern – Krokodilen, Schildkröten und Vögeln.

Weitere zwölf Jahre vergingen, ohne dass eine Ansiedlung auf den Inseln entstanden wäre. Die Franzosen und Engländer führten ihren Seekrieg um die Schätze Indiens, es blieb keine Zeit, die Pläne von de Labourdonnais zu verwirklichen. Erst 1768 landeten **Marion du Fraisnais** mit dem Schiff La Digue und **Duchemin** mit La Curieuse auf Praslin (benannt nach einem damaligen Minister) und ergriffen offiziell Besitz von ihr. Die Expedition hatte die Aufgabe, Flora und Fauna der Seychellen zu studieren. Dabei fand der Ingenieur **Brayer du Barré** heraus, dass es sich bei der schon von anderen vorher entdeckten einzigartigen Palme auf Praslin um die aus vielen Sagen bekannte Meereskokosnuss handelte. Von nun an folgte fast jedes Jahr eine erneute Expedition von Mauritius oder La Réunion aus zu den Seychellen. Man kartografierte die Lage der Inseln, zeichnete auch die kleinen Eilande in die Karten ein und studierte den Archipel in allen Details. Die Zeit der Entdecker war vorbei; ab dem 27. August 1770 gab es eine ständige Ansiedlung.

Sainte Anne – die erste Ansiedlung

Nach der Rückkehr von seiner ersten Reise nach Praslin hatte Brayer du Barré sich um die Erlaubnis bemüht, auf den Seychellen eine Ansiedlung zu gründen und führte sein Vorhaben schnell aus. Schon 14 Tage nach Erhalt der Genehmigung im Jahr 1770 landeten 26 Männer und Frauen auf Sainte Anne. Im April 1771 waren die notwendigen Häuser errichtet, gab es kleine Geschäfte, Reis, Mais und Maniok wurden erfolgreich angebaut. Verschiedene Sorten Gemüse gediehen besser als auf Mauritius, die Ernten übertrafen die optimistischsten Vorstellungen. Die Inseln konnten also erfolgreich besiedelt werden. Gouverneur Pierre Poivre entsandte daher den Kolonisten **Antoinew Gillot** mit weiteren 40 Arbeitern, um die besten Plätze für zukünftige Plantagen und einen Botanischen Garten (Jardin du Roi, s. S. 208) zu erkunden. Gillot wählte die Anse Royale auf Mahé aus, weil er deren Boden für geeignet hielt. Streitigkeiten zwischen den Kommandeuren der Ansiedlungen auf Sainte Anne und in der Anse Royale führten dazu, dass die Gewürzkulturen vernachlässigt wurden und die von Gillot schlecht behandelten Sklaven in die Berge Mahés flüchteten. Am Ende blieben nur noch seine 40 Arbeiter übrig – nicht genug, um den Boden sorgfältig zu pflegen.

Wer war der erste Seychellois?

Die zerstrittenen Siedler auf Sainte Anne und in der Anse Royale waren keine ›echten‹ Seychellois; sie waren Vertragsarbeiter, die nach Ablauf ihrer Verträge nach Mauritius zurückkehren wollten. Anders Monsieur Hangard: Er wählte 1772 Sainte Anne als neue Heimat und wollte bleiben. Der französische Entdeckungsreisende La Pérouse schrieb später, dass jener mit fünf schwarzen Männern und Frauen in einem Jahr mehr Land kultiviert habe als die weißen Angestellten Brayer du Barrés. Dazu bemerkte er, dass ohne diese fleißigen Leute alle verhungert wären und dass die Maisernte ausreichte, die ganze Kolonie zu ernähren.

Die Tragödie des Leutnant de Romainville

Alle späteren Siedler der Seychellen überließen die angelegten Kulturen sehr bald sich selbst und lebten von dem, was wild wuchs, sowie davon, Schildkröten zu töten, um sie

Schiffen als Proviant für ihre Reise nach Indien zu verkaufen. Als man in Mauritius von diesen Missständen erfuhr, beschloss man 1778 **Leutnant de Romainville** mit 15 Soldaten auszuschicken, um für Ordnung zu sorgen. Im Oktober 1778 ging die Korvette Hélène in Mahé vor Anker. Die Soldaten bauten an dem Ort, wo heute Victoria liegt, zunächst ein Haus für den Kommandanten, einen Laden, ein kleines Hospital, eine Kaserne, eine Küche, ein Gefängnis und ein Gästehaus. De Romainville war erfolgreich in seinen Bemühungen, die Ordnung des Königs herzustellen, und bis 1780 entwickelte sich eine friedliche und florierende kleine Kolonie.

Doch dann beging er einen folgenschweren Irrtum: Er hatte den Befehl, beim Auftauchen englischer Kriegsschiffe sämtliche Plantagen, insbesondere die in der Anse Royale, abzubrennen. Als eine Fregatte am Horizont erschien, hielt er sie für ein englisches Kriegsschiff und ließ sofort die Anpflanzungen in der Anse Royale anzünden. Alle Pflanzen und – schlimmer noch – alle Samen waren zerstört. Nachdem sich dann herausgestellt hatte, dass eine französische Fregatte eingelaufen war, ließ sich de Romainville enttäuscht und gebrochen 1781 durch Berthelot de la Coste ersetzen. Es folgten friedliche Jahre. De la Coste wurde Kommandant und repräsentierte den Generalgouverneur auf Mauritius, der wiederum den König in Versailles repräsentierte. Die wenigen Soldaten auf der Insel hatten kaum zu tun. Sie beschäftigten sich mit dem Anbau von Nahrungsmitteln und errichteten Häuser. Die ›Einwohner‹ – es waren 1788 etwa 30 – versuchten das Land zu kultivieren und einen Handel aufzubauen. 200 Sklaven mussten gehorchen und taten dies offenbar auch. Abgesehen von der Sklaverei scheint das Leben friedvoll und einfach gewesen zu sein. Die Ankunft eines Schiffes war ein Fest, man tauschte Lebensmittel aus, gab Holz und Schildkröten an die Matrosen und erhielt als Gegengabe Werkzeuge und natürlich den Rum aus Mauritius. Waren Kriegsschiffe anwesend, wurden Hochzeiten gefeiert, denn die Schiffe hatten stets einen Geistlichen an Bord. Der Anbau von Lebensmitteln weitete sich aus, Mais, Maniok, Reis und alle Sorten von Gemüse, ebenso Baumwolle, Kaffee und Indigo wurden wieder erfolgreich angepflanzt.

Die Folgen der Französischen Revolution

Weit weg in Europa kündigte sich die Französische Revolution an. Die Neuigkeiten aus der Hauptstadt drangen auch bis auf die Seychellen vor. Am 19. Juni 1790 versammelte der Repräsentant des Königs die Einwohner der Inseln und bat sie, ihre Wünsche nach Änderungen in der Inselverfassung bekannt zu geben. Tatsächlich formulierten sie einige Forderungen nach Änderung der Verfassung vom 30. Juli 1787. Zum ersten Mal versuchten Bewohner der Seychellen, sich unabhängig von Beschlüssen der Verwaltung in Mauritius zu machen. Die Idee der Autonomie war geboren, Seychellois wollten ihr Schicksal selbst in die Hand nehmen. Alle Hoffnungen auf Selbstständigkeit oder gar Unabhängigkeit mussten aber aufgegeben werden, als am 30. Juli 1791 die beiden Kommissare des Königs, **Gaultier** und **Yvon**, an Land gingen, in einer feierlichen Zeremonie eine Nationalflagge hissten und »Vive la Nation, Vive la Loi, Vive le Roi« ausrufen ließen. Damit war klargestellt, dass der König nicht die Absicht hatte, die Seychellen sich selbst zu überlassen. Im Gegenteil, es wurde ein neuer Gouverneur, **Jean Baptiste Queau de Quincy**, entsandt, der eine starke, am Königshaus in Frankreich orientierte Verwaltung aufbaute. Dies war das Ende der kleinen, friedlichen Seychellischen Revolution.

Die Seychellen unter Queau de Quincy

Gouverneur Jean Baptiste Queau de Quincy musste bald (ab dem 21. September 1793), obwohl er ein glühender Anhänger des Königs gewesen war, der in Frankreich ausgerufenen Republik dienen. Dort wurde beschlossen, die Seychellen zum **Fluchthafen der Corsaires** zu machen – der ›Piraten‹, die im Auftrag Frankreichs fremde Handelsschiffe überfielen und ausraubten. Die auf den Seychellen stationierten Korsaren erhielten ihre Befehle vom Generalgouverneur auf Mauritius, wo sie 200 Schiffe besaßen. Der berühmteste ›Freibeuter‹ war Robert Surcouf, der ›König der Korsaren‹, der 43 feindliche Schiffe ausgeraubt haben soll. Andere bekannte Namen waren Lemène, Dutertre, Hodoul, Ripaud und de Montaudevert.

Lange konnten die **Engländer** diese Attacken natürlich nicht tolerieren. Mehrere Jahre lang hatten sie den Archipel studiert. Nun, nachdem sich der größte Teil der Reichtümer Indiens in ihrer Hand befand, wurde es notwendig, den Seeweg nach Südasien sicher zu machen. Am 16. Mai 1794 fand daher der erste Angriff auf die Seychellen statt. Vier Kriegsschiffe unter Kommandant Newcome brachten 1200 Soldaten und 166 Kanonen mit. Queau de Quincy vermochte gegen eine solche Übermacht nichts auszurichten. Er verfügte lediglich über einige alte Soldaten, ein paar junge Männer, die zu schießen gelernt hatten, ganze acht Kanonen und etwa 60 Gewehre mit viel zu wenig Munition. Schon am Morgen nach dem Angriff der Engländer unterschrieb er die Kapitulationsurkunde. Da Queau de Quincy jedoch ein guter Diplomat war, hatte er sie hervorragend formuliert: Das Eigentum der französischen Siedler blieb unangetastet, die französische Verwaltungsform erhalten. Die englischen Soldaten hielten sich nur kurze Zeit auf, und Queau de Quincy regierte die Inseln auf seine eigene Art weiter. Offiziell hatte er kapituliert, inoffiziell aber ließ er nach wie vor die französischen Korsaren in seinen Hafen einlaufen.

In den Jahren 1800 bis ca. 1810 stieg die Zahl der Bewohner der Seychellen von 2000 auf 4000 an. Der größte und wichtigste Bevölkerungsanteil kam aus Afrika – dort geraubt und als Sklaven auf den Seychellen zum Kauf angeboten. Einige hundert der auf Mahé verkauften Sklaven blieben auf den Seychellen. Die Anzahl der Inder und der Madagassen war weit geringer als die der Afrikaner. Auch einige Familien aus Frankreich kamen, um ihr Glück auf den Inseln zu versuchen.

1803 hatte Queau de Quincy einen zivilen Verwalter eingesetzt, dem einige Beamte zur Seite standen. Ab 1807 gab es ein Zivilgericht, das kleinere Streitigkeiten schlichtete. Auf Praslin vertrat ein Delegierter die Regierung der Insel Mahé, und ein früherer Kommandant vertrat die Interessen der Seychellen auf Mauritius. Geschäfte und Geldhandel unter den Bewohnern der Seychellen gab es noch nicht, der Austausch fand unmittelbar zwischen den Produzenten und den Schiffskapitänen statt. In Victoria wurden ein Kaffeehaus und ein Billardsaal eingerichtet.

Das Ende der französischen Herrschaft und die Übergangszeit zur Ära der Engländer fielen mit einer erfolgreichen **wirtschaftlichen Entwicklung** zusammen. Der Reisanbau produzierte reiche Erträge. Auch Mais gab es mehr als benötigt wurde. Maniok, Kartoffeln und Kaffee gediehen gut und reichlich, Zucker und Rum wurden aus heimischer Produktion gewonnen. Zum Exportschlager dieser Jahre avancierte jedoch die Baumwolle. Besonders weich und sehr weiß war sie auf den internationalen Märkten begehrt. Die Anbaufläche wuchs von 1803 bis 1810 auf das Vierfache. Neben Baumwolle wurden Gewürznelken, Kokosöl und Bauholz exportiert. Die Seychellois besaßen neun eigene Schiffe, die Handel betrieben, aber auch Schiffe aus Mauritius, La Réunion, Frankreich, Dänemark und den Vereinigten Staaten legten in Victoria an, um ›Kolonialwaren‹ zu laden. Den Transport von den Außeninseln nach Mahé besorgten über 50 große Pirogen. Die Seychellen-Gruppe war in diesen Jahren von ungeheurem Unternehmergeist beseelt, denn man hatte festgestellt, dass sich die Produkte der Inseln gut verkaufen ließen. Der ins Land strömende Reichtum sammelte sich in den Händen der wenigen freien Familien, während die große Zahl der Sklaven nach wie vor ohne Besitz war.

Britische Seychellen

Erst nachdem Napoleon Bonaparte in Frankreich die Macht übernommen hatte und die Republik wieder zerfallen war, brachten englische Kriegsschiffe am 21. April 1811 die

Das Ende von Sklavenhandel und Sklaverei

Thema

Im Gegensatz zu einer weit verbreiteten Meinung wurde der Sklavenhandel keineswegs von europäischen Kolonialherren erfunden. Sie haben allerdings ausführlich von dieser seit Jahrtausenden praktizierten ›Technik zu Erleichterung des Lebens‹ Gebrauch gemacht.

Sklaverei hat es in China ebenso gegeben wie im alten Rom, in Madagaskar unternahmen Volksgruppen Beutezüge in benachbarte Stammesgebiete, arabische Händler kauften Sklaven in Westafrika und trieben mit ihnen weltweiten Handel. Der Begriff des Eigentums war bezüglich dieser Menschen genauso definiert wie in Bezug auf Waren und Tiere. Der Eigentümer durfte unumschränkt über seine Sklaven verfügen, er konnte sie ge- oder missbrauchen, sie verkaufen oder töten.

Als eines der ersten europäischen Unternehmen befasste sich die holländische Ostindische Gesellschaft kommerziell mit dem Sklavenhandel im westlichen Indischen Ozean. Spezielle Schiffe bereisten die ›Lieferländer‹ – Madagaskar und die ostafrikanischen Küstenländer. Die jugendlichen Sklaven wurden gefesselt und in den Lagerräumen gemäß detailliert ausgearbeiteten Plänen ›gestapelt‹. Bevor man sie an Land brachte, ritzte man ihre Fußsohlen mit Rasierklingen auf, damit sie nicht fortlaufen konnten. Um Arbeitskräfte für die damals auf den Seychellen entstehenden Baumwoll-, Kokos-, Zimt- und Vanilleplantagen zu rekrutieren, wurden auch dort Sklavenmärkte abgehalten. Allerdings kaufte man die Sklaven hier von Gelegenheitshändlern wie beispielsweise dem Korsaren Jean François Hodoul.

In der ersten Hälfte des 19. Jh. nahm die militärische Macht Englands im Indischen Ozean zu. 1812 verboten die Engländer den Sklavenhandel, die Sklaverei selbst aber wurde erst zwei Jahrzehnte später (1833) untersagt. Dazwischen lag eine Periode des illegalen Erwerbs und der legalen Vermehrung des Eigentums an Sklaven. Es war nicht verboten, Sklaven zu ›züchten‹ und die Kinder von Sklaven als Sklaven zu benutzen oder sie zu verkaufen. Gleichzeitig entstand eine Bevölkerungsschicht, die zwischen den weißen Herren und den schwarzen Sklaven einzuordnen war: die Gruppe der ›freien Schwarzen‹. Sklavenhalter konnten bei der Kolonialbehörde die Freilassung eines oder mehrerer Sklaven beantragen. Mit der Auflage, ihnen kein Land zu schenken, wurde dies meist gestattet. Der ›freie Schwarze‹ sollte darauf beschränkt bleiben, Land zu pachten und mit seiner eigenen Hände Arbeit den Pachtzins zu erarbeiten. Da sie nicht das Recht hatten, staatliche Gerichte anzurufen, um sich gegen die Willkür der Weißen zu wehren, gelang es nur wenigen von ihnen, Land zu erwerben.

Männern aus Kolonialfamilien war es verboten, schwarze Frauen zu heiraten oder mit ihnen Kinder zu haben. Es kam natürlich nicht selten vor, dass weiße Eigentümer ihre Sklavinnen sexuell ›gebrauchten‹. Die ›farbigen‹ Kinder konnten von den Vätern wegen des verbotenen sexuellen Kontaktes nicht als eigene Kinder anerkannt werden. Um diesen etwas Gutes zu tun, ermöglichten es ihnen manche Landbesitzer, auf einem Stück Land ihren Lebensunterhalt selbst zu verdienen. Aus der Zweiteilung der Gesellschaft in Herren und Sklaven war eine Vierteilung geworden: Herren, freie Schwarze, freie Farbige und Sklaven.

Kokosnusstrocknung zur Gewinnung von Kopra

Seychellen tatsächlich in ihren Besitz. An diesem Tag ging ein gewisser **Barthelemy Sullivan** aus England auf Mahé an Land und brachte eine Schriftrolle mit, die ihn im Auftrag Seiner Majestät, des englischen Königs, zum rechtmäßigen Gouverneur der Seychellen erklärte. Die Ära von Queau de Quincy war damit zu Ende, und er ging als Korrespondent eines Handelshauses nach Mauritius zurück. Die Seychellois akzeptierten die Machtübernahme durch die Briten ungern, da sie mit der Regierung Queau de Quincys ausgesprochen zufrieden gewesen waren. Der neue Gouverneur hatte es daher nicht leicht und ließ jeden Bewohner der Seychellen feierlich geloben: »Ich verspreche und schwöre feierlich Gehorsam, Unterwerfung und Treue gegenüber Seiner Majestät George III., König des Vereinigten Königreichs Großbritannien und Irland.« Die Seychellois dürften diesen Passus wohl damals in der Hoffnung auf einen Friedensvertrag zwischen Frankreich und England unterschrieben haben, der ihnen die französische Staatsbürgerschaft zurückgeben würde. Ihre Enttäuschung war groß, als sie erfuhren, dass der neue König von Frankreich, Louis XVIII, Mauritius und die Seychellen am 30. Mai 1814 formell an die Engländer übergeben hatte.

Das Ende des Sklavenhandels

Als wichtigste Neuerung brachten die Engländer das Verbot des Sklavenhandels mit (s. Thema S. 57). Ab 1812 ließ Gouverneur Sullivan alle Afrikaner sofort befreien, die von Sklavenhändlern nach Mahé gebracht wurden. Die Inseln Praslin, Frégate und die Amiranten dienten allerdings weiterhin als Umschlagplätze und Verstecke für Sklavenhändler, erst 1830 konnte der Handel tatsächlich beendet werden. Danach mussten Handel und Landwirtschaft auch ohne Sklaven aufrechterhalten werden. Ohne eine Übergangslösung wäre dies kaum möglich gewesen, denn die bisherigen Sklaven waren es nicht gewohnt, in eigener Verantwortung zu arbeiten. Immerhin waren zu jener Zeit (1818) von den 7500 Bewohnern der Seychellen 90 %

Sklaven (davon über 2000 Mischlinge, über 4000 Afrikaner, über 400 Madagassen). Die bisherigen Besitzer wurden für den Verlust ihres Eigentums entschädigt, die ehemaligen Sklaven erhielten den neuen Titel Lehrlinge und mussten gegen geringe Bezahlung weiter für ihre bisherigen Herren arbeiten.

Am 11. Februar 1839 wurde es den ›Lehrlingen‹ schließlich von der Inselverwaltung freigestellt, sich selbst neue Arbeitgeber zu suchen oder in eigener Regie zu arbeiten. Langsam, aber sicher verfielen daraufhin die großen Plantagen, denn die ehemaligen Sklaven zogen es vor, rund um ihre Hütten das Lebensnotwendigste anzubauen. Die ehemaligen Herren aber hatten so hohe Entschädigungen erhalten, dass viele von ihnen überhaupt nicht mehr arbeiteten, sondern nach Mauritius zurückkehrten, um sich dort am beginnenden Zuckerboom zu beteiligen.

Ein Anhänger der guten alten Sklavenzeit schrieb über die neue Situation, die Freigelassenen seien faul, vagabundierten und stählen. Die Felder lägen brach, und auf einigen Inseln fänden Banden Unterschlupf, die auf Kosten der Landeigentümer lebten. Andere Quellen berichten, dass viele der ehemaligen Sklaven ihre Lage durch ehrliche Arbeit erheblich verbesserten. Sie lebten von dem Fisch, den sie fingen, und von dem Gemüse, das auf ihren Parzellen rund um die Häuser wuchs, verkauften sogar einige dieser Produkte, wodurch manche zu bescheidenem Wohlstand gelangten.

Es bildete sich eine **neue Gesellschaft** aus Fischern, Handwerkern und kleinen Bauern. Wer Land besaß, aber keine Arbeitskräfte, verpachtete es an landlose Ex-Sklaven.

Bevölkerungsrückgang

Nach der Machtübernahme durch die Engländer hatte die Kolonie zunächst floriert. Die Einwohnerzahl war von 4000 auf knapp 8000 im Jahr 1818 angewachsen. Doch der Boden, auf dem die Baumwolle bislang hervorragend gewachsen war, schien ausgelaugt zu sein und die neue Konkurrenz aus Amerika drückte den Weltmarktpreis pro Ballen von 80 auf 30 US-$. Die beunruhigten Pflanzer hörten, dass Zuckerrohr aus Mauritius in England immer besser zu verkaufen sei, und viele von ihnen beschlossen auszuwandern. Ende 1818 hatte die Bevölkerung bereits auf 6000 abgenommen. Die verbliebenen Seychellois versuchten sich anzupassen. Sie begannen Kokosplantagen anzulegen, interessierten sich für Tabakanbau, verstärkten die Kultivierung von Gewürznelken und von Zuckerrohr.

Wandel der Agrarlandschaft

Um ihre Pflanzungen retten zu können, baten viele Grundbesitzer die Behörden um die Erlaubnis, wie auf Mauritius indische und madagassische Vertragsarbeiter ins Land holen zu dürfen. Der englische Gouverneur auf Mauritius aber kannte die damit verbundenen Probleme und beschied die Seychellois, dass sie sich mit den verbliebenen befreiten Sklaven begnügen müssten. So blühte der Zweig der Landwirtschaft auf, der mit wenigen Arbeitskräften auskam: die **Kokosplantagen**. Bislang wuchsen die Palmen wild in abgelegenen Buchten. Nun aber wollte man die Kopra und das Kokosöl, mit dem man die Öllampen betrieb, in großen Mengen für den Export herstellen und bepflanzte auch die flachen, küstennahen Gebiete mit Kokospalmen. Die Plantagen benötigten keinerlei Pflege, man musste nur warten, bis die reifen Kokosnüsse herunterfielen. Der Ernteertrag wuchs rasch, 1850 produzierten die Seychellen bereits über 200 000 l Öl pro Jahr.

Die Kokospalme hatte damit die Baumwolle als wichtigstes Exportgut überholt. Weit dahinter folgten Reis, Mais, Tabak, Kaffee und einige Gewürze. Diese Produkte wurden auf kleinen Schiffen nach Mauritius und Indien exportiert. Trotzdem versicherten Zeitgenossen, dass im Vergleich zum Jahrzehnt zuvor der Zustand der Kolonie miserabel war. Der einzige Trost, den der englische Historiker Preetham 1846 aussprechen konnte, war der, dass man mit Sicherheit nicht mehr tiefer fallen könne. Im Vergleich zu Mauritius, dessen Zuckerproduktion einen ersten Höhepunkt erreichte und auf dem Weltmarkt Höchstpreise erzielte, standen die Seychellen als armselige kleine Kolonie da.

Kurzer Kampf der Konfessionen

Während der französischen Kolonialzeit kamen **katholische Priester**, die auf Handels- oder Kriegsschiffen tätig waren, immer nur für einige Tage auf den Seychellen an Land. Sie vollzogen dann religiöse Zeremonien wie Hochzeiten und Taufen. Kein Priester lebte auf den Inseln. So schrieb ein Reisender 1820: »Die Seychellois, die sich Katholiken nennen, praktizieren im Grunde keine Religion. Sie besitzen keine Kirche und keinen Priester. Die meisten von ihnen werden geboren, leben und sterben, ohne jemals ein Sakrament erhalten zu haben.«

Erst 1832 wurde ein Priester dauerhaft auf die Seychellen entsandt, der **Anglikaner** Moltan. 1833 ließ er eine Kapelle und eine Schule in Victoria errichten. Der protestantische Glaube wurde von der katholischen Bevölkerung nicht angenommen. Man dachte und fühlte weiterhin französisch und katholisch. Familien von den Seychellen baten in Mauritius immer wieder um einen katholischen Priester. Nach einem zweijährigen Kampf des Kapuzinerpaters Léon des Avanchers, der, von der Bevölkerung enthusiastisch empfangen, erstmals am 1. März 1851 von Afrika aus die Seychellen besucht hatte, gegen den damaligen englischen Gouverneur Keat, war es am 20. September 1853 so weit: Die beiden Kapuzinerpater Jeremy und Theophil durften eine **katholische Mission** gründen. Bis Februar 1854 hatten sie bereits 5000 Seychellois getauft, an verschiedenen Küstenabschnitten entstanden Kirchen.

Inzwischen war Keat durch einen neuen Gouverneur ersetzt worden, der in der katholischen Kirche anders als sein Vorgänger keine große Gefahr sah. Die Gemüter beruhigten sich, und die anglikanische und die katholische Kirche hielten ihre Gottesdienste friedlich nebeneinander ab. Beide Kirchen bauten Schulen und organisierten Besuche auf abgelegenen Inseln.

Der große Erdrutsch

Am 12. Oktober 1862 wurden die Seychellen von einer Naturkatastrophe heimgesucht. Den Tag über hatte ein Sturm getobt, beinahe so stark wie die Zyklone auf Mauritius und La Réunion. Sintflutartiger Regen war auf Mahé niedergegangen. Um 22 Uhr geriet oberhalb von Victoria die Erde ins Rutschen: Felsen, Schlamm und entwurzelte Bäume glitten den Berg herunter. Der anfangs kleine Erdrutsch wuchs zu einer riesigen Lawine an. Nahe dem State House ergoss sich die Haupttrasse, die alles mit sich riss: Häuser, Männer, Frauen und Kinder. Der Sturm entwurzelte Bäume, im Hafen wurden Schiffe von Felsen zertrümmert, die vom Berg herunterrollten. 50 Menschen verloren ihr Leben, etwa weitere 50 verschwanden spurlos. Auch 30 000 Kokospalmen waren verloren. Welch große Bedeutung diese Naturkatastrophe für die Seychellois hatte, lässt sich daraus entnehmen, dass der 12. Oktober 1862 der Beginn einer neuen Zeitrechnung wurde. Lange Zeit war es üblich, seinen Geburtstag am Jahr 1862 zu orientieren: »Ich wurde drei Jahre nach dem großen Erdrutsch geboren«.

Die zweite Sklavenbefreiung

In die ersten Jahre nach dieser Katastrophe, die auf den Seychellen als *lavalas* (die Lawine) bekannt ist, fiel die letzte große Einwanderungswelle. England hatte Korsaren in den Indischen Ozean entsandt, um arabische und europäische Sklavenhändler zu jagen. Viele der aufgegriffenen Schiffe wurden anschließend in den Hafen von Victoria gebracht, wo man die Sklaven befreite und ihnen Land auf den Seychellen zuwies. Zwischen 1860 und 1874 dürften so etwa 3000 neue Einwohner angekommen sein.

Die Seychellen als Verbannungsort

Die **ersten Verbannten** kamen von La Réunion und wurden auf La Digue angesiedelt. Später folgte eine große Gruppe aus Frankreich, die man beschuldigt hatte, das Attentat auf Napoleon Bonaparte am 24. Dezember 1800 durchgeführt zu haben. Napoleon, damals Erster Konsul, nutzte die Gelegenheit, sich seiner politischen Gegner zu entledigen, indem er sie, wie es damals hieß, in die »besondere Aufsicht außerhalb des europäischen Territoriums der Republik« verschickte. Den Berichten der Zeitgenossen kann man entnehmen, dass sie schon bald Aufruhr unter der Bevölkerung stifteten. Ein Teil von ihnen wurde daraufhin nach Mauritius geschickt, einige wenige blieben auf den Seychellen (1810 sollen es nur noch vier gewesen sein), lediglich einer gründete eine Familie. 1804 schrieb Gouverneur Queau de Quincy: »Die Kolonie ist wieder absolut ruhig, es herrschen Ordnung und Einigkeit.« Danach war zunächst niemand mehr mit Gewalt nach Mahé gebracht worden.

Verbannte Ashanti

Die Ashanti, die in dem Gebiet des heutigen Staates Ghana leben, leisteten im 19. Jh. heftigen Widerstand gegen den ›Schutz‹, den ihnen die Kolonialmacht England bieten wollte. Ihr Anführer, **König Prempe**, musste 1896 vor den überlegenen englischen Waffen kapitulieren und wurde mit mehreren ihm ergebenen Häuptlingen gefangen genommen. Als der Widerstand seines Volkes dennoch nicht nachließ, verbannten die Kolonialherren den König und seine Gefolgschaft auf die Seychellen. Am 11. September 1900 trafen die Deportierten dort ein. König Prempe war in Leopardenfelle gekleidet, sein Gefolge bestand aus seiner Mutter, drei seiner Frauen und 55 weiteren Familienmitgliedern und Dienern. Ein Jahr später folgten nochmals 21 Ashanti. Dies bereicherte die Bevölkerung der Seychellen um insgesamt drei Könige, 17 Häuptlinge, eine große Anzahl von Königinnen und Häuptlingsfrauen, Prinzen und Prinzessinnen. An seinem Verbannungsort außerhalb Victorias hielt König Prempe wie in Ghana Hof, und seinen Harem ergänzte er durch Mädchen von den Seychellen.

König Prempe machte sich bald mit den europäischen Sitten auf den Seychellen vertraut. Er lernte Englisch und ließ seine Kinder in der Lagerschule mit der europäischen Kultur bekannt werden. Um seine Würde nicht zu verlieren und trotzdem nicht gegen die Gesetzgebung der Engländer zu verstoßen, erarbeitete er eine neue Gesetzgebung für seine Mitverbannten. Sie besagte, dass Untertanen, die gegen seinen Willen verstießen, eine mehr oder weniger große Anzahl von Rumflaschen an ihn abzuliefern hatten.

Zu dieser Zeit hatten die anglikanische und die katholische Kirche begonnen, um die Seelen der Seychellois zu werben. König Prempe war wohl zunächst davon irritiert, dass zwei verschiedene Priester ihm dieselbe Religion anbieten wollten. Außerdem gefiel ihm nicht, dass ihm die Christen nur eine Frau zugestehen wollten. Als er jedoch erfuhr, dass sein unmittelbarer Vorgesetzter, König Edward VII. von England, Mitglied der anglikanischen Kirche war, beschloss er, dieser beizutreten. Und er war konsequent: Sofort schickte er seine überzähligen Frauen fort, ließ sich auf den Namen Edward taufen und ging – wie ein Engländer mit Zylinder, Jackett, Lackschuhen und Gamaschen bekleidet – regelmäßig in die anglikanische Kirche. Wiederholt schickte er Gnadengesuche nach London, und die Gouverneure der Seychellen bestätigten, dass er sich in seinem Exil mustergültig führte. Dennoch durfte er erst im September 1924 die Heimreise an die Goldküste antreten. In Ghana soll es bis heute Familien geben, in denen kreolisch gesprochen wird – Nachfahren der verbannten und zurückgekehrten Ashanti. Einige Söhne des Königs, die einheimische Frauen geheiratet hatten, aber blieben auf der Insel.

Weitere Verbannte aus Ostafrika

Kurz nach seiner Ankunft auf den Seychellen hatte König Prempe Gesellschaft von anderen Königen und Häuptlingen aus Afrika erhalten. **König Unvanga** von Buganda, **König John** von Bunjoro und weitere neun Häuptlinge aus Uganda mussten ihm unfreiwillig folgen, da sie sich über die Besetzung ihrer Länder durch England beschwert hatten. König Unvanga überlebte die Schande der Deportation nur ein Jahr lang, **König Kabarega** von Bunjoro überlebte, bis er 1923 die Erlaubnis zur Rückkehr in die Heimat bekam.

Ab 1915 trafen weitere afrikanische Herrscher mit ihrem Gefolge ein. Zunächst kam **Sultan Mahmud Ali** aus Somalia. Er hatte 1920 allen somalischen Stämmen, die mit den Engländern kollaborierten, das Vieh gestohlen. Da er für seine Rauflust bekannt war, steckte man ihn in ein Haus gleich neben der Polizeistation von Anse Étoile auf Mahé. Ihm ging es schlecht, besonders die Ablehnung seines Gesuchs, seine vier Frauen und 14 Kinder nachkommen zu lassen, machte ihm zu schaffen. 1928 entschloss er sich schließlich, eine Seychelloise zu heiraten, was aber sein englischer Aufpasser ebenfalls nicht erlauben wollte. Schließlich gestattete man ihm, nach Somalia zurückzukehren.

1922 brachten die Engländer sechs ägyptische Politiker nach Mahé, darunter auch den **Premierminister Saad Saghlul Pascha**. Und mit vier weiteren arabischen Führern traf 1937 der **Großmufti von Jerusalem, Amin al Huseini**, ein. Ihm wurde vorgeworfen, der Kopf der Aufständischen gewesen zu sein, die sich gegen den Plan der Teilung Palästinas in einen jüdischen und einen arabischen Staat wehrten. Nachdem die Engländer die italienische Kolonialmacht aus Äthiopien vertrieben hatten, musste der **Bruder des Gottkönigs Haile Selassie** mehrere Jahre auf Mahé verbringen, da er mit den Italienern kollaboriert hatte. Winston Churchills Plan 5000 irische Nationalisten nach schweren Unruhen 1922 auf die Seychellen zu verschicken, wurde nicht verwirklicht.

Erst 1956 deportierten die Engländer wiederum einen Prominenten, den zypriotischen **Erzbischof Makarios** (s. Thema S. 226 f.).

Der Weg in die Unabhängigkeit

1964 wurden die **Seychelles Democratic Party** (SDP) unter Führung von James Mancham und die aus einer Gewerkschaftsbewegung hervorgegangene **Seychelles Peoples**

Unterwegs in Victoria

Elvis

United Party (SPUP) unter der Führung von France-Albert René gegründet. Ziel der SDP war es, die Seychellen in das britische Königreich zu integrieren und jedem Seychellois die englischen Staatsbürgerrechte zu erkämpfen, während die SPUP, ganz im Gegensatz dazu, für die politische Unabhängigkeit von England eintrat. Diese beiden Parteien kämpften um die Sitze in einem Parlament, das einige wenige Mitspracherechte bei den Entscheidungen des Gouverneurs besaß.

Bei den **ersten Wahlen** 1970 erhielt die SDP 53,5 % und die SPUP 44,2 % der Stimmen. Die Sitzverteilung bevorzugte jedoch – Folge des englischen Mehrheitswahlrechts – die SDP. Sie erhielt zehn Sitze, die SPUP nur fünf, und der SDP-Führer James Mancham wurde vom Gouverneur zum Präsidenten ernannt. Die nächsten Wahlen 1974 brachten ein ähnliches Ergebnis, diesmal erhielt die SDP 13 Sitze, die SPUP nur zwei.

Erst 1975 erhielten die Seychellen den Status einer **autonomen Kolonie**, die sich in internen Angelegenheiten selbst regieren durfte. Die beiden Parteien gingen eine Koalition ein; James Mancham wurde Staatspräsident, sein politischer Gegner France-Albert René Minister für öffentliche Arbeiten und Entwicklung der Landwirtschaft. Im Januar 1976 wurden die Seychellen in die **Unabhängigkeit** entlassen und ab dem 29. Juni desselben Jahres gab es eine autonome Koalitionsregierung mit Mancham als Präsident der Republik und René als Premierminister. Entgegen ihrer ursprünglichen Absicht, die Seychellen zu einem Bestandteil Großbritanniens zu machen, hatte die SDP inzwischen ihr Programm geändert und gemeinsam mit der SPUP die Unabhängigkeit erkämpft.

Der unblutige Putsch

Schon ein Jahr später, am 5. Juni 1977, kam das Ende der Koalitionsregierung. Präsident Mancham befand sich auf einer Auslandsreise, als um 6 Uhr morgens die Bevölkerung der Seychellen über den Rundfunk aufgefordert wurde, die Häuser nicht zu verlassen, denn eine wichtige Veränderung sei im Lande vorgegangen. Eine Gruppe von Seychellois habe die Regierung von James Mancham abgesetzt und alle strategisch wichtigen Punkte auf Mahé besetzt. Der Staatsstreich verlief erfolgreich und France-Albert René, der bisherige Premierminister, ernannte sich zum neuen Präsidenten. Nach und nach führte er ein sozialistisches System ein, in dem keine Opposition zugelassen war, die Presse zunächst zensiert, dann gleichgeschaltet wurde und der Staat die Kontrolle über die Wirtschaft übernahm.

Die Wende

Wie in vielen Staaten Afrikas kam nach dem Zusammenbruch des sozialistischen Systems in Osteuropa auch auf den Seychellen die Wende. Hier wurde sie allerdings von oben und gegen heftigen Widerstand vieler Bürger verordnet. Der Staatspräsident selbst setzte eine Volksabstimmung durch, in der sich erwartungsgemäß die Mehrheit für die Erarbeitung einer neuen, pluralistischen Verfassung aussprach.

1992 kehrten viele Exilpolitiker, darunter als prominentester der durch den Putsch von 1977 entmachtete Ex-Präsident Mancham, zurück und formierten Oppositionsparteien. Gegen den Rat vieler seiner Anhänger, die Revanche wünschten, machte es sich Mancham zum Prinzip, englisch-demokratische Fairness auch gegenüber seinem politischen Feind France-Albert René walten zu lassen.

Demokratie nach westlichem Vorbild

Den beiden Staatsmännern France-Albert René und James Mancham ist es zu verdanken, dass die Seychellen Mitte der 1990er-Jahre eine **Demokratie** wurden, die ihre Probleme friedlich ausdiskutiert. France-Albert René hat auf manche Privilegien verzichtet. James Mancham darauf, die Macht um jeden Preis an sich zu reißen, und hat die Aussöhnung zwischen den verfeindeten politischen Lagern an die erste Stelle seines politischen Wirkens gestellt.

Die gemeinsam erarbeitete **Verfassung** macht die Einhaltung der Menschenrechte, wie freie Meinungsäußerung, Versammlungsfreiheit und den Schutz privaten Eigentums, sowie den Umweltschutz und den Schutz sozial Schwacher zur Grundlage der neuen Republik.

Wahlen unter neuer Verfassung

1993 erfolgten dann die ersten Wahlen in der neuen Demokratie. Für Mancham überraschend erhielt der bisherige ›Diktator‹ France-Albert René mit seiner SDP mit 56,5 % die absolute Mehrheit. Im Unterschied zu führenden Politikern vieler sozialistischer Staaten in Afrika hatte er die Seychellen nicht zugrunde gewirtschaftet, sondern eine hohe soziale Sicherheit mit relativem Wohlstand zu vereinen verstanden. Das wurde ihm von der Mehrheit der Bevölkerung gedankt. Die aktiven und gebildeten Seychellois allerdings mussten das für sie enttäuschende Ergebnis zähneknirschend hinnehmen. Die anwesenden internationalen Wahlbeobachter bestätigten, dass betrügerische Maßnahmen auf den Seychellen nicht – oder nur am Rande – stattgefunden hätten. Allerdings hatte France-Albert Renés Regierungspartei zweifelsohne ihr zur Verfügung stehende Staatsmittel genutzt, um Wahlpropaganda zu betreiben, während die macht- und vermögenslose Democratic Party von James Mancham wenig aufwenden konnte. Die Enttäuschung der unterlegenen Opposition und der Jubel der siegreichen Regierungspartei führten während nächtlicher Siegesfeiern zu ein paar blauen Augen und gebrochenen Nasenbeinen, echte gewaltsame Auseinandersetzungen aber blieben aus.

René wurde noch zweimal, 1998 und 2002 wiedergewählt. Im Frühjahr 2004 trat er schließlich zurück und machte seinem Vizepräsidenten **James Alix Michel** Platz. Der stellte sich im Sommer 2006 erstmals einer Wahl und gewann diese mit über 53,5 % der abgegebenen Stimmen. France-Albert René ist noch immer Führer der Regierungspartei und hat weiterhin großen Einfluss auf die Politik der Seychellen.

James Alix Michel besucht 2005 Indien, links der indische Premier M. Singh

Zeittafel

Ab dem 7. Jh.	Arabische Seefahrer besuchen die Seychellen.
1501	Der Portugiese João de Nova entdeckt die Farquhar-Inseln.
1502	Vasco da Gama erreicht die Amiranten.
1506	Die Seychellen finden sich erstmals auf portugiesischen Seekarten.
1609	Ein Schiff der East India Company besucht die zentralen Seychellen.
1685–1730	Piraten kreuzen in den Gewässern der Seychellen.
1742	Forschungsexpedition des Franzosen Lazare Picault.
1. November 1756	Offizielle Inbesitznahme der Seychellen für die französische Krone
1770	Die ersten Siedler lassen sich auf Sainte Anne nieder.
1778	Gründung Victorias durch Leutnant de Romainville.
1791–1811	Regierungszeit des Gouverneurs Jean Baptiste Queau de Quincy.
1794	Britische Besetzung der Seychellen; die französische Verwaltung unter Queau de Quincy bleibt jedoch im Amt.
21. April 1811	Die Seychellen gehen in britischen Besitz über.
1812	Verbot des Sklavenhandels auf den Seychellen.
1832	Der erste anglikanische Priester lässt sich auf den Seychellen nieder.
1833	Verbot der Sklaverei auf den Seychellen.
1853	Zwei Kapuzinerpater gründen auf den Seychellen eine katholische Mission.
12. Oktober 1862	Der große Erdrutsch (*lavalas*) verwüstet einen Teil Victorias.
1893	Telegrafische Verbindung von den Seychellen nach London.
1946–1956	Zehnjahresprogramm zur Wiederbelebung der Wirtschaft.

Gründung der Seychelles Democratic Party (SDP) und der Seychelles Peoples United Party (SPUP).	**1964**
Aus den Parlamentswahlen geht die SDP als Sieger hervor.	**1970 und 1974**
Mit der Eröffnung des internationalen Flughafens auf Mahé beginnt der moderne Tourismus auf den Seychellen.	**1971**
Offizielle Unabhängigkeitserklärung der Seychellen; erster Staatspräsident wird James Mancham.	**29. Juni 1976**
Staatsstreich; neuer Präsident wird France-Albert René.	**5. Juli 1977**
Ein Referendum führt zur parlamentarischen Demokratie.	**1992**
Die neue Verfassung wird angenommen und France-Albert René als Präsident wiedergewählt.	**1993**
René gewinnt die zweiten Parlaments- und Präsidialwahlen. Die Seychelles National Party wird zweitstärkste Fraktion.	**1998**
France-Albert René wird mit der knappen Mehrheit von 52 % zu 45 % für weitere fünf Jahre zum Präsidenten gewählt.	**2002**
Vizepräsident James Alix Michel übernimmt die Regierungsgeschäfte. Reformen führen u. a. zu einem freieren Warenaustausch.	**2003**
Präsident James Alix Michel stellt sich erstmals als Präsident zur Wahl und gewinnt diese mit 53,5 % der Stimmen.	**2006**
Die Regierung gibt den Wert der Rupie frei, Importwaren werden teurer, Dienstleistungen für Urlauber hingegen um ca. 30 % billiger. Dadurch nimmt der Import ab und die heimische Produktion steigt.	**2008**
Somalische Piraten dringen in die Hoheitsgewässer der Seychellen ein. NATO und Russland machen Mahé zur militärischen Basis für die Bekämpfung somalischer Piraterie.	**2010**
Etihad Airways übernimmt 40 % von Air Seychelles, woraufhin die Fluggesellschaft ihre Langstreckenflüge einstellt und ihr Netz nun mit Etihad abstimmt.	**2012**

Gesellschaft und Alltagskultur

Seychellois sprechen nicht nur Kreol, sie sind in vielen Lebensbereichen ›Kreol‹. Die Küche birgt Einflüsse verschiedener Kontinente, der Glaube vermengt Christentum mit afrikanischen Traditionen, die Musik weist Elemente schottischer und französischer Volksmusik sowie afrikanischer Rhythmen auf.

Bevölkerung und Lebensweise

Wer ist Seychellois, wer Kreole?

Weltweit werden Menschen als Kreolen bezeichnet, wenn ihre unmittelbaren Ahnen aus unterschiedlichen Kulturkreisen mit unterschiedlichen Sprachen stammen. Die Assimilation darf noch nicht so weit fortgeschritten sein, dass sich eine neue Identität, eine von den Ursprungskulturen unabhängige neue Kultur herausgebildet hat. Italiener beispielsweise kann man nicht als Kreolen bezeichnen, obwohl sich das heutige Volk der Italiener aus einer Vielzahl von Einflüssen aus Asien, Nordafrika, dem Balkan und Nordeuropa zusammengesetzt hat. Meist wird das Wort für Mischbevölkerungen benutzt, die sich aus einer Vermengung von Kolonialmächten mit ihren ehemaligen Untergebenen oder Sklaven entwickelt haben.

Auf den Seychellen werden diejenigen Bewohner **Kreolen** genannt, die unmittelbar von einer aus Frankreich eingewanderten Familie oder aus afrikanisch-europäischen Mischehen stammen. Menschen, deren Vorfahren schon vor mehreren Generationen aus Indien oder China eingewandert sind, gelten aber nicht als Kreolen, selbst wenn sie kein Wort der Sprache der Heimat ihrer Vorfahren mehr sprechen. Sie sind Seychellois, sie sprechen Kreolisch, sind aber nicht Kreolen, sondern **Malbar** (Inder) oder **Sinois** (Chinesen).

Afrika – Wiege seychellisch-kreolischer Kultur

Da der größte Teil der Bevölkerung der Seychellen aus Afrika stammt und fast jeder Seychellois auch europäisches Blut hat, sind die Seychellen zu 95 % kreolisch. Allerdings ist der Einfluss von indischen, madagassischen und chinesischen Einwanderern ebenfalls unverkennbar. Von ganz weiß bis ganz schwarz findet man alle Schattierungen der Hautfarbe und es bestehen kaum Grenzen in der sozialen Schichtung. Es gibt schwarze Seychellois in hohen Positionen der Regierung genauso wie es Weiße gibt, die in ärmlichen Hütten in den Bergen wohnen. Lediglich die spät eingewanderten Inder und – minder ausgeprägt – Chinesen bilden eigene Volksgruppen, die sich weniger integrieren. Sie sind häufig Inhaber von Lebensmittel- und Stoffgeschäften. Die Tradition der indischen Bevölkerung erlaubt es ihnen im Allgemeinen nicht, sich mit der kreolischen Bevölkerung zu vermischen, während man Chinesen nur selten unvermischt findet.

Seychellois mit chinesischem Namen haben meist eine kreolische Mutter oder Großmutter in ihrer Familie und fühlen sich nicht als Chinesen, sondern als Seychellois. Inder hingegen bewahren ihre Identität und schicken ihre Söhne daher nach Indien, um dort eine Frau zu suchen. Hochzeiten zwischen Indern und Kreolen finden zwar vereinzelt statt, gelten aber in der indischen Gemeinschaft bis heute als Skandal.

Kreol

Entstehung des Kreolischen

Französische Kolonisten nahmen im Lauf des 17. und 18. Jh. Inseln in der Karibik, im Indischen Ozean und Teile der heutigen südlichen USA in Besitz. Als Arbeitskräfte für ihre Plantagen kauften sie Sklaven aus verschiedenen Regionen Afrikas und mussten sich mit ihnen verständigen. Zudem waren sie daran interessiert, den afrikanischen Sklaven die Kommunikation untereinander zu erschweren, damit sie nicht gemeinsam gegen die Herren aufbegehren. Deshalb trennte man Familien und zwang sie auf weit voneinander entfernten Feldern zu arbeiten. Die Kommunikation wurde zusätzlich erschwert, indem man auf Plantagen nach Möglichkeit Sklaven aus verschiedenen Sprachregionen Afrikas arbeiten ließ. Die Herren sprachen mit den Sklaven Französisch und diese mussten auch untereinander Französisch sprechen, denn sie beherrschten ja die Sprachen ihrer Schicksalsgenossen nicht.

Zunächst entwickelten sich dadurch verschiedene Mischsprachen, die sich im Laufe der Zeit einander anglichen. Grundlage war Französisch, doch passte es sich den Denkformen und grammatikalischen Gewohnheiten der afrikanischen Sprachen an. Worte, die im Französischen fehlten, wurden aus den Heimatsprachen hinzugefügt. Außerdem entwickelte sich eine neue Aussprache und Betonung, die sich an der afrikanischen Mentalität orientierte. So entstand die **kreolische Sprache**, die im Süden der Vereinigten Staaten, auf Haiti, Martinique und auf den viele tausend Kilometer entfernten Seychellen, Mauritius und La Réunion so ähnlich ist, dass die Bewohner der Regionen sich untereinander verständigen können.

Lange wurde Kreol als eine primitive Form des Französischen, bestenfalls als ein Dialekt betrachtet. Inzwischen hat sich die Sprachwissenschaft jedoch intensiv damit befasst und ist zu dem Ergebnis gekommen, dass es sich um eine vollwertige Sprachfamilie handelt, deren Grammatik lediglich noch nicht vollständig erforscht und in Schulbüchern festgehalten ist. Weltweit wird es von etwa 10 Mio. Menschen gesprochen. 2 Mio. davon leben auf Mauritius, La Réunion und den Seychellen, 3 Mio. auf den Karibikinseln Ste. Lucia, Haiti, Martinique, Guadeloupe, St. Barth und Marie Galante und fast 5 Mio. in den Südstaaten der USA.

Die französischen Wurzeln

Vergleiche der kreolischen ›Dialekte‹ in den verschiedenen Weltregionen zeigen, dass die Hälfte aller kreolischen Wörter weitgehend identisch ausgesprochen wird. Diese Wörter entstammen der französischen Sprache des 17. und 18. Jh. und werden auch heute noch in Frankreich benutzt. Etwa 10 % davon allerdings haben je nach Region ihre ursprüngliche Bedeutung verändert. Das Wort *kaban* (frz. *caban* = Stall) beispielsweise bezeichnet auf Haiti ein Bett, auf den Seychellen nach wie vor einen Stall. Die andere Hälfte der Wörter macht die Unterhaltung zwischen Kreolen aus Haiti und von den Seychellen schwierig. 10 % davon entstammen zwar ebenfalls der französischen Sprache, haben aber zusätzlich zur ursprünglichen Bedeutung eine weitere hinzugewonnen. Beispielsweise bedeutet das Wort *kont* (Konto, kontieren) in Haitianisch und Seychellisch Rechnung, auf Haiti hat es aber zusätzlich die Bedeutung von genug, ausreichend angenommen. Das Wort *kasé* (frz. *casser* = zerbrechen, zerschlagen) bedeutet in beiden Sprachen zerschlagen, im seychellischen Kreol zusätzlich aber auch nähen. Das Wort *kabarett* meint auf Haiti jede Fläche, egal wozu sie genutzt wird. Auf den Seychellen wird es aber ausschließlich für die Tanzfläche benutzt. Daneben gibt es im Kreol etwa 20 % Wörter, die im Französischen des 17. und 18. Jh. existierten, heute aber in Frankreich nicht mehr geläufig sind.

Grammatik und Wortschatz aus vielen Sprachen

Darüber hinaus beinhaltet der kreolische **Wortschatz** etwa 30 % Wörter, die anderen Sprachen entstammen. Auf Haiti sind es vornehmlich Begriffe aus Bantusprachen Westafrikas und sogar aus karibisch-indianischen Sprachen. Auch sind einige Wörter aus dem Spanischen, aus Mittel- und Südamerika sowie von den spanisch kolonisierten Nachbarinseln wie Kuba und der Dominikanischen Republik eingeflossen. Auf den Seychellen setzen sich diese 30 % aus spät aufgenommenen englischen Vokabeln, aus Hindi oder Urdu, aus dem Suaheli Ostafrikas und insbesondere aus dem Madagassischen zusammen. Überraschenderweise entstammen etliche Wörter auch portugiesischen Quellen, was darauf hindeutet, dass unter den weißen Siedlern einige Portugiesen gewesen sein dürften.

Die **Grammatik** des Kreol ist noch weit weniger erforscht als die Wortstämme, doch eines scheint klar zu sein: Die Sklaven lernten zwar die Begriffe von ihren französischen Herren, aber nicht, diese auch so grammatikalisch in Sätze einzubauen, wie dies im Französischen richtig wäre. Vielmehr tauschten sie einfach Bezeichnungen gegen das entsprechende französische Wort in dessen Grundform aus und bauten daraus Sätze, wie sie in ihrer Muttersprache zu bauen sind. Zur einfachen Kommunikation reichte das den Herren aus und es machte sich niemand die Mühe, den Sklaven die französische Sprache, deren Aufbau und Logik zu erläutern. Zur Kommunikation unter Afrikanern unterschiedlicher Muttersprachen war diese Form der Kommunikation sogar besser geeignet als echtes Französisch, denn die Grammatik der verschiedenen afrikanischen Sprachen oder Dialekte ähnelt einander stärker als der der französischen Sprache.

Kreolisch schreiben

Nachdem die Regierung der Seychellen 1981 beschlossen hatte, Kreolisch zur ersten offiziellen Staatssprache zu machen (vor Englisch und Französisch), verstärkten sich die Bemühungen, auch die Grammatik zu erforschen und eine einheitliche Schreibweise zu entwickeln. Die Linguistin Annegret Bolée von der Universität Bamberg hat sich mit diesem Problem intensiv auseinandergesetzt und in Zusammenarbeit mit den Seychellois Guy Lionnet und Danielle d'Offay ein Wörterbuch Seychellisch-Französisch herausgegeben. In den Grundschulen lernen die Kinder seither ihre Muttersprache diesen Regeln entsprechend zu schreiben, und die Regierung bietet Kurse an, in denen Erwachsene die neuen Regeln lernen können.

Das Kultusministerium versuchte, diese Schreibweise auch in anderen kreolisch geprägten Staaten populär zu machen und hielt Konferenzen ab, zu denen alle Staaten eingeladen wurden, in denen Kreolisch gesprochen wird. Leider bisher mit wenig Erfolg, weil die meisten kreolischsprachigen Länder lieber Französisch (La Réunion, Mauritius, Haiti) oder Englisch (St. Lucia, Südstaaten der USA) als Schriftsprache kultivieren möchten.

Die Zukunftschancen Jugendlicher haben zuweilen auch mit der Hautfarbe zu tun

In einem renovierten Kolonialhaus, der Maison St. Joseph, an der Ostküste Mahés, befindet sich das **Creole Institute**, eine Einrichtung der Regierung der Seychellen, die dazu dient, die kreolische Sprache weiter zu erforschen. Interessenten finden viel Grundlagenliteratur in diesem schönen, ›kreolischen‹ Kolonialhaus (s. S. 202 ff.).

Keine Rassenprobleme?

Die Seychellen sind eines der wenigen Länder, in denen ethnische Gruppen nahezu problemlos miteinander leben und sich untereinander mischen. Man sollte aber nicht meinen, es handle sich um ein Paradies ohne Rassenvorurteile. Das Ansehen eines Seychellois ist in der Gesellschaft umso höher, je heller seine Hautfarbe ist. Daher achten Mütter hellhäutiger Töchter und Söhne darauf, dass diese keine dunkelhäutigeren Freundinnen oder Freunde nach Hause bringen. Für ein weißes Mädchen schickt es sich beispielsweise nicht, mit einem dunklen Jungen zum Tanz zu gehen. Von offizieller Seite sowie bei den Behörden und Firmen aber gibt es in der Regel keine rassistisch bedingten Bevorzugungen. Ob jemand einen begehrten Arbeitsplatz bekommt, hängt – wie bei uns – zumeist von seinen Beziehungen, seinem Parteibuch, durchaus auch von seinen Zeugnissen und Fähigkeiten ab – die Hautfarbe spielt lediglich eine untergeordnete Rolle.

Familienstruktur

40 % aller Kinder auf den Seychellen werden außerehelich geboren. Das klingt dramatisch, liegt aber zum Teil daran, dass sich junge Paare die Hochzeitsfeier oft nicht leisten können oder wollen. Ein anderer Grund aber ist, dass afrikanische Traditionen weiterleben – wenn auch in leicht veränderter Form. Es ist üblich, dass ein Ehemann neben seiner Frau eine Freundin oder auch zwei hat. Wenn Sie Familien mit vielen Kindern besuchen, werden Sie feststellen, dass die Geschwister häufig sehr unterschiedlich aussehen. Es kommt vor, dass drei Söhne einer Mutter aussehen, als stammten sie von drei verschiedenen Kontinenten. Einer scheint aus Mitteleuropa zu kommen, der zweite hat einen unverwechselbar indischen Ausdruck, während der dritte ein Mischling kreolischer und chinesischer Abstammung ist. Wer der Vater ist, weiß oft nur die Mutter. Abgesehen von den wenigen rein europäischen und rein indischen Familien, ist die normale Familie matriarchalisch organisiert. Die Mutter ist das Familienoberhaupt und verantwortlich für die Kinder, während die Väter wechseln. Für einen Mann ist es normal, dass er mit der Frau, mit der er zusammenleben will, auch eine Gruppe von Kindern – meist von verschiedenen Vätern – heiratet. Es kommt auch vor, dass eine junge Mutter nicht in der Lage oder nicht willens ist, ihr neu geborenes Kind selbst zu ernähren und zu erziehen. Es findet sich dann eine Nachbarsfrau oder eine Freundin, die das Kind als sogenanntes *zanfan soigné* (versorgtes Kind) in ihre Familie aufnimmt. Damit ist aber keineswegs das Band zwischen der leiblichen Mutter und dem Kind zerschnitten. Die leibliche Mutter kommt regelmäßig zu Besuch, das Kind weiß, dass es das leibliche Kind dieser Frau ist, aber eben bei ›seiner‹ Familie lebt.

Zauberei

Vor über 150 Jahren wurden in England zum letzten Mal eine Mutter und ihre neun Jahre alte Tochter wegen Zauberei gehängt. Danach war in England die Zeit der Hexenprozesse vorbei – in den Kolonien aber noch lange nicht! Noch 1969 ging ein auf den Seychellen wegen Zauberei Verurteilter in die Berufung vor dem Obersten Gericht im Londoner Justizpalast und wurde dort freigesprochen.

Die Zauberer und die Rolle christlicher Priester

Und auch heute gibt es auf allen Inseln die **Bonhommes du Bois**, volkstümlicher auch **Tonton** (Onkel) genannt, die mit dem Wissen und den Mysterien des Voodoo-Kults (magische Amulette, Puder, Puppen und Zeichnungen) und den Wirkungen von Pflanzen und Hölzern umzugehen verstehen.

Diese Künste blieben erhalten, denn **christliche Priester**, die dagegen in anderen Kolonien vehement angingen, kamen nur selten auf die Inseln. Die Tätigkeit der Priester während kurzer Aufenthalte auf der Durchreise beschränkte sich darauf, den wenigen weißen Siedlern ihren Segen zu geben und Hochzeiten zu feiern. Die Sklaven wurden getauft, damit der Teufel ausgetrieben war, danach kümmerte sich niemand mehr um ihr Seelenheil. Sie lebten nach ihren Traditionen, pflegten ihre eigene Medizin und ihre Zauberei. Christliche Gemeinden entstanden erst im 19. Jh. und auch dann beschränkten sie sich darauf, ihren Untertanen die wesentlichen christlichen Werte zu vermitteln. Mit Aberglaube und Zauberei befassten sich mehr die Gerichte als die Kirchen.

Zauberei heute

Wer heute einen Seychellois fragt, ob er gelegentlich zum *tonton* geht, wird dieser behaupten, niemals mit solch einem Aberglauben zu tun gehabt zu haben. Fast genauso sicher ist es aber, dass dies nicht stimmt. Seychellois aller Hautfarben glauben an die Fähigkeiten der Zauberer, und man ist bestens über die ›Spezialitäten‹ der verschiedenen *tontons* der Nachbarschaft informiert.

Die Zauberer haben bis heute eine zentrale Position im sozialen Leben der Seychellois inne. Als Gast für ein paar Wochen wird man das kaum bemerken. Doch sobald man intensiver mit der Gesellschaft in Verbindung kommt, spürt man, dass viele Entscheidungen von Freunden, Bekannten oder Geschäftspartnern rational nicht nachvollziehbar sind – es spielen für uns undurchschaubare Beweggründe offenbar eine große Rolle. Oft steckt hinter dieser Entscheidung der Ratschlag eines *tonton* oder sogar nur die Angst, ein anderer könnte die Hilfe eines Zauberers in Anspruch nehmen, wenn man das sagt oder tut, was eigentlich der Situation angemessen wäre.

Wird ein Zauberer von Klienten befragt, wer (s)ein Unglück verschuldet habe, so erhält er keine direkte Antwort. Der *tonton* hört sich die Klage seines Klienten an, konsultiert seine Karten, schlägt in seinen Büchern nach und wird dann eine vage Antwort geben, wie etwa: »Ich sehe einen hellhäutigen Mann, der böse Gedanken über dich hegt.« Der Klient lässt nun seine Bekannten und Freunde vor seinem geistigen Auge Revue passieren, bis er einen findet, auf den diese Beschreibung passt. Dessen Verhalten erschien ihm vielleicht in letzter Zeit merkwürdig und schon ist alles sonnenklar – er hat einen Zauber veranlasst! Wenn er diesen Bekannten trifft, wird er seinen Gruß nicht mehr erwidern, was wiederum das Misstrauen des anderen hervorruft. Eine Aussprache zwischen den beiden findet nicht statt, weil beide den Zauber des anderen fürchten. So entstehen Systeme des Misstrauens und der Angst, die nicht durch Erfahrung und Kommunikation abgebaut werden.

Erklärungsversuche für den Zauberglauben

Aufgeklärte Europäer sind überzeugt, dass es sich bei den *tontons* um Scharlatane handelt und führen deren Erfolg darauf zurück, dass die Seychellois über Hunderte von Jahren in juristischer und sozialer Unsicherheit gelebt haben, denn die Gerichte der ›Herren‹ standen ihnen nicht zur Seite. Gerichte konnten zwar über ›Schwarze‹ Urteile verhängen, ›Schwarze‹ durften sie aber nicht zu ihrem Schutz anrufen. In dieser schwierigen Situation hätten sie sich Scheinsicherheiten und die Hilfe der *tontons* gesucht.

Eine andere einleuchtende Erklärung für den Glauben der Seychellois an die Fähigkeiten der *tontons* findet sich in dem Buch zweier amerikanischer Soziologen, die sich intensiv mit den Verhältnissen auf den Seychellen befasst haben. Sie meinen, die Seychellois weigerten sich, den Grund für Misserfolge bei sich selbst zu suchen. Wenn im Beruf, in der Ehe, bei den Freundinnen oder in der Schule etwas nicht nach Wunsch verläuft, dann muss das auf den Einfluss von Neidern, Nebenbuhlern oder Zauberern zurückzuführen sein. Und gegen Zauber kann man sich eben nur mit Zauber wehren. Außerdem sind die Soziologen der Ansicht, dass die Zauberei den rechtlosen Sklaven dazu gedient habe, sich selbst vorzugaukeln, sie könnten gegen die übermächtigen Herren etwas unternehmen. So täuschten sie sich über die Ausweglosigkeit ihrer Situation hinweg. Die angestauten Aggressionen, Feindseligkeiten und der Wunsch nach Rache an ihren Herren seien auf diese Weise ein wenig gemildert worden.

Volksmedizin

Überall in der Welt werden Krankheiten mit Kräutertees geheilt oder gemildert. Auch auf den Seychellen behandeln viele Menschen ihre Krankheiten mit Hilfe von Kräutern. Naturheilkundler des Archipels versichern, dass eine Vielzahl der heimischen Pflanzen medizinische Wirkung besitzen. Mehr als 250 verschiedene Arten solcher Pflanzen waren bis 1980 in einer ständigen Ausstellung in der Hauptstadt Victoria zu sehen. Ein Botaniker, der im 19. Jh. auf den Seychellen arbeitete, listete sogar über 500 auf.

Auf den Seychellen wurde die Naturheilkunde von den Pflanzenheilkundigen – den **Raspails** – an ihre selbst ausgewählten Schüler weitergegeben. Die *raspails* sammeln selbst die Pflanzen und Hölzer, aus denen sie Medikamente herstellen. Sie wissen, dass sie nahezu alle Krankheiten heilen können, Keuchhusten ebenso wie Impotenz. Wenn die Patienten rechtzeitig kämen, könnten neun von zehn mit Sicherheit geheilt werden.

Der Vorteil dieser Medizin liege darin, dass sie im Vergleich zu synthetischen Substanzen nur geringe Nebenwirkungen habe.

Das Kultusministerium hat es sich vor einigen Jahren zur Aufgabe gemacht, Informationen von den Heilkundigen zu sammeln, niederzuschreiben und deren Rezepte mit entsprechenden Aufzeichnungen aus anderen tropischen Ländern zu vergleichen. Dabei haben sich weitgehende Übereinstimmungen in der Nutzung vieler Pflanzen ergeben, in manchen Fällen sind die Heilwirkungen der Pflanzen in verschiedenen Ländern unterschiedlich beurteilt worden oder sind in einem Land bekannt, im anderen unbekannt. Wenn man die Liste der Krankheiten durchsieht, bei denen Pflanzen der Seychellen Heilung versprechen, so erkennt man, dass mancher Hausarzt damit einen großen Teil seiner Patienten behandeln könnte, ohne auch nur eine Tablette oder eine Spritze zu verabreichen.

Verwendung von Heilpflanzen

Raspails berichten, dass Patienten die verlorene Stimme wiederfanden, nachdem sie den Saft der **Prun du Pei** tranken. **Eukalyptus** soll gut gegen Rheuma sein, **Gayac** macht einen müden Körper lebendig, **Voloutier** heilt Entzündungen, und **Kapiler** soll Masern heilen.

Vielfältig verwendbar sind Bananenblätter: roh, um Speisen zum Braten oder Dünsten einzuwickeln, gekocht gegen den schmerzhaften Stich des Steinfischs

Auf der Insel La Réunion behandelte man Malariakranke – als diese Krankheit dort noch auftrat –, indem man die **Blätter des Ginkgobaumes** zerrieb, in Wasser kochte und den Sud dann den Kranken zu trinken gab. Der gleiche Aufguss wird auf den Seychellen angewandt, um Hautinfektionen einzureiben und zu heilen. Durchfall wird auf den Seychellen behandelt, indem man eine **grüne Banane** in der Schale kocht und isst. Darüber hinaus sollen **gekochte Bananenblätter** sehr wirksam gegen den schmerzhaften Stich des Steinfisches sein. Auf La Réunion werden Bananenblätter auf die Stirn gelegt, um Migräne zu lindern.

Die Kokospalme – ein ›Lebensretter‹

Nahe dem Vilaz Artizanal (Craft Village) an der Ostküste Mahés, in dem in verschiedenen Werkstätten kreolisches Kunsthandwerk hergestellt und verkauft wird, wurde aus Anlass des Festival Kreol das Kaz Koko errichtet. Dieses Wohnhaus wurde nach alten Plänen ausschließlich aus dem Stamm, den Blättern und den Früchten der Kokospalme gebaut. Es ist ein Symbol für den vielfältigen Nutzen, den der Mensch in den vergangenen Jahrhunderten aus der Kokospalme gezogen hat. Aus einem Schulwettbewerb, in dem die Kinder aus der Erfahrung mit ihren Eltern darstellen sollten, was alles im täglichen Leben der Seychellois aus der Kokospalme hergestellt wird, ergab sich eine imposante Aufstellung, die im Folgenden nach den verwendeten Teilen der Kokospalme gegliedert, wiedergegeben wird.

Der Stamm

Der Stamm dient als **Brücke** über Bäche und Flüsse, der nicht zerbricht und nicht verrottet. Auch als **Bauholz** für Viehzäune, als **Stößel** zur Herstellung von Gewürzen, um Zuckerrohr für die Herstellung eines einfachen berauschenden Getränks (*bacca*) zu reiben oder als zentrale **Stütze** für die Dächer der Häuser. Aus drei oder vier sehr geraden Teilen der Palme fertigt man **Rollstege**, um die Pirogen aus dem Wasser an Land zu ziehen; aus dem Holz geschälter Stämme werden **Fußböden, Wände** und **Dachbalken**, **Tische** und **Stühle** gezimmert. Das getrocknete Holz des Stammes ist hart und schwer zu verarbeiten, aber nahezu unendlich haltbar.

Aus dem grünen, zarten Teil des Stammes, knapp unterhalb des Blattansatzes, wird ein sogenannter **Millionärssalat** zubereitet. Er erhielt diesen Namen, weil man eine ganze Palme fällen muss, um einen Salat für etwa zehn Personen zuzubereiten. Heute ist es verboten, nur zu diesem Zweck eine Palme zu schlagen. Den Millionärssalat kann man daher nur noch zubereiten, wenn eine alte Palme von selbst umstürzt.

Palmblätter

Aus den getrockneten Palmblättern stellt man **Dächer** für Hütten und Überdachungen von Veranden her, früher nutzte man sie sogar als **Segel** für Pirogen, mit denen in flachen Küstengewässern gefischt wurde. Früher wie heute werden die noch grünen Blätter als **Dekoration** für Hochzeitsfeiern oder andere Festlichkeiten verwendet. Wenn man die Blätter in der Mitte auseinanderreißt, kann man daraus ***makuti*** fertigen – dünne Geflechte, die als Grundmaterial für Körbe, Hüte und Taschen dienen. Aus der starken mittleren Rippe der Kokosblätter, dem *zig*, wurden **Pfeil** und **Bogen** sowie besonders haltbare **Körbe, Handtaschen** und **Hüte** hergestellt. Zusammengebundene Rippen dienen bis heute als **Besen** oder als **Fallen** beim Krebsfang. Wenn ein Fischer seinen Fang ans Ufer gebracht hat, nimmt er ein Blatt der Kokospalme, reißt ein Stück der Rippe heraus und spießt seinen Fang unter dem Kiefer damit auf. Danach knotet er Anfang und Ende der Rippe zusammen und kann so das Fischbündel nach Hause tragen. Auf einen stärkeren Teil der Rippe aufgespießt, kann der Fisch im Ufersand aufgestellt und am offenen Feuer gegart werden.

Junge Kokosnüsse

Selbst aus jungen Kokosnüssen (kreol. *koko tendre*) wird Nützliches hergestellt. Sie dienen als **Medizin** bei Durchfall und Magenbeschwerden. Man muss die noch junge Nuss von nur etwa 2 cm Durchmesser lediglich kurz kochen und dann essen, um den nervösen Magen aufzuräumen. Aus der jungen Kokosnuss gewinnt man auch eine an Vitaminen und Nährstoffen besonders reiche **Kokosmilch.** Ist die Nuss ein wenig älter, kann man sie an beiden Seiten aufschneiden und etwa einen halben Liter kalter, sauberer und süßer Milch herausfließen lassen. Im Fall von Flüssigkeitsverlust bei Darmproblemen ist das eine gute Medizin, mit der dem Körper die erforderliche Flüssigkeit, Mineralien und Nährstoffe zurückgegeben werden. Sie ist auch hervorragend geeignet, die durch die Sonne verbrannte Haut zu kühlen und zu heilen. Gemischt mit Wodka, Whisky, Gin oder Rum dient sie als tropischer Cocktail. Im Inneren einer sehr jungen, unreifen Kokosnuss befindet sich außer der Milch noch ein weißes Gelee, das sich im Laufe des weiteren Reifungsprozesses in hartes, nussiges Fruchtfleisch verwandelt. Nimmt man das Gelee heraus, süßt es ein wenig und verfeinert es mit Cointreau, hat man einen erfrischenden **Nachtisch**.

Die Hülle der Kokosnuss

Reife Kokosnüsse werden zunächst geöffnet und von ihrer trockenen, braunen Hülle befreit. Diese Hülle erfüllt nützliche Zwecke. Mit ihr deckt man frei an der Oberfläche liegende Wurzeln der Kokospalme oder anderer Nutz- und Zierpflanzen ab. Durch die Verwesung bildet sich ein wertvoller **Dünger.** Die Hülle wird außerdem als **Brennmaterial** für die Öfen genutzt, in denen Kopra getrocknet wird. Auf den weit abseits gelegenen flachen Koralleninseln der Amiranten stellen die Koprabauern noch heute ihre **Matratzen** aus den Fasern der Kokoshülle her. Die Hülle wird zerrissen und dann einige Tage in frisches Wasser gelegt, bis sie sich vollgesogen hat. Dann nimmt man sie heraus und klopft sie mit einem Stock so lange weich, bis die einzelnen Fasern nur noch locker miteinander verbunden sind. Legt man diese dann einige Stunden in die Sonne, erhält man ein lockeres, luftiges Gewebe, das, in Matratzenhüllen gesteckt, eine bequeme Schlafunterlage darstellt. Es kann auch zur Herstellung von Tauen, Teppichen und Matten benutzt werden.

Das Fleisch der Kokosnuss

Der Inhalt einer einzigen Kokosnuss hat so viel Protein wie ein Viertel Pfund Fleisch. Kein Wunder, dass es viele Zubereitungsarten für das Fleisch der Kokosnuss gibt. Seychellois essen es als **Koko Sek** mit Brot und mit gegrillter Brotfrucht. Das einheimische **Nougat** – das man in kleinen Läden kaufen kann – wird aus geriebenem und mit Zucker geraspeltem und gekochtem Kokosfleisch hergestellt. Sehr fein geriebenes, frisches Kokosfleisch wird durch ein Tuch gepresst, wodurch man die **Kokossahne** erhält, die in der kreolischen Küche auf vielerlei Weise genutzt wird. Beispielsweise kocht man reife Bananen darin und erhält die süße Nachspeise *ladob banane*. Sehr beliebt ist es auch, ein Hühnercurry mit Kokossahne anzureichern und ihm damit einen sanften Beigeschmack zu geben. Kocht man die Kokosmilch, bis alles Wasser verdunstet ist, erhält man ein ausgezeichnetes **Öl**, das sowohl zum Kochen als auch zum Einreiben der Haut geeignet ist. Beim Kochen bleibt neben dem Öl am Boden des Topfes ein süßer, dickflüssiger Rest übrig, den man wie Marmelade als **Brotaufstrich** isst.

Die Kopra – das getrocknete Kokosfleisch

In erster Linie wird die in großen Plantagen angebaute Kokosnuss zu Kopra verarbeitet. Zunächst öffnet man die Nuss und teilt sie in zwei Hälften, die man dann in der Sonne trocknen lässt. Das so gewonnene harte Kokosfleisch – Kopra – wird zermahlen, gepresst und das herausquellende Öl aufgefangen. Der trockene Rest dient als Viehfutter. Aus der exportierten Kopra werden **Seife, Kosmetika, Kokosfett** und **Kokosraspeln** hergestellt. Auf den Seychellen benutzt man sie als **Medizin, Sonnenschutzöl** und **Desinfektionsmittel** bei Verletzungen der Hautoberfläche.

Die holzige Schale

Die halbierte harte Nussschale wird zu **Gebrauchsgegenständen** verarbeitet, wie Bechern, Tassen, Gefäßen zum Abmessen von Salz, Pfeffer oder Reis. Aus kleinen Splittern fertigt man Knöpfe, Ohrringe, Broschen, Löffel, Messergriffe und vieles andere. Eine wunderbare Art, einen festlichen Abend zu beleuchten, ist es, in halbierte Kokosschalen Kokosöl zu füllen und dieses dann abzubrennen.

Der Kokoskeim

Wenn eine Kokosnuss ein paar Monate auf dem Erdboden liegt, beginnt im Inneren eine neue Palme zu wachsen. Öffnet man die Nuss zu diesem Zeitpunkt, findet man einen etwa golfballgroßen Keim. Dieser *koko zerm* kann roh und gekocht gegessen werden und schmeckt wie ein luftiger, schaumig zubereiteter Kokoskuchen.

Die Wurzel

Sogar die Wurzel der Kokospalme wird genutzt. Die heimischen Pflanzenheiler stellen daraus verschiedenste, angeblich sehr wirksame **Medikamente** her. Die Wurzel ist auch ein hervorragendes **Brennmaterial**, das große Hitze erzeugt. Die Asche wiederum wird im Garten als **Dünge-** und **Insektenvertilgungsmittel** genutzt.

Der Palmsaft

Schließlich soll noch der *calou* erwähnt werden, das **Nationalgetränk** der Seychellen, vergorener Palmsaft (s. S. 91).

Feste und Veranstaltungen

Kirchen und Tempel sind auf den Seychellen zu finden, stehen aber weniger im Vordergrund als in Ländern mit langer religiöser Tradition. Hier lebten die Kolonisten und ihre Sklaven fast ein Jahrhundert lang ohne Seelsorge, und die Vermischung der Kulturen hat zu einem Verlust an Traditionen geführt. Inzwischen hat sich aber auch auf den Sey-

Offizielle Feiertage

Da über 90 % der Bevölkerung katholisch sind, gibt es auf den Seychellen weitgehend dieselben kirchlichen Feiertage wie bei uns. Wenn ein Feiertag auf einen Sonntag fällt, ist der darauf folgende Montag Feiertag!

1. Jan.: Neujahr, auch der 2. Jan. ist auf den Seychellen ein freier Tag.
Ostern: Karfreitag, Ostersamstag, Ostersonntag und Ostermontag sind freie Tage.
1. Mai: Tag der Arbeit
5. Juni: Tag der Befreiung
18. Juni: Nationalfeiertag
29. Juni: Tag der Unabhängigkeitserklärung
15. Aug.: Mariä Himmelfahrt
1. Nov.: Allerheiligen
8. Dez.: Mariä Empfängnis
25. Dez.: Weihnachten

chellen das **Weihnachtsfest** zur wichtigsten Unterbrechung des Alltags im Laufe eines Jahres entwickelt. Allerdings wird es nicht beschaulich und familiär gefeiert wie bei uns, sondern es ist für viele eine einwöchige Arbeitspause, die man zwischen dem 25. Dezember und dem 2. Januar am Strand, bei Freunden, auf lärmenden Tanzabenden und mit hohem Alkoholkonsum verbringt. Auf der Insel La Digue wird traditionell **Mariä Himmelfahrt** (15. August) mit einer großen Prozession, einem feierlichen Gottesdienst und einem Familientag begangen. Daneben gibt es rund um das Jahr kleinere und größere Gelegenheiten die Arbeit stehen zu lassen:

Ende Januar veranstaltet eine belgische Segelorganisation auf Praslin den einwöchigen **Seychelles Sailing Cup** (www.seychellescup.com). Regatten, an denen Katamarane, Jachten und traditionelle Pirogen teilnehmen, finden statt, und auch ein Hochseefischerwettbewerb gehört dazu.

2011 wurde der fast vergessene **Carneval de Victoria** wiederbelebt, der seitdem jährlich im **Februar** von Faschingssonntag bis Faschingsdienstag mit internationaler Beteiligung stattfindet.

In der **dritten Märzwoche** veranstaltet das Fremdenverkehrsbüro der Seychellen regelmäßig den **Wettbewerb Subios** (www.subios.com) für Unterwasserfotografen und Unterwasserfilmer. Gäste haben die Gelegenheit tagsüber mit den Künstlern zu tauchen oder zu schnorcheln und sich am Abend Filme oder Diashows anzusehen und in verschiedenen Hotels Vorträge der Fachleute anzuhören.

In der darauffolgenden Woche veranstaltet ebenfalls das Fremdenverkehrsbüro zusammen mit der International Game Fishing Association (IGFA) einen internationalen **Hochseefischerwettbewerb** auf Mahé (Tel. 467 13 00, richard.m@seychelles.com).

Im **Mai** findet in der Regel das **Seychelles Arts Festival** statt, das der National Arts Council ausrichtet (www.artseychelles.org.sc). Herausragende seychellische Künstler stellen in diesem Zusammenhang ihre Werke aus, lassen sich bei der Arbeit zuschauen und geben Kurse z. B. in der Handhabung jener Instrumente, die in der seychellischen Musik von besonderer Bedeutung sind: *tanbour sega* (Segatrommel) und *tanbour moutya* (Moutiatrommel). Lokale Köche bereiten in einigen Tophotels der Insel kreolische Gerichte zu, Tanz- und Musikgruppen treten zusammen mit traditionellen Geschichtenerzählern im Konzertsaal in Victoria auf.

Alljährlich im **Juni** veranstaltet Dr. Marc Sabadin (Tel. 437 44 26, jamessabadin@hotmail.com) ein **Festival of Classical Music**, zu dem er namhafte Interpreten aus verschiedenen Ländern einlädt.

Der **August** ist der Monat, in dem traditionell in Beau Vallon eine **Segelregatta** statt-

findet, wobei hier das Rahmenprogramm mehr Beachtung genießt als die Regatta selbst: Die Seychelles Round Table Association organisiert hier alljährlich die Wahl der Miss Regatta.

Ein sportliches Highlight bildet jedes Jahr im **September** das **Windsurfrennen** von Mahé nach Praslin, durchgeführt von der Seychelles Yachting Assciation (Tel. 432 22 32, 72 23 28, noas@seychelles.net). Gesucht wird der Windsurfer, der am schnellsten vom Hafen in Victoria auf dem Windsurfbrett nach Praslin (etwa 25 km) gelangt.

In der **letzten Oktoberwoche** kann man an kulturellen Veranstaltungen teilnehmen, die im Rahmen des **Festival Kreol** an Stränden, in Hotels, in Konferenz- und Theatersälen stattfinden (www.seychelles.net/festivalkreol). Veranstalter ist das Ministry of Local Government, Sports & Culture (kreolfst@seychelles.net, Tel. 432 13 33). Das Festival Kreol ist das größte und wichtigste Ereignis im Kulturkalender der Seychellen (s. Thema S. 80).

Im **November** ragt die **Offshore Fishing Competition** in den Gewässern vor der Insel La Digue aus dem Veranstaltungskalender heraus (Tel. 438 96 96, 51 13 14, modprint@seychelles.net). In 15 verschiedenen Kategorien werden die besten Hochseefischer der Seychellen gesucht.

Kaum ein Fest findet auf den Seychellen ohne Musik und Tanz statt

Festival Kreol

Thema

In den 1980er-Jahren initiierten Wissenschaftler aus der Karibik und dem Indischen Ozean den Creole Day, um auf die Bedeutung der kreolischen Kulturen und Sprachen aufmerksam zu machen. Das seychellische Kultusministerium griff diese Idee auf und gründete das Festival Kreol, das nun jedes Jahr in der letzten Oktoberwoche stattfindet.

Wie in vielen Ländern, die kolonisiert waren, ist auch auf den Seychellen zu spüren, dass die Bevölkerung ihre eigenen Wurzeln verleugnet oder sich ihrer schämt. Zwar waren die Inseln unbewohnt, als französische Siedler begannen, ›Kolonialwaren‹ auf ihnen anzubauen, aber es wurden Sklaven hierher gebracht, denen von den weißen Landbesitzern deutlich gemacht wurde, dass sie ›weniger wert‹ sind. Bis heute merkt man, dass die Mehrheit der Seychellois alles, was von ›Ausländern‹ stammt, als überlegen und nachahmenswert betrachtet. Die afrikanischen Wurzeln ihrer Musik, der mündlichen Überlieferungen und Sagen, die traditionelle Kleidung und Kunst gerieten in Vergessenheit – insbesondere seit in den 1950er- und 1960er-Jahren mit der Elektrizität zunächst das Radio und später das Fernsehen Einzug hielten, und es nicht mehr erforderlich war, die ›primitive Musik‹ selbst zu spielen oder in den Abendstunden der jüngeren Generation alte Geschichten aus der Heimat zu erzählen.

Seit den 1980er-Jahren bildet das **Festival Kreol** (www.seychelles.net/Festivalkreol) nun einen festen Bestandteil im Festkalender der Seychellen. Mit dem Festival sollen die kulturellen Wurzeln der Bevölkerung gepflegt bzw. ins Bewusstsein der Seychellois zurückgebracht werden. Inzwischen hat es sich zu einem Ereignis entwickelt, das von der kreolischen Welt – besonders auf den Nachbarinseln Mauritius und La Réunion – aufmerksam und ein wenig neidisch verfolgt wird. Noch sperren sich die seychellischen Behörden gegen den Vorschlag, es abwechselnd auf den Seychellen, auf Mauritius und La Réunion zu feiern – nicht zuletzt, weil die Festwoche inzwischen sogar Touristen anlockt. Andererseits gibt es Stimmen, die sich aufgrund des steigenden Anspruchs an die Darbietungen und der damit verbundenen Kosten für eine regionale Zusammenarbeit bei Organisation und Durchführung des Festivals aussprechen.

Das Programm ist vielfältig. Allabendlich finden am Strand, in Hotels und Festsälen Musikveranstaltungen statt. So kommen Musikgruppen von Mauritius, La Réunion, Martinique oder Guadeloupe, manchmal sogar aus den kreolisch geprägten Regionen der Südstaaten der USA. In der Hauptstadt findet der **Victoria Karneval** statt, auf Mahé gibt es den **Sonntag am Strand** (*Dimans Kreol Bor Lanmer*) mit kreolischem Picknick, eine kreolische **Schönheitskönigin** wird gewählt, **Ausstellungen** zeigen Fotos und Gemälde der schönsten Kolonialhäuser, *Zenn Artis Kreolofonn* präsentiert Werke junger kreolischer Künstler, **Theatergruppen** spielen im Freien, es werden kleine **Volksfeste** mit Musik, Tanz und viel Bier, *calou* und *jungle juice* veranstaltet. Noch nicht perfekt sind Koordination und Werbung. (Noch) ist das Ereignis sympathisch amateurhaft und keine Touristenattraktion nach dem Beispiel des Münchner Oktoberfests.

Architektur und Kunst

In einem Land mit nur 250-jähriger Geschichte und einer Bevölkerung von 75 000 Einwohnern darf man von der Qualität kultureller und künstlerischer Darbietungen nicht allzuviel erwarten. Wichtigstes kulturelles Erbe sind Musik und Tanz. Beide haben ihre Ursprünge in französischen Traditionen, die durch die Tänze und Musik der Sklaven aus Afrika und Madagaskar beeinflusst wurden.

Musik und Tanz

In manchen Hotels der Seychellen wird am Freitag oder Samstag fröhliche und tanzbare Musik gespielt, wie dies viele Urlaubsgäste erwarten. Doch das ist keine seychellische Musik, denn hier gibt es keinen Reggae und keine Steeldrums. Die kreolische Tanzmusik Sega ist zwar auf den Schwesterinseln La Réunion und Mauritius oft lebhaft, auf den Seychellen aber eher sanft und melancholisch.

Erbe Europas – Romance, Kamtole und Contredanse

Als vor wenigen Jahrzehnten elektrischer Strom in den Häusern der Seychellen noch unbekannt war, saßen die Familien nach Sonnenuntergang bei Kerzenschein auf den Terrassen und erzählten alte Geschichten oder sangen von den Eltern an die Kinder überlieferte Lieder wie die aus Frankreich stammenden **Romances.** Diese meist von Liebe und Leid handelnden Lieder werden auch heute noch bei Familienfesten ganz ohne elektronische oder instrumentrale Begleitung vorgetragen. Bei Feierlichkeiten – manchmal auch an Unterhaltungsabenden in Hotels – werden **Kamtole** und **Contredanse** vorgeführt. Dies sind Tänze, die ebenfalls aus Frankreich stammen und an amerikanischen Square Dance erinnern. Während die Musik spielt, ruft ein *komander* den Tänzerinnen und Tänzern zu, welche Figuren sie bilden sollen. Als wichtigstes Instrument dient die Geige, die von Banjo, Akkordeon und den Rhythmusinstrumenten *grosse caisse* und *caisse claire* sowie der Triangel begleitet wird. Letztere hatte zunächst nur den Zweck, dem *komander* Gehör zu verschaffen. Heute schlägt sie einen scharfen Rhythmus. Diese einst dezenten, höfischen Tänze wurden so von afrikanischem Rhythmusgefühl und Freude an der Bewegung beeinflusst.

Der Nationaltanz Sega

Die **Sega** wird in den Abendstunden an einem Feuer am Strand getanzt – heute natürlich auch am Hotelstrand. Einst lieferten die Trommeln *bonm* und *tamtam* die rhythmische Untermalung, während die Melodie von den Tänzern gesungen wurde. Diese alte Form findet man auf Mahé nicht mehr häufig, auf abgelegeneren Inseln ist sie hingegen noch lebendig. Auf Mahé entstand, wie auf Mauritius und La Réunion, eine moderne ›Disco-Form‹ der Sega. Wann immer man zum Tanzen geht, ob in eine der Diskotheken oder im Hotel, wird man nicht umhinkommen, die Sega zu lernen. Sogar bei den Jugendlichen ist sie beliebter als die internationalen Hits aus England und Amerika. Die rhythmische, aber in ihrer seychellischen Form sanfte Musik und der dazu paarweise aufgeführte Tanz wirken für europäische Augen und Ohren exotisch und erotisch. Alle seychellischen Musiker haben Segas im Repertoire, und sie sind die Tophits, welche sofort alle Einheimischen auf die Tanzfläche locken.

Eines der wichtigsten Instrumente der Sega war früher die *bobre,* ein Stahlseil, welches durch einen hölzernen Bogen gespannt wurde. In dem Holzbogen war eine Kalebasse befestigt, die als Resonanzkörper diente. Mit einem harten Holzstab schlug der Musikant das Stahlseil und gab damit den Rhythmus für die Tänzer an. Die Männer sangen dazu, während von den tanzenden Frauen rhythmisch gesungene Vokale hinzugefügt wurden, die Kommentierungen des oft humoristischen oder spöttischen Textes der Sega sind.

Herkunft der Sega?

Der synkopierte Rhythmus der Sega und die ekstatischen Bewegungen der Tänzerinnen und Tänzer deuten auf eine afrikanische Herkunft hin, obwohl man diesen Rhythmus so in afrikanischen Ländern heute nicht finden kann. Zudem ist die Trommel in Afrika nicht bekannt. Ethnologen haben versucht, die Herkunft der Sega mit Mitteln der Sprachwissenschaft zu erkunden. Mögliche Erklärungen für den Namen Sega fanden sie in Sprachen, die Einfluss auf das Kreolische genommen haben: So könnte es sich um eine Kurzform des französischen »*c'est (mal)-gaçhe*« (»das ist Madagassisch«) handeln, aber auch indischen Ursprungs sein – in einigen indischen Sprachen wird der Tanz der Schlange als *shega* bezeichnet – und über Mauritius auf die Seychellen gelangt sein. Vieles deutet darauf hin, dass die Sega, so wie sie von den Sklaven getanzt wurde und noch heute gespielt wird, auf Mauritius entstanden und von dort zusammen mit Einwanderern auf die Seychellen gelangt sein könnte. Dabei hat sie vermutlich Einflüsse verschiedener Kulturen aufgenommen, wobei die wesentlichen aus Madagaskar und Ostafrika stammen dürften. Man nimmt an, dass die Sega – ähnlich wie die Lieder der schwarzen Amerikaner – bei der Arbeit der Sklaven in den Zuckerrohrfeldern gesungen wurde, um die harten Stunden während des Tages zu überbrücken. Die Sega dürfte also ähnlich entstanden sein wie die kreolische Sprache, nämlich aus einer Verschmelzung der verschiedenen Kulturen, die sich auf den Feldern trafen und ein gemeinsames Schicksal erlitten.

Seychellischer Gospel – Moutia

Ähnliche – vermutlich afrikanische – Wurzeln hat die zweite seychellische Nationalmusik, die **Moutia**. Es dürfte sich ebenfalls um eine Art Gospelsongs handeln, die die Arbeiter in den Feldern und abends am Strand sangen. Als Begleitung zu den Gesängen dient nur eine einfache flache Trommel, die am Feuer am Strand erhitzt und gestimmt wird.

Kunst und Kunsthandwerk

Malerei und Skulptur

Christine Harter und **Michael Adams** (s. S. 215 f.) haben in den vergangenen 10 bis 20 Jahren die Malerei als kulturelle Ausdrucksform auf den Seychellen populär gemacht. Beide studierten in England Kunst und unterrichteten dann am Seychelles College Malerei. Schließlich wurden sie unabhängige, freischaffende Künstler und konnten vom Verkauf ihrer Bilder leben. Auch Schüler der beiden wie die Maler **Devoud** und **Radegonde** haben es zu einiger Bekanntheit gebracht. Ihrem Stil sieht man deutlich die Schule von Michael Adams an.

Zwei andere junge Künstler machen seit einigen Jahren von sich reden, da sie sich zwar von Harter und Adams inspirieren ließen, aber einen eigenständigen, unverwechselbaren Stil gefunden haben. Der 1970 geborene **Denis Chang Seng** hatte 1995 seine erste, äußerst erfolgreiche Ausstellung in der National Gallery in Victoria. Ähnlich wie Adams befasst er sich mit der Landschaft und den Menschen auf den Seychellen. Seine Bilder sind jedoch plastischer und realitätsnäher als die abstrakten und in den Farben überhöhten Bilder von Michael Adams.

Golbert Nourice dagegen malt in einem eher grafischen Stil aus der Landschaft herausgelöste Figuren und überzeugt durch

Formen und leuchtende Farben. Er versucht, mit seinen Bildern, Stimmungen und Bewegungen zum Ausdruck zu bringen und reale Lebenssituationen darzustellen, die ihn selbst beschäftigen. Bis 1993 hatte Golbert Nourice im National Youth Service (NYS) Kunst und Malerei unterrichtet. Als er sein Haar ein wenig länger wachsen ließ und zu einem Knoten am Hinterkopf band, gefiel das seinen Vorgesetzten nicht. Eines Tages wurde er von der Schulbehörde aufgefordert, sich zu entscheiden: entweder sollte er den Schuldienst verlassen oder sein Haar wieder kurz schneiden. Vor diese für ihn bittere Alternative gestellt, verließ er den National Youth Service und begann eine Karriere als unabhängiger Künstler und Grafiker. Die Bilder beider Maler finden Sie sowohl in den **Kunstgalerien** in Victoria auf Mahé als auch in der Galerie des Arts auf Praslin und auf La Digue.

In einem Freilichtstudio in der Anse à la Mouche auf Mahé hat sich Ende der 1980er-Jahre der Londoner Fotograf und Bildhauer **Tom Bowers** niedergelassen. Aus Kunststoff schafft er dort feingliedrige Skulpturen, die das tägliche Leben auf den Seychellen zeigen. Da verschiedene Hotels seine Skulpturen als Dekorationsstücke nutzen, sind auch sie, ähnlich Michael Adams' Bilder, zu einem der Charakteristika dieser Inseln geworden. Seine Werke kann man in seinem Studio (s. S. 216) und in den Kunstgalerien in Victoria erwerben.

Ebenfalls auf Mahé lebt und arbeitet der Bildhauer **Antonio Filippin**, der Skulpturen aus Korallen und Holz fertigt.

Handwerklich Gefertigtes

Zum Glück sind die Seychellen nicht wie viele andere Ferienregionen mit Kitsch und Tand überschwemmt, der aus Muscheln, Schnecken, Schildpatt oder Kokosholz hergestellt wird. Findet man ihn doch, so ist er meist aus Asien billig importiert.

Hübsches, lokal angefertigtes **Kunsthandwerk** kann man im Vilaz Artizanal (s. S. 203 f.) an der Ostküstenstraße von Mahé finden, wo auch gut gemachte **T-Shirts** und handgefertigte **Sonnenhüte aus Kokospalmblättern**

Antonio Filippin ist einer der prominenten Künstler der Seychellen

hergestellt und verkauft werden. Ganz hervorragendes Kunsthandwerk, geradezu kleine Kunstwerke, werden in der Fabrik La Marine in Anse aux Pins hergestellt. Mit einfachsten Mitteln werden hier Nachbildungen von **Segelschiffen** aus der Zeit der Besiedlung der Seychellen maßstabsgetreu gefertigt. Die Schiffe sind nicht billig, aber weitaus qualitätvoller als jene auf Mauritius, wo die Herstellung dieser Modelle zu einer florierenden Industrie herangewachsen ist (s. S. 204).

Architektur

Traditionelle Baukunst

Die traditionelle Baukunst der Seychellen hat nicht den hohen Standard erreicht, wie man ihn beispielsweise in den Zuckerplantagen auf Mauritius und La Réunion oder in den Baumwollplantagen in den Südstaaten der USA findet. Der Reichtum, der in diesen Ländern imposante und in ihren Proportionen harmonische Edelholzvillen ermöglichte, fehlte auf den Seychellen. Die bebaubaren Flächen waren zu klein, und die Erde war nicht fruchtbar genug. Anders als in vielen Ländern mit französischer Kolonialvergangenheit spiegelt sich der koloniale Baustil in vergleichsweise bescheidenen Villen wider, die sich Familien der *grands blancs* (›großen Weißen‹) errichtet haben, manchmal auch in den Häusern einfacher Angestellter und Händler. Erst Anfang der 1980er-Jahre hat die Mode Einzug gehalten, die Zimmer mit gläsernen Schiebetüren zu verschließen, nur kleine Terrassen anzubauen, die Dächer nicht wie früher weit über das eigentliche Wohngebäude hinauszuziehen, um die Zimmerwände auch morgens und abends zu beschatten. Inzwischen scheint den Seychellois das erstrebenswert zu sein, was sie im Fernsehen und im Kino aus der fremden Welt Amerikas zu sehen bekommen.

Klimaangepasste Kolonialarchitektur

Für die Augen des Europäers, der sich, eingeengt in den lärmenden Großstädten und von der Kälte der Winter bedroht, daran gewöhnt hat, in engen, gegen Lärm und Kälte

Renoviertes Pflanzerhaus auf La Digue

geschützten Räumen zu leben, sind die verbliebenen Exemplare der Kolonialarchitektur ein Genuss. Einzelne fortschrittlich denkende Bauherren haben die Fehler der 1980er-Jahre inzwischen erkannt. Sie greifen die Vorteile der **tropischen Bauweise** vergangener Jahrhunderte bei der Errichtung moderner Gebäude wieder auf, wobei sie nicht nur mit Holz, sondern auch mit neuen Materialien arbeiten. Eines der herausragenden Beispiele neuer tropengeeigneter Architektur ist das weiße Gebäude des Ministeriums für Umweltschutz, Landesentwicklung und Außenpolitik, **Maison Queau de Quincy,** an der südlich aus Victoria herausführenden Straße, gegenüber dem Eingang zum Botanischen Garten. Ein über die Terrasse und Balkone hinausreichendes Dach spendet Schatten, Eingangshalle und Verbindungsgänge sind unverschlossen und eine laue Brise weht durch sie hindurch. Lediglich die Verwaltungsräume, in denen an Computern Schreibarbeit geleistet werden muss, in denen Konferenzen und Besprechungen stattfinden, liegen im Inneren des Gebäudes und werden durch Klimaanlagen gekühlt. Heftige Kritik vieler Seychellois ziehen hingegen das 1994 fertiggestellte Gebäude der **Nationalgalerie** und der schon 1985 fertiggestellte Bau der **Nationalbank** in der Independence Avenue auf sich. Beides sind monumentale Aluminium-, Glas- und Steingebäude, in die kein Lufthauch eindringt, deren Fensterscheiben die Strahlung der Sonne wie europäische Wintergärten aufnehmen, sodass die Luft innen durch gigantische Klimaanlagen gekühlt werden muss.

Daneben findet man noch viele Beispiele der **alten Kolonialarchitektur** aus Hartholz und mit palmblattgedeckten Dächern. Ursprünglich diente die **Palmblattdeckung** lediglich als Regenschutz und Schmuck für die aus Hartholzschindeln zusammengesetzten Dächer. Als das Hartholz knapp wurde, entwickelte sich die noch heute bei manchen Hotels zu sehende Kunst, aus einer dicken Schicht von Blättern der Latanier-Palme luftige, regendichte und hitzeisolierende Dachkonstruktionen zu fertigen.

Schon zu Beginn des 20. Jh. setzte sich mehr und mehr das **Wellblech** als billigere, weniger arbeitsaufwendige, langlebigere und einfacher zu verarbeitende Alternative der Bedachung durch.

Alte Kolonialhäuser

Die **Auberge Bougainville** südlich von Anse Royale bietet die Möglichkeit, in einem alten Kolonialhaus erstklassig kreolisch zu speisen (Tel. 437 17 88). Zwar hat man dort nicht die Ruhe wie in einem modern konstruierten Restaurant, dafür aber kann man die Raffinesse der Bauweise genießen, die zu kühlen Innenräumen ohne Klimaanlage führt. Ein prachtvolles Exemplar aus dem 19. Jh. ist auch die **Villa Sans Souci** oberhalb der Hauptstadt Victoria, in der sich früher die Privatresidenz des amerikanischen Botschafters befand.

Kleine Kopien dieser Vorbilder finden sich in den engen Gassen rund um den Markt von Victoria und entlang der ehemaligen Uferpromenade, den heutigen Francis Rachel Street und Albert Street. Hier sind die Häuser jedoch in einem schlechten Zustand und es ist zu befürchten, dass sie in den nächsten Jahren verschwinden. Vielleicht aber werden sich die Eigentümer der Qualität und des Charmes dieser Gebäude bewusst und orientieren auch ihre Neubauten an den Gegebenheiten und Notwendigkeiten des tropischen Klimas.

Ein anderes Beispiel wunderbarer Tropenarchitektur ist die **Maison St. Joseph,** die sich wenige Kilometer südlich des Flughafens rechter Hand der Küstenstraße befindet. Das Haus wurde vom Staat renoviert und beinhaltet heute das Creole Institute, eine Art Bibliothek mit Arbeitsräumen, in denen man die kreolische Geschichte und Kultur studieren kann. Auch das **Haupthaus im Vilaz Artizanal,** ebenfalls an der Südostküste Mahés nur wenige Kilometer weiter im Süden, ist ein wunderbares Beispiel französischer Kolonialarchitektur. Und obendrein ist es abends als Restaurant geöffnet, in dem man ausgezeichnete kreolische Küche serviert (Vye Marmite, s. S. 204).

Das State House und seine Geschichte

Das stattliche State House wurde, so wie es sich heute präsentiert, zu Beginn des 20. Jh. im englischen Kolonialstil errichtet und hat seither viele feuchtfröhliche Feste miterlebt.

Sir James Mancham, der erste Präsident der unabhängigen Seychellen, war gerne und oft Gastgeber ausgelassener, feuchtfröhlicher Partys, die er im prachtvollen Garten und im Festsaal seines Regierungssitzes abhielt. Er hatte den Ruf, sich in Gesellschaft schöner Frauen und reicher Männer wohler zu fühlen als in Gesellschaft von Politikern. Zu seinen Freunden zählten Mitglieder des Jetsets der 1970er-Jahre wie Gunter Sachs, George Harrison und der steinreiche arabische Waffenhändler Adnan Kashoggi. Ihnen ermöglichte er den Erwerb der schönsten Grundstücke auf Mahé und den Bau luxuriöser Villen, um sich in ihrer Gegenwart zu sonnen – aber auch, um die Seychellen als Urlaubsziel für die Schönen und Reichen weltweit bekannt zu machen. Ende der 70er-Jahre änderte sich das, als der eher zurückhaltende France-Albert René die Macht auf der Insel übernahm. Das State House diente unter dem neuen Präsidenten ab 1977 wieder dem protokollarischen Empfang von Staatsgästen und politischen Besprechungen mit ›Geberländern‹, die sich um die Gunst und Stimme des Uno-Mitglieds Seychellen bemühten. Im Übrigen blieb das Haus – wie auch der Garten – für Besucher geschlossen.

1778 traf Leutnant de Romainville, ein Abgesandter des französischen Gouverneurs auf Mauritius, mit einigen Polizisten und Siedlern ein. Er sollte die Inseln in die französische Kolonialverwaltung eingliedern und die Möglichkeiten der Kolonisierung erforschen. De Romainville wählte ein Grundstück, das im Nordosten des heutigen Gartens um das State House liegt. Dahinter erhebt sich ein knapp 700 m hoher Berg (Les Trois Frères). Aus heutiger Sicht mag man sich fragen, warum das State House so weit vom Strand entfernt liegt. Die Erklärung ist einfach: Früher erstreckte sich der Strand nur 100 m entfernt, erst spätere Aufschüttungen trennten den Repräsentationsbau vom Meer.

De Romainville, der nach einigen Wochen der Recherche nur geringe Chancen sah, aus den Seychellen eine kommerziell erfolgreiche Kolonie zu machen, errichtete seinerzeit nur ein bescheidenes Haus, einen Lagerraum, ein Krankenzimmer und Baracken für seine Polizisten. Als die Kolonie jedoch im Laufe der Jahrzehnte wider Erwarten wuchs, musste auch das State House mitwachsen. Der berühmte letzte französische Gouverneur Queau de Quincy vergrößerte daher 1850 die bestehenden Gebäude. Queau de Quincy gilt – besonders unter den französischstämmigen Kolonialfamilien – als eine Art Nationalheld. Zwar ergab er sich innerhalb weniger Jahre siebenmal der englischen Kolonialmacht, doch sobald die damals den Indischen Ozean beherrschenden Schiffe der englischen Flotte außer Sicht waren, ließ er den Union Jack vom Mast holen und zog die französische Flagge auf. Sein Grabmal liegt versteckt im Garten des State House, das – so wie es heute existiert – erst 60 Jahre später die neuen, englischen Kolonialherren errichteten. Da man keinen Architekten auf der Insel hatte, soll die Ehefrau des Gouverneurs bei der Gestaltung wesentlich mitgewirkt haben – und hat leider vergessen, eine Treppe zu den Räumen im

Thema

ersten Stock vorzusehen! Als man es bemerkte, war es zu spät, um noch eine architektonisch angemessene Lösung zu finden. Es blieb nur übrig, in versteckten Ecken nachträglich Treppen einzubauen.

Nur mit Sondergenehmigung oder für offizielle Staatsgäste öffnet sich das schmiedeeiserne Tor im Zentrum Victorias und man kann auf gewundenen Fußwegen, über gepflegte Wiesen und durch alten Baumbestand zur Villa gelangen. Im Laufe der Jahrhunderte wurde im Garten alles gepflanzt und liebevoll gepflegt, was von Besuchern mitgebracht wurde. Überall finden sich blühende Sträucher und Pflanzen, deren Ursprung nicht einmal dem Chefgärtner und seinen Mitarbeitern bekannt ist. Doch auch nahezu alle endemischen Pflanzen der Seychellen, darunter eine majestätische Koko-Dmer-Palme, wachsen in diesem Garten, der in seiner Vielfalt den Botanischen Garten übertrifft. Biologen hätten hier viel zu entdecken, wesentlich mehr und einfacher als in der freien Natur der Seychellen. Leider steht nur noch einer der gigantischen Drachenblutbäume, die früher die Auffahrt zum State House säumten. Sie waren zu alt und mussten aus Sicherheitsgründen gefällt werden.

Englischer Kolonialstil par excellence: das State House

Essen und Trinken

Stimmt es, dass die indische, die chinesische und die französische Küche die drei besten der Welt sind? Dann muss man die seychellische Küche nicht mehr bewerten, denn sie setzt sich aus diesen dreien zusammen und fügt ihnen einige afrikanische Elemente hinzu.

Kreolische Esskultur auf den Seychellen

Die kreolische Küche zeigt auf den Inseln des westlichen Indischen Ozeans zwar viele Gemeinsamkeiten, dennoch gibt es regionale Eigenarten. Diese ergeben sich allein schon aus den zur Verfügung stehenden Lebensmitteln, dem unterschiedlichen Einfluss der Kolonialherren und aus der Zusammensetzung der Bevölkerung. Die kreolischen Küchen von La Réunion und Mauritius sind weniger auf Fisch spezialisiert als die Küche der Seychellen. La Réunion hat wegen seiner sehr schwer zugänglichen Häfen den Fischfang nur gering entwickelt und auf Mauritius macht sich der Einfluss der indischen Küche stark bemerkbar. Diese stammt auf Mauritius auch aus weit vom Indischen Ozean entfernten Regionen und kommt somit ohne Fisch aus. Auf den Seychellen aber bildet Fisch in unzähligen Variationen die Basis fast jeder Mahlzeit.

Fisch in allen Variationen

Fisch findet man in vielen Sorten, Größen und Geschmacksrichtungen. Fischgerichte werden auf den Seychellen nie langweilig. Sie sind von solcher Vielfalt und werden so unterschiedlich zubereitet, dass man täglich zweimal Fisch essen könnte. Die bekanntesten Speisefische sind Thunfisch, Bonito, Bourgeois (ähnlich dem Red Snapper), Karang, Kordonier, Bekin und Makrelen. Daneben gibt es aber kleine Haifische, Dorade, Kingfish, Kakatoi, Vyée, Baksu, Oktopus und viele andere, die auf unterschiedlichste Weise zubereitet werden. Um diese vielen und natürlich immer fangfrischen Fische perfekt zuzubereiten, muss man wissen, welcher am besten gegrillt, welcher gekocht oder gebacken wird. Dann gehören die richtigen – natürlich ebenfalls frischen – Gewürze und Beilagen dazu.

Fleisch und Geflügel

Wer keinen Fisch mag, hat zwei Möglichkeiten: seine Abneigung zu überwinden und das Aha-Erlebnis, wie Fisch schmecken kann, wenn er nicht nach Fisch schmeckt, zu genießen oder sich den kreolischen Gerichten zuzuwenden, die aus Hühner-, Ziegen-, Rind- oder Schweinefleisch und viel Gemüse, Maniok, Reis, Kartoffeln und Brotfrucht zubereitet werden. Für mutige Gaumen sind gelegentlich Flughund-Currys auf den Karten zu finden – und sehr zu empfehlen, denn das ist die seychellische Spezialität schlechthin.

Currys und andere Spezialitäten

Die Gewürzmischung Massala – bei uns unter dem Namen Curry erhältlich – wird für Currygerichte (korrekt übersetzt: Soßengericht) verwendet, die auf der Karte jedes seychellischen Restaurants zu finden sind. Currygericht ist aber nicht gleich Currygericht! Ein Gemüsecurry wird ganz anders zubereitet als ein Hühner-, Fisch- oder Rindfleischcurry.

Solche Fischpakete kann man fangfrisch am Strand erwerben

Die Einflüsse vieler Nationalitäten auf die kreolische Kochkunst sind stark, und die Köchinnen und Köche sind sehr genau, wenn es darum geht zum richtigen Fisch die richtige Gewürzmischung zu finden, denn ein **Karang-Curry** *(cari-carange)* muss ganz anders zubereitet werden als ein Bourgeois-Curry (*cari-bourgeois*), denn nicht jeder Fisch benötigt die gleiche Menge Piment oder Tamarinde, um sein Aroma zu entfalten.

An die englische Kolonialzeit erinnert beispielsweise das **Stew,** ein Eintopfgericht, das zu den seychellisch-kreolischen Spezialitäten zählt. Französischer Herkunft sind **Fischsuppen** (*bouillons*), die man aber nicht wie in Südfrankreich in einem tiefen Suppenteller serviert, sondern über einen Berg weißen Reis gießt und dann mit dem Löffel isst. Aus Afrika dürfte die Nachspeise **Kat-Kat** stammen: Grüne Bananen werden klein geschnitten und in süßer Kokosmilch gekocht.

Küchen weltweit

Chinesische und indische Küche gelten neben der kreolischen Küche als einheimisch. Darüber hinaus finden Sie auch französische, italienische, arabische und sogar japanische Restaurants. Und für besonders ängstliche Urlauber gibt es natürlich auch Hamburger, Pizza und Wiener Schnitzel! Ich würde diesen Alternativen aber genauso wenig trauen wie einem Thai-Curry auf der Speisekarte einer oberbayerischen Dorfkneipe.

Getränke

Wasser und Bier

Zu den Mahlzeiten wird auf den Seychellen traditionell **Wasser** gereicht, von dem man auch reichlich trinken sollte, um den Feuchtigkeitsverlust beim Sonnenbaden am Strand auszugleichen. Meist wird man gefragt, ob man – kostenlos – Wasser aus der Karaffe (also aus dem Wasserhahn) oder lieber gegen Bezahlung aus der Flasche haben möchte. Das Wasser aus der Leitung kann man problemlos trinken, doch manchmal hat es einen intensiven Chlorgeschmack – was nicht jedermanns Sache ist. Das auf den Seychellen selbst in Flaschen abgefüllte Wasser ist ausgezeichnet, denn es handelt sich um frisches Quellwasser. Wer ganz sicher gehen möchte, bekommt – aber ein gutes Stück teurer – auch französisches Mineralwasser.

Seit es auf Mahé das nach bayerischem Reinheitsgesetz hergestellte **seychellische Bier Seybrew** gibt, hat sich das Bier zum zweitwichtigsten Durstlöscher entwickelt – vor allem unter der männlichen Bevölkerung. Allerdings ist das nicht ganz billig, denn die Flaschen sind klein (0,25 l) und kosten 7–20 SCR (1–3 €), 1 l bis zu 12 €! Im Vergleich dazu ist eine Maß auf dem Oktoberfest fast billig! Übrigens sind nicht die Bayern Weltmeister im Biertrinken: die Seychellois konsumieren im Schnitt pro Kopf und Jahr ca. 25 % mehr! Zugegeben sind in dieser Zahl auch die von Urlaubern getrunkenen Seybrews mitgerechnet!

Traditionelle Alkoholika

›Normale‹ Seychellois mit kleinem Geldbeutel bevorzugen traditionelle Alkoholika, die sie selber herstellen oder beim Nachbarn kaufen, der eine größere Produktion betreibt. Normalerweise findet sie in einem Hinterzimmer eines Privathauses statt, denn die Regierung sieht es nicht gern, dass die Tradition des Selbstbrauens weit verbreitet ist. Meist handelt es sich nämlich um billigen, giftigen Fusel, der aus Kartoffeln und Zucker mit primitivsten Methoden hergestellt wird, der **Bakka**. Seine ›Vorteile‹: Er ist billig und macht schnell betrunken. Andererseits gibt es Spezialisten, die aus Ananas oder Mango einen hervorragenden *bakka* herstellen. Dieser erinnert dann im Geschmack an einen erstklassigen Federweißen. Auch er wirkt schnell, aber man muss den Rausch nicht mit Kopfschmerzen oder Schlimmerem bezahlen! Außerdem ist dieser *bakka* schon beim Trinken ein Genuss, nicht erst wenn der Rausch eingetreten ist.

Wenn man nach **Jungle Juice** fragt, weiß jeder, was gemeint ist (ein mit einfachsten Mitteln zum Gären gebrachter Saft aus den jeweils verfügbaren Früchten der Saison) und wo man ihn bekommen kann – nur die Polizei nicht.

Noch exotischer ist der **Calou**, ein ohne Destillation auskommendes alkoholisches Getränk, das aus frischen Kokosknospen gewonnen wird – und daher nach Kokos schmeckt. Man bündelt einige frische Triebe in der Krone der Kokospalme zusammen, schneidet sie an und sammelt den hervorquellenden Saft in einem Bambusrohr, neuerdings auch in einer Plastikflasche. Manche Palmen produzieren pro Tag 2–3 l dieses Sekrets. Schon während der Saft langsam aus den gebündelten und angeritzten Knospen in das Bambusrohr tropft, beginnt er zu gären. Wenn man ihn nach ein paar Stunden frisch vom Baum nimmt und sofort trinkt, hat er etwa den Alkoholgehalt von Bier, schmeckt prickelnd, süßlich und erfrischend. Lässt man ihn aber einen Tag bzw. die Nacht hindurch gären, ist er stark wie Schnaps und nur harte Naturen vertragen ihn problemlos.

Essen gehen

Hotelrestaurants

In seychellischen Strandhotels ist das Essen reichlich und meist gut zubereitet, man nimmt aber auf den europäischen Geschmack Rücksicht. Es enthält z. B. mehr Fleisch und weniger Fisch als traditionell üblich. Wenn Ihr Reiseveranstalter Übernachtung mit Frühstück anbietet, empfiehlt sich diese Variante – auch wenn das Speisen außerhalb durch die eventuellen Fahrtkosten etwas teurer werden kann.

Auf den Seychellen sind vor allem in den Restaurants der meisten kleinen Gästehäuser oder Boutiquehotels auch Restaurantgäste von auswärts willkommen. Mit einem Telefonanruf sollte man sein Kommen rechtzeitig ankündigen, damit sich die Inhaber auf die zusätzlichen Gäste vorbereiten können.

Hotelunabhängige Restaurants

Eine Besonderheit der Seychellen ist die Vielfalt der Restaurants, die sich außerhalb der Hotels etabliert haben. Es gibt kreolische Restaurants, aber auch Pizzerias und französische Restaurants, die mittags und/oder abends geöffnet haben. Viele haben eine schöne Lage am Strand oder im Zentrum der Stadt mit gutem Ausblick. Restaurantbesitzer müssen Urlaubern die Mahlzeiten in Devisen (€, US-$) berechnen. Selbstverständlich kann man auch mit Kreditkarte bezahlen.

Preiswert essen

Die Inseln sind zu schön, die abseits gelegenen Strände zu weiß und die Straßen zu sicher, als dass man einen Seychellenurlaub innerhalb der Umgrenzungen eines Strandhotels verbringen sollte. Da auch außerhalb der Hotels keine Gefahren lauern, sollte man so viel Zeit wie möglich dort verbringen! Sich einen Tag lang außerhalb zu versorgen, ist nirgendwo leichter als auf diesen Inseln.

Die preiswerteste Art, sich über Mittag zu versorgen, ist es, sich auf dem Markt in Victoria oder den Ortschaften in *takeaways* ein leckeres Curry oder eine Tüte voller scharfer *samoussas* zu besorgen. Für nur wenige Rupien erhält man eine große Pappschachtel gefüllt mit ausgezeichnet zubereitetem Curry und einen Plastiklöffel. So ausgestattet sucht

Kreolische Menüs auf Tagesausflügen

Auf der Insel Moyenne im Ste. Anne Marine National Park vor Victoria befindet sich ein rustikales kleines Restaurant, das sich darauf spezialisiert hat, Gruppen von 10–40 Personen zu empfangen, die mit einem Ausflugsboot einen halben Tag beim Schnorcheln im Nationalpark verbringen. Eine Voranmeldung ist unbedingt erforderlich, und manches kleine Restaurant auf einer der Inseln im Park wird nur öffnen, wenn man mindestens 15–20 Personen garantieren kann. Am besten ist es, sich nach solchen Ausflugsmöglichkeiten bei einem der lokalen Reiseunternehmen zu erkundigen, die diese Ausflüge ein- bis zweimal pro Woche mit ihren Gästen aus verschiedenen Hotels zusammenstellen.

Ähnliche rustikale und schmackhafte Mittagessen werden in Restaurants auf Mahé, Praslin und La Digue für die Gäste bereitgehalten, die auf einem Ganztagesausflug mit einer Urlaubergruppe unterwegs sind.

Kreolische Köstlichkeiten

man sich ein schattiges Plätzchen und genießt ein typisch seychellisches Mittagessen. Zwischen 12 und 13 Uhr müssen Sie lediglich entlang der Hauptstraßen in Victoria schauen, wo an einem Fenster oder einer schmalen Tür Einheimische Schlange stehen. Oft steht »Takeaway« darüber, manchmal aber auch nichts, denn die Seychellois wissen, wo sie die besten Currys bekommen, die zudem billiger als eine Pizza in einem preiswerten Lokal sind – und besser schmecken.

Familienrestaurants in kreolischen Häusern

Eine stilvollere Alternative stellen die Familienrestaurants dar, die man vor allem in Victoria, aber auch in kleinen Orten findet. Hier sitzt man an einem nett gedeckten Tisch, an dem das Tagesmenü serviert oder an einem kleinen Büfett angerichtet wird.

Die hohe kreolische Kochkunst

Der Begriff *haute cuisine créole* wurde vor vielen Jahren geprägt, als der Eigentümer des bekannten Speiselokals Le Duc in Paris eine dem französischen Niveau angemessene Küche in seinem kleinen, aber feinen Hotel Château de Feuilles auf der Insel Praslin kreierte. Manche seychellischen Köche haben seither die Kunst der kreolischen Küche perfektioniert und bemühen sich darum, die Vielfalt der genutzten Zutaten in vielen unterschiedlichen Gerichten zuzubereiten. Das ist nur in etwas teureren Restaurants möglich, die der Mahlzeit einen besonderen ›Touch‹ verleihen, indem sie auch bei der optischen Gestaltung Sorgfalt walten lassen und mit etwas Glück sogar den passenden französischen, italienischen oder südafrikanischen Wein in der richtigen Temperatur bereithalten. Repräsentanten dieser Küche finden Sie z. B. auf Praslin bei Bon-Bon Plume (Anse Lazio, s. S. 242 ff.) oder den Restaurants Café des Arts und Tante Mimi – beide in der Anse Volbert (s. S. 235 ff.).

Essgewohnheiten

Die kreolische Küche hat die besten Rezepte aus den Heimatländern der Seychellois vereinigt und alles mit den Gewürzen verfeinert, die auf den Inseln wachsen. Italiener verzichten auf Reisen jedoch ungern auf ihre Spaghetti, Engländer nur schwer auf ihren Bacon und Deutsche ungern auf ihr ›kaiserliches‹ Frühstück. Daher hört man Italiener über die fehlende Pasta klagen, Engländer leiden unter ›Baconentzug‹, und Deutsche sind gelegentlich mit dem ›schlechten‹ Frühstück nicht zufrieden, obwohl sie doch so teuer dafür bezahlt haben. Da der Tourismus auf den Seychellen noch jung und nur in Ausnahmefällen wirklich professionell ist, sollte man als Gast ein wenig Toleranz mitbringen und Eigenheiten der heimischen Kultur akzeptieren.

Seychellois stehen normalerweise morgens auf, ziehen sich an und gehen sofort zur Arbeit. Nur selten machen sie sich vorher einen Kaffee, einen Tee oder gar ein ›richtiges‹ Frühstück. Traditionell gibt es erst gegen 11 Uhr ein **Mansé Once Heures** und dann am Abend ein großes **Abendessen**. Von den Engländern wurde zusätzlich die schöne Tradition des **Five o' Clock Tea** übernommen.

Das Frühstücksproblem

Verständnis für das Verlangen nach einem großzügigen **Frühstück** mit Brot, Butter, Marmelade und Eiern, möglicherweise sogar mit Müsli und viel Kaffee, fehlt den Seychellois aus genannten Gründen. Nur einzelne Hotels, vor allem solche, die von international tätigen Hotelgruppen geleitet werden, haben sich auf deutsche Gäste eingerichtet, indem sie großzügige Frühstücksbüfetts aufbauen. Eine Vorreiterrolle diesbezüglich spielte die La Digue Island Lodge (s. S. 262 f.), deren Managerin in Deutschland eine Hotelfachschule besucht hat. Um ein solches Büfett arrangieren zu können, hat sie einen erfahrenen Restaurantmanager aus Mauritius eingestellt, der nicht nur weiß, wie man ein Büfett anrichtet, sondern auch eine Lieferantenliste mitbrachte, um alle erforderlichen Zutaten aus Südafrika importieren zu können. In den Geschäften und Supermärkten der Seychellen sind sie nicht erhältlich. Andere Hotels sind diesem Beispiel inzwischen gefolgt. In der Mehrzahl jedoch, insbesondere in kleineren Hotels, muss der Gast nach wie vor mit einem einfachen Continental Breakfast vorliebnehmen.

Das Obstproblem

Wer in die Tropen reist, freut sich vermutlich auf die vielen tropischen Früchte. Auf den Seychellen sind diese Früchte im Überfluss vorhanden – möchte man meinen. Leider ist das nicht so, jedenfalls nicht für uns Gäste. Wer sich die Mühe macht, in aller Frühe auf den Markt in Victoria zu fahren, wird täglich frisches heimisches Obst bekommen. Aber im Hotel, im Gästehaus oder im Laden um die Ecke kann das ein Problem sein, obwohl die Obstbäume überall zu sehen sind! Woran liegt es also?

Keine Nachfrage – kein Angebot

Nahezu jeder Seychellois hat in seinem Garten Früchte im Überfluss. Wer gerade keine reifen Früchte hat, dem reicht der Nachbar sie über den Zaun, und man revanchiert sich, wenn die eigenen reif sind. Diese Nachbarschaftshilfe führt dazu, dass die Nachfrage nach frischem Obst in den kleinen Läden gering ist – Obst kauft man nicht, man hat es. Und genau aus diesem Grund gehen nur wenige Seychellois auf den Markt, um überschüssige Früchte aus dem eigenen Garten zu verkaufen. So mussten auch die Versuche scheitern, etwa Mangos oder Papayas in größeren Plantagen anzubauen: zu wenige konnten verkauft werden.

In Hotels und Gästehäusern

Hotels und Gästehäuser aber haben Nachfrage, denn ihre Gäste freuen sich, wenn sie zum Frühstück Mangos, Papayas, Bananen, Sternfrüchte oder Passionsfrüchte auf dem Teller finden. Doch dieser Wunsch ist nicht einfach zu erfüllen. Kleine **Gästehäuser** mit ausreichend Obst im eigenen Garten können die Wünsche erfüllen, wenn sie auch nicht das ganze Jahr über Mangos anbieten können, denn nicht jeden Tag ist von allen Früchten etwas reif. Vielleicht haben sie Glück und nette Nachbarn mit großen Gärten helfen gelegentlich aus. Aber was tun, wenn das nicht der Fall ist? Dann bliebe nur die Möglichkeit, jeden Morgen um 6 Uhr nach Victoria auf den

Markt zu fahren und zu hoffen, dass man dort ausreichend frisches Obst für seine zehn oder 20 Gäste findet. Manchmal wird dies gelingen, manchmal aber auch nicht. Für die meisten Gästehäuser auf Mahé ist der Weg zum Markt darüber hinaus zu weit, denn man kann nicht jeden Morgen zwei Stunden vor dem Frühstück aus dem Süden der Insel zum einzigen Markt in Victoria (im Norden, Fahrzeit 45–60 Min. pro Strecke!) fahren, um dort zehn Mangos sowie einige Bananen und Sternfrüchte zu erstehen. Also wird man die Gäste hin und wieder um Verständnis bitten müssen, wenn der Speiseplan nur wenige Früchte enthält.

Noch schwieriger ist die Situation für größere **Hotels**, denn man findet auf dem Markt in Victoria ganz sicher nicht ausreichend frisches Obst, um das Frühstücksbüfett für 50, 100 oder mehr Gäste zu bestücken. Einziger Ausweg bleibt der regelmäßige Import aus dem Ausland direkt zum Hotel. Dennoch sind auch dort nicht immer die wunderbaren tropischen Früchte erhältlich, manchmal muss man mit Äpfeln oder Weintrauben aus Südafrika zufrieden sein.

Wo kann der Tourist tropische Früchte kaufen?

Wer Eigeninitiative entwickelt, kann das Dilemma umgehen. Man kann den nächstgelegenen Dorfladen suchen und nach frischem Obst fragen. Dann kauft man dort regelmäßig das, was er hat, oder bittet, Mangos, Stachelannonen, Papayas zu besorgen. Der Ladeninhaber wird versuchen, bei Freunden und Bekannten Obst aus dem Garten zu kaufen und es für den Urlauber bereithalten. Neuerdings bieten manche Heimgärtner ihr überschüssiges Obst auf Mahé und Praslin am Straßenrand zum Verkauf. Seychellois nutzen diese Möglichkeit, um preiswert morgens auf dem Weg zur Arbeit oder am Abend auf dem Heimweg etwas mitzunehmen. Halten Sie an und nutzen auch Sie die Chance. Obwohl auf den Seychellen kaum um Preise gefeilscht wird, sollten Sie versuchen, den Preis um 20 % nach unten zu handeln.

Haben Sie auch frisches Obst?

Ein kreolisches Menü zum Nachkochen

Das folgende kreolische Menü können Sie auch mit den Zutaten kochen, die in Deutschland erhältlich sind. Die Mengenangaben in den folgenden Rezepten gelten für sechs Personen. Als Vorspeise bereiten wir Oktopussalat zu, den Hauptgang bildet ein Curryhühnchen mit Kokosmilch, und Bananen mit Kokosmilch runden als Dessert das kreolische Essen ab.

Oktopussalat

Zutaten

500 g Seepolyp
(nicht Tintenfisch oder Sepia!)
1/2 Kopfsalat
200 g Tomaten
1 Zitrone
1 Teelöffel Essig
1–2 Esslöffel Öl
2 Zwiebeln
Salz, Pfeffer
Petersilie

Zubereitung

Oktopus in Salzwasser kochen, bis er weich ist (in einem normalen Topf bis zu 2 Std., im Schnellkochtopf ca. 1 Std.). Dann unter fließendem kalten Wasser abkühlen lassen, klein schneiden und beiseite stellen. Während der Oktopus gart, schälen und würfeln Sie die Zwiebeln, waschen den halben Kopfsalat und nehmen die Blätter herunter. Tomaten vierteln und Petersilie hacken. Noch nicht in eine Schüssel zusammen geben! Salz, Zitronensaft, Essig, Öl und Pfeffer vermischen. Nun gießen Sie diese Soße über den abgekühlten, kleingeschnittenen Oktopus und die Zwiebeln. Die Salatblätter als Unterstes in eine Schüssel legen, den Oktopus mit Zwiebeln und Soße daraufgeben, die geviertelten Tomaten obenauf legen und mit Petersilie bestreuen.

Curryhühnchen mit Kokosmilch (Kari-Koko Poul)

Zutaten

2 Poularden (ca. 3 kg)
100 g Zwiebeln
50 g Currypulver (Achtung: muss frisch vom Markt sein!)
Tamarinde (gibt es im Asialaden als Paste)
20 g Kurkuma (Gelbwurz, *turmeric*)
20 g Knoblauch (kein Pulver)
10 g Ingwer (kein Pulver)
Öl
1/2 l ungesüßte Kokosmilch (Dose)
Salz, Pfeffer, Thymian, Zimtstange (1 cm)

Zubereitung

Poularden in jeweils acht Teile schneiden, Zwiebel würfeln, Ingwer und Knoblauch reiben. Öl im Topf erhitzen und Hühnerteile (inklusive der Knochen!) darin anbraten, bis sie braun sind. Dann Zwiebeln, Currypulver, Tamarindenpaste und Kurkuma dazugeben. Alles zusammen 5 Min. anbraten, Kokosmilch dazugeben. Alle übrigen Zutaten anschließend einrühren. Topf schließen und alles 30–45 Min. garen lassen. Mit ungesalzenem weißem Reis servieren.

Bananen mit Kokosmilch

Zutaten

6 reife Bananen
2 Vanilleschoten
250 g Zucker
1/4 l Wasser
1/2 Tasse ungesüßte Kokosmilch (Dose)

Zubereitung

Bananen schälen und längs halbieren. Alle Zutaten, außer der Kokosmilch, über die Bananen gießen und 20 Min. auf kleiner Flamme kochen. Herausnehmen und in sechs Schalen geben. Mit Kokosmilch übergießen und servieren.

Guten Appetit!

Kulinarisches Lexikon

Im Restaurant

Ich würde gerne einen Tisch reservieren.	Mon oule reserv en la tab.
Die Speisekarte, bitte.	Kart silvouple.
Die Rechnung bitte.	Mon bil silvouple.
Können Sie mir helfen?	Ou kapap ed mwan?
Ich esse kein Fleisch.	Mon pas manz lavyann.
Vielen Dank!	Mersi bokou!
seychellische Spezialität	spesyalite seselois
Machen Sie das für mich?	Ou prepare pou nou?
Wie wird das zubereitet?	Kimannyer ou prepar sa?
Das Essen ist kalt.	Sa manze i frwa.
Das ist zu scharf.	Sa tro for.
Ich mag scharfe Soße.	Mon kontan lasos for.
Das Essen war sehr gut.	Manze ti byen bon.
Ich möchte	Mon oule ....
Der Wein ist warm.	Diven i so.
Ich brauche ein(e) ...	Mon bezwen en ...
Messer	kouto
Gabel	fourset
Serviette	nap
Wo sind die Toiletten?	Oli kabinen?
Gedeck	cuillière ek fourset
Mittagessen	dejenen
Abendessen	dinen
Appetithappen	canapee
Vorspeisen	starter
(Tages-)Gericht	pla (dizour)
(Trink-)Glas	en ver

Zubereitung

fre	frisch
fri	gebraten
griye	gegrillt
kri	roh
kwi	gekocht
sale	gesalzen
byen kuit	gut durchgebraten
so	heiß
kri	blutig/roh

Frühstück

dipen	Brot
diber	Butter
fromaz	Käse
omlet	Omelett

Suppen und Spezialitäten

bouyon blanc	Suppe
bouyon legim	Gemüsesuppe
kari	Curry
kari coco	Currygericht mit Kokosmilch
salade milyonner	Palmherzensalat
sanmousa	gebackene Teigtasche
satini	Salat aus geriebenem Gemüse
soi ladob	Eintopf
styou	Eintopfgericht (*stew*)

Fisch und Meeresfrüchte

bekin	Barrakuda
bonit	Bonito
bourzwa	Red Snapper
bourzwa griye	gegrillter Red Snapper
griyad pwason	gegrillter Fisch
kalamar	Kalamares
karange	Carangue
kari koko zourit	Tintenfischcurry
kordonnien	Seezunge
krevet	Garnele
krevis	Krebs
lasoup pwason	Fischsuppe
makro	Makrele
omar	Languste
pwason	Fisch
reken	Haifisch
satini reken	Haifisch mit Gemüse
tektek	Venusmuschel

ton	Thunfisch
trouloulou	Krabbe
zourit	Tintenfisch

Fleisch

lavyann	Fleisch
lavyann boukannen	Grillgericht
lavyann fimen	geräuchertes Fleisch
lavyann kraze	Hackfleisch
bef	Rind
bistek	Steak
kabri	Ziege/Zicklein
koson	Schwein
mouton	Lamm
roti	Braten

Geflügel

kannard	Ente
kok	Hähnchen
poul	Huhn

Gemüse und Kräuter

gro manze	Gemüsebeilage
bannann san zak	Kochbanane
bazilik	Basilikum
bennyen brenzel	frittierte Auberginen
bred mourou	Blattgemüse
bred sou-d-sin	Chinakohl
bred ti fey	Blattgemüse
brenzel	Auberginen
fyapen	Brotfrucht
konkonm	Gurke
kourzet	Zucchini
larouy	Tarowurzel
lasos rougay	Chilisoße
lay	Knoblauch
mai	Mais
patat	Süßkartoffel
persi	Petersilie
ponm-de-ter	Kartoffel
pwaro	Lauch
selri	Sellerie
soufler	Blumenkohl
tamarin	Tamarinde
ti piman	scharfer Chili
tomat	Tomate
zariko	Bohnen
zavoca	Avocado
zenzanm	Ingwer
zironmon	Kürbis
zonnyon	Zwiebel

Süßes, Gebäck, Nachspeisen

bannann fri	flambierte Banane
bannann mil	sehr süße Banane
gato	Kuchen
laglas koko	Kokoseis
salad fri	Obstsalat
sorbe mang	Mangosorbet

Obst

bannann	Banane
fri lapasyon	Passionsfrucht
gouyav	Guave
karanbol	Sternfrucht
kiwi	Kiwi
korosol	Stachelannone
letsi	Litschi
melon	Melone
papay	Papaya
zannannan	Ananas
zoranz	Apfelsine

Getränke

labwason	Getränk
delo	Wasser
delo mineral	Mineralwasser
dite	Tee
dite feyaz	Kräutertee
dite sitronel	Tee aus Zitronengras
en labyer	Bier
labiere draft	frisch gezapftes Bier
bouteille labier	Flasche Bier
di vin rouze	Rotwein
di vin blanc	Weißwein
di vin en ver/	offener Wein im Glas
… en karaf	in der Karaffe
kalou	Palmwein
larak	Arak
zi fri	frischer Obstsaft

Wasser und Granitfelsen prägen die Inneren Seychellen: La Digue

Wissenswertes für die Reise

Seychellen im Internet

Deutschsprachige Webseiten

www.seychelles.travel/de: Offizielle Seite des Fremdenverkehrsbüros der Seychellen in deutscher Sprache. Umfassende Informationen über die touristischen Möglichkeiten auf den Seychellen.

www.indexmundi.com: Hier sind fast alle interessanten statistischen Daten über die Seychellen zu finden.

www.seyco.de: Knappe Darstellung dessen, was man wissen sollte, bevor man auf die Seychellen reist. Was darf man mitnehmen, an wen kann man sich wenden?

www.seychellen-infos.de/seyforum/index.php: Private Seite eines Inselliebhabers und ein Forum, in dem seit zehn Jahren Inselkenner und Inselliebhaber sich über die Seychellen unterhalten, Berichte erstellen, Fragen beantworten etc.

Englischsprachige Seiten

www.siba.net: Die Seychelles International Business Authority (SIBA) ist eine Regierungsstelle mit der Aufgabe, Geschäftsleuten den Weg zu weisen, die auf den Seychellen investieren oder mit ihnen Handel treiben wollen.

www.nation.sc: Einzige Tageszeitung der Seychellen mit manchmal interessanten Hintergrundinformationen.

www.mfa.gov.sc: Seite des Außenministeriums der Seychellen mit interessanten Informationen zu den internationalen Beziehungen, aber auch zur Tagespolitik, zu den auf den Seychellen vertretenen internationalen Organisationen und vielem mehr.

www.airtel.sc: Mobiltelefone sind auf den Seychellen weit verbreitet und das Netz ist gut ausgebaut. Näheres dazu auf dieser Seite.

www.natureseychelles.org: Zeigt die Bemühungen privater Organisationen, die Umwelt der Seychellen zu schützen und auf vielen Inseln die ursprüngliche Fauna und Flora wieder heimisch zu machen.

www.sif.sc: Die Seychelles Island Foundation ist eine von der Regierung unterstützte Stiftung, die für die Verwaltung und den Schutz von Aldabra und des Vallée de Mai, den beiden UNESCO-Welterbe-Gebieten auf den Seychellen, verantwortlich ist. Besonders interessant ist die Linkliste, die Kontakte zu vielen Umweltschutzorganisationen herstellt.

www.aldabra.org: Alles über Aldabra, u. a. über Schutzmaßnahmen, die Korallen, wissenschaftliche Expeditionen, Bilder usw.

http://whc.unesco.org/en/list/261: Informationen über das Vallée de Mai.

www.unep-wcmc.org/world-heritage-information-sheets_271.html: Hier können kostenlos Infoblätter über Aldabra und das Vallée de Mai heruntergeladen werden.

http://www.egov.sc: Regierungsseite mit Infos zu Arbeitserlaubnissen, Geschäftsmöglichkeiten, Aufenthaltserlaubnis und allem, was mit Regierungshandeln zu tun hat. Links zu vielen anderen Webseiten.

www.seychelles.starttips.com: Wer anhand obiger Seiten noch nicht das Richtige gefunden hat, wird ganz sicher in dieser umfassenden Linkzusammenstellung fündig.

Touristeninformation

Das Fremdenverkehrsbüro der Seychellen für die Schweiz, Österreich und Deutschland befindet sich in Frankfurt. Hier kann man auch Prospekte anfordern. Umfangreiche Informationen erhält man über die Webseite **www.seychelles.com.** Zusätzliche Infos bieten spezialisierte Reiseveranstalter, die sehr umfangreiche gedruckte Kataloge haben.

... in Deutschland

(ebenfalls zuständig für Österreich und die Schweiz):

Seychelles Tourist Office
Hochstraße 17
60313 Frankfurt am Main

Tel. 069-29 72 07 89
Fax 069-29 72 07 92
info@seychelles.travel.com
www.seychelles.travel.de
Bürozeiten Mo–Fr 9–17 Uhr

... auf den Seychellen

Seychelles Tourist Office
Bel Ombre
PO Box 1262
Victoria, Mahé
Tel. 467 13 00
Fax 462 06 20, 462 06 40
info@seychelles.com

Diplomatische Vertretungen

Deutschland, Österreich und die Schweiz sind auf den Seychellen durch Honorarkonsulate vertreten. Die für die Länder zuständigen Botschaften befinden sich in Kenia. Im Normalfall genügt es, sich in Notfällen an die Honorarkonsulate zu wenden. Wenn diese nicht erreichbar sind, ist die Botschaft die geeignete Ansprechpartnerin.

Die Honorarkonsulate helfen bei **Notfällen** (Geld gestohlen, Pass gestohlen, bei juristischen Problemen und in Katastrophen- und/oder Krisensituationen wie Krieg oder Überschwemmung). Und sie werden eingeschaltet, wenn ein Paar auf den Seychellen heiraten möchte (s. S. 102, 136).

... in Kenia und auf den Seychellen

Botschaft der Bundesrepublik Deutschland
4th Ngong Ave.
1st, 8th, 9th floor, Williamson House
PO Box 30180
Nairobi, Kenia
Tel. von Deutschland aus 0024-42-71 25 27
Fax 0024-42-71 48 86

Honorarkonsulin der Bundesrepublik Deutschland
Kerstin Henri
Victoria (Roche Caiman), Mahé, Seychelles
Telefon: 60 11 00, 60 11 01
Fax: 60 11 02
victoria@hk-diplo.de

Botschaft der Republik Österreich
PO Box 30560
2nd floor, City House
Ecke Warbera St./Standard St.
Nairobi, Kenia
Tel. von Österreich aus 0025-42-22 82 81
Fax 0025-42-33 19 72

Honorarkonsul von Österreich
Otto Burian
PO Box 1181
Bodco (Plastics) Ltd, Bodco Bldg.
Harbour Trading Estate
Victoria, Mahé, Seychelles
Tel. 422 46 66
Tel. privat: 424 15 15
Fax 422 40 65
pconsult@seychelles.net
Bürozeiten Mo–Fr 13–16 Uhr

Botschaft der Schweiz
PO Box 30752
7th floor, International House
Mama Ngina St.
Nairobi, Kenia
Tel. aus der Schweiz 0025-42-22 87 36

Honorarkonsulin der Schweiz
Angelika Maurel-Muelheim
PO Box 935, MG Building
Providence Estate, Mahé, Seychelles
Tel. 437 42 78,
Tel. privat 426 11 04
Mobiltelefon 251 11 04
Fax 437 43 04
markplus@seychelles.net
Bürozeiten Mo–Sa 13–16 Uhr

... in Frankreich

Passangelegenheiten können von den Honorarkonsulaten nicht erledigt werden. Daher ist die Botschaft in Paris diesbezüglich die wichtigste Anlaufstelle für in Europa lebende Seychellois.

Botschaft der Republik Seychellen
(einzige Europavertretung)
S. E. Callixte Francois-Xavier d'Offay
51, Av. Mozart
75016 Paris
Tel. 0033 (1)-42 30 57 47
Fax 0033-(1)-42 30 57 40

... in Deutschland

Die Honorarkonsuln der Seychellen bieten auf ihrer Webseite **www.seyco.de/index.html** in knapper und aktueller Form Informationen zu den Seychellen u. a. mit Kontaktadressen und Downloadmöglichkeiten von Formularen.

Honorargeneralkonsul
Hans-Joachim Worms
Zuständig für Hamburg, Bremen, Mecklenburg-Vorpommern, Schleswig-Holstein und Niedersachsen
c/o Hotel Dorint Sofitel
Alter Wall 40
20457 Hamburg
Tel. 040-369 50 00
Fax 040-369 50 29 00
seygeneralkonsul@aol.com
Öffnungszeiten: n. V.

Honorarkonsul
Professor Dr. Nikolaus Fuchs
Zuständig für Berlin und Brandenburg
Bleibtreustraße 38
10623 Berlin
Tel. 030-88 59 56-0
Fax 030-88 59 56-80
seychellen-berlin@lexington.de
Bürozeiten Mo–Fr 9–16 Uhr

Honorarkonsul
Max Hunzinger
Zuständig für Hessen, Nordrhein-Westfalen, Rheinland-Pfalz, Saarland, Sachsen-Anhalt und Thüringen
Wöhlerstraße 5
60323 Frankfurt (Main)
Tel. 069-710 42 31 50
Fax 069-710 42 34 00
Mobiltelefon 0171-213 16 11
hunzinger@konsulat-seychellen.de
Bürozeiten Mo–Fr 9–17 Uhr

Honorarkonsul
Wolfgang F. Därr
Zuständig für Bayern, Baden-Württemberg und Sachsen
Summerstraße 8
82211 Herrsching
Tel. 08152-56 94
Fax 08152-53 67
wolfgang@daerr.cc
Bürozeiten Di, Do 9–16 Uhr

Honorarkonsul
Dirk P. Lindenau
Zuständig für Schleswig-Holstein
Knooper Landstrasse 6 k
24161 Kiel-Altenholz
Tel. 0431-389 04 70
Fax 0431-389 04 80
Mobiltelefon 0171-217 33 56
info@lindenau-dirk.de
Bürozeiten Mo–Fr 10–12 Uhr

Heiraten auf den Seychellen
Da es immer populärer wird, den Bund fürs Leben an einem Palmenstrand zu schließen, wurde in den vergangenen Jahren der Honorarkonsul immer häufiger gebraucht. Er hilft beim Beschaffen der Unterlagen, die erforderlich sind, um eine im Ausland geschlossene Ehe auch in der Heimat legalisieren zu lassen. Diese Apostille ist das wichtigste Dokument, denn sie bestätigt, dass die Ehe auf den Seychellen (oder anderswo) vor einem hierfür nach heimischem Recht zuständigen Beamten geschlossen wurde und im Übrigen gemäß den Gesetzen des Gastlandes wirksam ist. Auf den Seychellen stellt sie der Oberste Gerichtshof aus, s. auch S. 136.

... in Österreich

Honorarvizekonsul
Herr Karl Pisec Junior
Gusshausstraße 12
A-1040 Vienna
Tel. 01-505 32 15
Fax 01-505 13 73
ofnce@pisec.at

... in der Schweiz

Honorargeneralkonsul
Dr. Otto C. Meier-Boeschenstein
General Guisan-Quai 22
8002 Zürich
Tel. 044-285 79 29
Fax 044-202 67 38
info@ocmlaw.ch

Lesetipps

Reiseerzählungen und Erfahrungsberichte

Heike Mallad: Seychellen. Eine Anleitung zum Inselglück. Bamberg 2006. Die Inselkennerin beschreibt Lebenssituationen und Erlebnisse, die so nur auf den Seychellen geschehen können. Mit Humor, kritischem Geist und Liebe zum Land räumt sie mit dem Trauminsel-Klischee auf. Dabei weckt sie die Neugierde der Leser auf die Inseln, ihre Menschen, deren Kultur und Lebensweise.

Bernhard Wiesbeck: Jenseits der Träume. Berlin 2001. Anschaulich beschreibt der Autor, wie sich nach Jahren in einer neuen Umgebung ein neues Bewusstsein entwickelt und deutsche Tugenden durch seychellische Werte ersetzt werden.

Brendon Grimshaw: A Grain of Sand –The Story of One Man and an Island. Nairobi 1996. Die wahre und spannende Lebensgeschichte eines Journalisten und Aussteigers, der sich eine Insel (Moyenne Island) kaufte und seither dort mit Geistern kämpft und nach einem auf der Insel vergrabenen Schatz sucht.

William McAteer: Hard Times in Paradise. The History of Seychelles 1827–1919. Mahé 2000. Französische Siedler und befreite Sklaven aus Afrika hatten eine schwere Zeit, als sie sich im 19. Jh. damit abfinden mussten, Engländer geworden zu sein.

Sachbücher

Uta Goridis: Kreol für die Seychellen Wort für Wort. Kauderwelsch 164. Bielefeld 2003. Kleines Handbuch mit den wichtigsten Regeln und vielen Alltagswörtern des Kreol der Seychellen. Wer hieraus während seines Urlaubs zitiert, wird viel Sympathie ernten und manchmal auch Heiterkeit hervorrufen.

Gerald R. Allen & Roger Steene: Indo-Pacific Coral Reef Field Guide. With classification of relevant animals/Guide zu Indopazifischen Korallenriffen. Mit Klassifizierung der darin lebenden Tiere. Wettenberg-Wissmar 2003. Die Autoren beschreiben in diesem reich bebilderten Band (1800 Farbfotos) die Unterwasserwelt der biologisch reichsten Region der Erde – der Korallenriffe des Indischen Ozeans.

Helmut Debelius: Fischführer Indischer Ozean. Rotes Meer, Malediven, Srilanka, Mauritius, Ostafrika, Seychellen, Arabisches Meer. Velten 1993. Anhand von über 900 Farbfotos wird die reiche Fischwelt des Indischen Ozeans beschrieben.

Vogelwelt der Seychellen
Die folgenden beiden Bücher über die Vogelwelt der Seychellen findet man in Geschäften auf den Seychellen, z. B. in den Souvenirgeschäften am Internationalen Flughafen und am Inter Island Terminal:

Adrian Skerrett: Beautiful Birds of Seychelles. Camerapix Publishers International, PO Box 45048, Nairobi, Kenia.

Adrian Skerrett: A Birdwatchers Guide to Seychelles. Prion, 21 Roundhouse Drive, Perry, Huntington, Cambs, PE18 ODJ, UK.

Die Seychellen als Reiseland

Warum reist man auf die Seychellen? Natürlich, um sich vom Stress des Alltags zu erholen, Sonne zu genießen, in den warmen Fluten des Indischen Ozeans zu dümpeln. Doch all das könnte man auch anderswo haben – und billiger. Das Besondere an den Seychellen ist ihre grandiose Natur, sind die Bilderbuchstrände, das ganzjährig satte, dunkle Grün an den bis über 900 m aufragenden Bergen.

Ein wichtiges Argument für einen Urlaub auf den Seychellen ist die Sicherheit, die man genießt, egal ob man tagsüber oder in der Nacht spazieren geht, ob man in einer geschlossenen Hotelanlage oder einem familiären Gästehaus wohnt. Und auch Gesundheitsgefahren drohen auf den Seychellen kaum, denn es fehlen die gefürchteten tropischen Krankheiten (Malaria, Cholera, Pest, ›Montezumas Rache‹ etc.). Es gibt keine giftigen Schlangen, keine gefräßigen Haifische, keine wilden Tiere, keine Wirbelstürme, keine kalte Jahreszeit, dafür sauberes Leitungswasser und vieles mehr. Auf die Seychellen kann man reisen, ohne sich Gedanken gemacht zu haben.

In einigen der guten Hotels der Seychellen bekommt man – obwohl das sonst nicht zu den Stärken der seychellischen Hotellerie gehört – internationalen Spitzenservice, der obendrein sehr persönlich ist. Noch intensiver ist der Kontakt zum Land und seiner Kultur, wenn man eines der guten, von einheimischen Familien geführten Gästehäuser wählt. Hier erlebt man das Inselleben authentisch und komfortabel, wenn auch nicht luxuriös. Auf Klimatisierung muss man meist verzichten, dafür aber isst man so wie die Seychellois auch, man hört im Zimmer wie die Vögel zwitschern, wie der Wind in den Blättern rauscht, wie die Kinder auf dem Weg zur Schule plappern und – wie Hunde in der Nacht den Mond anbellen.

Was ist sehenswert?

Welche Inseln sind die schönsten? So lautet die wohl am häufigsten gestellte Frage vor einer Seychellen-Reise. Eine für jeden gültige Antwort gibt es jedoch nicht. Daher stelle ich einige Kriterien zusammen, die Ihnen helfen sollen, die für Sie schönsten Inseln zu finden.

Die Insel **La Digue** wird von Urlaubern häufig als die schönste Seychellen-Insel bezeichnet. Ihre gelassene Ruhe, das weitgehende Fehlen von motorisierten Fahrzeugen – all das erfüllt offenbar den Traum naturliebender Reisender. Es gibt indes auch viele, die **Praslin** vorziehen, weil dort mehr zu unternehmen ist, wundervolle Strände abseits der Hotels locken und der Besuch des Naturschutzgebiets Vallée de Mai einen Höhepunkt jeder Seychellenreise darstellt, wenn man sich für ursprüngliche Natur interessiert. Besonders ›Kenner‹, die häufig auf die Seychellen fahren, lieben auch die Insel **Mahé** wegen ihrer Vielfalt, ihrer versteckten Buchten, der hohen, von dichtem Urwald bewachsenen Berge und dem kleinen, lebendigen Städtchen Victoria und dessen Markt.

Wer aber noch mehr Ruhe, Ursprünglichkeit und wilde Natur sucht, wird vielleicht unter den quasi **unbewohnten Granitinseln der Inneren Seychellen** – Silhouette, North Island, Frégate oder Cousine – seine Trauminsel finden. Hier gibt es keine Straßen, keine Autos, keine Geschäfte, sondern ›Natur pur‹ und wunderbare, kleine Hotels.

Und schließlich gibt es als dritte Kategorie noch die **Koralleninseln**, die an die Malediven erinnern. Wie bei letzteren handelt es sich um flache, dicht mit Grün bewachsene runde ›Grundstücke inmitten des Ozeans‹. Hierzu zählen z. B. Denis Island, Bird Island, Alphonse und Desroches. Nirgendwo gibt es lärmende Discos, Wasserskifahrer, jauchzende Kinder in Swimmingpools. Hier reduziert sich das Leben auf die Erfüllung der Grundbedürfnisse eines erholungsbedürftigen Urlaubers: Ruhe, unendlicher weißer Strand, grandiose Sonnenuntergänge, gutes Essen und dazu Schnorcheln oder Tauchen. Und hier stehen auf Inseln mit 3 km^2 oder mehr meist nur ein oder zwei Dutzend Villen, sodass für jeden Urlauber viel Privatstrand bleibt.

Schnorchel- und Tauchurlaub

s. S. 121 ff.

Strandurlaub

Die Seychellen sind kleiner, als man glaubt, und doch haben sie eine Menge versteckter, unbebauter Buchten und einsamer Strände, zu denen man auf schmalen Straßen mit dem Auto oder nur zu Fuß gelangen kann. Doch auch die bekannten und viel besuchten Strände sind ein Erlebnis für jeden Urlauber, den es nicht stört, wenn ein anderer Gast in weniger als 50 m Entfernung auftaucht.

Auf **Mahé** finden Sie einige **versteckte Buchten und einsame Strände** etwa rund um die Nordspitze der Insel zwischen Glacis im Westen und Anse Étoile im Osten oder weit im Süden der Insel. Zu den **bekannten und viel besuchten Stränden** zählen Beau Vallon (s. S. 190 ff.), Anse Royale (s. S. 206 f.) und Anse Intendance (s. S. 210 ff.).

Auch auf **Praslin** und **La Digue** findet der Wanderer diverse **menschenleere Bilderbuchstrände**, wenn er sich nur 20 Min. von den bekannten Orten wie Anse Volbert (Praslin, s. S. 235 ff.) oder Anse Réunion (La Digue, s. S. 261 ff.) entfernt. Was könnte es Schöneres geben als die einsame Anse Cocos auf La Digue (s. S. 270) oder die nur von ein paar Familien bewohnten Strände in den Buchten Anse Consolation und Anse Boudin auf Praslin (s. S. 242)? **Stärker besucht** sind die häufig zu den schönsten der Welt gezählten Strände Anse Georgette (s. S. 244 f.), Petite Anse Kerlan (s. S. 245) oder Anse Lazio (s. S. 244 ff.) auf Praslin sowie die Traumstrände Grand' Anse (s. S. 266), Source d'Argent (s. S. 262), Anse Source à Jean (s. S. 267) oder nicht zuletzt Anse Patates (s. S. 260) auf La Digue.

Wandern

s. S. 127 f.

Tipps für die Reiseorganisation

Reisebuchung

Für alle Reisebuchungen zu den Seychellen gilt: Entscheiden Sie sich frühzeitig, denn die Bettenzahl der Hotels und die Kapazitäten der Fluggesellschaften sind beschränkt. Insbesondere in den **Spitzensaisonzeiten** Weihnachten, Ostern und Juli/August sind die Flüge Monate im Voraus ausgebucht. Aber auch für Januar und Februar, September und Oktober sowie Pfingsten sollten Sie mehrere Monate vor Reiseantritt buchen, um sicher zu sein, die gewünschte Unterkunft zu bekommen.

Mit einem Reiseveranstalter: Für eine 14-tägige Seychellenreise muss man beim Veranstalter 1500–3000 € oder mehr pro Person kalkulieren, je nach Hotelkategorie und Jahreszeit. In diesem Preis sind die Anschlussflüge, der Langstreckenflug, die Hotelübernachtung mit Frühstück und die Hoteltransfers enthalten. Normalerweise inkludieren die Veranstalter auch Dienstleistungen wie Abholung am Flughafen, Betreuung während der Reise und Ähnliches. Airtours, Thomas Cook, DER-Tours in Deutschland sowie Stohler Tours in der Schweiz bieten umfangreiche Programme an, während die Großveranstalter Neckermann und TUI einzelne, große Hotels führen. Alle sind in guten Reisebüros buchbar.

Vom Spezialisten organisiert: Von Seychellenspezialisten erhalten Sie eine detaillierte und aktuelle Beratung sowie individuell ausgearbeitete Island-Hopping-Programme. Manche Veranstalter haben sehr umfangreiche Webseiten und Seychellenkataloge von 70 und mehr Seiten. Der bekannteste ist Trauminsel Reisen (Summerstr. 8, 82211 Herrsching, Tel. 08152-931 90, www.Trauminsel

Seychellischer Traumstrand: die
Anse Intendance auf Mahé

Reisen.de), ein Unternehmen des Autors dieses Buches und seiner Frau, einer Seychelloise. In der Schweiz ist LetsGo Tours (www.letsgo.ch) auf die Seychellen spezialisiert. Die Programme dieser Veranstalter bucht man nicht im Reisebüro, sondern direkt beim Veranstalter und erhält eine umfangreiche persönliche und schriftliche Vorabberatung.

Selbst organisiert: Dank moderner Kommunikationsmittel kann man seine Seychellenreise natürlich auch selbst organisieren. Mit etwas Glück und hohem Zeitaufwand lassen sich möglicherweise sogar einige Euro sparen, vor allem, wenn man Unterkünfte wählt, die nicht mit internationalen Veranstaltern kooperieren.

Inselhüpfen (Island Hopping)

Noch mehr Freude an ihrem Urlaub haben Gäste, die ihren Urlaub nicht nur auf einer Insel verbringen und von dort aus Tagesausflüge unternehmen, sondern ihre Unterkünfte auf drei, vier oder gar fünf Inseln gebucht haben. Die Entfernungen der Hotels vom Flughafen und die Entfernungen der Inseln untereinander sind so gering, dass der gefürchtete Umzug von einem Hotel ins andere kein Problem, sondern eher eine Abwechslung darstellt, ähnlich einem sonst zusätzlich zu bezahlenden Tagesausflug.

Wer beispielsweise aus einem Hotel in Mahé nach **Praslin** oder **La Digue** umzieht, hat mit dem Island Hopping einen kleinen Tagesausflug gebucht, der den Vorteil hat, dass man sich den Rückweg spart.

Man wird im Hotel abgeholt, fährt 20–30 Min. an der Ostküste Mahés entlang, fliegt mit einem kleinem **Flugzeug** 20 Min. über die Inseln des Ste. Anne Marine National Park hinüber nach Praslin und wird dort abgeholt und zu seinem Hotel auf Praslin gebracht. In einem kleinen Bus oder Taxi fährt man an türkisblauen Buchten entlang, durchquert das Vallée de Mai und erreicht 30 Min. nach der Landung seine neue Unterkunft.

Wer lieber direkt nach La Digue weiter möchte, nimmt die **Fähre** von Praslin. Und auch diese etwa 30-minütige Überfahrt ist ein Erlebnis für sich, denn man genießt wunderbare Ausblicke, wird von Delfinen begleitet und fährt in den beschaulichen, verträumten Hafen von La Digue ein, wo bereits ein Ochsenkarren (hin und wieder auch ein Taxi) darauf wartet, den ankommenden Gast zu seiner Unterkunft zu bringen. Wem dieser beschauliche Inseltransfer zu langwierig ist, dem bietet sich die Alternative mit dem **Hubschrauber** direkt in 15 Min. von Mahé nach La Digue zu fliegen. Und auch die Flüge zu den Island Lodges auf den unbewohnten Inseln **Frégate, Bird, Denis, Alphonse** oder **Desroches** dauern nur 15–45 Min.

Vorschläge für Island Hopping

Die Möglichkeiten, in 14 Tagen drei oder mehr Inseln kennen zu lernen, sind nahezu unendlich. Um den Aufenthalt optimal gestalten zu können, sollte man sich an einen auf die Seychellen spezialisierten Reiseveranstalter wenden. Hier drei Vorschläge in drei Preiskategorien:

Familiäre Gästehäuser: Flug ab Europa. Ankunft in Mahé am Morgen und Transfer zum Gästehaus Anse Soleil Beachcomber (oder Villas Chez Batista). Vier Nächte am Strand, dann Transfer zum Flughafen und Flug nach Praslin, Bustransfer zum Hafen, Bootsüberfahrt nach La Digue und Transfer zum Gästehaus Calous (oder Pension Michel). Nach fünf Tagen in der Mitte der Insel Transfer zum Hafen, Bootsüberfahrt nach Praslin und Transfer zum Beach Villas Guesthouse. Nach weiteren fünf Tagen Transfer zum Flughafen auf Praslin, Flug nach Mahé und Weiterflug nach Europa. Reisekosten mit Flug je nach Jahreszeit 1600–2000 € pro Person im Doppelzimmer.

Gästehäuser der gehobenen Klasse oder kleine Mittelklassehotels: Flug ab Europa. Ankunft in Mahé am Morgen und Transfer zum

Gästehaus Villa Bambou (oder Jardin des Palmes). Vier Nächte am Strand, dann Transfer zum Flughafen und Flug nach Praslin, Bustransfer zum Hafen, Bootsüberfahrt nach La Digue und Transfer zum Hotel Le Domaine de l'Orangeraie (oder Patatran). Nach fünf Tagen nahe am Strand Transfer zum Hafen, Bootsüberfahrt nach Praslin und Transfer zum Hotel du Café des Arts (oder Le Duc de Praslin). Nach weiteren fünf Tagen Transfer zum Flughafen auf Praslin, Flug nach Mahé und weiter nach Europa. Reisekosten mit Flug je nach Jahreszeit 2000–2500 € pro Person im Doppelzimmer.

Sehr gute kleine Hotels oder mittlere Hotels der Spitzenklasse: Flug ab Europa. Ankunft in Mahé am Morgen und Transfer zum Hotel Banyan Tree (oder Hilton Northolme, Fisherman's Cove, Sainte Anne Resort). Vier Nächte am Strand, dann Transfer zum Flughafen und Flug nach La Digue mit dem Helikopter. Transfer zum Hotel La Digue Island Lodge (oder L'Union Chalets). Nach fünf Tagen in der Mitte der Insel Transfer zum Hafen, Bootsüberfahrt nach Praslin und Transfer zum Hotel Château de Feuilles (oder Lémuria Resort, L'Archipel, La Réserve). Nach weiteren fünf Tagen Transfer zum Flughafen auf Praslin, Flug nach Mahé und Weiterflug nach Europa. Reisekosten mit Flug je nach Jahreszeit und gewählten Hotels 3500–5000 € pro Person im Doppelzimmer.

Organisierte Inseltouren

Es gibt vier **Reiseveranstalter**, die Busse, Boote und ausgebildete Reiseführer(innen) haben und Urlaubern in organisierten **Halb- oder Ganztagestouren** die Inseln zeigen:

7°South
Kingsgate Travel Centre
Independence Ave.
PO Box 475, Victoria, Mahé
Tel. 429 28 00
www.7south.net
Mo–Fr 8–17, Sa 8–12.30 Uhr

Creole Travel Services
Orion Building, PO Box 611
Victoria, Mahé
Tel. 429 70 00
www.creoletravelservices.com
Mo–Fr 8–16, Sa 8–13 Uhr

Mason's Travel
Michel Bldg., Revolution Ave.
PO Box 459
Victoria, Mahé
Tel. 428 88 88
www.masonstravel.com
Mo–Fr 8–17, Sa 8–13 Uhr

Sea Shell Travel
Office No.4, Trinity House
PO Box 349
Victoria, Mahé
Tel. 432 43 61, 437 31 38
Fax 437 31 06
seashell@seychelles.net
Mo–Fr 8–167, Sa 8–12 Uhr

Um **Ausflüge** und **Inselrundflüge** zu buchen, **Mietwagen** zu reservieren oder Ihren **Flug rückbestätigen** zu lassen, wenden Sie sich am besten vor Ort an eines der oben genannten Büros. Alle bieten für ca. 50 € **Busrundfahrten auf Mahé** mit Besuch des Marktes und des Botanischen Gartens sowie einem Fischbüfett an, **Wandertouren** werden organisiert. Auch gibt es **ganztägige Rundfahrten** in einem **Glasbodenboot**, von dem aus Sie die Korallen im Ste. Anne Marine National Park ansehen können und wo Ihnen Gelegenheit zum Schnorcheln geboten wird, Kosten 40–50 €. Schnorchelausrüstung wird gestellt; außerdem ist im Preis ein Mittagessen auf einer der Mahé vorgelagerten Inseln Moyenne, Round oder Cerf eingeschlossen. 80–130 € müssen Sie für **ganztägige Ausflüge** nach **Praslin** und **La Digue** anlegen, wobei das Mittagessen inklusive ist. Die genannten Büros bieten ferner (hochpreisige) **Ganztagsexkursionen** nach **Bird Island**, nach **Aride** sowie nach **Moyenne** im Ste. Anne Marine National Park an.

Ca. 130 € kostet ein halber Tag **Hochseefischen**. Es gibt erstklassig für diesen Zweck ausgerüstete Schiffe. Die Chancen, einen großen Marlin an die Angel zu bekommen, sind nicht schlecht - besonders um Bird Island und Silhouette.

Kreuzfahrten

Mehr oder weniger komfortabel ausgestattete kleine **Segelkreuzfahrtschiffe** (Sea Shell, Sea Pearl und Sea Star) - kreuzen durch die Gewässer der Inneren Seychellen-Gruppe und bieten vier bis zehn Doppelkabinen vom Standard eines einfachen Hotels mit Vollpension. Auf einer einwöchigen Rundreise lernen die Gäste zahlreiche der wichtigsten Inseln kennen. Sie schlafen, essen und wohnen an Bord und machen Landausflüge nach eigenem Geschmack, organisiert oder individuell. Sie können die Kreuzfahrt in ein ausgearbeitetes Island-Hopping-Programm integrieren, indem Sie z. B. zunächst für eine Woche ein Hotel auf Mahé buchen und dann drei Tage von Mahé bis Praslin auf dem Schiff verbringen. Dort gehen Sie erneut an Land und verbringen den Rest Ihres Urlaubs wieder in einem Hotel.

Ein- oder zweimal im Jahr (meist Ende Oktober und/oder Ende April) unternimmt von Assomption aus eine Segeljacht eine Kreuzfahrt zum **Aldabra Atoll**, welches sonst lediglich Wissenschaftlern mit Sondergenehmigung zugänglich ist. Sie können diese Reise in einer kleinen Gruppe (ca. 8 Personen) unternehmen, übernachtet wird hierbei auf dem Schiff.

Manche meist etwas teureren Hotels organisieren für ihre Gäste regelmäßig **Tageskreuzfahrten** zu benachbarten Inseln. Dazu gehören etwa die Hotels La Réserve (s. S. 239), L'Archipel (s. S. 235) und La Digue Island Lodge (s. S. 262 f.).

Informationen erhalten Sie bei Trauminsel Reisen, Summerstr. 8, 82211 Herrsching, Tel. 08152-931 90.

Reisen mit Handicap

Einige Hotels sind auf die Bedürfnisse von Rollstuhlfahrern eingerichtet, Behinderte finden dort alle erforderlichen Räume im Erdgeschoss: Lémuria Hotel (s. S. 246), Sainte Anne Resort (s. S. 173 f.), Berjaya Beau Vallon Bay Hotel (s. S. 192).

Rollstühle können in den Krankenhäusern auf Mahé, Praslin und La Digue sowie am Flughafen bereitgestellt werden.

Reisen mit Kindern

Für Kinder sind die Seychellen ebenfalls ein problemloses Reiseland, da weder Krankheiten noch andere Gefahren lauern. Allerdings haben nur wenige Hotels die für Kinder wichtigen Essentials wie Pool, Pizza oder Kinderklub. In Gästehäusern und kleinen Hotels darf man keine anderen deutschsprachigen Kinder erwarten, mit denen die eigenen spielen könnten. Erlebnisreiche Ferien verbringen Kinder in größeren Hotels auf Mahé wie Coral Strand Hotel (s. S. 192), Berjaya Beau Vallon Bay Hotel (s. S. 192), Constance Ephelia (s. S. 229), auf Praslin im Paradise Sun (s. S. 236) oder auf Silhouette im Labriz (s. S. 293).

Wegen der **starken Sonneneinstrahlung** sollte die sehr empfindliche Haut von Kindern mit Sonnenschutzcreme mit sehr hohem Lichtschutzfaktor geschützt werden. Es wird speziell für Kinder auch UV-Schutzkleidung angeboten: **www.my-sunkids.de**.

Wer mit einem **Säugling** unterwegs ist, sollte den Flug frühzeitig buchen und sicherstellen, dass er den Sitzplatz bekommt, an dem ein Kinderbett *(baby cot)* angebracht werden kann. In den meisten Maschinen gibt es nur ein bis zwei solcher Schlafplätze für Babys. Es ist nicht mehr erlaubt, dem Baby ein Bett aus Decken vor dem eigenen Sitz auf dem Boden zu bauen.

Ein- und Ausreise-bestimmungen

Erforderliche Papiere

Von allen Besuchern wird ein **gültiges Reisedokument** verlangt. Es ist egal, welcher Staat es ausgestellt hat, solange dieser Staat völkerrechtlich existiert und das Reisedokument von diesem Staat ausgestellt wird, um dem Inhaber das Reisen über Landesgrenzen zu ermöglichen. Gültig sind neben einem Reisepass z. B. auch ein Fremdenpass, ein Staatenlosenpass, ein vorläufiger Reisepass usw. Das Dokument muss einschließlich des Ausreisedatums gültig sein. Achtung: Kinder benötigen unabhängig vom Alter ein eigenes Reisedokument. Das **Visum** erhält man automatisch bei der Kontrolle im Flughafen auf Mahé.

Erforderliche Nachweise

Vor der Erteilung des Visums für 30 Tage kann der Nachweis eines gültigen Rückflugtickets und ausreichender Geldmittel für die Finanzierung des Aufenthaltes verlangt werden. Wer ohne gültiges Rückflugticket einreist, kann aufgefordert werden, eine Kaution (ca. 1000 €) zu hinterlegen. Ferner muss man für die ersten drei Nächte eine im Voraus bezahlte Hotelbuchung vorweisen. Notfalls kann das per Telefon am Schalter des Tourismusbüros in der Ankunftshalle noch erledigt werden.

Impfbescheinigungen

Impfbescheinigungen über Cholera und Gelbfieber sind bei Einreise aus einem Infektionsgebiet nötig. Gegebenenfalls beim Gesundheitsamt nachfragen. Eine Tabelle gibt es im Internet unter http://members.aol.com/reisemed/verbreit.htm. Wichtig ist das z. B. bei Einreisen über Kenia.

Zollbestimmungen

Die Zollkontrollen für Touristen sind unkompliziert. Neben Gegenständen für den persönlichen Gebrauch können pro Person eingeführt werden: 400 Zigaretten oder 500 g Tabak, 2 l Schnaps und 2 l Wein, 200 ml Parfüm, 200 ml Eau de Toilette.

Zollpflichtige Artikel sind darüber hinaus bis zum Wert von etwa 200 € zollfrei. Die Einfuhr aller Arten von Waffen einschließlich Luftpistolen, Luftgewehren und Harpunen ist verboten. Bei der Einreise in Deutschland sind Souvenirs im Wert von bis zu 300 € zollfrei. Achtung: Bei Souvenirs, die nach dem Internationalen Artenschutzabkommen geschützt sind, sind deutsche Zollbeamte humorlos!

Devisenbestimmungen

Ausländische Devisen dürfen ohne Beschränkung ein- und ausgeführt werden. Seychellische Rupien lediglich in Höhe von maximal 2000 SCR. Regeln für den Devisenumtausch s. S. 137.

Tiere

Tiere dürfen nicht ohne spezielle Genehmigung des Landwirtschaftsministeriums, Abteilung Tierärztliches Gesundheitsamt mitgebracht werden: **Ministry of Agriculture and Marine Resources**, Union Vale, Mahé, Seychelles, Tel. 422 53 33. Hunde und Katzen müssen sechs Monate in Quarantäne.

Anreise

Mit dem Flugzeug

Seit 1971 der Flughafen auf Mahé eröffnet wurde, bestehen regelmäßige Verbindungen nach Afrika, Asien und Europa. Auf der über 3 km langen Landebahn, die am Anfang und Ende ins Meer hinausragt, können große Passagierflugzeuge wie Jumbos und Airbusse landen. Direktflüge ab Frankfurt bietet Condor. Außerdem steuern Air France (umsteigen in Paris), Etihad (umsteigen in Abu Dhabi), British Airways (umsteigen in London) und Kenya Airways (umsteigen in Mombasa), Qatar Airways (umsteigen in Doha) und Emirates (umsteigen in Dubai) die Seychellen von Deutschland aus an. Preiswerte Anschlussflüge von Österreich und der Schweiz zum Ausgangsort des Langstreckenflugs bieten alle Gesellschaften.

Die Nonstop-Flüge sind ein wenig teurer, dauern dafür aber nur etwa 9 Std. und sind damit bequemer als Flüge mit Zwischenlandungen. Allgemein liegt der Preis für das Nur-Flug-Ticket je nach Reisezeit zwischen 700 und 1000 €. Bei Integration des Fluges in ein Pauschalarrangement liegen die Preise darunter, zudem sind Serviceleistungen wie Hotelreservierung, Transfer zum Hotel, Betreuung auf den Seychellen und die Bestätigung des Rückflügs meist inbegriffen. Schließlich bietet Air France gegen einen geringen Aufpreis die Möglichkeit, auf einer Reise sowohl die Seychellen als auch La Réunion, Madagaskar oder Mauritius kennenzulernen. Air Seychelles fliegt ab Mahé nach Singapur, Johannesburg, Dubai, Nairobi und Mauritius und bietet günstige Add-on-Fares dorthin an, wenn sie gemeinsam mit dem Langstreckenflug in Europa gebucht werden. **Achtung:** Bei Flügen mit Zwischenlandung in Gelbfieberinfektionsgebieten (Kenia!) muss der Nachweis einer noch wirksamen Impfung gegen Gelbfieber erbracht werden. Genaueres dazu sollte die Fluggesellschaft wissen, die einen solchen Flug anbietet. Unbedingt nachfragen!

Der Rückflug oder Weiterflug muss bei manchen Fluggesellschaften spätestens drei Tage vor Reiseantritt bei der Fluggesellschaft rückbestätigt werden, bei anderen sollte man es auch tun. In der Regel übernimmt dies die von Ihrem Reiseveranstalter eingeschaltete Agentur. Zu den Hochsaisonterminen ist dies wichtig (Ende der Weihnachts-, Oster- und Sommerferien)! Da im Durchschnitt 10 % der Passagiere trotz fester Buchung am Abflugtag nicht erscheinen (sogenannte *no shows*), überbuchen die Fluggesellschaften und stellen bis zu 10 % mehr Flugscheine aus, als in dem Flugzeug Plätze zur Verfügung stehen. Wenn dann ausnahmsweise einmal weniger als 10 % der Passagiere fernbleiben, kann das unangenehme Folgen für diejenigen haben, die nicht rückbestätigt haben. Wenn trotz Rückbestätigung kein Platz mehr frei ist, müssen die Fluggesellschaften Schadenersatz leisten, doch ist das ein schwacher Trost, wenn man eigentlich schon auf dem Heimweg sein müsste. **Daher einige Tipps:** An Ferienendterminen die Rückbestätigung persönlich bei der Fluggesellschaft durchführen, denn wer nicht rückbestätigt hat, fliegt als erster raus – ohne Anspruch auf Schadenersatz zu haben! 2 Std. vor Abflug am Check-in-Schalter sein, denn nur die letzten müssen draußen bleiben! Wenn Sie Zeit haben, Ihren Urlaub um ein paar Tage kostenlos zu verlängern, bieten Sie an, gegen Unterkunft, Verpflegung und ein Taschengeld freiwillig zugunsten eines später angekommenen Passagiers zurückzutreten und ein oder zwei Tage später zu fliegen. Dies ist in den USA eine gängige Praxis, und es gibt Passagiere, die auf solche ›Extras‹ spekulieren! Sollten Sie unfreiwilliges Opfer einer Überbuchung werden, wenden Sie sich mit einer Entschädigungsforderung an Ihren Reiseveranstalter, der sie an die Fluggesellschaft weiterreichen wird. Lassen Sie sich die Überbuchung auf jeden Fall schriftlich bestätigen.

Wichtige Fluggesellschaften

Air France
Kingsgate House
Independence Avenue
PO Box 356
Victoria, Mahé
Tel. 429 71 80 bzw. direkt 432 24 14
Fax 422 50 48
lodoffay@airfrance.fr

Air Mauritius
c/o Creole Travel Services
Kingsgate House, PO Box 356
Victoria, Mahé
Tel. 429 71 90 bzw. direkt 432 24 14

Fax 432 39 51
tsssmk@seychelles.net
Air Seychelles/Etihad Airways
International Airport
PO Box 386
Victoria, Mahé
Tel. 439 10 00
www.airseychelles.com
Condor
c/o Mason's Travel (Pty) Ltd.
Michel Bldg., Revolution Ave.
PO Box 459
Victoria, Mahé
Tel. 428 88 88
Fax 422 52 73, 432 41 73
info@masonstravel.com
Emirates
Caravelle House Bldg.
Manglier St. & 5th June Ave.
PO Box 152
Victoria, Mahé
Tel. 429 27 00
Fax 429 27 05
Qatar Airways
Ground & 1st Floor, Ebrahim Bldg.
Francis Rachel St.
Victoria, Mahé
Tel. 422 45 18, 422 45 19
Fax 422 45 25
qatarairways@seychelles.sc

Verkehrsmittel auf den Seychellen

Flugzeug

Verbindungen ab Mahé bieten an: Air Seychelles (nach Praslin, Denis und Bird) und **Island Development Company** (nach Desroches, Assomption, Alphonse, Coëtivy und D'Arros). Die Flugpläne ändern sich häufig. **Tickets** werden am Inter Island Terminal direkt, bei Air Seychelles in Victoria oder in einem Reisebüro ausgestellt und bezahlt. Bei Air Seychelles können auch Flugzeuge zum **Selberfliegen** stundenweise gechartert werden (Tel. 422 52 20).

Auf den Inselflügen beträgt das **Freigepäck** 10 kg pro Person. Wer mehr hat, kann gebeten werden, 1 €/kg Übergepäck zu bezahlen. In der Regel wird hiervon jedoch kein Gebrauch gemacht, insbesondere nicht bei Touristen, die mit ihren 20 kg Gepäck vom internationalen Flug kommen. Sperrige Gepäckstücke (z. B. große Hartschalenkoffer) müssen manchmal zurückbleiben, wenn der Gepäckraum überlastet ist. Sie werden mit dem nächsten Flug nachgeliefert und zum Hotel gebracht.

Hubschrauber

Zil Air (Tel. 437 51 00) unterhält Linienverbindungen nach La Digue und Praslin, die Sie bei Ihrem Reiseveranstalter im Voraus oder bei einem der Reisebüros in Victoria buchen können. Der Hubschrauberflug nach La Digue erspart den Umweg über Praslin und kostet nur ca. 50–80 € mehr. Alle anderen bewohnten Inseln der Inneren Seychellen fliegt der Hubschrauber ebenfalls an, jedoch müssen Sie ihn dann chartern – was sich ab drei Personen lohnt. Ein Hubschrauberflug über die Inseln ist ein einmaliges Erlebnis, und es ist preiswerter, ihn in eine Island-Hopping-Reise (s. S. 108) zu integrieren, als einen separaten Rundflug zu buchen.

Fähre

Es verkehren Fähren zwischen den Inseln Mahé und Praslin, Mahé und La Digue sowie Praslin und La Digue. Eine telefonische Reservierung ist ratsam.

Schnellboot Cat Cocos II
PO Box 356 oder 611
Victoria, Mahé
Tel. 432 48 43
auf Praslin: Tel. 429 71 60, 423 26 16
www.creoletravelservices.com
Bürozeiten: Mo–Sa 8–16 Uhr
Abfahrtszeiten: ab Mahé täglich 7.30 und 16

Uhr (Sa und So 16.30 Uhr). Zusätzlich Mo 12, Di und Sa 10.30 sowie Fr 12.30 Uhr. Ab Praslin zurück nach Mahé jeweils 1,5 Stunden später.

Cat Cocos fährt die **Route Mahé–Praslin–Mahé** und ist ein moderner und schneller Motorkatamaran. In den Monaten Mai bis November kann die 60-minütige Überfahrt wegen der dann häufig unruhigen See zur Qual werden. Preis pro Strecke derzeit umgerechnet etwa 46 €.

Frachtsegler La Digue–Mahé und zurück
Buchung über Inter Island Ferry Service, Tel. 432 48 43
Die Route La Digue–Mahé bedient:
La Belle Serafina
Anse Rénion, La Digue
Tel. 451 13 45, 423 42 54, Fax 423 42 54
Die Frachtsegler fahren in der Regel ein- oder zweimal sehr früh am Morgen von La Digue nach Mahé und von dort gegen 12 Uhr zurück. Wenn keine Fracht vorhanden ist, fahren sie nicht! Eventuell, falls die Lieferung von Frachtgut es erfordert, steuert ein Frachtsegler auch Praslin an. Sie haben nur wenige Passagierplätze und benötigen für die Strecke Mahé–La Digue ca. 4–5 Std. Bei unruhiger See ist das kein Vergnügen!
Fähre Praslin–La Digue–Praslin
Inter Island Ferry
Praslin Jetty
Baie Ste. Anne, Praslin
Tel. 423 23 29, 423 23 94
www.seychelles.net/iif
Bürozeiten tgl. 8–12, 13–17 Uhr
Abfahrtszeiten: in jeder Richtung tgl. zwischen etwa 7 und 18 Uhr sechs- bis siebenmal. Aktuelle Abfahrtszeiten bitte erfragen. Platzreservierung empfohlen.
Auf dem Segelschoner haben etwa 60 Passagiere Platz. Zusätzlich verkehrt ein schneller, aber unromantischer Katamaran zwischen den Inseln. Pro Strecke 10 € (zu bezahlen ist in Euro!).

Öffentlicher Bus

Öffentliche Busse gibt es auf Mahé und Praslin. Sie sind ein preiswertes, aber nicht sehr schnelles und zuverlässiges Transportmittel. Zu Zeiten des Berufsverkehrs kann es passieren, dass man nicht mitgenommen wird, da der Fahrer nur soviele Passagiere einsteigen lässt, wie er Sitzplätze zur Verfügung hat. Die Busse haben feste Abfahrtszeiten vom zentralen Busbahnhof in Victoria. Auf den vielbefahrenen Strecken, insbesondere zwischen Victoria und Beau Vallon Bay, fährt alle Viertelstunde ein Bus, zu den weiter entfernt gelegenen Orten alle halbe Stunde oder alle Stunde. Die Busse halten an festgelegten und markierten Haltestellen. Nach 19 Uhr werden die Verbindungen eingestellt. **Preise**: Einheitspreis von 7 SCR für eine Fahrt in einem Bus, egal wie weit die Entfernung ist. Wenn umgestiegen werden muss, um das Fahrziel zu erreichen, müssen nochmals 7 SCR bezahlt werden. Einen Busfahrplan für Mahé erhalten Sie an der Haupthaltestelle in Victoria oder auch unter www.seybus.de.vu (Aktualität dieser Webseite kann nicht garantiert werden). Auch auf Praslin besteht ein Busfahrplan, der allerdings eher selten eingehalten wird. Wenn im Fernsehen eine beliebte Seifenoper oder ein ›weltbewegendes‹ Fußballspiel übertragen wird, ist das dem Busfahrer häufig wichtiger, als der Transport der Passagiere.

Taxi

Taxis sollten mit einem verplombten Taxameter ausgestattet sein. Achten Sie darauf, dass es eingeschaltet wird. Außerdem sollten die Fahrpreise vom Flughafen zu den wichtigsten Hotels im Taxi aushängen. Die Taxifahrten sind teuer, aber im Gegensatz zu vielen Urlaubsländern braucht man kaum zu fürchten, ›ausgenommen‹ zu werden. Haben Sie allerdings den Eindruck, dass etwas nicht stimmt, lassen Sie sich eine Quittung mit Fahrpreis, Fahrtstrecke und Uhrzeit geben. Der Preis wird dann recht schnell auf das richtige Maß sinken, denn der Fahrer muss eine Anzeige wegen überhöhter Forderungen fürchten. In etwa können Sie den Fahrpreis im Voraus wie folgt berechnen: 15 SCR Grundgebühr plus 7 SCR für jeden weiteren Kilometer. Die Preise sind hoch, denn die Autos kosten etwa das Dreifache als bei uns, das Benzin etwa das Doppelte und der Verschleiß auf den steilen und kurvenreichen Straßen ist hoch. Trinkgelder für den Fahrer sind nicht üblich.

Auf **La Digue** dürfen nur Unternehmen (Hotels, Gästehäuser, Bauunternehmen) Pkws oder Pick-ups anmelden. Es gibt aber einige Kleinbusse als Taxis, insgesamt fahren nur ca. vierzig Motorfahrzeuge auf der Insel.

Autostopp

Junge Leute mit dem Rucksack auf dem Rücken und dem Daumen nach oben am Straßenrand sind auf den Seychellen ein ungewöhnlicher Anblick. Die Anreise und vor allem das örtliche Preisniveau für Übernachtung und Verpflegung sind für Budgetreisende viel zu hoch. Doch nehmen Seychellois regelmäßig Landsleute mit, schauen normalerweise sogar, ob an einer Bushaltestelle ein Freund oder Bekannter steht und lassen diesen zusteigen. Wenn man sich als *hitchhiker* zu erkennen gibt, sollte es kein Problem sein, mitgenommen zu werden. Seychellois haben es meist nicht eilig und nehmen daher auch gerne jemanden mit.

Fahrradfahren

Fahrräder kann man auf den Insel Praslin und La Digue ausleihen. Einzelne Hotels auf Mahé probieren diesen Service gelegentlich, doch meist wird er zu wenig in Anspruch genommen – die Straßen auf der bergigen Insel sind zu steil. Auf Praslin gibt es Räder in der Anse Volbert/Côte d'Or (s. S. 237) und der Grand' Anse (s. S. 248), auf La Digue an jeder Ecke, aber vor allem an der Jetty von La Digue (s. S. 259). Die Qualität der Räder lässt allerdings meist zu wünschen übrig, da die feuchte und salzhaltige Meeresluft neue Fahrräder schnell zugrunde richtet.

Mietwagen

Die Tarife für Mietwagen variieren stark. Da auch die Qualität der Fahrzeuge sehr unterschiedlich ist, sollte man sich bei der Anmietung Zeit lassen und gegebenenfalls einen Anbieter wegschicken, wenn das Auto keinen verkehrssicheren Eindruck macht. Beim Anmieten des Wagens müssen Sie einen gültigen **Reisepass** und einen gültigen nationalen oder internationalen **Führerschein** vorweisen. Leihwagenfirmen haben in den großen Hotels meist einen Repräsentanten. Die Telefonnummern der Firmen entnehmen Sie am besten dem aktuellen Telefonbuch vor Ort. Die beliebten *minimokes* haben nur noch wenige Vermieter im Angebot, da sie nicht mehr hergestellt werden. Sie sind zwar hübsch, aber unpraktisch, denn man kann seine Wertsachen nicht wegschließen, lässt man den Wagen stehen. Auch die stechende Sonne ist nicht jedermanns Sache. Und es kann regnen.

Straßenverhältnisse und Verkehrsregeln

Achtung: Auf den Seychellen herrscht **Linksverkehr**! Die erlaubte **Höchstgeschwindigkeit** beträgt 65 km/h, in Ortschaften 45 km/h.

Auf **Mahé** und **Praslin** sind die meisten Straßen geteert und – wenn auch schmal – für afrikanische Verhältnisse in gutem Zustand. Baustellen werden in der Nacht meist mit Warnlichtern gesichert und Schotterstraßen so instand gehalten, dass man sie bei Trockenheit zügig befahren kann. Bei Regen allerdings weichen sie auf und sind nur langsam zu passieren. Seien Sie dennoch vorsichtig, denn am Außenrand der Asphaltstraßen befindet sich oft ein offener Abwasserkanal, in den man versehentlich geraten kann!

Auf **La Digue** hingegen gibt es nur einige wenige Kilometer gepflasterte Straße.

Hotels und mehr

Wer nach New York, Hong Kong, Las Vegas oder Singapur reist, wird gerne in einem der großen Hotels übernachten. Ganz anders ist es auf den kleinen Inseln der Seychellen. »Small is beautiful« – das gilt nicht nur für die Inseln, sondern auch für die Unterkünfte.

Meerblick vom Zimmer aus ist etwas Schönes – wenn es auch passieren kann, dass man in der zweiten Reihe logierend den Panoramablick auf das Hochhaus am Strand hat. Aber wozu braucht man Meerblick durch eine Glasscheibe in einem auf 21 °C gekühlten Zimmer, wenn man auch auf der eigenen Terrasse sitzen könnte, wo man die Vögel zwitschern, das Meer rauschen und den Wind durch die Blätter der Kokospalmen streichen hört? 21 °C ist eine angenehme Temperatur, wenn man mit langer Hose, Hemd und Pullover im mitteleuropäischen Haus lebt. Aber von tropisch-üppiger Natur umgeben ist es in kurzer Hose und leichtem Baumwollhemd bei 27 °C angenehmer. Wer seinem Körper die Chance gibt, sich 48 Std. lang an die Temperatur und die vor allem zwischen November und März oft hohe Luftfeuchtigkeit zu gewöhnen, sich nicht ständig dem Temperatur- und Feuchtigkeitswechsel zwischen klimatisiertem Zimmer und tropischer Natur aussetzt, wird die 21 °C nicht vermissen. Sollte es doch einmal zu heiß werden, genügt eine kalte Dusche oder eine Viertelstunde des Abkühlens im Meer, um den Blutdruck wieder zu normalisieren.

Zimmer mit Frühstück, Halbpension oder Vollpension?

Wenn Ihr Hotel die Möglichkeit bietet, sollten Sie nur Übernachtung und Frühstück buchen. So sind Sie frei, mittags oder abends verschiedene Restaurants Ihrer Urlaubsinsel zu besuchen und viele unterschiedliche Küchen und unterschiedliche Ambiente kennenzulernen. Und wenn Sie doch mal im Hotel bleiben wollen, können Sie die Mahlzeit ja auch vor Ort bezahlen. Meist ist sie nicht teurer als der Halbpensionszuschlag.

Villen mit Köchin und Komplettservice

Wer es noch individueller liebt, kann sich eine ganze Villa samt Personal mieten. Ausgesprochen exklusiv ist das Ambiente, die Einrichtung und der Service in der Villa **Li-al-do Maison** oberhalb der Anse Takamaka im Süden Mahés oder (ein wenig darunter) in der **Villa Castello** an der Anse Kerlan auf Praslin. Liegewiese, Privatpool, mehrere Schlafzimmer und Koch sind im Mietpreis enthalten. Wenn man sich die Villa mit ein paar Freunden teilt, ist der Preis pro Person kaum höher als der eines normalen Hotels der gehobenen Mittelklasse. Leider kann man die Insel **D'Arros** im Archipel der Amiranten mit ihrer von einem Neffen des einstigen Schahs von Persien erbauten Villa nach einem Besitzerwechsel nicht mehr mieten.

Island Lodges

Wer absolute Ruhe sucht, kann sich auf eine der Island Lodges zurückziehen, die auf den Seychellen momentan einen Boom erleben. Neben den schon seit Jahren erfolgreichen Island Lodges auf den Inseln Denis, Bird, Alphonse (ist voraussichtlich bis 2014 wegen Umbau geschlossen), Desroches, Silhouette und Félicité gibt es nun auch auf einigen Inseln im Ste. Anne Marine National Park (Sainte Anne, Round Island, Cerf und Long) jeweils ein solches kleines, aber feines Hotel. Absolute Ruhe vor Autos und sonstigen Segnungen der Zivilisation ist garantiert, da sie im Grunde unbewohnt sind und lediglich Gemüse für die Hotelgäste angebaut wird. Fisch wird täglich frisch gefangen, andere Lebensmittel regelmäßig per Boot, Kleinflugzeug oder Hubschrauber angeliefert. Die Inseln

Luxuriös nächtigt man in der Villa Li-al-do Maison

Frégate und North gehören ebenfalls in diese Gruppe, liegen aber im Preis und in der sensationellen natürlichen Schönheit nochmals eine Kategorie höher. Wer sich einen Urlaub auf Frégate oder North gönnt, erlebt die Seychellen aus der Perspektive der absoluten Topstars dieser Welt, die sich zurückziehen, um ein paar Tage oder Wochen ›wie jedermann‹ am Strand liegen zu können, ohne von Paparazzi oder Autogrammjägern belästigt zu werden. Preise ca. 700 € pro Person und Tag. North und Frégate sind noch teurer.

Boutiquehotels der Unter-, Mittel- und Luxusklasse

Eine gute Wahl stellen einige individuell ausgestattete Boutiquehotels mit weniger als 50 Zimmern, gutem, freundlichem Service und großen tropischen Gärten dar. Diese Anlagen sind meist nicht von professionellen Managementgesellschaften geführt, doch steckt einiges Fachwissen dahinter. Beispiele in der unteren Preisklasse sind Le Domaine de l' Orangeraie und Château St. Cloud (La Digue), Le Duc de Praslin (Praslin) oder Jardin des Palmes (Mahé). Ein Doppelzimmer kostet ca. 240–300 € inklusive Frühstück.

Boutiquehotels gibt es auch in sehr komfortabler 4-Sterne-Version und wunderbaren Lagen an Stränden oder auf Hügelkuppen. Verwöhnte Weltreisende werden sich hier genauso wohl fühlen wie in namhaften Hotels der Luxusklasse. Was in den Boutiquehotels an Service und Professionalität vielleicht fehlt, wird durch persönliche Zuwendung, gute Küche und Individualität ausgeglichen. Beispiele hierfür sind: Sunset Beach Hotel und Fisherman's Cove (Mahé), L'Archipel und Château de Feuilles (Praslin) sowie die La Digue Island Lodge und die L'Union Chalets auf La Digue.

Das Doppelzimmer kostet ca. 300–460 € inklusive Frühstück.

Die Topklasse dieser für die Seychellen typischen Boutiquehotels bietet fast alles, was man auch in internationalen Spitzenhotels erwartet. Service, ausgezeichnete Mahlzeiten, hervorragende Strände – und hohe Preise. Darunter sind so bekannte Namen wie das Banyan Tree oder das Northolme Hotel (alle Mahé) und das Lémuria Resort auf Praslin. Je nach Jahreszeit kostet das Doppelzimmer 500–900 € inklusive Frühstück.

Große Hotels

Doch man kann die Seychellen auch ganz normal erleben, wenn man sich ein Zimmer in einem der ›großen Hotels‹ wie dem Coral Strand, dem Berjaya Beau Vallon Bay, dem Labriz (Silhouette) und dem Constance Ephelia Resort mietet. Alle liegen an herrlichen Stränden, bieten für seychellische Verhältnisse viel Unterhaltung, mehrere Restaurants und klimatisierte Zimmer. Das Doppelzimmer kostet in diesen Häusern ca. 200–400 € inklusive Frühstück und Abendessen.

Familiäre Gästehäuser

Auf Klimaanlagen kann man verzichten, wenn das Hotel und seine Zimmer tropengemäß gebaut sind. Viele familiäre Gästehäuser haben die Grundregeln tropischen Bauens berücksichtigt. Es gibt keine Glasscheiben in den Fenstern, sondern Lamellen, die – schräg gestellt – den Wind ins Zimmer lassen. Solche Fenster gibt es dann an gegenüberliegenden Zimmerseiten, damit der Wind ungehindert durchziehen kann *(cross ventilation)*. So wird die Temperatur im Zimmer nie höher als die Schattentemperatur draußen, insbesondere, wenn das Dach weit über die Seitenwände herausragt und diese somit vor Erhitzung durch direkte Sonneneinstrahlung

Die Seele baumeln lassen im luxuriösen Hotel Banyan Tree auf Mahé

schützt. In einem solchen Hotel fühlt man sich fast als säße man im Garten.

Die meist nicht im Hotelfach ausgebildeten Eigentümer solcher Unterkünfte kümmern sich persönlich und freundlich – wenn auch nicht sehr professionell – um ihre Gäste und erleichtern den Kontakt zum Land. Wenn man hier wohnt, sollte man bereit sein, Eigenheiten der seychellischen Kultur zu akzeptieren (›Frühstücken wie ein Kaiser‹ gehört nicht zu ihnen!) und wird dafür mit Authentizität, engem Kontakt zur Natur und Einblick ins wahre Inselleben belohnt. Gepflegt und sauber sind die Gästehäuser alle – bis auf die allerbilligsten –, komfortabel und geschmackvoll eingerichtet wenige. Dafür spürt man die natürliche, oft ein wenig schüchterne Freundlichkeit der Seychellois und deren Bereitschaft, den Gästen einen angenehmen ›seychellischen‹ Urlaub zu ermöglichen.

Auf der Webseite **www.seychelles-secrets.com** stellt das Tourismusministerium der Seychellen gut geführte Gästehäuser vor. Beispiele sind: Val Mer Resort und Villa Bambou (Mahé), Coté Mer (Praslin) sowie Calou Guesthouse und Pension Michel (La Digue). Das Doppelzimmer kostet ca. 120–180 € inklusive Frühstück.

Appartements mit Küche

Urlaub mit Selbstversorgung ist auf den Seychellen unüblich, wenn auch in einigen schönen Anlagen auf den Hauptinseln möglich. Die unter Anreise und Verkehr (s. S. 105 f.) genannten Seychellenspezialisten bieten eine Auswahl solcher Unterkünfte. Diese Urlaubsform hat den Nachteil, dass man Gefahr läuft einen wesentlichen Teil der seychellischen Kultur – die kreolische Kochkunst – zu verpassen. Und auch der beste Koch (Köchin) wird auf den Seychellen Schwierigkeiten haben, so zu kochen, wie zu Hause gewohnt. Es ist nämlich nicht einfach, in den kleinen Läden die Zutaten zu finden. Man muss primär mit seychellischen Zutaten zurecht kommen. Unterkunftsbeispiele: Blue Lagoon Chalets und Chalets d'Anse Forbans (Mahé), Islander Guesthouse und Villas d'Or (Praslin) und Paradise Flycatcher's (La Digue). Das Doppelzimmer kostet ca. 100–160 € ohne Frühstück.

Zimmerbuchung

Ferien auf den Seychellen werden zu 90 % bei den bekannten Veranstaltern von Fernreisen und guten ›Seychellenspezialisten‹ gebucht. Direktbuchungen über das Internet, Telefon und Telefax sind möglich. Eine vollständige Auflistung bietet die Webseite **www.seychelles.com** des Fremdenverkehrsbüros der Seychellen. Beachten Sie, dass eine Buchung nicht immer problemlos möglich ist, da viele Hotels eine Terminbestätigung nicht unbedingt als verbindlich ansehen, eine Anzahlung auf die Seychellen geschickt werden muss und Zimmer u. U. trotz Bestätigung auch an andere Gäste vergeben werden. Hotelbeschreibungen bei den Veranstaltern entsprechen meist denen in den Prospekten, manchmal sind sie etwas umfasssender. Mit Erfahrung und Vorsicht kann man viele Informationen aus den Beschreibungen entnehmen, die man in **Internetforen** (www.seychellen-infos.de) oder **Hotelseiten** (www.holidaycheck.de) findet. Vorsicht ist geboten, da es sich dabei oft um extrem subjektiv gefärbte Beurteilungen, die weit an der Realität vorbeigehen, handelt.

Zimmerpreise

Alle Preise in diesem Buch gelten pro Doppelzimmer mit Frühstück oder Halbpension. Mehr und mehr Hotels haben in der Nebensaison Sonderpreise. Seien Sie mit sehr günstigen ›Knüllern‹ vorsichtig, denn der gute Preis könnte auch damit zusammenhängen, dass das Hotel finanzielle Probleme hat. Eine aktuelle Liste von Specials findet man unter **www.trauminselreisen.de/specials/specials.htm.**

Golf

Der einzige 18-Loch-Golfplatz der Seychellen auf der Insel Praslin ist einer der schönsten Golfplätze, die man sich vorstellen kann. Die Fairways erstrecken sich entlang palmengesäumter, weißer und nahezu unbenutzter Sandstrände und durchqueren dichten Urwald in den Hügeln der Insel Praslin. Diese Championship-Anlage um das Hotel Lémuria Resort auf Praslin ist eine sportliche Herausforderung und eine landschaftliche Sensation. Gäste des Hotels spielen, ohne Greenfee zu bezahlen (s. S. 246).

Ein zweiter, einfacher Neun-Loch-Golfplatz befindet sich beim ehemaligen Reef Hotel an der Westküste der Insel Mahé (s. S. 202).

Seychelles Golf Club
PO Box 2095
Anse aux Pins, Mahé
Tel. 437 62 34
edwin@seychelles.sc
tgl. 8.30–18 Uhr
Startzeiten müssen nicht gebucht werden. Wenn man donnerstags oder samstags spielen will, sollte man vorher anrufen, da an diesen Tagen Turniere stattfinden. Greenfee für neun Löcher 60 SCR (ca. 10 €). Besucher können vorübergehende Mitgliedschaften erwerben: Wochenmitgliedschaft 300 SCR, 14 Tage 500 SCR.

Hochsee- und Fliegenfischen

Abgesehen von einigen Einschränkungen in Meeresnationalparks (Curieuse, Île Cocos, Port Launay/Baie Ternay and Ste. Anne Marine National Parks) darf jedermann ohne Lizenz oder Ausbildung in den Gewässern der Seychellen fischen. Hochseefischer aus aller Welt kommen jährlich hierher, um in den Gewässern der Seychellen auf die Jagd nach Weltrekorden zu gehen. Kaum anderswo findet man so viele Schwertfische, Wahoos, Speerfische, Thunfische und vieles mehr. Infos unter www.flyfishseychelles.com/public/publicWrapper.php (nur in Englisch).

An den flachen Sandstränden rund um die Inneren Seychellen und vor allem rund um die korallinen Inseln weit im Süden des seychellischen Archipels wird es immer beliebter, mit Fliegen nach den dort lebenden Knochenfischen zu angeln. Die Inseln Denis Island, Alphonse und Desroches sind berühmt für ihre reichen Fischgründe.

Boote mit Skipper

Wer ein Boot mit Skipper zum Hochseefischen chartern will, wendet sich am besten an den **Game Fishing Club/Marine Charter Association**, PO Box 469, Tel. 432 21 26. Dort erhält man nähere Informationen über die verfügbaren Boote. Eine umfassende Liste mit fast 50 Booten und ihren Eigentümern findet man unter **www.seychelles.com/en/home/fishing_operators.php**.

Reiten

... auf Mahé

Utegangar Riding
Anse Cimitière
PO Box 1003
Victoria, Mahé
Tel. 471 23 55
www.utegangar.info
In Barbarons (nahe dem Barbarons Beach Hotel) und Grand' Anse an der Westküste von Mahé sind täglich zwischen 8 und 18 Uhr Ausritte möglich, ca. 50 €/Std. (s. S. 223).

... auf La Digue

Cliff Ladouceur
L'Union Estate
Tel. 423 42 40, 423 44 80
Fax 423 40 05
Mo–Fr 8–15 Uhr

Cliff Ladouceur besitzt einige gute Reitpferde und mehrere Ponys, die er für Ausritte verleiht. 1 Std. ca. 100 SCR.

Schnorcheln

Nur wenige Hotels und Gästehäuser liegen weiter als 10 Min. Fußweg von schönen Stränden entfernt, und meist ist Schnorcheln gut möglich. Wenn Schnorcheln eine Hauptaktivität sein soll, ist es ratsam sich ein Hotel oder Gästehaus in der Nähe eines von Korallenriffen geschützten Strandes zu suchen.

In den zahlreichen kleinen Buchten rund um die Hauptinseln finden sich viele Schnorchelparadiese. Wer auf Mahé oder Praslin mit einem Mietwagen oder mit dem Fahrrad auf La Digue unterwegs ist, sollte Taucherbrille, Schnorchel und Flossen mitnehmen.

Die Bedingungen zum Schnorcheln wie auch zum Tauchen sind nicht immer und überall gleich gut, denn bei Wind und Seegang kann an manchen Stränden die Sicht durch aufgewühlten Sand beeinträchtigt sein. Am sichersten trifft man in den Monaten **April–Mai** sowie **Oktober–November** auf gute Schnorchelbedingungen. Es herrscht Windstille (Kalmen), das Wasser ist ruhig und klar. **Dezember–März** ist das Wasser ebenfalls klar und ruhig, es kann aber bei gelegentlich aufkommenden, manchmal auch starken Nordwestwinden an den Stränden an den Nord- bis Westseiten Seegang herrschen. **Juni–September** sind die Sichtweiten allgemein geringer, die Strände an den Süd- bis Ostseiten häufig (keineswegs immer!) unruhig und trüb. Zu dieser Zeit sollten Schnorchler Strände an der Nordwestbucht Mahés bevorzugen, da sie im Windschatten der Insel liegen.

Mahé: Auf Mahé sind viele kleine Buchten nördlich und südlich von Beau Vallon (z. B. Fisherman's Cove, Northolme Hotel, Sunset Beach Hotel, s. S. 194, 187) und im Nordwesten der Insel (z. B. Port Launay, s. S. 225) fast ganzjährig ruhig und klar. Ausnahmen kann es Dezember–März geben. Oktober–Mai sind die Sichtverhältisse in der Anse Royale (s. S. 206 f.), Anse Forbans (s. S. 210), Anse Takamaka (s. S. 212) und Anse Soleil (s. S. 214 f.), gut.

Praslin: Wegen der Ausrichtung der Insel von Südosten nach Nordwesten können sich die Sichtbedingungen auf Praslin das ganze Jahr über entlang der Nordost- und Südwestküsten ständig verändern. Schnorcheln ist generell Oktober–Mai gut, von Ausnahmen im Norden (Anse Lazio, Anse Georgette, Anse Kerlan, s. S. 245) bei auffrischenden Winden zwischen Dezember und März abgesehen. Bei ruhiger Wetterlage ist die im Südosten gelegene Bucht **Anse La Blague** (s. S. 250) ein selten besuchter ›Geheimtipp‹!

La Digue: Die Buchten an der Nord- und Südostküste von La Digue (Anse Patates, Grand' Anse, Anse Cocos, s. S. 260, 266 ff.) sind Juni–September meist rau und trüb. Alle anderen liegen im Windschatten der Insel (Anse La Réunion, Anse Sévère, Source d'Argent/Source à Jean, s. S. 260 ff., 262, 267) und stehen das ganze Jahr als gute Tauch- und Schnorchelgebiete zur Verfügung.

Wirklich zuverlässige Wettervorhersagen sind auf den Seychellen nicht möglich. Daher verlassen Sie sich bitte nicht zu 100 % darauf, dass die Verhältnisse so sein werden, wie sie es nach obigen Vorgaben sein sollten.

Segeln

Die Gewässer der Seychellen sind wegen zahlreicher Untiefen für Segler nicht ganz ungefährlich. Dennoch ist es seit 1996 gestattet, innerhalb der Inneren Seychellen (Mahé, Praslin, La Digue, Frégate, Aride, Silhouette, Cousin, Cousine, Cerf, Sainte Anne, Round, Moyenne) ohne lizenzierten, einheimischen Skipper unterwegs zu sein. Für die Amiranten und Aldabra ist dagegen weiterhin eine

Schnorcheln in der Traumbucht Anse Lazio

Schnorcheln in Korallenriffen – ein Einführungskurs

Schnorcheln ist tatsächlich kaum schwieriger als Schwimmen, und dennoch fürchten sich viele Menschen davor, durch den Schnorchel zu atmen und mit der Brille in die Tiefe zu blicken. Doch wenn Sie einige wenige Regeln beachten, ist Schnorcheln wirklich ausgesprochen einfach.

1. Sie können sich zwar in vielen Tauchbasen Taucherbrille, Schnorchel und Flossen ausleihen, aber dann passen oft die Flossen nicht richtig, die Brille ist undicht und auf dem Mundstück des Schnorchels haben schon Hunderte anderer Besucher gekaut. Sie werden bald die Lust verlieren, weil Sie ständig mit der Ausrüstung kämpfen. Bringen Sie daher besser Brille, Schnorchel und Flossen von zu Hause mit. Das kostet nicht viel und wird dazu beitragen, dass das Schnorcheln für Sie zu einem unbekümmerten Erlebnis wird. Achten Sie beim Kauf darauf, dass die Brille wirklich passt, nicht drückt und dennoch dicht ist. Das können Sie feststellen, indem Sie die Maske zunächst mit der Hand an ihr Gesicht drücken. Saugen Sie nun durch die Nase leicht Luft ein und lassen Sie anschließend die Taucherbrille los! Wenn sie sich nicht von selbst wieder löst, dann passt sie.
2. Die Innenseite des Glases einer neuen **Taucherbrille** sollten Sie zunächst mit Seife waschen und – bevor Sie sie zum Schnorcheln aufsetzen – sollten Sie die Innenseite der Brille mit Speichel abreiben und wieder mit Salzwasser ausspülen. Das verhindert das Beschlagen des Glases unter Wasser. Nehmen Sie das **Mundstück des Schnorchels** zwischen die Lippen und beißen Sie entspannt auf die Gumminoppen.
3. Während Sie an der Wasseroberfläche schwimmen, neigen Sie den Kopf so, dass Sie nach unten und leicht nach vorne schauen! So haben Sie unter Wasser den besten Überblick. Lediglich wenn Sie zum Riff hinuntertauchen, wird sich der Schnorchel mit Wasser füllen. Atmen Sie daher ein, bevor Sie ins Wasser eintauchen, und halten Sie die Luft an, solange Sie unterhalb der Wasseroberfläche schwimmen. Wenn Sie wieder auftauchen und mit der Maske über Wasser sehen, stoßen Sie das Wasser dann einfach mit einem kräftigen Luftstoß wieder aus dem Schnorchel heraus.
4. **Mit Flossen** zu schnorcheln ist weitaus angenehmer als ohne, denn man schwimmt ruhiger und kann sich besser auf das konzentrieren, was man unter Wasser sieht. Darüber hinaus ist es auch sehr einfach, zumindest wenn Sie ein paar Grundregeln beachten:

- Die Flossen ziehen Sie am besten nicht am Strand, sondern im seichten Wasser an, denn wenn die Taucherflossen nass sind, gleitet der Flossengummi am leichtesten über den Fuß.
- Der Flossenschlag erfolgt nicht aus den Knien oder gar den Fußgelenken, sondern aus der Hüfte. Die ganzen Beine bewegen sich auf und ab. Eine leichte Knie- und Fußgelenkmithilfe ergibt sich dann von selbst.
- Will man in die Tiefe abtauchen, um eine Koralle von der Seite oder von unten zu betrachten, beugt man zunächst den Kopf senkrecht nach unten und richtet die Beine senkrecht über dem Körper auf. Die Beine ragen dabei für eine Sekunde senkrecht aus dem Wasser, bevor die Schwerkraft den Körper dann nach unten treibt. Sobald auch die Flossen ins Wasser eingetaucht sind, kann man sofort den Schwung aufnehmen und auf diese Weise mit wenigen Flossenschlägen unter die Wasseroberfläche gelangen.

gesonderte Lizenz erforderlich. **Bootsverleihe** gibt es auf Mahé (s. S. 169 f.) und auf Praslin (s. S. 247 f.).

Tauchen

Normalerweise assoziert man die Seychellen nicht wie das Rote Meer oder die Malediven mit **Tauchen**. Doch es gibt auf den Inseln ausgezeichnete und streng auf Qualität hin überwachte Tauchbasen und hervorragende Tauchgründe.

Korallenriffe sind durch Gesetze und Kontrollen seit Jahrzehnten von Bombenfischerei, Harpunenfischern und rücksichtslosen Tauchgruppen verschont geblieben. Wie überall im Indischen Ozean, im Pazifik und in der Karibik hat aber die starke Erwärmung der oberen Wasserschichten 1998 (El Niño) an etwa 50 % der Riffe z. T. starke Schäden angerichtet. Manche Bereiche leuchten wieder in vielen Farben, es wird aber noch Jahre dauern, bis alles wieder ist wie vorher.

Tauchbasen

Auf den Insel Mahé, Praslin, La Digue, Denis Island, Desroches, North Island und Frégate befinden sich jeweils eine oder mehrere Tauchbasen. Tauchgänge kosten 35–55 €, je nachdem, wie weit die Tauchplätze von der Basis entfernt liegen. Das Füllen der Flaschen und das Ausleihen einer Tauchausrüstung kostet ca. 40 €.

Von Hotels unabhängige Tauchbasen: Angel Fish bei Victoria auf Mahé (s. S. 169), **Big Blue Divers** in Mare Anglaise auf Mahé (s. S. 194), **Cerf Island Explorer** in Victoria auf Mahé (s. S. 172), die auch Tauchfahrten in den Ste. Anne Marine National Park anbieten, und das **Octopus Diving Center** (s. S. 239) auf Praslin.

Weitere Tauchbasen gibt es u. a. bei folgenden Hotels: Paradise Sun Hotel (s. S. 236, Praslin), Le Méridien Barbarons (s. S. 222 f.), Four Seasons Seychelles Resort (s. S. 214 f.), Coral Strand (s. S. 192, alle Mahé), La Digue Island Lodge (s. S. 262 f., La Digue) sowie bei den Island Lodges auf den Inseln Frégate (s. S. 302), North Island (s. S. 297), Denis Island (s. S. 308) und Desroches (s. S. 333).

Tauchkurse

Sie können auf den Seychellen (PADI-) Tauchkurse belegen und sowohl in der Theorie als auch in der Praxis mit einem erfahrenen Tauchlehrer die ersten Schritte beim Gerätetauchen machen. Zwar sind die Preise auch hierfür nicht ganz niedrig, dafür genießen Sie aber – anders als z. B. in den Tauchgebieten der Karibik oder der Malediven – den Vorteil, nicht in großen Gruppen unter Wasser geführt zu werden. Meist teilen sich lediglich zwei oder drei Schüler einen Tauchlehrer.

Tauchzeiten und -regionen

Tauchgebiete, die sich an der dem Wind abgewandten Seite einer Insel befinden, bieten klares Wasser und gute Sicht, während die vorherrschend dem Wind zugewandten Seiten trüberes Wasser haben. Gute Bedingun-

Grundausstattung für Taucher und Schnorchler

Die Grundausrüstung für das **Schnorcheln** besteht aus Maske und Schnorchel. Sehr zu empfehlen sind selbstverständlich Flossen, da sie eine leichtere, ruhigere Art der Fortbewegung ermöglichen und den Fuß vor Verletzungen an scharfen Korallen schützen. Beim Schnorcheln sollten Sie unbedingt ein T-Shirt anziehen!

In den Gewässern der Seychellen benötigt man in der Regel beim **Tauchen** nur einen leichten Neoprenanzug. Im Juni, Juli und August kann die Wassertemperatur gelegentlich etwas absinken, sodass bei längeren Tauchgängen ein Anzug sinnvoll sein kann.

gen findet man in der Regel im **Ste. Anne Marine National Park** das ganze Jahr über, denn er ist durch die Bucht von Mahé und die vorgelagerten Inseln Sainte Anne, Cerf, Moyenne und Round gut abgeschirmt.

November–Februar (während des Nordwestwinds) auf Mahé: Anse aux Pins, Anse Royale, Police Bay; des Weiteren auf Thérèse, im Ste. Anne Marine National Park, Silhouette, Südost-Curieuse, Aride, am Albatross-Felsen und auf Frégate.

März–Mai, September–November (während der Übergangszeiten): auf/bei Praslin am Ennerdale-Wrack, bei Récifs, Anse Petite Cour (Praslin), ferner auf La Digue, am Ave-Maria-Felsen, auf Bird Island.

Juni–September (während des Südostwinds) auf Mahé: Beau Vallon Bay, Barbarons Beach, Glacis; des Weiteren sind die Bedingungen in dieser Zeit auf Praslin bei Anse Petite Cour und Chevalier Point sowie auf St. Pierre, Aride, La Digue, Les Sœurs und am Albatross-Felsen gut.

Tennis, Wasserski und Windsurfen

Die Ausübung aller drei Sportarten ist möglich, aber bei Seychellois und bei Urlaubern wenig populär.

Tennisplätze

Das Hotel Berjaya Beau Vallon Bay (s. S. 192) und das Lémuria Resort (s. S. 246) auf Praslin haben eigene Plätze. Gegen eine Gebühr von ca. 10 € können dort auch Nicht-Hotelgäste spielen. Bei Interesse wenden Sie sich bitte an das jeweilige Hotel.

Wasserski

Wasserski wird bei den Hotels Berjaya Beau Vallon Bay (s. S. 192) und Coral Strand in der Beau Vallon Bay (s. S. 192, beide Mahé) angeboten. An anderen Stränden ist motorisierter Wassersport aufgrund der Lärmbelästigung und Unfallgefahr nicht gestattet.

Windsurfen

Wassersportzentren bei den Hotels Berjaya Beau Vallon Bay und Coral Strand (s. S. 192, Mahé) sowie einigen Hotels auf Praslin, etwa das Hotel Paradise Sun in der Anse Volbert (s. S. 236) leiht Surfbretter aus. Da die Seychellen eine eher windarme Region sind, hat sich diese Art des Wassersports allerdings hier nicht so durchgesetzt, wie das in anderen Urlaubsgebieten der Fall ist. Wegen der Windverhältnisse ist es wichtig, den richtigen Standort zu wählen, wenn dieser Sport ein wichtiger Teil des Urlaubs sein soll.

Mahé: In den Monaten April–Oktober herrscht in der **Beau Vallon Bay** geringer, ablandiger Wind, sodass der Anfänger mit Muße lernen kann, das Gleichgewicht zu halten. Im übrigen Jahr bläst gelegentlich eine steife Brise vom Meer zum Strand, Könner haben neben dem Wind auch starke Wellen als Partner. In **Anse aux Pins** und **Anse Royal** sind die Verhältnisse umgekehrt. Es weht ein gleichmäßiger, landeinwärts gerichteter Wind von Juni bis September und ein schwacher, ablandiger im übrigen Jahr. In **Anse à la Mouche** entsprechen die Windverhältnisse etwa denen in Beau Vallon: April–Oktober trifft man auf schwachen, ablandigen, ansonsten gelegentlich auf kräftigen Wind zum Festland hin.

Praslin: Gute Windverhältnisse herrschen in der **Grand' Anse** in den Monaten Juni–September, in der **Anse Volbert** in den Monaten November–März.

La Digue: Das Hotel La Digue Island Lodge (s. S. 262 f.) hält für seine Gäste Surfbretter bereit. Guter Wind herrscht am **Hotelstrand** normalerweise November–März. Allerdings ist eine gewisse Vorsicht geboten: Bei Ebbe liegen die Korallenbänke hier nämlich nur knapp unter der Wasseroberfläche (Verletzungsgefahr!). Von Juni bis September findet man in der **Grand' Anse** gute Windverhältnisse vor.

Wandern

Die üppige tropische Natur ist neben der ganzjährigen Sonnengarantie das Highlight der Seychellen. Die Inseln lernen Sie erst wirklich kennen, wenn Sie sie zu Fuß durchstreifen. Lassen Sie sich nicht von Speisen, Drinks und Unterhaltungsangeboten im Hotel verführen, den ganzen Tag dort zu verbringen! Die Seychellen sind etwas in der Welt Einmaliges, wenn man zu den einsamen Buchten wandert, unter Wasserfällen badet, die Berge besteigt und die herrlichen Ausblicke genießt. Nutzen Sie die Gelegenheit, und machen Sie Ihren Urlaub zu etwas Besonderem. Nirgendwo sonst ist es so einfach und so ungefährlich, an tropischen Küsten dem Hotelgetto zu entfliehen und das Land in seiner ganzen Schönheit kennenzulernen.

Das Fremdenverkehrsamt der Seychellen hat eine Serie von Wanderführern unter dem Titel **»NatureTrails«** herausgebracht, die Wege durch die ursprüngliche Natur von Mahé, Praslin und La Digue beschreiben. Sie lenken die Aufmerksamkeit auf Besonderheiten der einheimischen Flora und Fauna am Wegesrand. Zeichnungen illustrieren die Blumen und Bäume, die Vögel, Schnecken sowie die Obstplantagen, denen Sie unterwegs begegnen werden. Die Broschüren sind nur – und leider nicht immer – im **Tourist Information Office** im Independence House in Victoria und/oder im Botanischen Garten (s. S. 164) erhältlich.

Hinweise für Berg- und Inselwanderungen

- **Abmelden:** Wenn Sie auf eine längere Tagestour gehen, hinterlassen Sie in Ihrer Unterkunft die Information, wohin Sie gehen und wann Sie zurückkehren wollen.
- **Auswahl einer Wanderung:** Maßstab bei der Auswahl einer Wanderung oder Bergtour sollte der Schwächste der Gruppe sein.
- **Nicht alleine:** Gehen Sie niemals alleine. Bei einfachen Touren gehen Sie mit Freunden, bei schwierigen Wanderungen versuchen Sie einen **einheimischen Führer** zu buchen, s. S. 128.
- **Pausen, Essen und Trinken**: Legen Sie etwa alle 2 Std. eine Rast ein und essen Sie wenig, aber regelmäßig. Trinken Sie viel klares Wasser! Selbst wenn Ihnen nicht die Schweißperlen auf der Stirn stehen sollten, schwitzen Sie wesentlich mehr als auf einer Bergtour in Europa. Schwächegefühle rühren häufig von zu wenig Flüssigkeit im Körper her! Sie brauchen sich nicht zu scheuen, bei am Weg liegenden Häusern um ein Glas Wasser zu bitten. Es ist auf den Seychellen eine Selbstverständlichkeit, dass man einem Wanderer etwas zu trinken gibt.
- **Rechtzeitige Umkehr und Heimkehr:** Bedenken Sie, dass der Abstieg nahezu ebenso anstrengend ist wie der Aufstieg. Gehen Sie also nie bis zur Erschöpfung bergauf, kehren Sie lieber um, bevor der Gipfel erreicht ist. Planen Sie Ihre Zeit so, dass Sie auch bei Umwegen oder der Suche nach dem richtigen Weg nicht in die Abenddämmerung geraten.
- **Startzeit:** Bei langen Touren ist es wichtig, früh aufzubrechen, möglichst kurz nach Sonnenaufgang, damit Sie am Abend nicht von der sehr schnell hereinbrechenden Dunkelheit überrascht werden.
- **Wetterlage:** Wanderungen am Küstenstreifen oder über die Hügel im Norden und Süden Mahés, Praslins und La Digues sind das ganze Jahr über möglich. Die höheren Gipfel im Zentrum Mahés jedoch sollte man nur besteigen, wenn die Wege trocken sind und auch mit einiger Sicherheit nicht mit Regengüssen zu rechnen ist. Am

häufigsten ist dies in den Zwischenmonsunzeiten und im Südwinter der Fall. Im Südsommer sollte man sich erkundigen, wie lange es nicht mehr geregnet hat. Zwei bis drei Tage genügen, um die Wege trocken und sicher zu machen. Nehmen Sie stets einen **Regenschirm** mit, denn der Wetterwechsel kann sehr unvorhergesehen kommen.

- **Zustand der Wege:** Wanderungen gehören zu den schönsten Aktivitäten auf den Seychellen, doch bedenken Sie, dass die Wanderpfade – auch die in diesem Buch beschriebenen – nur selten begangen und nicht professionell gepflegt werden.

Tourführer

Wenn Sie einen Führer buchen möchten, können Sie sich an die Survey Division im Ministry of Land Use and Habitat, an örtliche Reisebüros oder Ihr Hotel wenden.

Survey Division
PO Box 199, Independence House
Victoria, Mahé
Tel. 428 44 44, Fax 422 51 87
mluh@mluh.gov.sc
Dort können Ihnen ortskundige Führer genannt werden.

Einige einheimische Naturliebhaber haben sich darauf spezialisiert, mit Gästen geführte Wanderungen zu unternehmen. Sie zeigen nicht nur die schönsten Regionen der Inseln auf Halbtages- oder Ganztageswanderungen, sondern sorgen dabei auch für die erforderliche Verpflegung:

Da Qest, Davies Francourt
Tel. 452 25 30
daquest32@gmail.com
Ein Gruppe junger Seychellois hat sich zusammengetan, um Gästen die Insel Mahé ›naturnah‹ zu zeigen. Sie organisiert individuelle Bergführungen (Trois Frères, Morne Blanc, Anse Major, Cache Dens, Copolia, Mare aux Cochons, Mont Seber, Congo Rouge u. a.).

Mare Mundi
www.mare-mundi.eu
Die Meeresschutzorganisation organisiert durch Robert Hofrichter geführte naturkundliche Exkursionen auf den Seychellen. Ihr Ziel ist es, den Gästen einen Einblick in die biologischen und ökologischen Zusammenhänger der Natur der Seychellen zu ermöglichen.

Boismare Nature Guide Ltd
Mr. Victorin Laboudallon
Cap Samy, Praslin
Tel. 451 33 70, 457 57 33, Fax 423 39 19
boismare@gmail.com
Victorin Laboudallon war Angestellter des Umweltministeriums und arbeitete als Ranger im Vallée de Mai und auf Aldabra. Seine Ausbildung hat er an der Cornell University in den USA abgeschlossen und danach viele wissenschaftliche Expeditionen auf den Seychellen begleitet. Er führt primär auf Praslin, kennt aber alle Inseln sehr genau. 75–250 SCR je nach Umfang und Dauer der Wanderung.

Pitcher Plant
Basil Beaudouin
Machabée, Nordmahé
Tel. 424 17 90, 451 49 72, Fax 424 17 90
Basil Boudoin führt seit 1990 Einzelpersonen und kleine Gruppen zu den schönsten Plätzen in der Natur der Seychellen – vor allem auf Mahé –, die ohne Führung kaum erreichbar sind. Tagestouren ca. 350 SCR/Person.

Praslin Touring
Michael Jean-Louis, Grand' Anse, Praslin
Tel. 452 41 50, 423 32 17 (privat)
mejeanlouis@seychelles.net
Wer alles über das Vallée de Mai erfahren möchte, sollte sich von Michel Jean-Louis durch das Tal begleiten lassen!

La Digue Safari Club
La Passe, La Digue
Tel. 423 47 57
www.seychelles.net/safariclub
Die Wanderbegleiter des Safari Club kennen La Digue und die Natur dieser Insel wie die eigene Westentasche.

Shopping auf ›Kreolisch‹

Für Shopping als Urlaubsaktivität sind die Seychellen das falsche Reiseziel. Wer gut sortierte Supermärkte und Shopping Malls sucht, wird enttäuscht werden. Hier ist es eher spannend durch die kleinen Läden rund um den Markt von Victoria zu schlendern und über das organisierte Chaos in diesen traditionellen ›Einmann-Supermärkten‹ zu staunen. Wenn man nach etwas Bestimmten fragt, wird man in der Regel ein knappes *napa* (gibt's nicht) hören. Schaut man sich aber in Ruhe um, wird man dafür umso mehr Artikel finden, die man nicht erwartet hat. Eine seychellische Form des Shoppings also, bei der man zufällig eine Kuriosität ergattern kann. Ein glamouröses Mitbringsel zum Superpreis wird man aber eher nicht finden.

Souvenirs

Briefmarken

Die Post der Seychellen hat sich von jeher bemüht, Briefmarken von besonderer Schönheit herauszubringen, wodurch der Briefmarkenverkauf zu einer wichtigen Devisenquelle wurde. Im **Seychelles Philatelic Bureau** (Hauptpost in Victoria, neben dem Uhrturm in der Independence Ave.) und bei **A. R. Pillay** (PO Box 255, Pailomel St., Victoria, Tel. 432 23 90) erhalten Sie alte und neue Briefmarken.

Edelfische zum Verzehr

Im Hafen von Victoria befindet sich ein modern ausgestatter Laden der Seychelles Fishing Authority (SFI), in dem man zu günstigem Preis erstklassige Edelfische (Empfehlung: Bourgois!) kaufen kann. Wenn man ihn

Von Hand gefertigte Modellschiffe sind ein schönes, aber teures Souvenir

Einkaufen für den alltäglichen Bedarf

Besser nicht kaufen!
Wenn billige Souvenirs versteckt ein »Made in China« tragen, werden sie zu Hause vermutlich eher keine angenehmen Erinnerungen an die Seychellenreise wecken. Das gilt auch für aus Madagaskar importierte Souvenirs, die aus dem Horn des Zeburinds hergestellt sind. Verboten ist der Im- und Export solcher Souvenirs nicht. Bei Souvenirs aus Horn muss man prüfen, ob sie nicht aus Schildpatt gefertigt sind. Das könnte teuer werden, denn Schildkröten stehen unter **Artenschutz.** Dasselbe gilt für Muscheln und Schnecken.

nach Europa mitnehmen will, wird er gefroren und in wärmeisolierten Kisten so verpackt, dass er mindestens 48 Std. nicht auftauen kann. Die Ausfuhrgenehmigung der Fish Inspection and Quality Control Unit (Landwirtschafts- und Fischereiministerium) wird mitgeliefert (s. S. 168).

Gewürze

Wem die einheimische Küche schmeckt, der sollte auf dem Markt in Victoria Gewürze wie Vanille, Zimt, Massala erwerben.

Kunst und Kunsthandwerk

Wer sich für **Kunst von den Seychellen** interessiert, der sollte sein Augenmerk z. B. auf die **Siebdrucke von Sir Michael Adams** richten. Adams hat sein Studio in der Anse aux Poules Bleues (3 km südlich der Anse à la Mouche, s. S. 215 f.) im Südwesten der Insel Mahé. Und wenn es ein bisschen mehr sein darf, kann man ihn fragen, ob er eines seiner **Originalaquarelle** verkauft. Für einen Siebdruck muss man 300–1500 € kalkulieren, ein Aquarell ist – wenn überhaupt – nicht unter 10 000 € zu bekommen (s. auch S. 216).

Skulpturen der Künstler **Antonio Filippin** und **Tom Bowers** sind nicht so teuer wie die Bilder von Adams, aber ebenfalls sehr geschmackvoll und typisch für die Inseln. Antonio Filippin hat sein Studio in der Anse Gouvernment (Tel. 451 09 77/436 18 12) im Süden Mahés (s. S. 214), Tom Bowers nahe der Les Canelles Road (Santa Maria, Anse à la Mouche, Tel. 4 37 15 18, s. S. 221).

Im Bereich des **Kunsthandwerks** sind von Hand aus Naturmaterialien gefertigte Gegenstände schöne, typische Souvenirs – ob aus **Kokosfasern**, buntem **Glas** oder **Ton**, ob **Seidenmalereien** oder **Batiken** von auf den Seychellen lebenden Kunsthandwerkern. **Einkaufsmöglichkeiten** gibt es hierfür insbesondere in Victoria auf Mahé (s. S. 168) sowie im Kunstgewerbedorf Vilaz Artizanal auf Mahé (s. S. 203 f.). Ein kostspieliges und wertvolles Andenken ist ein sorgfältig aus edlem Holz gearbeitetes Modellschiff aus der Werkstatt La Marine auf Mahé (s. S. 204).

Meereskokosnuss

Das interessanteste Souvenir ist die Meereskokosnuss (*koko dmer*). Da der Baum vom Aussterben bedroht ist, werden jährlich nur etwa 2000 Meereskokosnüsse geerntet und zu Souvenirs verarbeitet. Der Preis beträgt je nach Größe und Qualität der Verarbeitung (poliert, lackiert usw.) 150–300 €. Etwas preiswerter erhält man sie unweit des Botanischen Gartens in Victoria bei der Seychell Island Foundation (S.I.F.). Auch Händler kaufen die wenigen angebotenen Exemplare in der Regel dort, öffnen sie, entfernen das Fruchtfleisch und kleben sie dann so zusammen, dass man die Schnittstelle nicht sieht. Poliert und manchmal lackiert werden sie dann auf dem Markt nahe dem Uhrturm in Victoria angeboten (s. S. 155, 165). **Achtung:** Nur Meereskokosnüsse mit einem offiziellen Lizenzzettel dürfen exportiert werden. Wer eine Meereskokosnuss auf dem Schwarzmarkt kauft, läuft doppeltes Risiko: Sie kann bereits am Flughafen in Mahé konfisziert werden, oder man wird bei der Einreise in Europa nach der Ausfuhrlizenz gefragt.

Abendveranstaltungen

Wie Shopping gehört auch das Nachtleben nicht zu den Stärken der Seychellen. Wenn zu Ihrem Urlaub durchtanzte Nächte und der Besuch kultureller Ereignisse gehören, sind Sie auf den Seychellen nur am richtigen Ort, wenn Sie sich Mühe bei der Suche geben. Wenn man die **Tageszeitung The Nation** studiert und sich nach Plakaten an den Hauswänden in Victoria umschaut, kann man fast an jedem Abend eine Veranstaltung finden, die in einer Hotelbar, in einem der Community Centre oder einer Diskothek stattfindet.

Festival Kreol

Ende Oktober finden im Rahmen des **Festival Kreol** jeden Abend verschiedene Veranstaltungen statt (s. S. 80).

Discos

In den Diskotheken der Inseln Mahé und Praslin (**Katiolo** in einer engen Kurve südlich des Flughafens, s. S. 203, und **Flamboyant**, s. S. 169, am Südausgang der Stadt Victoria, sowie **Oxygen Club,** s. S. 248, in Grand Baie, Praslin) ist am Samstagabend der Teufel los. Wer es weniger lebhaft mag, sollte bevorzugt den Freitag- oder den Sonntagabend wählen, denn an den übrigen Wochentagen herrscht in den Discos – so sie überhaupt geöffnet sind – Langeweile. Am Wochenende aber sind die Seychellois und Seychelloises in ihrem schönsten (meist selbstgenähten) Outfit da und tanzen zu den neuesten englischsprachigen Pophits – und natürlich zu den jeweils gerade angesagten *sega*-Songs einheimischer Stars.

Sega-Abend auf der Insel Moyenne

Devisenschwarzmarkt

Der in früheren Jahren bestehende Devisenschwarzmarkt ist nach der Freigabe der seychellischen Rupie im November 2008 verschwunden. Der Wert wird nun auf dem freien Devisenhandel gebildet und liegt derzeit etwa auf der Mitte zwischen früherem Schwarzmarktkurs und früherem staatlich festgelegtem Kurs.

Drogen und Prostitution

Drogen werden Reisenden nicht angeboten. Sie sind allenfalls ein Randproblem bei wenigen Jugendlichen. Auch Prostitution ist keine der auf den Seychellen gefragten ›Ferienaktivitäten‹, existiert aber in beschränktem Maß in Victoria, u. a. weil dort die Matrosen der Fischereiflotten an Land gehen. Da Aids auch auf den Seychellen existiert, ist Vorsicht angebracht.

Ebbe und Flut

Auf den Seychellen sind die Wasserstandsunterschiede bei Ebbe oder Flut relativ gering. Bei Neumond und Vollmond verstärken sich die Kräfte, und es herrscht stärkeres Niedrig- und Hochwasser. Das Zusammenspiel von Erdrotation und Umlaufzeit des Mondes um die Erde bewirkt eine tägliche Verschiebung der Gezeiten um 50 Minuten. Wer an einem flachen Strand wohnt, sollte sich erkundigen, wann der höchste Wasserstand ist und seine Badezeiten um diese Zeit herum planen. Wer es schon vor der Reise genau wissen möchte, kann sich im Internet die Gezeiten berechnen lassen: http://www.whatsthetide.com/?q= sey chelles, oder in der seychellischen Tageszeitung The Nation nachlesen, dort werden die Zeiten des höchsten oder niedrigsten Wasserstands in der Regel veröffentlicht.

Eintrittsgelder

Eintrittsgelder ins Vallée de Mai, Cousin (beide Praslin), Insel Aride, Botanischer Garten (Mahé), L'Union Estate und Veuve Reserve (beide La Digue) liegen bei ca. 150–300 SCR bzw. bei 8–16 €.

Dasselbe gilt für Landegebühren, wenn man mit dem Segelboot kreuzt und auf Inseln an Land gehen möchte.

Fotografieren

Hinsichtlich des Fotografierens von Menschen gibt es auf den Seychellen keine Regeln, die von denen in Mitteleuropa abweichen: Der Ethnologe Christian Adler hat in einer Studie (»Achtung, Touristen«) einmal folgendes Experiment durchgeführt: Er hat zwei ›Touristen‹ – der eine verkleidet als Eskimo, der andere als ›Wilder‹ aus Papua-Neuguinea – mit einer Kamera bewaffnet zur Fronleichnamsprozession in ein oberbayerisches Dorf geschickt. Beide verhielten sich dort so, wie es unsere Landsleute bei den Eskimos oder in Papua-Neuguinea tun würden. Sie gingen in die Bauernhäuser, fotografierten die Hausfrau am Herd, der ›Mann aus Papua-Neuguinea‹ ging barfuß und mit kurzen Hosen in die Kirche, um den Pfarrer bei der Predigt abzulichten. Die ganze Sache dauerte nicht lange, denn die empörte Bevölkerung holte die Polizei, die den harmlosen ›Touristen‹ die Kameras abnahm. Am nächsten Tag war die lokale Presse voll von Beschwerden der Gläubigen über die ›Ausländer‹, denen nicht einmal die Fronleichnamsfeier heilig sei. Denken Sie an diese Geschichte, bevor Sie durch den Sucher blicken!

Fotografieren in den Tropen

Wegen der besonderen Lichtverhältnisse, des feuchtheißen Klimas und der salzhaltigen Luft auf den Inseln inmitten des Indischen

Ozeans ist es gut, hinsichtlich Fotoausrüstung und Fotografierens einige Grundregeln zu beachten.

1. **Die Kamera:** Sowohl Luftfeuchtigkeit als auch Sand können unter den Bedingungen der Tropen ins Innere der Kamera eindringen und die Elektronik und Mechanik zerstören. Es kommt vor, dass eine Kamera nach einem Tropenurlaub zunächst anstandslos arbeitet, aber Wochen oder Monate später klemmt oder ganz ausfällt. Daher ist es empfehlenswert bei Neuanschaffung einer Kamera darauf zu achten, dass sie gut verarbeitet oder sogar speziell für den Einsatz unter schwierigen Bedingungen gebaut ist (Heavy Duty Camera). Guten Schutz bietet ein Fotokoffer aus Aluminium, der mit spritzwasserdichten Verschlüssen versehen ist. Diese Koffer schützen die Ausrüstung vor Feuchtigkeit, feinem Sand und vor Schlägen. Wenn man die Kamera nur herausnimmt, um zu fotografieren, ist die Gefahr einer Beschädigung durch Spritzwasser, Sand oder Kondenswasser gering. Wenn zusätzlich Actigel-Trockenpatronen (Actigel entzieht der umliegenden Luft die Feuchtigkeit) im Koffer liegen, kann Feuchtigkeit kaum noch Schaden anrichten. Wer analog (mit chemischem Filmmaterial) fotografiert, sollte auch die Filme im Fotokoffer aufbewahren. Vor der Abreise sollten sicherheitshalber neue Batterien in die Kamera und den Blitz eingelegt werden.
2. **Fotografieren über Wasser:** Die Einstrahlung ultravioletten Lichts ist in den Tropen stärker als in nördlichen Breiten. Daher ist es empfehlenswert einen UV-Filter einzusetzen, da er durch die UV-Strahlung hervorgerufene Farbverfälschungen verhindert. Auch ein Polarisationsfilter ist ein wichtiges Hilfsmittel. Durch Drehen dieses Filters kann man die oft starken Spiegelungen (Wasseroberfläche!) in der tropischen Sonne ›wegzaubern‹ und so wirklichkeitsnähere Bilder erhalten. Um dem grellen, unnatürlichen Licht aus dem Weg zu gehen, ist es auch gut, Fotos entweder morgens zwischen Sonnenaufgang und 10 Uhr oder am Spätnachmittag aufzunehmen.
3. **Fotografieren unter Wasser:** Tauchanfänger haben genug damit zu tun, sich an das neue Element zu gewöhnen, weshalb es empfehlenswert ist, auf die ersten rund 20 Tauchgänge keine Kamera mitzunehmen. Danach lässt sich der Tauchgang mit einer Kamera um einiges interessanter gestalten. Allerdings benötigt man eine gute und daher teure Unterwasserkamera. Bis zu ca. 5 m Tiefe kann man besonders in den Mittagsstunden, wenn die Sonne senkrecht steht, ohne künstliches Licht brauchbare Bilder machen. Darunter benötigt man ein gutes Blitzlicht, um die Farben der Korallen und Fische festzuhalten. Für einige Kameramodelle, auch für moderne, kleine Digitalkameras werden Unterwassergehäuse angeboten.

Frauen allein unterwegs

Die Seychellen sind zwar eine ›Machogesellschaft‹ – aber nicht auf unangenehme Weise. Eine ablehnende Haltung von Urlauberinnen wird in der Regel akzeptiert. Am Strand von Beau Vallon tummeln sich ›*beach boys*‹, die darauf warten, dass ihnen eine einsame Blondine zuläuft, und auch auf Praslin (bekannt sind die *beach boys* von Anse Boudin) findet man sie. Wenn sie gut Deutsch sprechen und Goldkettchen umhängen haben, sollten bei allein reisenden Frauen die Alarmglocken klingeln. Ein solcher *boy* hat gewiss schon einige Monate oder Jahre mit einer ›Freundin‹ in Deutschland gelebt, bis er seinen Strand, die Frisbeescheibe und seine Kumpels so vermisste, dass er unbedingt nach Hause zurückkehren musste.

Heiraten

Für eine rechtswirksame Eheschließung auf den Seychellen fallen etwa 100 € Verwaltungsgebühren für das Standesamt und die Bestätigung der Wirksamkeit durch den Obersten Gerichtshof an (Apostille; sie bestätigt, dass die Ehe nach seychellischem Recht korrekt geschlossen wurde).

Wer im Urlaub auf den Seychellen heiraten möchte, muss die **erforderlichen Papiere** spätestens elf Tage vor dem Trauungstermin als Kopie oder Fax dem Standesamt schicken. Die Originale können bis 24 Std. vor der Trauung nachgereicht werden. Benötigt werden eine Geburtsurkunde, ein Ehefähigkeitszeugnis, Pass, gegebenenfalls Scheidungsurteil bei geschiedenen oder Todesbescheinigung bei verwitweten Ehekandidaten. Wenn die Urkunden im Original nicht mehrsprachig abgefasst sind, muss eine beglaubigte Übersetzung ins Englische oder Französische beigelegt sein. Bei der Einholung der Apostille zur Vorlage beim deutschen Standesamt ist das Konsulat (s. S. 102) behilflich. Die Bestimmung von Ehenamen und Güterstand nach deutschem Recht kann bis zu fünf Jahre nach Eheschließung auf dem zuständigen Standesamt nachgeholt werden.

Öffnungszeiten

Wenige Ausnahmen bestätigen folgende Regel: Büros und Behörden haben 8–12 Uhr und 13–16 Uhr geöffnet. Bis 15 Min. nach Büroöffnung darf man nicht stören (die Herren sind noch nicht da, die Damen noch mit der Toilette beschäftigt), 15 Min. vor Büroschluss herrscht Aufbruchstimmung. Jedermann beobachtet – mit der fertig gepackten Handtasche auf den Knien – den großen Zeiger der Wanduhr. Telefone werden nur noch ungern beantwortet, Bittsteller daran erinnert, dass morgen auch noch ein Tag ist. Läden sind zu denselben Zeiten offen und auch die Gepflogenheiten ähneln denen der Behörden.

Seegras und Sandflöhe

Seegras-Anschwemmungen

Gelegentlich können insbesondere nach Nordwesten und Südosten ausgerichtete Strände durch angeschwemmtes Seegras unansehnlich werden. Wenn Sie sicher gehen wollen, halten Sie sich an folgende Regel: An den Nordweststränden wird von Mai bis Oktober kein Seegras angeschwemmt, da dort zu dieser Jahreszeit auflandiger Wind klimatisch nicht möglich ist. Dasselbe gilt für die Südoststrände von Oktober bis März. Was an Stränden passiert, die in andere Himmelsrichtungen ausgerichtet sind, ist nicht vorhersehbar. Anschwemmungen sind selten und werden an Badestränden in der Regel innerhalb weniger Stunden durch das Tourismusministerium entfernt (am Wochenende und an Feiertagen allerdings nicht, sondern dann erst am folgenden Werktag).

Sandflöhe

Sandflöhe (Sandfliegen, engl.: *sandflies*) sind winzige Tierchen, die an manchen Stränden leben und gelegentlich aktiv werden. Leider ist es nicht möglich vorherzusagen, wann und wo sie auftauchen – Forschungen dazu haben noch keine Klärung gebracht. Sind die Insekten aktiv, stechen sie fast unmerklich, und Menschen, die auf das eingespritzte Gift allergisch reagieren, bekommen stark juckende Hautrötungen und in schlimmen Fällen auch Schwellungen. Wer auf Insektenstiche stark reagiert, kann sicherheitshalber ein Antihistaminikum als Medikament mitnehmen, um zu starke allergische Reaktionen zu mildern. Notfalls kann man die auf allen Inseln vorhandenen Krankenstationen aufsuchen, wo man sich mit Sandflohstichen und deren Behandlung auskennt.

Währung

Die Landeswährung ist die Seychellische Rupie (SCR), die nur im Land gekauft werden kann. Sie unterteilt sich in 100 Cents. Es gibt 10-, 20-, 25-, 50- und 100-SCR-Scheine, 1- und 5 SCR- sowie 1-, 5-, 10- und 25-Cent-Münzen. Die Rupie ist eine frei konvertierbare Währung und das auf den Inseln übliche Zahlungsmittel.

Geldwechsel

Alle Banken tauschen **Reiseschecks** und **Bargeld** ein, wobei der Kurs für Schecks nur wenig günstiger ist als für Bargeld. **Kreditkarten** werden von Autovermietern, Hotels und fast allen Gästehäusern und Restaurants akzeptiert. Am gebräuchlichsten ist die Visacard. American Express, Master Card (Eurocard) und andere werden nicht so gerne akzeptiert. Häufig steigt der Preis um 3–5 %, wenn man mit Kreditkarte bezahlt.

Das **Wechseln von Euro in Rupien** ist in Banken, Hotels und lizenzierten Wechselstuben zulässig. Geldwechseln im Taxi, im Restaurant oder am Strand ist verboten. Einkäufe in Supermärkten, kleinen Geschäften und auf Märkten werden in Rupien bezahlt. Fast alle Banken haben **Geldautomaten,** an denen man mit Kredit- oder EC-Karte Bargeld auch außerhalb der Banköffnungszeiten erhält.

Banken

In Victoria, aber auch in allen anderen Ortschaften auf Mahé, Praslin und La Digue gibt es Banken. Banque Française Commercial und Barclays Bank sind jeweils viermal vertreten. Weitere Banken sind die Bank of Baroda, Habib Bank, Development Bank, Seychelles Savings Bank und Standard Bank. Alle sind modern ausgestattet, Geldwechseln erfolgt problemlos gegen Vorlage des Reisepasses.

In der Hauptstadt Victoria auf Mahé liegen sie konzentriert 30–300 m vom Uhrturm entfernt an den vier Straßen, die in die vier Himmelsrichtungen führen (Albert St., State House Ave., Francis Rachel St., Independence Ave.). Im touristischen Zentrum Beau Vallon und in den Orten Anse Royale und Anse aux Pins auf Mahé, in Baie Ste. Anne, Grand' Anse und Anse Volbert auf Praslin sowie in Anse Réunion auf La Digue sind sie ebenfalls nicht zu übersehen.

Wechselstuben

Am Flughafen, in Victoria und in anderen Ortschaften auf Mahé, Praslin und La Digue gibt es lizensierte Wechselstuben. Der Kurs wird täglich von der Zentralbank mit wenig Spielraum festgelegt. Meist ist der Kurs in Wechselstuben geringfügig günstiger als in Banken. Das Reisebüro Creole Travel Services in der State House Avenue nahe dem Uhrturm in Victoria darf ebenfalls Geld wechseln.

Öffnungszeiten von Banken und Wechselstuben

Banken: Mo–Fr 8.15 /8.30–11.30 /12 Uhr, teilweise auch bis 13 Uhr (Änderungen möglich!).

Sperrung von EC- und Kreditkarten bei Verlust oder Diebstahl*:

0049-116 116

oder 0049-30 4050 4050
(* Gilt nur, wenn das ausstellende Geldinstitut angeschlossen ist, Übersicht: www.sperr-notruf.de)
Weitere Sperrnummern:
- MasterCard: 0049-69-79 33 19 10
- VISA: 0049-69-79 33 19 10
- American Express: 0049-69-97 97 2000
- Diners Club: 0049-69-66 16 61 23

Bitte halten Sie Ihre Kreditkartennummer, Kontonummer und Bankleitzahl bereit!

Die Habib Bank in der Francis Rachel Street in Victoria und die Barclays Bank in der Independence Avenue in Victoria haben zusätzlich Sa 9–11.30 Uhr geöffnet.

Wechselstuben am Flughafen: geöffnet bei internationalen Starts oder Landungen.

Creole Travel Services: Mo–Fr 8.30–17, Sa 8.30–13 Uhr.

Wechselkurse

Die Bank of Seychelles legt den Kurs fest.
Stand: April 2013
1 € = 15,89 SCR
1 CHF = 13,06 SCR

Wie viel Geld wechseln?

Im November 2008 sind die Devisenbeschränkungen entfallen. Manche Unternehmen bevorzugen jedoch Bezahlung in Euro. Ein Vergleich der Preise in € oder SCR kann sich lohnen. Je nach Anspruch und geplanten Aktivitäten sollten pro Tag 10–50 € (70–210 SCR) pro Person ausreichen.

Reisebudget

Preisniveau im Allgemeinen

Die Lebenshaltungskosten für Seychellois sind hoch. Zwar verfügen die Seychellois in Afrika über die höchsten Durchschnittseinkommen und einen vergleichsweisen hohen Lebensstandard, mangels eigener Industrie und sehr geringer landwirtschaftlicher Eigenerzeugung muss jedoch fast alles aus fernen Ländern importiert werden, was von Seychellois und Urlaubern konsumiert wird. Transport ist nicht nur wegen der großen Entfernungen und fehlender Zwischenlagerung teuer, sondern auch weil in geringen Stückzahlen bestellt wird und insbesondere für ›Luxusgüter‹ ein hoher Zoll bezahlt werden muss wird. Auch die wenigen im Land selbst produzierten Waren (Gewürze, Obst, Gemüse, Fisch) sind aufgrund des Gehaltsniveaus nicht billig.

Preisniveau für Urlauber

Das Preisniveau liegt auf oder knapp über mitteleuropäischem. Ein Essen in einem Restaurant schlägt ohne Getränke mit 20–40 € zu Buche, Benzin liegt umgerechnet bei ca. 2 €/l. Für organisierte Tagesausflüge muss man ca. 60–80 € pro Person kalkulieren, wobei in der Regel ein Mittagessen inklusive ist.

7Da die Seychellen lieber weniger, dafür aber zahlungskräftige Touristen ins Land holen möchten, sind die Übernachtungspreise relativ hoch im Vergleich zu tropischen Urlaubsgebieten wie Thailand, Indonesien oder Mauritius.

Die Qualität der meist kleinen und gut gestalteten Hotels und der Strände an denen sie liegen ist in der Regel auch höher, die Umgebung natürlicher. Beim Service darf man nicht das Niveau von Mauritius erwarten. Der ist eher mit dem Service in karibischen Hotels vergleichbar.

Spartipps

Preiswert und gut kann man zu Mittag essen, wenn man – wie Seychellois – an den *takeaways* in Victoria ein fertig gekochtes Reis- oder Nudelgericht kauft (s. S. 91 f., 164).

Die öffentlichen Busse sind preiswert und fahren im Norden Mahés zwischen 6 Uhr und 19 Uhr im Abstand von etwa 10–20 Min. überall hin. In Südmahé ist das Busnetz nicht ganz so dicht, man sollte daher Zeit mitbringen und sich auf Wartezeiten an Bushaltestellen einstellen. Nach 19 Uhr fahren keine Busse mehr. Taxis sind teurer als bei uns.

Trinkgelder

Auf die Preise für viele Dienstleistungen (etwa Restaurants, Getränke an der Hotelbar, Übernachtungskosten bei Direktbuchung vor Ort u. a.) wird eine ›Servicecharge‹ von 10 % aufgeschlagen. Trinkgelder darüber hinaus werden nicht erwartet, können aber bei gutem Service in Maßen gegeben werden.

Klima und Reisezeit

Wegen der Nähe zum Äquator sind die Temperaturunterschiede im Laufe des Jahres gering, die Niederschlagsmengen pro Monat und die Sonnenstunden pro Tag unterscheiden sich statistisch nur wenig. Zudem können sie in jedem Jahr anders ausfallen, als es die Statistik erwarten ließe. Detaillierte und verlässliche Vorhersagen sind daher unmöglich.

Die **Temperaturen** sinken nachts fast nie unter 22 °C, die Tageshöchsttemperaturen steigen selten über 30 °C, niemals über 33 °C im Schatten. Von Juli bis Oktober werden selten die 27 °C überschritten, in den übrigen Monaten können 32 °C erreicht werden.

Die relative **Luftfeuchtigkeit** liegt übers Jahr bei 75–85 %, kann aber in extremen Fällen auch über 90 % ansteigen.

Die Bergregionen der Insel Mahé erhalten pro Jahr eine **Niederschlagsmenge** von 3000 mm, die flachen Küstenrandgebiete von ca. 2000 mm. Auf Praslin und La Digue sowie den Inseln des Ste. Anne Marine National Park (Moyenne, Long, Round, Cerf, Sainte Anne) sinkt die jährliche Niederschlagsmenge auf etwa 1500 mm und auf den Koralleninseln Bird, Denis und Desroches werden lediglich knapp über 1000 mm pro Jahr gemessen. 70 % der Niederschläge gehen zwischen 18 Uhr abends und 6 Uhr morgens nieder.

Südwinter

In den Monaten **Juni–August**, wenn die Sonne mittags im Norden steht, heizt sie die großen Landmassen Nordafrikas auf. Im Nordwesten der Seychellen entwickelt sich dadurch ein aufwärts gerichteter Strom heißer Luft, in dessen Sog kühlere Luft von den Meeresflächen des Indischen Ozeans herangezogen wird. Dieser Südostpassat bringt gelegentliche Regenschauer mit. Er ist etwas kühler, weil er über dem Meer Wasser verdunstet und dadurch abkühlt. In sehr kalten Wintern kann die Nachttemperatur (morgens zwischen 5 Uhr und 6 Uhr) bis auf 20 °C sinken und die höchste Tagestemperatur möglicherweise ›nur‹ 26 °C erreichen.

Südsommer

Während der Monate **Dezember bis Februar** steht die Sonne über den Wasserflächen der südlichen Hemisphäre. Im Sog des dort entstehenden Luftstroms führt der Nordwestwind von den im Winter kühleren Landflächen Nordafrikas abgekühlte Luft heran, die sich in kurzen, heftigen Regengüssen an den Hängen der Berge entlädt. Diese Monate sind die niederschlagsreicheren des Jahres. Die durchschnittliche Sonnenscheindauer pro Tag verringert sich jedoch nicht. Trockene, windstille Perioden von mehreren Wochen, manchmal einem Monat, wechseln ab mit Tagen heftigen Sturmes und ›tropischer‹ Regengüsse.

Übergangsmonate

Die dritte Jahreszeit findet zweimal statt. In den Monaten **März bis Mai** und **September bis November** herrscht geringe Luftbewegung, da die Sonne senkrecht über dem Äquator steht und die Nord- und Südhalbkugel der Erde ähnlich aufgeheizt werden. Das Meer ist ruhig und klar, der Himmel meist wolkenlos. Für Kühlung sorgen abendliche thermische Winde vom Meer hinauf in die Berge.

Tropische Stürme

Die in vielen subtropischen Ländern (Ländern auf Höhe des nördlichen oder südlichen Wendekreises) gefürchteten Zyklone kommen auf den Inneren Seychellen nicht vor. Gelegentlich erreichen Ausläufer weit im Süden liegende Inseln wie Aldabra und Cosmolédo. Bis Mahé wirken sich die Wirbelstürme schlimmstenfalls als tropische Unwetter (Depressionen) aus, die drei bis vier Tage anhalten können.

Beste Reisezeit

Eine ›beste Reisezeit‹ gibt es aufgrund der Klimaverhältnisse der Seychellen nicht. Es

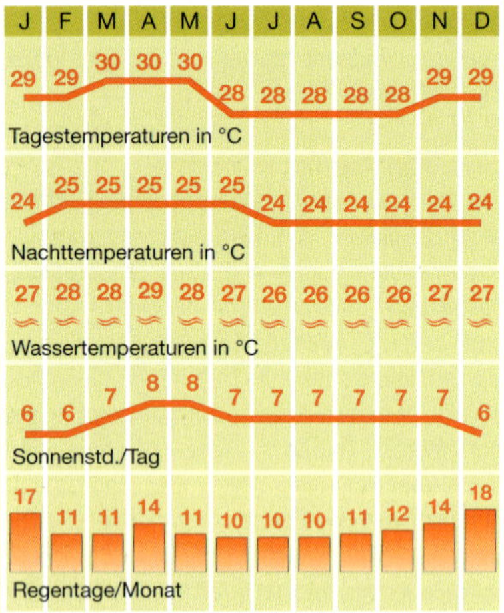

Klimadaten Victoria, Mahé, Seychellen

kommt darauf an, was die wichtigsten Urlaubsaktivitäten sind. Wer segeln oder windsurfen möchte, sollte die **europäischen Sommermonate** Mai–Oktober bevorzugen, denn es herrscht ein gleichmäßiger, manchmal auffrischender Wind aus Ost bis Süd. Auch Golfer oder Tennisspieler werden diese Jahreszeit wegen der kühleren und trockeneren Luft und des stetig wehenden sanften Südostwinds als angenehm empfinden. Für Taucher und Schnorchler ist diese Jahreszeit weniger geeignet, da das Wasser häufig trüb und die Sichtweiten manchmal gering sind. Dafür ist die Wahrscheinlichkeit einen Walhai oder Mantas zu treffen hoch, denn sie lieben das trübe, planktonreiche Wasser.

In unseren **Herbst- und Frühjahrsmonaten** herrscht eine Periode der Windstille, die die Hitze (maximal 32 °C) stärker fühlbar macht. Selten sorgen Wolken für Schatten. Das Meer ist ruhig und klar, also ideal für Taucher und Schnorchler.

Dezember–März ist das Meer eher ruhig und klar, gelegentlich wird es aber durch heftige Winde und Gewitter aufgewühlt, die normalerweise nur einige Stunden anhalten – in seltenen Ausnahmefällen ein paar Tage. Sportler aller Art kommen auf ihre Kosten, müssen aber mit hoher Luftfeuchtigkeit zurechtkommen. Beim Bergwandern braucht man griffiges Schuhwerk, da die Pfade rutschig sein können.

Wen hohe Luftfeuchtigkeit und große Hitze belasten, sollte daher den Südwinter bevorzugen. Die Luft ist trockener, die Tageshöchsttemperaturen sind niedriger, nachts kühlt es auf ca. 20–23 °C ab.

Sind Klimaanlagen notwendig?

Der Wechsel von trockenen 22 °C im klimatisierten Zimmer in feuchte 28–32 °C im Freien belastet den Organismus. In Hotelzimmern mit guter Durchlüftung ist es von **Juni bis September** ohne Klimaanlage sicher angenehmer, man gewöhnt sich schnell an die Wärme.

Wer nachts auf eine Klimaanlage verzichten möchte, kann vor dem Schlafen gehen nochmals eine halbe Stunde im Meer abkühlen! Das ca. 27 °C warme Wasser entzieht dem Körper (37 °C) viel Wärme, und man fühlt sich danach auch nachts angenehm kühl.

In den **übrigen Monaten** kann eine Klimaanlage sinnvoll sein. Sind allerdings die Hotelfenster beschattet und kann man einen Luftdurchzug erzeugen, würde ich die Klimaanlage abschalten. Andernfalls muss man die Klimaanlage einschalten, denn das Zimmer heizt sich im Laufe des Tages auf.

Stellen Sie die Klimaanlage tagsüber auf 26/27 °C ein und nachts aus. 27 °C werden nach ein oder zwei Tagen am Strand als erfrischend empfunden, zumal die Luft im klimatisierten Zimmer trockener ist als draußen. Damit erspart man sich die bei kälter eingestellter Klimaanlage oft auftretende Erkältung.

Wettervorhersage

Eine Wettervorhersage kann auf den Seychellen unter der Telefonnummer 37 33 77 abgefragt werden. Den Inhalt können Sie aber auch selbst formulieren, denn er wird fast immer lauten: »Überwiegend sonnig, mit Tageshöchsttemperaturen zwischen 28 und 32 °C. Einzelne Regenschauer insbesondere an den Berghängen möglich.«

Kleidung

Die einzigen Berufstätigen, die auf den Seychellen grundsätzlich weißes Hemd (kurzärmelig!) und Krawatte tragen, sind Versicherungsmakler. Wenn Sie keine Versicherungen verkaufen wollen, genügt für die Frau eine Bluse und ein Rock oder eine Hose, für den Mann ein Hemd mit kurzen Ärmeln und eine saubere lange Hose – für festliche Anlässe oder den Besuch im Kasino ebenso wie für das Abendessen im Restaurant oder Hotel.

Andererseits wird Ihnen auffallen, wie modisch insbesondere Frauen gekleidet sind. Modemagazine sind ständige Lektüre junger Frauen, denn danach schneidern sie sich ihre Kleider für den Sonntagsspaziergang, den Kirchgang und den Besuch einer Disco. Die Angewohnheit von Touristen in europäischen Feriengebieten in kurzen Hosen oder gar Badehose mit Schlappen an den Füßen einkaufen zu gehen, wird nicht geschätzt.

Einheimische Frauen tragen Bikinis – aber immer mit beiden Teilen. Viele Touristinnen sonnen sich zwar ›oben ohne‹, aber aus Sicht der Seychellois ist dies eine ungehörige Bekleidung und wird zwar toleriert, aber nicht geschätzt. Als befremdlich wird es empfunden, wenn Frauen ihr Oberteil auch dann nicht anziehen, wenn sie vom Strand in das Hotel oder gar in die Bar oder das Snackrestaurant zurückkehren. Das gehört sich einfach nicht.

Was kommt in den Koffer?

Grundregel für jede Seychellenreise sollte sein: »*travel light*«! Den Tag über verbringen Sie am Strand in **Badehose** oder **Bikini**. Wenn Sie spazieren gehen, in Victoria einkaufen oder über die Insel fahren, genügen **kurze Hose** und **T-Shirt**. In Restaurants sieht man es gern, wenn Männer ein sauberes **Hemd** und **lange Hosen** tragen. Frauen sollten sich ein baumwollenes **Sommerkleid** mitnehmen. Langärmeliges benötigt man nicht.

Wenn Sie zwischen zehn Uhr morgens und vier Uhr nachmittags in der Sonne verweilen, sollten Sie einen **Hut** tragen, denn die Sonne sticht intensiv vom Himmel. Wenn Sie sich dem direkten Sonnenlicht aussetzen, sollten Sie die ersten Tage eine **Sonnencreme mit sehr hohem Schutzfaktor** auftragen.

Für Wanderungen ist ein **Tagesrucksack** sinnvoll. Auf den teils steilen Bergwegen ist es gut, beide Hände frei zu haben. Im Rucksack können Sie auch Ihren Proviant zu einem abgelegenen Strand mitnehmen. Für Bergbesteigungen sollten Sie neben **Sandalen** auch ein Paar **leichte Schuhe mit griffigen Sohlen** dabei haben. Oder Sie entscheiden sich für **Adventure-Sandalen**. Sie sind konstruiert wie normale Sandalen, aber mit robuster, griffiger Gummisohle und festen Bändern aus Nylon über Zehen, Rist und Ferse (Preis ca. 50 €). Sie sind kühl und trotzdem griffig. Das ist wichtig, denn in höheren Lagen regnet es häufiger, und der Boden ist oft rutschig.

Nehmen Sie eine **Taschenlampe** mit, denn nur wenige Straßen und Wege sind nachts beleuchtet. Auf La Digue gibt es keine Straßenbeleuchtung, und auf dem abendlichen Heimweg ins Hotel ist es stockfinster, wenn der Mond (noch) nicht aufgegangen ist.

Elektrizität

Das Stromnetz ist in der Regel stabil, gelegentliche Stromausfälle nicht ausgeschlossen. Die Spannung beträgt 240 Volt. Geräte mit 220 Volt können gefahrlos betrieben werden. Die meisten Steckdosen entsprechen englischer Norm, Es empfiehlt sich einen (Weltreise-)Adapter mitzubringen.

Gesundheit und Sicherheit

Gesundheit

Impfungen

Impfungen sind für Reisen auf die Seychellen nicht vorgeschrieben, außer man hat sich in einem Cholera- oder Gelbfieberinfektionsgebiet aufgehalten, s. S. 111.

Informationen

Es ist sinnvoll, sich über die möglichen Gesundheitsrisiken zu informieren. Stets aktuell ist die Webseite des Tropeninstituts der Universität München: www.fit-for-travel.de.

Apotheken

Da die medizinische Versorgung kostenlos ist und die Patienten vom Krankenhaus versorgt werden, gibt es nur wenige private Apotheken, die auch nicht umfangreich bestückt sind. Am besten ist die **Central Pharmacy** im Krankenhaus von Victoria in Mont Fleuri ausgestattet (Tel. 438 80 00). Im Victoria House befindet sich die **Behram's Pharmacy**, Tel. 422 55 59 und die **Lai-Lam Pharmacy** in der Market Street, Tel. 432 23 36 (beide Victoria).

Ärzte und Krankenhäuser

Es gibt auf den Seychellen **Ärzte** mit guter Ausbildung in Europa, Südafrika, Asien und Australien. Deren technische Ausrüstung ist jedoch nicht auf mitteleuropäischem Stand. Bei Beschwerden sollte man sich vor der Abreise noch in der Heimat checken lassen.

Seychellois und auf den Seychellen arbeitende Ausländer werden kostenlos behandelt, Urlauber müssen die Behandlung bezahlen. Bei einer Kurzversorgung sind die Kosten gering (50–100 €). Bei aufwendigeren Behandlungen können sie hoch sein. Bei schweren Erkrankungen ist ein Rücktransport empfehlenswert, daher sollte man prüfen, ob die Auslandskrankenversicherung den Rücktransport bezahlt. Auch bei einigen **Privatärzten** kann man sich auf eigene Kosten behandeln lassen. Sie können sich im Notfall bei Ihrem Hotel erkundigen und anrufen lassen. In der Hauptstadt Victoria praktizieren **Dr. Albert** (Tel. 432 38 66), **Dr. Chetty** (Tel. 432 19 11) und **Dr. Afif** (Tel. 437 37 11).

Auf den drei Hauptinseln Mahé, Praslin und La Digue gibt es jeweils ein **Krankenhaus**, das ständig mit einem oder mehreren Ärzten besetzt ist.

Central Hospital: Mont Fleuri bei Victoria, Mahé, Tel. 422 44 00, 438 80 00.

Anse Royal Hospital: Anse Royale, Mahé, Tel. 437 12 22.

Baie Ste. Anne Hospital: Praslin, Tel. 423 33 33.

Logan Hospital: La Digue, Tel. 423 42 55.

Daneben gibt es in elf Distrikten auf Mahé jeweils eine **Krankenstation** und auf Praslin weitere zwei, in der Krankenschwestern und Arzthelfer(innen) Dienst tun. Diese Stationen werden regelmäßig von Ärzten besucht.

Eine **Zahnklinik** ist in das Central Hospital in Mont Fleuri (Victoria, Mahé) integriert (Tel. 422 58 22), eine private Dentalraxis betreibt die italienische **Zahnärztin Dr. Bisogni** (Tel. 422 43 54).

Selbstbehandlung in harmlosen Fällen

Allgemeines Schwächegefühl: Sollten Symptome wie Schwäche, Schweregefühl oder das Gefühl der Durstlosigkeit auftreten, essen Sie wenig und trinken Sie sehr viel – keinen Alkohol, sondern Wasser oder frisch ausgepresste Zitronen oder Orangen und fügen Sie Salz hinzu. Sollte das nicht helfen, besorgen Sie sich frische Tamarinde (gibt es in jedem kleinen Laden), mischen diese mit Wasser an, süßen mit etwas Zucker. Hilft das auch nicht – **Arzt aufsuchen**!

Durchfall: Immodium einnehmen, Reis mit Salz essen und schwarzen Tee trinken. Auch die schwarzen Kerne der Papaya – die man normalerweise entfernt, bevor man eine Papaya isst – sind in vielen tropischen Ländern das Hausmittel bei Verdauungsproblemen.

Unzerkaut geschluckt helfen sie sowohl gegen Durchfall als auch gegen Verstopfung.

Mückenstiche: Sollten Ihre gewohnten Mückenschutzmaßnahmen (Kleidung, Autan) nicht wirken, versuchen Sie es mit ›Peaceful Sleep‹ – ein aus Asien importiertes Mückenmittel, das man auf den Seychellen bekommt. Es soll auf pflanzlicher Basis hergestellt sein und ausgezeichnet wirken.

Sandflöhe: s. S. 136

Tropenkrankheiten

s. auch Impfungen

Alle vier bis fünf Jahre taucht für einige Wochen das **Denguefieber** auf. 2005 wurde zudem das **Chikungunyafieber** aus Afrika eingeschleppt. Beide Viruserkrankungen führen zu hohem Fieber und Gliederschmerzen. Bei normalem Verlauf klingen die Symptome nach vier bis 14 Tagen ab. Stechmücken, die erst einen Kranken und dann einen Gesunden stechen, übertragen so die Viren. Am Strand und bei den Hotels treten beide Krankheiten aufgrund geringer Mückendichte selten auf. Seit 2006 ist Chikungunya nicht mehr und Denguefieber nur noch vereinzelt aufgetreten. Erkrankungen von Urlaubern sind nicht bekannt.

Ernährungstipps für die Tropen

»Frühstücken wie ein Kaiser, Mittagessen wie ein König und Abendessen wie ein Bettelmann« ist in den Tropen kein geeigneter Leitfaden für die Ernährung. Besser passt man sich an die auf den Seychellen üblichen Regeln an. Essen Sie generell weniger als Sie es gewohnt sind. Obst zum Frühstück und Reis zu Mittag sind eine gute Grundlage. Am Spätnachmittag oder frühen Abend (17–19 Uhr) können Sie Ihren Hunger mit in Currysoße gekochtem Fisch oder Fleisch, viel Reis, Kartoffeln, Gemüse und Salat stillen. Fettes Essen sollte man meiden.

Mangelerscheinungen

Nehmen Sie genügend Salz zu sich, und würzen Sie Ihr Essen stärker als gewohnt. Der Körper verliert im tropischen Klima vermehrt Feuchtigkeit und damit Mineralien und Spurenelemente. Das verlorene Salz fehlt dem Körper vor allem im Verdauungssystem. Die Folge ist eine erhöhte Anfälligkeit für Magen-Darm-Infektionen.

Der Mangel an Wasser im Körper ist häufig die Ursache für das Gefühl von Schwäche und leichtem Unwohlsein. Trinken Sie viel klares Wasser (tgl. 2–3 l).

Wasser

Das Wasser aus den Leitungen kann getrunken werden, schmeckt aber manchmal nach Chlor. In den Geschäften gibt es heimisches Mineralwasser in Kunststoffflaschen.

Notruf

Feuerwehr, Polizei, Arzt, Krankenwagen
Tel. 999

Polizeistationen
Polizeistationen sind (theoretisch) rund um die Uhr erreichbar.
Zentrale in Victoria, Mahé: Tel. 428 80 00
Beau Vallon, Mahé: Tel. 424 72 42
Anse Royal, Mahé: Tel. 437 12 26
Praslin: Tel. 423 32 51
La Digue: Tel. 423 42 51

Sicherheit

Als Urlauber kann man sich hier ohne Angst auch nachts bewegen, denn die Kriminalitätsrate ist niedrig. Wertsachen sollte man jedoch nicht im offenen Wagen oder am Strand unbeaufsichtigt lassen. Gelegentlich kommen Diebstähle in Hotels und Gästehäusern vor. Daher sollte man Wertsachen im Zimmer- oder Hoteltresor deponieren.

Internetbüros und -cafés

In Victoria und auf Praslin gibt es jeweils ein Internet Bureau und auf La Digue zwei Internet-Cafés.

Mit dem Laptop unterwegs

Viele Hotels haben Internetanschluss, einige sogar bereits WLAN, sodass kein Leitungsanschluss mehr erforderlich ist. Die Geschwindigkeit ist noch nicht auf dem Niveau eines breitbandigen DSL-Anschlusses in Europa.

Post

Das Porto für Postkarten sowie Briefe nach Deutschland, Österreich und in die Schweiz kostet ca. 0,50 € (7 SCR), ein Einschreiben ca. 3 €. Ein Brief benötigt auf dem Luftpostweg ungefähr eine Woche. **Hotels** sind bereit, Post entgegenzunehmen und abzusenden. Die meisten Hotels haben einen Vorrat an Briefmarken.

Post Office
PO Box 60, Independence Ave.
Victoria, Mahé
Tel. 422 52 22
Mo–Fr 8–16, Sa 8–12 Uhr

Kurierdienste

DHL-Worldwide Express (PO Box 14, Victoria, Tel. 432 28 02) und **TNT Express Worldwide** (PO Box 336, Shipping House, Victoria, Tel. 432 21 00), sind auf den Seychellen vertreten und liefern Pakete weltweit aus.

Radio und Fernsehen

Radio Seychelles sendet täglich von 6 bis 22 Uhr viel kreolische Musik und abwechselnd in englischer, französischer und kreolischer Sprache Nachrichten aus aller Welt.

Das **Fernsehen** (www.sbc.sc) berichtet ebenfalls abwechselnd in englischer, französischer und kreolischer Sprache von Ereignissen auf den Seychellen und übernimmt Sendungen des Nachrichtenkanals CNN. Die höchsten Einschaltquoten aber haben südamerikanische Seifenopern. Große Sportereignisse wie Fußballweltmeisterschaften oder Europacup-Endspiele werden live gesendet.

Sprache

Offizielle Landessprachen sind Englisch, Französisch und Kreolisch. Umgangssprache ist Kreolisch, eine Sprache, die alle Seychellois beherrschen. Englisch sprechen 95 % gut bis sehr gut, das Französische verstehen sie, sprechen es aber eher schlecht und auch nicht gerne. In manchen Hotels sprechen einzelne Angestellte auch Deutsch.

Telefonieren

Vorwahlen

Die Vorwahl der Seychellen ist 00248, es gibt keine Ortsvorwahlen. Von den Seychellen nach Deutschland wählt man 0049, nach Österreich 0043, in die Schweiz 0041. Die 0 vor den Ortsvorwahlen entfällt anschließend. Preis ca. 5 €/Min., Telefonieren vom Hoteltelefon ist oft wesentlich teurer. Die Übertragung von/nach Europa erfolgt über Satelliten, Sie können ohne Vermittlung durchwählen.

Handy

Handys sind mindestens so verbreitet wie bei uns, auf allen Hauptinseln funktionieren sie gut. Die großen Mobilfunkprovider in Europa haben Roaming-Abkommen mit den beiden lokalen Gesellschaften Cable & Wireless (Tel. 428 40 00) und Airtel (Tel. 461 010). Fragen

Sie aber sicherheitshalber vor der Abreise bei Ihrem Provider nach, ob das Abkommen noch besteht. Am Flughafen und in vielen Geschäften kann man eine für 30 Tage gültige Prepaid-Karte (›Tourist Pack‹) kaufen und damit teure Roaminggebühren sparen.

Telefonischer Weckdienst

Unter Tel. 191 können Sie den Auftrag hinterlassen, dass Sie telefonisch geweckt werden. Weckzeiten zwischen 23 Uhr und 7 Uhr, Gebühr 5 SCR. Größere Hotels bieten diesen Service auch hausintern an.

Zeitungen

The Nation (www.nation.sc) ist die einzige **Tageszeitung** der Seychellen. Sie berichtet in Kreolisch, Englisch und Französisch.

Ferner werden einige **Wochenzeitschriften** und **Magazine** produziert: Von der Katholischen Kirche wird etwa alle 14 Tage das L'Écho des Îles herausgegeben und die Regierungspartei veröffentlicht wöchentlich The People. Die Oppositionsparteien publizieren die Wochenzeitschriften Regar (www.regar.sc) und Seychelles Weekly. Darüber hinaus gibt es das aufwendig und interessant gemachte Magazin Silhouette der Air Seychelles, einige Publikationen des Tourismusministeriums und eine Broschüre mit dem Titel Seychelles Today, die über das Leben auf den Inseln berichtet, auf Veranstaltungen hinweist und ein beliebtes Werbeforum für Restaurants, Hotels und Galerien darstellt.

In den Buchläden erhalten Sie amerikanische, englische und französische Wochenzeitschriften. Deutsche Zeitungen und Zeitschriften findet man selten.

Geschrieben wird in Englisch, Französisch, Kreol, gesprochen fast nur kreolisch

Sprachführer

Verständigung in Kreol

Wenn man ein kreolisch geschriebenes Wort buchstabengetreu liest, als ob es ein deutsches Wort wäre, ist es nahezu korrekt ausgesprochen. Die Schreibweise des seychellischen Kreol hat sich an der deutschen Schreibweise orientiert. Einzelne Unterschiede gibt es aber dennoch:

- Das ›z‹ wird wie ein stimmhaftes deutsches ›s‹ ausgesprochen.
- Wenn nach einem a, e oder o ein ›n‹ steht, spricht man den Vokal nasal aus
- Das deutsche ›u‹ wird ›ou‹ geschrieben.

Allgemeines

Guten Morgen/ Guten Tag	bonzour
Guten Abend	bonswar
Gute Nacht	dormi byen
auf Wiedersehen	orevwar
Entschuldigen Sie!	Eskiz mwan!
ja/nein	wi/non
bitte	silvouple
danke	mersi

Unterwegs

Haltestelle	bus stop
Bus	bis
Auto	loto
Ausfahrt	sorti loto
Tankstelle	station petrol
rechts	droit
links	goche
geradeaus	tou droit
Auskunft	cable & wireless
Telefon	telefon
Postamt	la poste
Busbahnhof	station bis / lostand
Flughafen	airport
Landkarte	map
alle Richtungen	tou direktion
Eingang	larantre
Ausgang	sorti
geöffnet	ouver
geschlossen	ferme
Kirche	leglise
Tempel	tamp
Museum	museum
Strand	lans
Brücke	pon
Platz	plas

Zeit

Stunde	en heure de temp
Tag	zour
Woche	lasemen
Monat	(en) moi
Jahr	(en) an
heute	osordi
morgen	demen
Montag	lendi
Dienstag	mardi
Mittwoch	merkedi
Donnerstag	zedi
Freitag	wandredi
Samstag	samdi
Sonntag	dimans

Notfall

Hilfe	aide moi
Polizei	la polis
Arzt/Ärztin	dokter
Zahnarzt	dantis
Apotheke	pharmasie
Krankenhaus	lopital
Unfall	acsidan
Schmerzen	douler
Panne	loto kasse

Übernachten

Hotel	lhotel
Pension	guesthouse
Zimmer	lasam
Einzelzimmer	lasam tousel
Doppelzimmer	lasam doub
Zimmer mit/ ohne Bad	lasam ek lasam de bain/lasam san lasam debain
Toilette	kabinen
Dusche	douche (shower)

mit Frühstück	ek breakfast
Halbpension	ek demipension
Gepäck	bagage
Rechnung	bill

Einkaufen

Geschäft	laboutik
Markt	bazar
Geld	larzan
Kreditkarte	kartekredi
Geldautomat	bankomat
Bäckerei	patissier
Lebensmittel	konmisyon
teuer/billig	bon marse/ser

Zeitangaben

morgens	bomaten
abends	aswar
übermorgen	apredmen
gestern	yer

Zahlen

0	zero	19	disnef
1	en	20	ven
2	de	21	venteen
3	trwa	22	vende
4	kat	30	trent
5	senk	40	karant
6	sis	50	senkant
7	set	60	swasant
8	wit	70	swasanndis
9	nef	80	katreven
10	dis	90	katrevendis
11	onz	100	san
12	douz	150	sansenkant
13	trez	200	desan
14	katorze	1000	mil
15	kenz	10 000	dismil
16	sez	100 000	sanmil
17	diset	1 Mio.	en milyon
18	dizwit	1 Mrd.	en milyar

Die wichtigsten Sätze

Allgemeines

Sprechen Sie Deutsch?	Ou koz allemand?
... Englisch?	... anglais?
... Französisch?	... franzais?
Ich verstehe nicht.	Mon pa konpran.
Ich spreche kein Kreolisch	Mon pa koz kreol.
Ich heiße ...	Mon apel ...
Wie heißen Sie?	Koman ou apele?
Wie geht es Ihnen?	Ki i dir?
Wie viel Uhr ist es?	Kele i ete silvouple?

Unterwegs

Wie komme ich nach ...?	Ki maniere pou alle ...?
Wo ist bitte ...?	Oli ou ...?
Wo gibt es ...?	Kote mon gangne ...?
Fahren wir nach ...?	Nou pe ale ...?
Fliegen Sie nach ...?	Ou pe al ...?
Wann geht das Schiff?	Keler bato i ale?

Notfall

Können Sie mir bitte helfen?	Ou kapab aide moi silvouple?
Ich brauche einen Arzt.	Mon besoin un dokter.
Hier tut es weh.	La fer mal.

Übernachten

Haben Sie ein freies Zimmer?	Ou annan en lasam, silvouple?
Ich habe ein Zimmer bestellt.	Mon reserv un lasam.
Wie viel kostet das Zimmer für eine Nacht?	Kombyen en lasam pou pou lanwit?

Einkaufen

Wieviel kostet ... ?	Konbyen sa ...?
Ich brauche ...	Mon besoin ...
Wann öffnet/ schließt ...?	Kan zot ouver/ ferme ...?

Wandern im Morne Seychellois National Park auf Mahé

Unterwegs auf den Seychellen

Charakteristisch für die Inneren Seychellen: Wasser, Palmen, Granit

Kapitel 1

Mahé und küstennahe Inseln

Mahé, benannt nach dem einstigen französischen Gouverneur Mahé de Labourdonais, ist nicht nur die größte der drei intensiver besiedelten Inseln des Seychellen-Archipels, sondern auch in vielerlei Hinsicht die Hauptinsel. Obwohl sie mit ihren 27 km Länge und 3–8 km Breite auf den meisten Weltkarten inmitten des Indischen Ozeans gar nicht bzw. kaum erkennbar ist, leben hier rund 70 000 Menschen, was 90 % der Bevölkerung der Seychellen entspricht.

Auf Mahé befinden sich die Verwaltungsgebäude, gibt es Handwerksbetriebe, Autowerkstätten, sogar eine Brauerei (Sewbrew), eine Rundfunk- und Fernsehstation – also alles, was für das moderne Leben in diesem Inselstaat heute benötigt wird. Außerdem liegt hier die Seychellenhauptstadt Victoria mit den Regierungsgebäuden.

Von frühen Siedlern wurde Mahé ›Île d'Abondance‹ (Insel des Überflusses) genannt, und sie bietet tatsächlich landschaftliche Schönheiten im Überfluss: Mit dichtem Dschungel überwucherte Berge ragen bis über 900 m empor, im Süden der Insel, aber auch an der Nord- und Westspitze finden sich unberührte Traumbuchten. Aber es gibt mit der seychellischen Hauptstadt auf Mahé auch eine kleine Stadt, in der sich sogar zwei Ampeln und mehrere Supermärkte finden; es existieren Discos, einige Bars, Kinos, Cafés, Tauchbasen, Hotels, ein Golfplatz und mehrere Tennisplätze, Fußballstadien und vieles andere mehr. Unter Kennern gilt Mahé daher als die spannendste und in ihren ländlichen und bergigen Regionen sogar als die Schönste der drei Hauptinseln. Wer 14 Tage lediglich in einem der Hotels der Insel verbringt, wird ihren besonderen Reiz nicht erkennen.

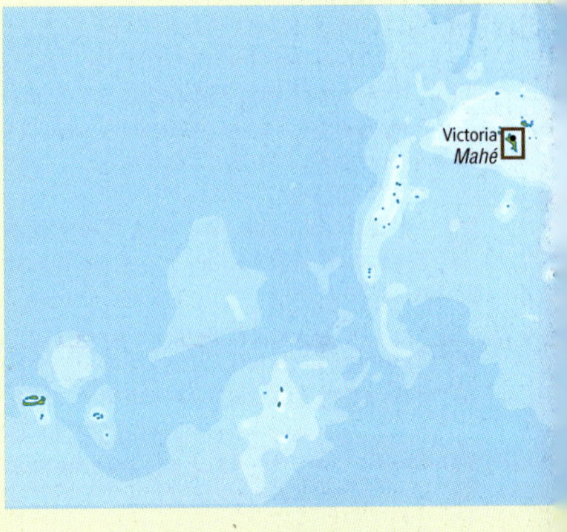

Auf einen Blick

Mahé und küstennahe Inseln

Sehenswert

1 Victoria: Auf nur wenigen hundert Metern ist fast alles zu Fuß erreichbar (s. S. 154).

2 Moyenne Island: Eine Privatinsel und ihr Eigentümer laden ein (s. S. 174).

3 Beau Vallon Bay: Kilometerlange Traumbucht mit weißem Strand (s. S. 190).

4 Creole Institute: In einer verwunschenen Villa wird u. a. auch die kreolische Sprache erforscht (s. S. 202).

5 Le Domaine de Val des Près/Vilaz Artizanal: Einladendes Haus für ›Kreolisches‹ (s. S. 203).

6 Anse Intendance: Eine der schönsten tropischen Buchten der Welt (s. S. 210).

7 Studio von Sir Michael Adams: Ein hoch geachteter Maler (s. S. 215).

Schöne Routen

Mit dem Boot durch die Inselwelt vor Victoria: In den vergangenen Jahren wurde die Inselwelt vor Victoria durch das Anlegen künstlicher Inseln und den Bau von Hotels verändert. Dennoch ist es ein Erlebnis, den Inseln Ste. Anne, Moyenne, Round und Long einen Besuch abzustatten, am Strand ein Picknick auszupacken oder in dem Restaurant auf Moyenne ein kreolisches Menü zu bestellen (s. S. 172).

Rundfahrt um die Nordspitze Mahés: Nordmahé hat landschaftlich reizvolle Regionen. Nehmen Sie sich ein paar Stunden Zeit und fahren Sie mit einem Mietwagen von Victoria nach Norden, machen Sie Abstecher auf schmalen Straßen in die Berge, halten Sie an Aussichtspunkten, kaufen Sie in einem Krämerladen an der Straße Obst, besuchen Sie den Parfümhersteller Kreol Fleurage und kehren Sie über Glacis nach Victoria zurück (s. S. 183).

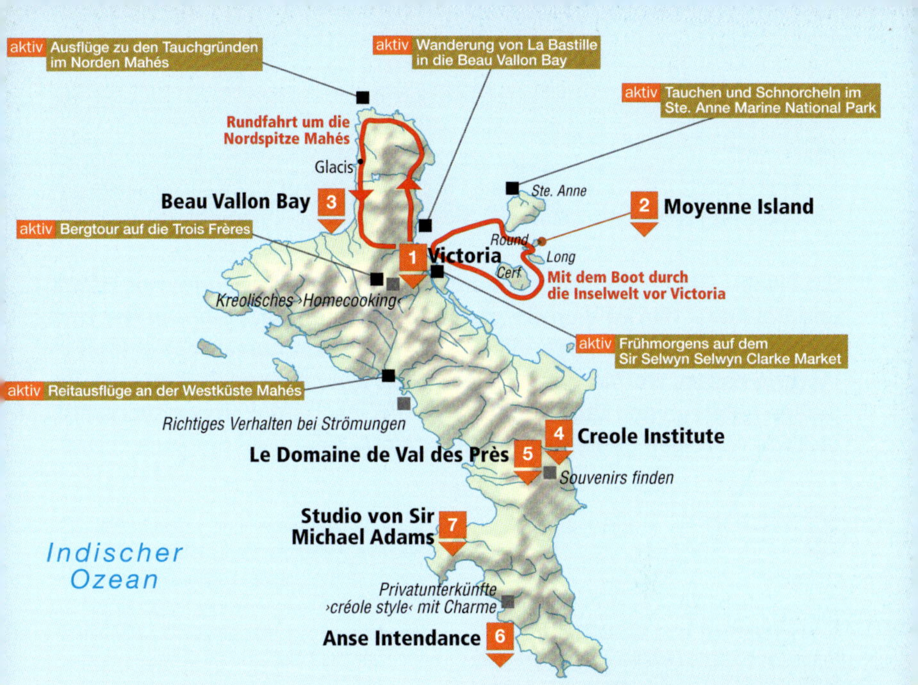

Meine Tipps

Kreolisches ›Homecooking‹: Ein entspannendes Mittagessen in der Hitze der Kleinstadt Victoria ermöglicht das Restaurant Bel Air (s. S. 167).

Souvenirs finden: Ohne Hektik kann man in Le Domaine de Val des Près oder bei La Marine Model Ships nach Mitbringseln stöbern (s. S. 204).

Privatunterkünfte ›créole style‹ mit Charme: Im privaten Gästehaus Villa Bambou oder im Li-al-do, einer Privatvilla, die über der Bucht von Takamaka individuellen Luxus bietet, erholsame Tage verbringen (s. S. 220).

Richtiges Verhalten bei Strömungen: Baden ist auf den Seychellen im Grunde ungefährlich, doch ab und an kann es zu gefährlichen Strömungen kommen (s. S. 222).

aktiv unterwegs

Frühmorgens auf dem Sir Selwyn Selwyn Clarke Market: Ganz nah den Alltag der Seychellois beobachten (s. S. 165).

Bergtour auf die Trois Frères: Spektakulärer ist der Blick auf Victoria (s. S. 170).

Tauchen und Schnorcheln im Ste. Anne Marine N. P.: Reizvolle Riffe und Gewässer (s. S. 175).

Wanderung von La Bastille in die Beau Vallon Bay: Schöne Bergwanderung (s. S. 191).

Ausflüge zu den Tauchgründen im Norden Mahés: Grandiose Spots (s. S. 198).

Reitausflüge an der Westküste Mahés: Aufregendes Erlebnis mit Pferden (s. S. 223).

Victoria und Les Trois Frères

Ein Fisch-, Obst- und Gemüsemarkt, nette Restaurants und viele Büros und Banken – das ist Victoria, die kleinste Hauptstadt eines in der Uno vertretenen Staates. 90 % aller Urlauber gehen zumindest einmal in Victoria essen, werfen einen Blick in den Botanischen Garten und genießen nach ruhigen Tagen am Strand die Geschäftigkeit der Kleinstadt. Victoria von oben genießt man nach dem Aufstieg auf die Trois Frères.

1 Victoria ▶ 1, E/F 3/4

Cityplan: S. 156/157

Provinznest mit Charme

Nach europäischen Maßstäben ist die Hauptstadt der Seychellen eher ein Provinznest. Obwohl sie knapp 60 000 Einwohner zählt, hat sie keine Parkhäuser, keine Leuchtreklamen und nur zwei Verkehrsampeln. Dafür besitzt sie einen lebhaften kleinen Markt, verwinkelte Gassen zwischen Holzhäusern, in denen – meist indische – Händler alles verkaufen, was ein seychellischer Haushalt benötigt. Lediglich morgens um 8 Uhr und am Nachmittag um 16 Uhr kommt ein wenig städtisches Leben und Flair in den Gassen auf. Man geht zum Einkaufen, trinkt einen Kaffee im Pirates Arms, dem Snackrestaurant im Herzen der Stadt, wo man sieht und gesehen wird. Doch schon eine Stunde später wird es wieder ruhiger, Autos werden seltener, und spätestens um 20 Uhr kehrt erneut Ruhe ein.

Ladenschluss um 17 Uhr

Die größeren Geschäfte schließen um 17 Uhr, die kleinen Krämerläden in der Market Street lassen spätestens um 18 Uhr die Rollos herunter. Der Markt hat zwar ebenfalls bis 18 Uhr auf, doch ist um diese Zeit kaum noch etwas zu bekommen, denn die Bauern und Fischer sind längst nach Hause gefahren. Vereinzelt trifft man Spaziergänger, die einen Schaufensterbummel im Dunkeln machen, bevor die elektrischen Lichter völlig erlöschen. Und wer spät in der Nacht noch einen Spaziergang machen möchte, geht zum Old Pier (auch Long Pier genannt), um zuzusehen, wie die Fischerboote entladen werden. Von dort bietet sich ein schöner Blick auf die Stadt, den Hafen und entlang der Ostküste nach Norden.

Rund um den Clock Tower von Victoria

Clock Tower 1

Victoria hat zwei Zentren. Eines, das modernere, gruppiert sich um den **Clock Tower** (frz. L'Horloge, kreol. Lorloz), den Uhrturm, der inmitten des Kreisverkehrs an der Kreuzung der Independence Avenue/Albert Street steht. Es handelt sich um eine Kopie des Uhrturms, der 1897 an der Kreuzung Victoria Street und Vauxhall Bridge Road in London errichtet wurde. Der damalige englische Gouverneur sah den Turm bei einem London-Besuch und bestellte die kleinere Kopie als Andenken an Königin Victoria. Der Clock Tower wurde 1903 aufgestellt, im selben Jahr, in welchem die Seychellen als eigene Kolonie direkt und nicht mehr als Provinz von Mauritius dem Vereinigten Königreich unterstellt wurden. Trotz (oder wegen) seiner merkwürdigen Gestaltung ist der Uhrturm zum Wahrzeichen der Inselhauptstadt geworden. Und die Tatsache, dass er die volle Stunde zweimal verkündet – im Abstand von einer Minute – wurde zum Refrain eines populären Liedes, das man immer wieder im Radio hört: »Going back to the Seychelles, where the clock strikes twice«.

Victoria House und Souvenirstände

Um den Clock Tower herum finden sich Banken, ein Museum, die Hauptpost, der Justizpalast, Souvenirstände und in den Arkaden des Victoria House einige hübsche kleine Geschäfte. Die Terrasse des Pirates Arms, eines Restaurants an der Independence Avenue, gehört als gesellschaftlicher Mittelpunkt ebenfalls dazu.

Das **Victoria House** 2 neben dem Uhrturm in der Francis Rachel Street wurde Ende des 19. Jh. als Sitz der New Oriental Bank errichtet. Heute beherbergt es das Oberste Gericht der Seychellen.

Südlich davon, entlang der Francis Rachel Street, zwischen Justizpalast und National Library bauen nachmittags Händler ihre **Souvenir- und Kunsthandwerksstände** 3 auf. Von Spazierstöcken aus Haifischknochen und Kokospalmenholz über polierte Meereskokosnüsse und Sonnenhüte findet man alles, was das Kunsthandwerk der Seychellen zu bieten hat. Schildpattgegenstände, die in früheren Jahren einen wesentlichen Teil der Souvenirs ausmachten, sind allerdings nicht mehr zu kaufen, da die Verarbeitung des wertvollen Panzers der Schildkröten untersagt wurde. Man hat sie durch kunsthandwerkliche Gegenstände ersetzt, die aus dem Horn der Zebu-Rinder hergestellt werden – sie werden allerdings nicht auf den Seychellen hergestellt, sondern aus Madagaskar fertig importiert.

Seychelles National Museum 4

In der Independence Avenue, die vom Uhrturm aus nach Osten führt, befindet sich das Hauptpostamt und das **Seychelles National Museum**. Sie dürfen dort keine Ausstellungsstücke mit Sensationswert erwarten, doch wer Interesse an Geschichte, Geografie und Tierleben der Seychellen hat, findet schöne Objekte. Ziel des Museums ist es, das Leben auf den Seychellen seit der Besiedlung zu veranschaulichen. Dazu dienen Karten, Pläne, Fotografien, Zeichnungen, Kopien wichtiger Dokumente, Exemplare der interessantesten Pflanzen und Tiere, Beispiele einheimischer Handwerksprodukte sowie Kleidungsstücke, die auf den Seychellen in früherer Zeit getragen wurden.

Zu den wichtigsten Stücken des Museums zählt der **Pierre de Possession** (Stein der Inbesitznahme), der 1756 als Zeichen dafür aufgestellt wurde, dass das französische Königshaus die Inseln als sein Eigentum betrachtete. Eine neuere Erwerbung ist zugleich einer der ältesten Gegenstände, der auf der Erde jemals gefunden wurde. Es handelt sich um einen ca. 180 Mio. Jahre alten, unglaublich harten **Granitstein**, auf den man 1981 auf der Suche nach Erdöl bei Bohrversuchen stieß. Er beweist, dass das Gestein der Seychellen und das gesamte Seychellen-Plateau zu den ältesten Erdformationen überhaupt gehören (Seychelles National Museum, Independence Ave., Tel. 432 13 33, seymus@seychelles.net, tgl. 8–16 Uhr, Eintritt frei).

State House 5

Vom Uhrturm aus in westlicher Richtung (landeinwärts), stoßen Sie nach ca. 200 m auf ein großes Eisentor, hinter dem sich das **State House** und sein prächtig angelegter Garten (s. Thema S. 86 f.) befinden.

Offiziell ist es z. Z. nicht möglich, Garten und Gebäude zu besichtigen. Mit Beziehungen oder etwas Glück erhält man vielleicht die Erlaubnis, eine Wanderung durch den Garten zu unternehmen. Fragen Sie in einem der Reisebüros in Victoria nach, ob man diesbezüglich behilflich sein kann, denn einen Versuch sind Garten und State House wert. Normalerweise aber kann man den Garten und das State House momentan leider nur von Ferne bewundern, wenn man vom Ste. Anne Marine National Park aus nach Victoria schaut und die Säulen und das Dach des State House aus dichter Vegetation herausragen sieht.

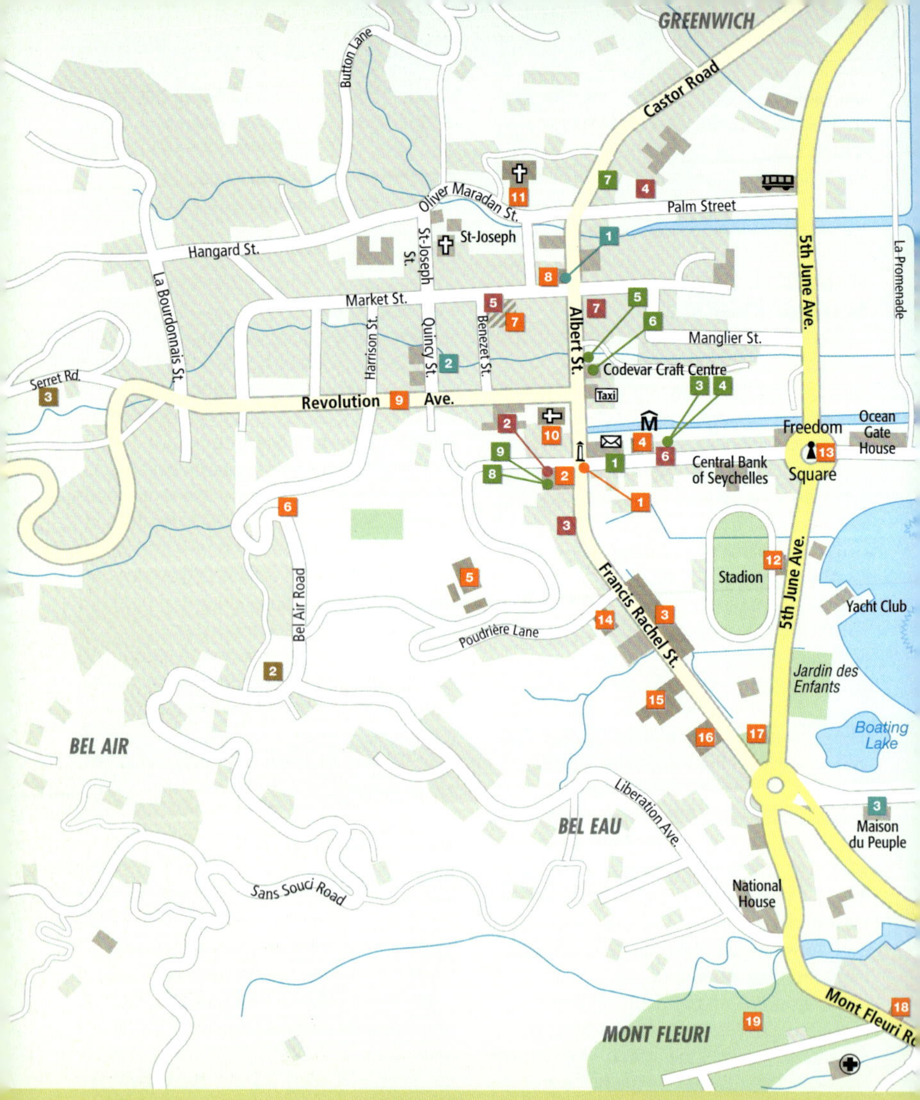

Sehenswert

1 Clock Tower
2 Victoria House
3 Souvenir- und Kunsthandwerksstände
4 Seychelles National Museum
5 State House
6 Bel Air Cemetery
7 Sir Selwyn Selwyn Clarke Market
8 Jivan Imports
9 Revolution Avenue
10 St. Paul's Cathedral

Gelingt es jedoch, Zutritt zum Gelände zu erhalten, betritt man ein Idyll. Kaum hat man das lärmende Zentrum Victorias verlassen und fährt durch das schmiedeeiserne Tor in den Garten, ist man von gepflegten Wiesen, gewundenen Fußwegen und altem Baum-

Victoria

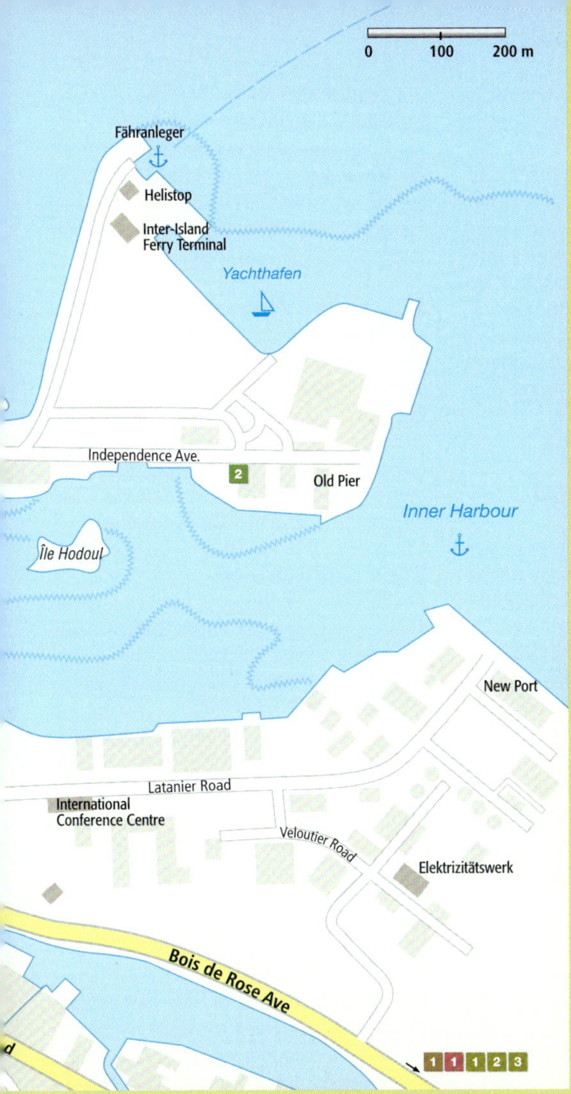

11 Cathedral of the Immaculate Conception
12 Zonm Lib
13 Bicentennial Monument
14 Hôtel de L'Équateur
15 Cable & Wireless
16 Kenwyn House
17 National Library/National Archives
18 Maison Queau de Quincy (Außenministerium)
19 Botanischer Garten

Übernachten
1 The Wharf Hotel & Marina
2 Bel Air Hotel
3 Hilltop Guest House

Essen & Trinken
1 Konoba
2 Le Rendez-vous Restaurant & Lounge
3 Sam's Pizzeria
4 Doubleclick Seychelles
5 Jolie Rose 2 Restaurant
6 Pirates Arms
7 News Café

Einkaufen
1 Straßenmarkt
2 Indian Ocean Tuna
3 Memorabilia
4 Antik Colony
5 Camion Hall
6 Codevar Building
7 Scoty Tern
8 Antigone
9 Chez Franco

Abends & Nachts
1 Deepam Cinema
2 Barrel Bar
3 Flamboyant Disco

Aktiv
1 Angel Fish Yacht Charters
2 Moorings
3 Sunsails

bestand umgeben. Überall finden sich blühende Sträucher und Pflanzen, deren Ursprung selbst dem Chefgärtner und seinem guten Dutzend Mitarbeitern nicht immer bekannt ist. Alles an Bäumen, Sträuchern, Blumen, was Gäste der Regierung im Lauf der Jahrhunderte als Geschenk überreichten, wurde hier eingepflanzt und wird bis heute gepflegt. Neben vielen aus aller Welt eingeführten findet man natürlich alle endemischen Pflanzen der Seychellen – darunter auch eine majestätische Koko-Dmer-Palme. Botaniker haben hier viel zu entdecken – mehr als in der freien Natur der Seychellen. Was die Hausgärtner kennen, versehen sie nach und nach mit Tafeln, auf denen die englischen, französischenn, kreolischen und auch die botanischen Namen zu lesen sind.

Victorias Marktviertel

Ein zweites Zentrum Victorias gruppiert sich rund um den **Sir Selwyn Selwyn Clarke Market** 7, der etwa 5 Min. zu Fuß in nördlicher Richtung vom Uhrturm entfernt liegt. Die Marktstände wurden nach dem Zweiten Weltkrieg von Gouverneur Sir Selwyn Selwyn Clarke errichtet und den Fischern und Bauern kostenlos zum Verkauf ihrer Ware zur Verfügung gestellt. Inzwischen sind die Marktstände kommerzialisiert. Viele Bauern kommen nicht mehr selbst, sondern verkaufen ihre Ernte an Händler, die sie weitergeben (s. ›Aktiv unterwegs‹ S. 165).

Krämerläden rund um den Markt

Rund um den Markt liegen kleine Krämerläden, die aussehen, als ob man dort niemals etwas finden könnte. Die Waren liegen scheinbar ungeordnet am Boden, in Regalen oder auf Schränken. Mit entsprechend viel Zeit – und der Hilfe der meist chinesischen oder indischen Verkäufer – kann man aber unglaublich viel zwischen Stoffballen, Reissäcken und Videorekordern aufstöbern.

Eines der bemerkenswertesten dieser Geschäfte ist **Jivan Imports** 8 an der Ecke Market Street/Albert Street. Hier kann man vom Reiseführer über Reiskocher bis zu Fernsehgeräten und Stoffen alles finden, was man vielleicht benötigt (Mo-Fr 8–12, 13–17, Sa 8–12 Uhr).

Bummelt man die Albert Street Richtung Uhrturm und dann die Francis Rachel Street hinunter, lohnt es sich rechts der Straße auf die **Kaufhäuser** – vom Möbelgeschäft bis zum Eisenwarenladen – zu achten, die sich nahezu schaufensterlos hinter den Türeingängen der alten Fassaden auftun.

Revolution Avenue 9

Vom Markt aus verläuft ein Fußweg nach Norden zur **Revolution Avenue**. Hier finden Sie Läden, Snackrestaurants, einen großen Supermarkt und Reisebüros. Die verkehrsreiche Durchgangsstraße führt vom Zentrum Victorias auf die Passhöhe von St. Louis und von dort in Serpentinen hinunter zur Beau Vallon Bay, dem touristischen Zentrum Mahés.

Zwei Kathedralen

Am östlichen Ende der Revolution Avenue steht die renovierte **St. Paul's Cathedral** 10, das älteste und größte anglikanische Gotteshaus der Seychellen. Die Kathedrale wurde 1859 vom ersten anglikanischen Bischof von Mauritius, Vincent William Ryan, eingeweiht. 1920, nachdem die Seychellen bereits eine von Mauritius unabhängige britische Kolonie waren, wurde sie zum zweiten Sitz des Bischofs von Mauritius und den Seychellen (Revolution Ave., Tel. 432 25 08, Messen Mo 12.15, Di 6.30, Mi 9, Do 5.30, Fr 6.30, 12.15, Sa 17, So 6.30, 8.30 Uhr).

Wenn man von der Kathedrale nach Norden geht, erreicht man nach ca. 400 m linker Hand die **Cathedral of the Immaculate Conception** 11. Die Kathedrale der Unbefleckten Empfängnis ist die größte katholische Kirche auf den Seychellen. Ein gepflegter Garten umgibt den Sakralbau und La Domus, das Wohngebäude für Priester und Angestellte. 1934 ließen Schweizer Missionare, die für die Diözese Victoria verantwortlich waren, den Wohnkomplex errichten. La Domus, zweistöckig aus Granitsteinen erbaut und mit Wasser aus einer nahegelegenen Quelle versorgt, darf sicherlich als eines der beeindruckendsten Bauwerke der Seychellen gelten (Tel. 432 21 52, rcchurch@seychelles.net, Messen Mo–Fr 6, Sa 17, So 7, 9 Uhr).

Friedhof und ›Riese von Bel Air‹

Thema

Viele historische Stätten gibt es in so einem kleinen Land mit so kurzer Besiedlungsgeschichte nicht. Die verfallenen und gelegentlich von Wäscherinnen als Unterlage genutzten Grabsteine im aufgelassenen Friedhof von Bel Air gehören dazu. Hier findet man in den Inschriften nämlich viele Namen, die auf den Seychellen jedermann kennt.

Biegt man von der Revolution Avenue in die Bel Air Road ein, so liegt ca. 50 m hinter der Abzweigung linker Hand (östlich) der aufgelassene **Bel Air Cemetery** 6, der heute als National Heritage der Seychellen unter Schutz steht. Auf diesem Friedhof ruhen die ersten Bürger aus der Gründerzeit Victorias. Die Grabsteine sind stark verwittert, aber vielleicht entdecken Sie ja das Grab des Korsaren Jean François Hodoul, der seinen im Auftrag der französischen Regierung durch Aufbringen britischer Handelsschiffe erworbenen Reichtum auf die Seychellen brachte. Oder Sie versuchen, die letzte Ruhestätte des Louis Poiret aufzuspüren, der als alter Herr schließlich erzählte, er sei der Sohn König Louis XVI. von Frankreich und habe immer gehofft, eines Tages als Louis XVII. in sein europäisches Heimatland zurückkehren zu können (s. Thema S. 213).

Mindestens ebenso spannend und geheimnisvoll aber ist die Geschichte des **›Riesen von Bel Air‹**, der ebenfalls auf diesem Friedhof seine letzte Ruhestätte gefunden haben soll:

Von des Riesen Muskelkraft wird Sagenhaftes berichtet. Er lebte Ende des 19. Jh. in Bel Air und soll schon als 16-jähriger fast 3 m groß gewesen sein. Einen Sack Reis soll er mit dem kleinen Finger gehoben, große Fischerboote angeblich allein an Land getragen haben. Seine Kraft war so beängstigend, dass seine Nachbarn glaubten, einen Zauberer damit beauftragen zu müssen, ihn ein klein wenig zu schwächen. Der Zauberer war (über)erfolgreich, denn wenig später lag der Riese vergiftet in seinem Bett. Wirklich beruhigt waren die Nachbarn jedoch erst, nachdem der Tote endlich auf dem Friedhof von Bel Air beigesetzt war. Doch selbst danach ließ der Vergiftete die Menschen nicht in Ruhe, vielmehr geisterte er von da an nächtens durch den Ort und verbreitete Furcht und Schrecken.

Vergessen wurde der Zorn des Riesen letztlich bis heute nicht. Zwar nutzten noch bis vor wenigen Jahren Frauen die Grabsteine im Friedhof als Waschbretter, den Grabstein des Riesen jedoch mieden sie wie der Teufel das Weihwasser. In ihrer Erinnerung war ein Ereignis noch allzu frisch, das erst in den späten 1970er-Jahren geschehen sein soll: Ein Tourist, der einen Klub besucht hatte, kam nach seinem nächtlichen Ausflug verängstigt die Straße zur Pension Bel Air hinauf gerannt. Die Eigentümer saßen noch im Garten und hörten, wie er laut schrie, er werde von einem riesigen schwarzen Mann verfolgt, der einem Grab neben der Straße entstiegen sei. Zwar konnte der große, schwarze Mann nicht gefunden werden, doch den Hoteleigentümern lief ein Schauer über den Rücken, denn sie wussten, was über den ›Riesen von Bel Air‹ erzählt wurde. Bis dahin hatten sie die Geschichte aber für ein Märchen gehalten …

Zwischen Stadion und Mont Fleuri

Denkmäler

In der 5th of June Avenue – zwischen Yachtclub und Fußballstadion – steht etwas verloren die Statue **Zonm Lib** 12 (Befreiter Mensch). Sie wurde nach der Unabhängigkeitserklärung 1972 von einem einheimischen Künstler entworfen und zeigt einen Mann, der die Ketten der Sklaverei und Unterdrückung sprengt.

Eine Statue von zweifelhafter Eleganz, das **Bicentennial Monument** 13**,** steht inmitten des Freedom Square, der Kreuzung am Ostende der Independence Avenue, wo diese auf die 5th of June Avenue trifft. Die drei weit ausladenden, geschwungenen Blätter sollen die Kontinente Afrika, Europa und Asien symbolisieren, aus denen die heutigen Seychellois stammen. Der italienische Bildhauer Lorenzo Appiani entwarf die Statue anlässlich der 200-Jahr-Feier Victorias (1970).

Hôtel de l'Équateur

Südlich des Uhrturmes biegt zwischen zwei großen alten Häusern die Poudrière Lane von der Francis Rachel Street landeinwärts ab. Das Haus auf der linken Seite war das erste Hotel der Seychellen, das **Hôtel de L'Équateur** 14. Gegenüber stand ursprünglich der Pierre de Possession, den Sie heute im Seychelles National Museum sehen können (s. S. 155).

Cable & Wireless 15

Das gepflegte Holzhaus wurde 1893 sowie erneut vor einigen Jahren von der Telefongesellschaft **Cable & Wireless** originalgetreu renoviert und dient bis heute als ihr Verwaltungssitz. Von hier aus wurden die ersten Telefonverbindungen von den Seychellen nach Sansibar, Mauritius und Aden hergestellt. Das Modell einer Bodenstation zum Empfang von Satellitensignalen symbolisiert, dass es heute möglich ist, von den Seychellen aus nach Europa und in alle Welt zu telefonieren, als wäre es ein Ortsgespräch (Francis Rachel St.).

Kenwyn House 16

Das komplett im alten Stil renovierte **Kenwyn House** neben dem Gebäude von Cable & Wireless bietet ein schönes Beispiel dafür, wie landestypische Architektur erhalten wurde. Es gehört zu den schönsten Objekten französischer Kolonialarchitektur.

Viele Jahre lang war es Sitz der Telefongesellschaft Cable & Wireless, dann wurde es renoviert und zu einem edlen Souvenirgeschäft (s. S. 168) umgebaut. In der zugehörigen Kunstgalerie finden Ausstellungen mit Werken seychellischer Maler statt. Im Garten kann man sich Getränke servieren lassen und gelegentlich eine Ausstellung von Werken seychellischer Maler bewundern. Hier findet man erstklassige südafrikanische Diamanten und anderen Schmuck,, der zollfrei erworben werden kann (Francis Rachel St., Tel. 422 44 40, www.kenwynhouse.com, Mo–Fr 9–16, Sa 8–12 Uhr).

National Library Building 17

Wer die Geschichte, Geografie und Kultur der Seychellen im Detail studieren möchte, sollte in den Regalen des modernen Stahl- und Glasbaus der **National Library/National Archives** (Nationalbibliothek/Nationalarchive) stöbern. Das seit 1995 hier untergebrachte Archiv ist für jedermann zugänglich, und man kann in angenehmer – klimatisierter – Umgebung stundenlang in alten Schriften blättern. Im Parterre links befindet sich der Leseraum, in dem Sie eine gut sortierte Kartei finden. Außerdem sind die Archivare hervorragend informiert. Was immer Sie wissen wollen, ob es um Geschichte, Geografie oder Literatur geht, Sie werden das entsprechende Stichwort und interessante Artikel dazu finden (Francis Rachel St., Tel. 432 13 33, seymus@seychelles.net, Mo–Fr 8.30–15.30, Sa 8.30–12 Uhr, Eintritt frei).

Botanischer Garten

Der Botanische Garten im südlich von Victoria gelegenen Vorort Mont Fleuri ist we-

Aufschüttungen – ein Konzept zur Entwicklung der Inseln

Wachsende Bevölkerungszahlen und erhöhte Ansprüche an Wohnraum und Wohnkomfort führen zu immer dichterer Bebauung der empfindlichen steilen Hänge der Insel Mahé. Aufschüttungen vor der Ostküste bilden eine Möglichkeit, der Erosion entgegenzuwirken.

Am 25. Dezember 2004 raste ein Tsunami durch die unendlichen Weiten des Indischen Ozeans, zerstörte Tausende von Kilometern der Küsten Sri Lankas, Indiens, Thailands und Indonesiens. Auch manche flachen Küstenabschnitte der Seychellen wurden für mehrere Stunden von Meerwasser überspült, ohne jedoch größere Schäden zu erleiden. Die Welt war entsetzt, und Fernsehstationen in Europa strahlten auch Bilder einer eingebrochenen Brücke und einiger eingestürzter Hauswände auf den Seychellen aus. Doch das eigentliche Unglück dieser nachweihnachtlichen Tage blieb unerwähnt: der außergewöhnlich starke Regen, der am 26. Dezember 2004 niederging. Er richtete auf Mahé weit größere Schäden an als der Tsunami des Vortages, denn an bebauten steilen Hängen bildeten sich Sturzbäche, Straßen und Wege wurden überschwemmt, Bäume entwurzelt und Erdrutsche zerstörten neu errichtete Wohngebiete.

Die dünne Humusschicht über den Granitfelsen, aus denen die Bergwelt der Seychellen geformt ist, wird durch die Bebauung destabilisiert und hält starken Regenfällen nicht mehr überall stand. Das Problem wurde schon vor Jahrzehnten erkannt. Da jedoch lediglich ein schmaler Küstenstreifen eine Bebauung und/oder landwirtschaftliche Nutzung erlaubt, lassen sich Gegenmaßnahmen nur schwer realisieren. Schon in den 1930er-Jahren hatte die Kolonialmacht daher vor Victoria künstliche Landflächen aus Korallengestein aufgeschüttet und in den 1990er-Jahren wurden zwischen Victoria und dem Flughafen entlang der mittleren Ostküste nochmals mehrere Inseln aufgeschüttet. Zunächst dienten sie als Basis für den Bau einer Schnellstraße zum Flughafen, an deren Rändern sich neue Siedlungs- und Industriegebiete ansiedelten. Einige dieser Inseln aber blieben bisher unbebaut, da sie nicht durch eine Straße mit Mahé verbunden sind.

Mit **Eden Island** (► F/G 4/5) wird nun erstmals eine dieser Inseln zur Entlastung der Berghänge Mahés bebaut und besiedelt. Eden Island liegt nur etwa 50 m vor der Küste der südlichen Vororte der Inselhauptstadt Victoria und ist mit Mahé durch einen Damm verbunden. Südafrikanische und seychellische Investoren haben die gesamte Insel gekauft und errichten dort – in Anlehnung an das große Vorbild The Palm in Dubai – ein gehobenes Wohngebiet für wohlhabende Seychellois und Ausländer. 500 großzügige Appartements, große Einfamilienhäuser mit privatem Strand und Bootsanlegern werden gebaut. Fast alle Häuser und Appartements werden unmittelbaren Meerzugang haben oder zumindest sehr nah am Strand stehen. Die kilometerlange Küstenlinie wird dadurch verlängert werden, dass in die ursprünglich ovale Insel zahlreiche Buchten und Kanäle gegraben und mit Meerwasser gefüllt werden. Dadurch werden 16 ha der ursprünglich 56 ha Inselfläche zu Wasserfläche.

Banken und Geschäfte, Einkaufszentren und Märkte, Arztpraxen, Strandrestaurants, Tennisplätze und Fußballfelder werden gebaut und sollen für die Infrastruktur sorgen,

Thema

die Eden Island zu einem neuen, nahezu unabhängigen Stadtteil Victorias machen wird. Ein halbes Dutzend weißer Sandstrände sowie eine Tiefseemarina für Hochseeyachten machen die Luxusidylle perfekt.

Ausländer, die hier investieren, haben Anspruch auf eine Daueraufenthaltsgenehmigung, und auch eine Arbeitsgenehmigung wird wohl nur in Ausnahmefällen verweigert werden. Dennoch ist Eden Island kein reines Prestigeobjekt. Vielmehr kommt ihm im Ökosystem Mahés eine wichtige Funktion zu: Dadurch, dass die wohlhabenden Seychellois in Zukunft weniger Häuser an den empfindlichen Berghängen bauen werden, verringert sich dort der Siedlungsdruck erheblich.

Die aufgeschütteten Inseln weiter im Süden und zwei der im Norden Victorias vor der Ostküste aufgeschütteten Inseln sind noch keiner konkreten Bestimmung übergeben worden. Sie sollen aber – wie Eden Island – den Siedlungsdruck auf die Berghänge Mahés abschwächen. Andere Inseln sind bereits mit dichtem Grün aus schnell wachsenden Kasuarinen bedeckt, das den Korallenboden festigt und eine Erdschicht als Basis für die spätere Bepflanzung mit endemischen Hölzern schafft. Ob dort Wohngebiete der Luxuskategorie, Agrarflächen oder Wohnungen für die weniger betuchte Bevölkerung entstehen werden, ist noch offen (Informationen: www.edenisland.sc, Tel. 434 60 00).

Vor der Küste Mahés wurden neue Inseln aufgeschüttet

nigstens einen kurzen Besuch wert. Sie dürfen allerdings keinen tropischen Park wie in Singapur oder auf Mauritius erwarten.

Fahren Sie von Victoria aus die alte Küstenstraße nach Süden und dort um einen Kreisverkehr herum, an dem die Straße zum New Port sowie der East Coast Highway nach links abzweigen. Wenn Sie sich weiter geradeaus halten, erreichen Sie nach etwa 400 m eine Abzweigung nach rechts. Linker Hand steht das im französischen Kolonialstil erst 1990 errichtete **Maison Queau de Quincy** 18, in dem sich die Büros des Außenministeriums befinden.

Nach rechts führt eine steile Straße in den **Botanischen Garten** 19. Nehmen Sie sich eine Stunde oder zwei Zeit und genießen Sie die Ruhe und die Schönheit des kleinen Parks, der liebevoll instand gehalten wird. Auf 10 000 m² Fläche finden Sie alle Pflanzen der Seychellen und viele weitere, die eingeführt wurden, u. a. einige prächtige Exemplare der Meereskokosnuss, riesige Brotfruchtbäume, Flaschenpalmen, Flamboyant-Bäume. In einem eingezäunten Bereich werden Riesenschildkröten gehalten, und die großen Flughunde der Seychellen (engl. *flying fox*, frz. *chauve souris*) lassen sich in Ruhe aus der Nähe betrachten. Am höchsten Punkt des Gartens befindet sich ein offener Stand (Café Le Sapin) mit weitem Blick. Hier erhalten Sie einen Kaffee, Erfrischungsgetränke und mittags oder abends sogar kleine kreolische Mahlzeiten zu moderaten Preisen (tgl. 8–17 Uhr, Eintritt 100 SCR).

Tipp: Takeaway

Eine Spezialität sind die Takeaway-Restaurants im Stadtzentrum, die zwischen 11 Uhr und 15 Uhr Currygerichte zubereiten und in einer Schachtel verpackt zusammen mit einem Plastiklöffel mitgeben. In manchen bekommt man auch Tüten voller scharf gewürzter *samoussas* (mit Gemüse oder Fleisch gefüllte, in Fett ausgebackene Teigtaschen). Die Gerichte sind gute, kreolische Hausmannskost. Die Portion kostet ca. 15 SCR (2 €) und reicht für ein bis zwei Personen.

Neues Land ► 1, F/G, 2–5

Im nördlichen Teil des Hafenbeckens wurden weite Flächen durch Aufschüttungen geschaffen, die von der expandierenden Stadt dringend benötigt werden. Es ist hier am Südostende Victorias ein großer **Sportkomplex** mit Fußballstadion, Schwimmstadion, Tennisplätzen und Mehrzweckhalle entstanden. Angrenzend wurde ein neuer Ortsteil, **Roche Caiman**, wie eine kleine Trabantenstadt gebaut – ein Siedlungsgebiet mit etwa 2000 Wohneinheiten. Die Regierung hofft durch die weitere Entwicklung solcher Siedlungsgebiete die Bautätigkeit in den Bergen der Insel eindämmen und so den Druck auf die Natur und die Wasserreserven verringern zu können.

Eine ›Edelversion‹ neuen Siedlungsgebietes ensteht auf der in den 1990er-Jahren aufgeschütteten Insel südlich Victorias namens **Eden Island** (s. Thema S. 162 f.).

Infos

Tourist Information Office: Independence House, Tel. 461 08 00, www.seychelles.com, Mo–Fr 8–17, Sa 8–12 Uhr.

Hauptpost: Independence Ave., Tel. 422 52 22, seypost@seychelles.net, Mo–Fr 8–16, Sa 8–12 Uhr.

Internetbüros/-cafés: Internet Bureau, Maison Suleman, gegenüber der Tankstelle, Francis Rachel St., Bureau@Seychelles.net, 1 Std. ca. 8 €. Double Click, Palm St., Mo–Sa 9–21 Uhr (Fr/Sa auch länger). Kokonet, Im Gebäude des Pirates Arms Restaurant, Independence Ave., Mo–Fr 8–18, Sa 9–13 Uhr. Net, Sham-Peng-Tong Plaza, Albert St., Mo–Fr 8.30–13, 14–17, Sa 8.30–13 Uhr.

Übernachten

Victoria liegt zwar am Meer, aber einen Badestrand hat es nicht. Daher gibt es auch keine Strandhotels in oder nahe der Stadt. Die wenigen Gästehäuser dienen als Unter-

aktiv unterwegs

Frühmorgens auf dem Sir Selwyn Selwyn Clarke Market

Tour-Infos

Start: Market St., Victoria

Wichtige Hinweise: Der Markt findet Mo–Sa 6–18 Uhr statt und liegt im Herzen Victorias. Da es hier nur enge Gassen mit wenigen Parkmöglichkeiten gibt, sollte man sein Auto in der Independence Avenue oder neben der Hauptpost abstellen. Außerdem sollte man reichlich Kleingeld in Rupien bei sich haben, denn wechseln oder Kreditkarten einlesen können die Fischer und Bauern an den Ständen meist nicht.

Viele Reisende wundern sich, dass auf den Seychellen tropische Früchte, heimische Gewürze und Gemüse selten zu bekommen sind (s. S. 93 f.). Eine Ausnahme bildet der **Sir Selwyn Selwyn Clarke Market** 7 in Victoria, denn er sieht so aus, wie man sich einen Markt auf einer tropischen Trauminsel vorstellt. Die Stadtbewohner haben nicht den Platz, den Garten, Obst und Gemüse anzubauen und sind daher auf einen Markt angewiesen, auf dem sie all das kaufen können, was sie für ihr tägliches Leben benötigen: Obst, Fisch, Fleisch, Gewürze, Gemüse usw. Und da auch Touristen diesen einzigen offenen Markt der Seychellen gerne besuchen, hat man ein Café, ein Restaurant und einige Souvenirstände eingerichtet.

Versuchen Sie den Sonnenaufgang hier zu erleben! Das Licht, das Leben und die tropischen Früchte, Gemüse und Gewürze, die frisch gefangenen Fische im morgendlich kühlen Victoria werden für den versäumten Schlaf entschädigen.

Samstag ist Hauptmarkttag

Täglich – besonders reichhaltig und lebendig am Samstag – herrscht bereits vor Sonnenaufgang reges Treiben. Professionelle Händler bauen ihre Stände auf, und Kleinbauern, Fischer oder Familien aus der Umgebung legen den Überschuss an Bananen, Mangos, Papayas oder Ananas aus, um ihn in Rupien zu verwandeln.

Ab 6 Uhr sind die Stände dann besetzt, und zwischen Sonnenaufgang (7 Uhr) und 8 Uhr morgens machen die Familien ihre Einkäufe. Um diese Zeit ist die Ware frisch, und man hat eine große Auswahl. Vor allem die Stände der Fischer, die bis in die frühen Morgenstunden auf dem Meer waren, um den Bedarf an Edelfischen wie *bourgois* (bei uns bekannt als Red Snapper) oder *bigey* (großes Auge = Barsch) befriedigen zu können, sind von Käufern umlagert. Wer nach 8 Uhr kommt, muss nehmen, was übrig ist!

Frühstücken im ersten Stock

Der Markt ist kein touristisches Ereignis, aber er ist übersichtlich und lebendig, obwohl er Ende der 1990er-Jahre komplett renoviert und vergrößert wurde. Seither stellt er eine interessante Kombination aus Einkaufszentrum, Frühstücksterrasse, Kunsthandwerksmarkt und Sightseeing-Attraktion dar. Im Schatten großer Takamaka-Bäume laden Verkäufer zum Bummel von einem Stand zum anderen ein.

Im ersten Stock auf einem Rundumbalkon findet man Kunsthandwerksläden – kleine Geschäfte, in denen sogar sorgfältig und attraktiv gestaltete Souvenirs zu finden sind. Wer zu früh aufgestanden ist, um im Hotel ein Frühstück zu bekommen, kann es sich in einigen Cafés im Marktgebäude servieren lassen. Später am Tag gibt es Snacks und *take-aways* – in Pappschachteln servierte Ziegenfleisch-, Fisch- oder Schweinefleischcurrys auf Reis nach ›Hausfrauenart‹. Diese Gerichte sind nicht nur preisgünstig, sondern auch sehr lecker – und die Portionen so groß, dass sich auch zwei Personen daran satt essen können.

Fußgängerzone nahe dem Sir Selwyn Selwyn Clarke Market

künfte für Geschäftsleute, die in der Stadt zu tun haben.

Nahe Flughafen und Victoria ▶ The Wharf Hotel & Marina 1: Tel. 467 07 00, www.wharfseychelles.com. Unmittelbar an der Marina auf etwa halber Strecke zwischen Flughafen im Süden und Victoria im Norden gelegenes kleines (15 Zimmer), aber feines Hotel an der Ostküste. Ideal, wenn man in Victoria geschäftlich zu tun hat oder auf Mahé nach einem Inselurlaub nur eine oder mehrere Nächte verbringt, bevor man zurück nach Europa fliegt. Es wurde nach der Bebauung des aufgeschütteten Landes als Basis für Yachten errichtet und ist im kreolischen Kolonialstil sehr einladend gestaltet. Mit Pool, Poolbar sowie Blick auf den kleinen Yachthafen und die Nachbarinsel Cerf. DZ ab 250 € mit Frühstück.

Gemütlich ▶ Bel Air Hotel 2: Bel Air, PO Box 116, Victoria, Tel. 422 44 16, www.seychelles.net/belair. Das Kolonialhaus mit sieben Doppelzimmern liegt etwas erhöht oberhalb des State House. Von hier hat man einen schönen Blick über den Hafen auf die vorgelagerten Inseln Sainte Anne, Cerf, Moyenne und Long Island. Das Haus wird von der Eigentümerfamilie mitbewohnt und ist bekannt für seine schmackhafte kreolische Küche (s. Tipp S. 167). DZ mit Frühstück ab 80 € bei längerem Aufenthalt.

Einfach und preiswert ▶ Hilltop Guest House 3: Serret Rd. (Verlängerung der Revolution Ave., die von Victoria nach Beau Vallon führt), Tel. 426 65 55. Einfacher in der Ausstattung, daher auch etwas preiswerter als das Bel Air Hotel (s. S. 166.). DZ mit Frühstück ab 60 €.

Essen & Trinken

Edel und minimalistisch ▶ Konoba 1: Roche Caiman, contact@konoba.sc, Tel. 434 49 05. Ein Restaurant mit Bar und Loungebereich der Luxusklasse hat im Gebäude des Tauchveranstalters ›Angel Fish‹ (s. S. 169) in Roche Caiman nahe der Brücke zur aufgeschütteten Insel Eden Island eröffnet. Gerichte ab 350 SCR.

Klein und fein ▶ Le Rendez-vous Restaurant & Lounge 2: 1. Stock, Victoria House, unweit Ecke Francis Rachel St./Albert St., oberhalb der Nouveau Bank, Tel. 432 35 56, Fax 432 32 16, patti@seychelles.net, Mo–Sa 12–14.30, 19–23 Uhr. Das Rendez-vous, ein gepflegtes, kleines – klimatisiertes – Restaurant hat sich zu einem In-Treffpunkt Victorias gemausert. Von hier bietet sich dem Gast ein schöner Blick zum Uhrturm, zum kolonialen Postgebäude und auf den Justizpalast. Freundliche Angestellte servieren preiswerte, gute kreolische und internationale Gerichte. 50–120 SCR.

Exzellente Pizza ▶ Sam's Pizzeria 3: Francis Rachel St., Tel. 432 24 99, 432 34 95, Fax 432 43 59, sulemane@seychelles.net, tgl. 11–15, 18–23 Uhr. Kleines italienisches Restaurant im Herzen von Victoria. Die Pizzas sind die besten in der Stadt, es werden aber auch kreolische Speisen zubereitet. Gerichte 50–120 SCR.

Snacks und Souvenirs ▶ Doubleclick Seychelles 4: Maison La-Rosière, Palm St., Tel. 458 01 19, bureau@seychelles.net, Mo–Do 7.30–21, Fr–Sa 8–22, So 9–21 Uhr. Nur rund 50 m vom Busbahnhof in Victoria entferntes ›Internet-Restaurant‹, geboten werden einfache internationale Snacks, Café, DVD-Verleih und Geschenkverkauf. Vom attraktiven kleinen Speiseraum bietet sich dem Gast ein wunderbarer Ausblick auf die Stadt. 40–100 SCR.

Einfach ▶ Jolie Rose 2 Restaurant 5: Im Sir Selwyn Selwyn Clarke Market, Tel. 422 54 51, Mo–Sa 7–16 Uhr. Das einfache Restaurant im Marktgebäude von Victoria besticht mit viel Stimmung und den hier zubereiteten typisch kreolischen Gerichten, ebenfalls internationale Speisen. 25–175 SCR.

Inseltreffpunkt ▶ Pirates Arms 6: Independence Ave., nicht weit vom Uhrturm, Tel. 422 50 01, pirates@seychelles.sc, Mo–Sa 9–24, So 12–23.45 Uhr. Das Restaurant mit kreolischer und internationaler Küche ist seit

Tipp: Kreolisches ›Homecooking‹

Eine ›authentische‹ Alternative außerhalb des Trubels der Kleinstadt ist ein Mittagessen im kleinen **Bel Air Restaurant** (wenige Tische) des gleichnamigen **Hotels 2** (s. S. 166). Hier kann man mit den einheimischen Eigentümern ein typisch kreolisches Mittagsmahl einnehmen. Eine Speisekarte gibt es nicht, da auf einer Kommode verschiedene seychellische Spezialitäten als Büfett angerichtet sind. Zum Nachtisch werden lokale Leckereien wie ein Korosol-Eis, Kokoskuchen oder *papay tournée* serviert.

Die Villa Bel Air ist ein gemütliches Kolonialhaus oberhalb des State House ungefähr 150 m über Meereshöhe. Zu Fuß erreicht man sie, indem man vom Uhrturm aus nach Norden zu der mit einer Ampel versehenen Kreuzung geht, sich dort nach links in Richtung Beau Vallon wendet und nach etwan 400 m wiederum links in die schmale Bel Air Road abbiegt. Sie führt in zwei Schleifen steil zur Villa hinauf. Da jeder Seychellois in Victoria das Bel Air Guesthouse kennt: Einfach fragen, wenn Sie sich nicht ganz sicher sind (Bel Air Restaurant, Bel Air Rd., Tel. 422 44 16, Fax 422 49 23, Mo–Sa 12–14.30 Uhr, Büfett 120 SCR/Person. Eine Voranmeldung ist erforderlich)!

Jahrzehnten *der* Treffpunkt der jungen Leute und der Urlauber im Zentrum von Victoria. Es ist nicht jedermanns Sache, nach einer Wanderung durch den Botanischen Garten, über den Markt von Victoria oder nach einem Spaziergang durch die Stadt ›tous Seychelles‹ auf der Terrasse des Inseltreffpunkts Pirates Arms zu beobachten – und natürlich auch beobachtet zu werden. Aber wer Spaß daran hat zu sehen, ›wer mit wem‹ zu Mittag isst, und zu hören, welche Musik angesagt ist, der sollte zwischen 12 und 14 Uhr eine Stunde für das offene Terrassenrestaurant einplanen. Wem das zu langweilig ist, der kann seine Nerven an einarmigen Banditen stählen. Viele Fruchtsäfte, Pizzas und ein kaltes Büfett zu günstigen Preisen. Ein komplettes Mittagsmenü bekommt man für etwa 150 SCR, Gerichte 20–120 SCR.

Kleinigkeiten, inklusive Zeitungslektüre ▶ **News Café 7**: 1. Stock, Trinity House, Albert St., Tel. 432 29 99, Mo–Fr 8.30–17, Sa 8.30–15 Uhr. Wenn es eine Kleinigkeit – ein schnelles Sandwich, ein Kaffee oder ein Salat – sein soll, ist das News Café der ideale Ort hierfür. Um dem Namen gerecht zu werden, liegen auch internationale Zeitungen aus! Gerichte 30–80 SCR.

Tipp: Besteigung des Signal Hill

Fahren Sie mit dem Bus von der Victoria Central Bus Station zum Dorf **Mont Buxton.** Dort beginnt der Weg zum Signal Hill (fragen!). Er steigt zunächst flach an, führt am örtlichen Gefängnis vorbei und wird steiler, wenn Sie in eine Kokosplantage gelangen. Am Gipfel des **Signal Hill** steht ein Wachturm, von dem aus in früheren Zeiten die Ankunft von Schiffen in der Bucht von Victoria beobachtet wurde. Sie können auf demselben Weg nach Victoria zurückkehren oder beim Abstieg an der ersten Kreuzung nach rechts in Richtung Westen abbiegen. Dieser Weg führt Sie hinunter in die Beau Vallon Bay. Dauer der Wanderung: ca. 1 Std.

Einkaufen

Märkte ▶ **Sir Selwyn Selwyn Clarke Market 7**: Mo–Sa 6–18 Uhr, s. S. 165. **Straßenmarkt 1**: Mo–Fr 9–16, Sa 8–12 Uhr. Nahe dem Uhrturm findet man u. a. Meereskokosnuss- und Kokosfaser-Kunsthandwerk.

Edelfische ▶ **Indian Ocean Tuna 2**: Fishing Port (am Long Pier, Ostende der Independence Ave.). Den Fisch gibt es auch tiefgefroren für die Mitnahme nach Europa, erhält man im Laden der Seychelles Fishing Authority (SFI) im Hafen von Victoria.

Souvenirs ▶ **Memorabilia 3**: Revolution Ave., Tel. 432 11 90, Mo–Fr 8–16, Sa 8–12 Uhr. Neben Souvenirs findet man auch einige Literatur über die Seychellen in englischer Sprache. **Antik Colony 4**: Im rückwärtigen Gebäude des Pirates Arms Restaurant, Independence Ave., Tel. 432 17 00, Mo–Fr 8–16, Sa 8–12 Uhr. Teurer Souvenirladen mit ausgesucht gut gemachtem Kunsthandwerk. **Camion Hall 5**: Albert St., Mo–Fr 8–16, Sa 8–12 Uhr. Modernes Gebäude, in dem selbstständige Souvenirgeschäfte untergebracht sind. Hier bekommt man handgefertigte Modellschiffe (Aphrodite Marine) und aus Naturmaterialien hergestellten Schmuck (Kreol d'Or). **Kenwyn House 16**: Francis Rachel St., Tel. 422 44 40, www.kenwynhouse.com, Mo–Fr 9–16, Sa 8–12 Uhr. Edles Souvenirgeschäft, in dem man erstklassige südafrikanische Diamanten und anderen Schmuck findet. Hier besteht die Möglichkeit, zollfrei einzukaufen.

Kunsthandwerk ▶ **Läden im Codevar Building 6**: Albert St./Ecke Revolution Ave., Mo–Fr 9–16, Sa 8–12 Uhr. Gleich neben der Taxihaltestelle beim Uhrturm kann man ebenfalls Kunsthandwerk aus Kokosfasern erwerben. **Scoty Tern 7**: Premier Bldg., Francis Rachel St., Tel. 461 02 26, Mo–Fr 8–16, Sa 8–12 Uhr. Qualitativ hochwertiges, auf den Seychellen gefertigtes Kunsthandwerk. Zum umfassenden Angebot gehören handgefertigte Artikel aus Naturmaterialien von Danny Monthy (Lampen, Gefäße, Schalen etc.), Gebrauchs- und Dekoobjekte aus der Produktion des Ateliers Thoughts in der Nähe von Victoria sowie Gemälde, Seiden-

Frachtsegler auf dem Weg von Mahé nach Praslin

malerei und Batiken des bei Anse Soleil lebenden Künstlers Andy Gee.

Bücher ▶ Antigone 8: Victoria House, Francis Rachel St., nahe dem Uhrturm, Tel. 422 54 43, Mo–Fr 8–16, Sa 8–12 Uhr. Landkarten, Reiseführer, Bildbände, Schulbücher.

Chez Franco 9: Francis Rachel St., Mo–Fr 8–16, Sa 8–12 Uhr. Landkarten, Reiseführer, Bildbände, Schulbücher.

Abends & Nachts

Kino ▶ Deepam Cinema 1: Albert St. Hier finden täglich drei Vorstellungen mit indischen und amerikanischen Kinofilmen statt.

Hochprozentiges Barlife ▶ Barrel Bar 2: Revolution Ave., tgl. 22–3 Uhr. Hier beginnt man schon gegen 22 Uhr die härteren Drinks zu schlucken und sich mit Matrosen aus Korea, Japan, Taiwan, Frankreich oder Spanien zu verbrüdern. Heiße Musik und viel Alkohol.

Tanzfieber ▶ Flamboyant Disco 3: Am Beginn des East Coast Highway im Süden der Stadt, Fr/Sa ab 21 Uhr. *Die* Edeldisco mit vielen Gästen.

Aktiv

Wassersportzentren, Tennisplätze usw. hat Victoria wenig zu bieten. Lediglich **Hochseefischer** sind am richtigen Platz, denn hier befindet sich der Yachthafen, in dem fast alle hochseetauglichen Boote liegen. Folgende Charterfirmen verfügen über umfangreiche Flotten unterschiedlicher Segelboote:

Bootscharter ▶ Angel Fish Yacht Charters 1: Angel Fish Bayside Marina, Roche Caiman, PO Box 1079, Victoria, Tel. 434 46 44, www.seychelles-charter.com. **Moorings 2:** c/o The Wharf Hotel & Marina, PO Box 588, Providence, Tel. 460 10 60, www.moorings.com. **Sunsails 3:** PO Box 1076, Tel. 422 57

aktiv unterwegs

Bergtour auf die Trois Frères

Tour-Infos

Start: Etwa 5 km oberhalb der Stadt Victoria von der Sans Souci Road rechts (Norden) abzweigen. An der Straße steht ein Schild, das den Einstieg in den Wanderpfad markiert.
Dauer: ca. 4 Std. reine Laufzeit
Schwierigkeitsgrad: mittelschwer
Wichtige Hinweise: Mit dem **Bus** fährt man ab der Central Bus Station von Victoria nach Sans Souci oder aber mit dem Bus via Le Niol Road ab/nach Victoria oder Beau Vallon. Letzterer fährt wochentags alle 15–20 Min.

Einen grandiosen Überblick über Victoria und die vor der Nordostküste Mahés liegenden Inseln des Ste. Anne Marine National Park hat man vom Gipfel des oberhalb der Stadt gelegenen Berges **Les Trois Frères**, den man allerdings zu Fuß erklimmen muss. Findet man die richtigen Pfade auf Anhieb, muss man ca. 4 Std. wandern.

Brechen Sie möglichst am frühen Morgen auf, sodass Sie am Abend nicht von der unvermittelt gegen 18 Uhr hereinbrechenden Dunkelheit überrascht werden können. Die Besteigung kann selbstverständlich auch in umgekehrter Reihenfolge erfolgen. Wenn man früh aufbricht und viel Zeit für das Gipfelbier einplant, ist das sogar empfehlenswert, denn dann geht man den Berg im Schatten hinauf, da die Morgensonne noch hinter dem Berggipfel im Osten steht. Macht man sich erst am Nachmittag auf den Rückweg und nimmt den Weg über den Osthang nach Victoria, geht man wieder weite Teile des Wegs im Schatten.

Die Tour erfordert Kondition, gutes Schuhwerk und Orientierungssinn, da der Weg beim Abstieg nach Le Niol nicht immer einfach zu erkennen ist. Sie kann ohne einen einheimischen Führer unternommen werden, da die Gefahr sich zu verlaufen, gering ist.

Aufstieg von Sans Souci aus

Von der Bushaltestelle in Sans Souci aus folgen Sie der Straße etwa 1 km weiter. Rechts der Straße finden Sie bald ein großes Holz-

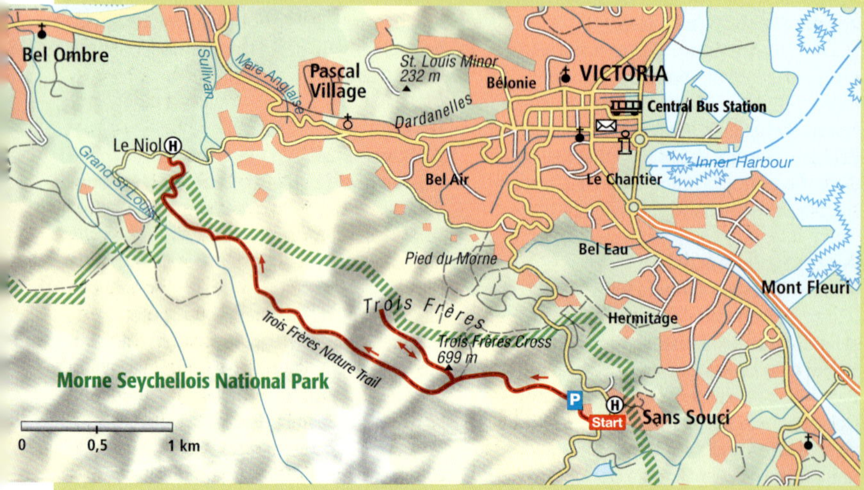

schild des Forestry Department mit der Aufschrift »Les Trois Frères«. Hier biegen Sie rechts ein und folgen einer Forststraße, die an einem Aussichtspunkt endet, der bereits einen kleinen Überblick über die Stadt und die Küste erlaubt. Danach wird der Weg schmaler und schlängelt sich den Berg hinauf. Nach etwa einer halben Stunde Gehzeit wird er steil und ist nur noch mit Schuhen mit griffigen Sohlen zu bewältigen. Nach 1 Std. erreicht man schließlich eine Passhöhe, wo ein Schild den Weg nach Le Niol weist. Das wird Ihr Rückweg! Hier zweigen Sie nun jedoch zunächst nach rechts ab und folgen dem schmalen Pfad bis hinauf zum Fuß der von hier aus aufragenden drei Granitfelsen – Les Trois Frères (die drei Brüder) – und genießen einen unvergleichlichen Ausblick! Wer schwindelfrei und klettererfahren ist, kann noch weiter bis zum Gipfelkreuz klettern, das auf dem höchsten der drei Felsen angebracht ist.

Der Abstieg

Beim Abstieg haben Sie die Wahl: Entweder nehmen Sie den Weg zurück, den Sie gekommen sind, oder Sie folgen der oben erwähnten Beschilderung nach Le Niol. Der kleine Ort liegt auf halber Höhe des Berges zwischen der Nordwestküste und dem Gipfel. Wenn Sie dem Schild Richtung Le Niol folgen, beginnt eine abenteuerliche Wanderung durch uralten, geschützten Wald, die zunächst sanft abwärts führt. Der Pfad wird selten begangen und ist daher stückweise schwer erkennbar. Wenn Sie jedoch in Richtung Westen gehen, können Sie ihn letztlich nicht verfehlen.

Nach etwa einer guten Stunde später auch steilen Abstieges mündet der Weg in eine Fahrstraße, die leicht abfallend und in starken Windungen zur Le Niol Road hinunter führt. Gehen Sie von der Kreuzung aus nach rechts die Straße entlang, bis Sie auf der linken Seite wieder eine Bushaltestelle finden.

00, www.sunsail.com. Weitere Chartermöglichkeiten finden Sie über: **Marine Charter Association,** Tel. 432 21 26. Sie vermittelt den Kontakt zu Bootseignern (auch von Motoryachten), die ihre Boote meist mit Skipper tage- oder wochenweise anbieten.

Verkehr

Alle **Fluggesellschaften** haben Büros im Zentrum Victorias (s. S. 112 f.).

Mietwagen: Es gibt diverse Verleihfirmen in der Stadt. Es ist ratsam, verschiedene von ihnen anzurufen, um die Preise zu vergleichen. Alpha Rent-a-Car, Tel. 432 20 78; Avis, Tel. 422 45 11; Budget; Tel. 434 42 80; Echo, Tel. 437 33 73; Eden's, Tel. 426 63 33; Hertz, Tel. 432 24 47; Jean's Car Hire, Tel. 426 62 78; Kobe Car, Tel. 432 18 88; Mein's Cars, Tel. 426 60 05; Nelson Car Hire, Tel. 426 69 23; Petit Car Hire, Tel. 434 46 08; Pillay City Cars, Tel. 437 52 89; Ram Car Hire, Tel. 432 34 43; Sunshine Cars, Tel. 422 46 71; Silversands, Tel. 436 11 33; Tropicar, Tel. 437 33 36.

Taxistände: an der Ecke Revolution Ave./Albert St., Tel. 432 22 79, und im Hafen, Tel. 432 22 39.

Fähren: Vom Hafen am Nordende der Hafenanlagen legt täglich mehrmals die Motorfähre Cat Cocos nach Praslin ab (s. S. 257), Fahrpreis pro Strecke ca. 40 €. Abenteuerlustige können auch mit einem Frachtsegler nach Praslin oder La Digue fahren. Schon für die einstündige Überfahrt mit Cat Cocos sollte man ›seefest‹ sein. Für die 4–5 Std. auf dem Frachtsegler gilt das erst recht. Der Fahrpreis liegt bei 20–30 €.

Busbahnhof: Der zentrale Busbahnhof, die Central Bus Station, liegt in der Palm Street nahe der Kreuzung zur 5th of June Avenue. Von hier aus verkehren alle paar Minuten Busse nach Beau Vallon, Anse Étoile, Anse aux Pins und auch in den Süden und Westen Mahés. Vor 6 Uhr morgens sowie nach 20 Uhr abends fahren keine Busse. Eine Webseite informiert über die Buslinien (für Aktualität kann keine Gewähr übernommen werden): www.travel-and-fun.de/reise/seychellen/info buslinien.htm. Fahrpreis pro Strecke etwa 3 SCR.

Ste. Anne Marine National Park

Eine Gruppe von sechs Inseln und die sie umgebende Lagune bilden das Naturschutzgebiet Ste. Anne Marine National Park. Viele Eingriffe wie fischen, Muscheln sammeln, Stege bauen sind hier strikt untersagt. Die Nutzung für sanften Tourismus ist jedoch gestattet. Das Naturschutzgebiet umfasst die Inseln Sainte Anne, Cerf Island, Île Cachée, Moyenne Island, Round Island und Long Island.

Den Schutzmaßnahmen verdankt der Meeresnationalpark, dass trotz der Nähe des Hafens von Victoria hier sehr viel mehr Korallenarten und vor allem Fische beobachtet werden können als in ungeschützten Regionen. Die besten Schnorchelreviere liegen im Ste. Anne Channel zwischen den Inseln Sainte Anne und Moyenne. Zwischen der Insel Cerf und dem Festland Mahés befindet sich ein nicht zum Nationalpark gehörendes Korallenriff, das in den Jahren nach dem Bau des Flughafens und der Ostküstenstraße allerdings weitgehend zerstört wurde. Durch die aufgeschütteten Landgebiete haben sich die Strömungsverhältnisse so stark verändert, dass viele Korallen nicht mehr lebensfähig waren.

Aktiv

Schnorcheln und Tauchen ▶ Sehr schöne **Schnorchelreviere** mit großem Artenreichtum sowohl in der Fauna wie in der Flora gibt es im Ste. Anne Channel zwischen Sainte Anne und Moyenne. Schnorchler und Taucher finden hier über 150 Arten von Fischen und Meerestieren, siehe auch ›Aktiv unterwegs‹ S. 175. **Angel Fish Dive Center:** Angel Fish Bayside Marina, Roche Caiman, PO Box 1079, Victoria, Tel. 434 41 33, www.diveangelfish.com, www.qualitydivers.com/qd/deutsch/angelfish-d.html. Diese Tauchbasis unter deutscher Leitung liegt an der Nordostküste Mahés unweit des Nationalparks und ca. 5 Min. Autofahrt vom Flughafen und Victoria entfernt. Die Tauchlehrer kennen den Ste. Anne National Marine Park und die besten Tauchplätze wie ihre Westentasche! Tauchgäste werden ohne Berechnung von ihren Hotels abgeholt, die Boote starten vom basiseigenen Steg. **Cerf Island Explorer:** PO Box 459, Victoria, Tel. 457 00 43, Fax 422 52 73, pal@seychelles.net. Tauchfahrten im Nordosten Mahés und im Ste. Anne Marine National Park mit kleinen Gruppen von zwei bis sechs Tauchern.

Sainte Anne ▶ 1, G/H 3

Ein 250 m hoher bewaldeter Berg dominiert die Insel **Sainte Anne.** An seinem Fuß erstrecken sich grüne Ebenen bis hin zu den weißen Sandstränden der Insel. Sainte Anne war im 18. Jh. das erste gut funktionierende Siedlungs- und Plantagengebiet der Seychellen. Dort erfolgreich angelegte Reisfelder, Anpflanzungen von Gewürznelken, Bananenstauden und Kokospalmen wurden jedoch bald wieder verlassen. Die Kolonialverwaltung – deren Sitz damals auf Mauritius war – hatte den erfolgreichen Kolonisator zurückgerufen, damit er Bericht erstatte.

In den 1980er-Jahren war die Insel Standort eines nach sozialistischen Prinzipien eingerichteten National Youth Service. Kinder im Alter von 14 bis 16 Jahren sollten hier durch eine Kombination aus theoretischem und praktischem Unterricht auf das Berufsleben vorbereitet werden. Dieses Projekt wurde jedoch von Beginn an von den meisten Seychellois abgelehnt. Sie wehrten sich heftig gegen diese ›Kasernierung‹ ihrer Kinder, und so gab man das Vorhaben nach einigen Jahren wieder auf. Danach verblieb noch ein großer Speicher für Dieselöl, der entfernt wurde, bevor hier 2002 ein Luxushotel errichtet wurde.

Dieses 90-Villen-Hotel errichtete die mauritische Hotelgruppe Beachcomber in den Küstenebenen im Süd- und Nordwesten von Sainte Anne. In seinen Grünanlagen steht wie eine Skulptur die Ruine eines futuristisch anmutenden Schmelzofens für Walfischfett. Eine kleine Walfangflotte war Anfang des 20. Jh. auf der Insel stationiert und verarbeitete hier das Fleisch und das Fett von Walen, die sie in großer Zahl in den Gewässern zu finden gehofft hatten. Doch das Meer rund um die Seychellen ist Walen zu warm, sodass dieses Geschäft bald aufgegeben wurde.

Übernachten

Luxusherberge ▶ **Sainte Anne Resort:** Tel. 429 20 00, www.sainteanne-resort.com, www.beachcomber.de/Hotels/Seychellen. 90 luxuriöse Villen bilden das 5-Sterne-Resort der renommierten Beachcomber-Gruppe. Hier findet der Gast allen Komfort vor. Die Villen mit je eigener Terrasse sind ausgesprochen großzügig gestaltet, im Garten des Resorts steht ein Pavillon. Ein regelmäßiger Bootsshuttle garantiert die problemlose Anbindung an Mahé. Das Hotel bietet seinen Gästen darüber hinaus die Möglichkeit Tennis zu spielen oder mit dem Mountainbike die Insel unbeschwert zu erkunden. Auf dieser Trauminsel entspannt man zwanglos und in Harmonie mit der Natur. Ein angenehmes Extra: Das Hotel verfügt über ein Weltklasse-Spa, das die Entspannung des Urlaubers vielleicht noch zu steigern vermag. DZ mit Halbpension (à la carte) ab 720 €.

Cerf Island ▶ 1, G/H 4

Für Liebhaber von Natur und Ruhe ist **Cerf Island** eine ideale Urlaubsinsel, deren Strände häufig von Meeresschildkröten zur Eiablage besucht werden. Sie wirkt abgeschieden von der Zivilisation, obwohl sie nur 4 km vor der Küste von Victoria liegt und in

Luxus pur im Sainte Anne Resort

20 Min. mit dem Boot leicht zu erreichen ist. Die Insel ohne Straßen und Geschäfte befindet sich im Besitz einiger seychellischer Familien, die dort einige wenige Wochenendhäuser haben. Der Strand ist – wie überall auf den Seychellen – der Öffentlichkeit ohne Weiteres zugänglich und kann bis zur Hochwassserlinie für Picknicks und zum Baden genutzt werden. Von einer Bucht im Norden der Insel bietet sich ein traumhafter Blick auf die Nachbarinseln Long Island, Moyenne Island, Round Island und Sainte Anne. Hier wähnt man sich fast an einem großen Binnensee, denn der Blick aufs offene Meer ist von den umliegenden Inseln versperrt.

Die etwa 1,5 x 2 km große Insel kann man mit Abenteuerlust und Ausdauer umwandern, doch ist das nicht ganz einfach, denn die Vegetation reicht stellenweise bis dicht an das Meer, so dass die Umwanderung bei Flut schwierig ist. Wege findet man wenige, einer von ihnen führt zwischen zwei in der Inselmitte gelegenen Hügeln hindurch vom Norden in die südliche Bucht. Abseits der Wege aber ist der Wald oft undurchdringlich und wird von großen Fledermauskolonien (Flughunde, engl. *flying fox*, frz. *chauve souris*) bevölkert. Da es keine Straßen gibt, gibt es natürlich auch keine Autos, dafür aber zwei kleine Hotels und ein Strandrestaurant. Beide Unterkünfte sind interessante Alternativen zu Hotels auf der Hauptinsel, denn sie vereinen zwei Angebote: sich auf die ›unberührte Trauminsel‹ zurückzuziehen und dennoch Besuche in der Hauptstadt Victoria oder Bergtouren bzw. Inselrundfahrten auf Mahé wahrnehmen zu können.

Île Cachée ► 1, H 4/5

Die winzige **Île Cachée** vor der Südspitze von Cerf Island ist unbewohnt und dürfte es aufgrund ihrer Abmaße wohl auch bleiben. Bei Ebbe kann man zu ihr hinüberwandern.

Übernachten

Oase der Ruhe ► **Cerf Island Marine Park Resort:** Tel. 429 45 00 www.cerf-resort.com. Zwölf Villen stehen verstreut in einem lichten Hain aus Laubbäumen. Mit einem kleinen Strand, gutem Restaurant, Pool und Spa sowie Blick auf den Ste. Anne Marine National Park liegt dieses Hotel auf einer kaum besiedelten Insel nahe Mahé. Mit dem hoteleigenen Motorboot erreicht man in ca. 10 Min. die Hauptstadt. DZ mit Frühstück ab 380 €.

Gehobene Ausstattung ► **Cerf l'Habitation:** Tel. 432 31 11, Fax 432 13 08. Gästehaus der gehobenen Klasse am Westufer der Insel. In einem neuen Kolonialstilhaus befinden sich zwölf klimatisierte Zimmer. Frühstück und Abendessen werden im Restaurant oder in einem Gartenpavillon serviert. Es besteht ein regelmäßiger Shuttleservice per Boot nach Mahé. DZ mit Frühstück ab 170 €.

Essen & Trinken

Sehr schöne Lage ► **Kapok Tree Restaurant:** Tel. 432 29 59. Unter der Woche nur mittags oder nach vorheriger Vereinbarung geöffnetes Ausflugsrestaurant an einem wunderbaren Strand an der Nordostseite der Insel. Es ist für jedermann zugänglich und wird vor allem von Besuchern aus Mahé genutzt, die einen Tag an einem einsamen Strand verbringen möchten. Eine auf der Insel lebende Familie bereitet exzellente kreolische Gerichte zu. 70–120 SCR.

2 Moyenne Island

► 1, G/H 3/4

Moyenne ist eine 450 m lange und 250 m breite Insel 5 km vom Hafen Victorias entfernt. An einem der Stadt zugewandten, sanften Sandstrand gehen die wenigen Besucher der Insel an Land und mühen sich zunächst einen steilen Fußpfad hinauf zum Inselrestaurant, das einen wunderbaren Ausblick bietet.

Der Eigentümer des Eilands, Brendon Grimshaw, ein englischer Journalist, ist zwar im Jahr 2012 verstorben, doch sein ›Man Friday‹, der mehrere Jahrzehnte mit ihm auf der Insel verbrachte, kümmert sich im Auftrag der Erben weiter um Moyenne Island. Er pflegt das Grabmal seines ehemaligen Arbeitgebers und den von Grimshaw liebevoll angelegten **Wanderweg.** Alle Bäume am Wegesrand

aktiv unterwegs

Tauchen und Schnorcheln im Ste. Anne Marine N. P.

Tour-Infos

Start: Die Tauchboote legen in der Regel von der Insel Eden Island oder nahe der Brücke ab, die nach Eden Island führt. Das Hotel Beachcomber Ste. Anne Resort (Insel Ste. Anne) und das Hotel Cerf Island Lodge (Insel Cerf Island) bieten ebenfalls Tauchfahrten im Marine National Park an.
Länge/Dauer: ca 2–3 Std.
Wichtige Hinweise: Schnorchelfahrten organisieren alle lokalen Touristikbüros, Tauchfahrten sind z. B. über über Angel Fish (s. S. 172) zu buchen, die ihre Basis an der Brücke zur Insel Eden Island unterhält.
Karte: ▶ 1, G/H 3 – 4

Die Inselgruppe vor Victoria wurde u. a. zum Schutzgebiet erklärt, weil hier der Artenreichtum der Unterwasserflora und -fauna besonders groß ist. Zwar haben die Korallen hier auch unter der Erhitzung während El Niño gelitten, denn in der flachen Lagune fand wenig Austausch mit kühlerem Tiefenwasser statt. In Regionen nahe tieferen Gewässers hatte ein solcher Austausch viele Korallen gerettet.

Am lebendigsten und farbenprächtigsten sind bis heute die Riffe im **Ste. Anne Channel,** einem Gebiet, das vergleichsweise gut mit Frischwasser von außerhalb durchströmt wird. Hier findet man steile Riffe, flache Riffpartien knapp unter der Wasseroberfläche, von Korallen überwucherte Granitfelsen, Sandebenen, Seegrasbetten und viele andere, interessante Unterwasserformationen.

Gerätetaucher werden die Gebiete rund um die benachbarten Felsgruppen **Grand Rocher** und **Beacon Island** am interessantesten finden. Beacon Island (Pinnacles) liegt knapp außerhalb des Ste. Anne Marine National Park im Südosten der Insel Sainte Anne. Die Insel besteht aus mehreren Felsen, die von Korallen bewachsen sind und daher viele Fische anziehen. Das poröse Gestein hat Überhänge und Grotten, in denen Krebse, Zackenbarsche und Muränen wohnen.

Großaugenstachelmakrelen: im Indischen Ozean überall weit verbreitet

Segeln im Sainte Anne Marine National Park

HC386

Die Bedeutung des Ste. Anne Marine National Park

Als die Kolonialregierung 1973 östlich Victorias den ersten Meeresnationalpark Ostafrikas (!) einrichtete, waren die Schutzziele andere als heute. Damals wurde Korallengestein zum Hausbau aus den Riffen gebrochen, es wurden Meeresschildkröten gefangen und als Delikatesse verzehrt, Fischer nutzten den Fischreichtum in den flachen, ungefährlichen Gewässern, sodass Überfischung drohte.

All diese Aktivitäten sind heute nicht mehr oder kaum noch von Bedeutung, doch der Schutz des Parks bleibt wichtig. Die Artenvielfalt des Meeres wird von den Auswirkungen des Tourismus bedroht, der wichtigsten Industrie des Landes, die mit über 120 Mio. € pro Jahr die mit Abstand höchsten Deviseneinnahmen ermöglicht.

Um das Ökosystem und die Wirtschaft zu schützen, wurden in den vergangenen 20 Jahren eine Vielzahl von gesetzlichen Regelungen geschaffen, welche die Nutzung der Natur im Ste. Anne Marine National Park beschränken, ohne die touristische Nutzung unmöglich zu machen. Vielmehr ist es das Ziel der Regelungen, eine eingeschränkte, dauerhafte Nutzung durch den Tourismus und eine sanfte Küstenfischerei zu ermöglichen. Die Inseln leben von der Schönheit und Ursprünglichkeit ihrer Natur und ihren fischreichen Gewässern. Gleichzeitig aber stellen Urlauber und Fischer eine Bedrohung dar. Es muss ein Weg gefunden werden, beide Ziele in Einklang zu bringen: Nutzung für den Tourismus und Fischerei, ohne die Grundlagen beider zu zerstören.

1994 wurde deutlich, dass gesetzliche Verbote alleine das Meer nicht schützen können, denn was früher offen praktiziert wurde (beispielsweise Schnecken als Souvenir absammeln oder Eier der Meeresschildkröten sammeln), geschah nun heimlich. Daher wurde die **Marine Park Authority** gegründet, die die Einhaltung der Schutzgesetze überwacht. Über 30 Angestellte sind für eine Meeresfläche von 3500 ha zuständig, welche die insgesamt sechs Meeresnationalparks Ste. Anne, Baie Ternay, Port Launay, Curieuse, Silhouette und Île Cocos umfassen. Die Schutzgesetze enthalten Bestimmungen hinsichtlich des Vogelschutzes ebenso wie das Verbot, Stege zu bauen, bestimmte Fischarten oder Landschildkröten zu fangen, die Schutzgebiete mit schnellen Motorbooten zu durchfahren und vieles mehr. Um die wirtschaftliche Nutzung dennoch zu ermöglichen, hat die Marine Park Authority die Seeflächen mittels Bojen gekennzeichnet und Zonen eingerichtet, in denen eine eingeschränkte, vorsichtige Nutzung gestattet ist. Beispielsweise gibt es definierte Tauchregionen, in denen Glasbodenboote fahren dürfen und in denen von diesen Booten aus geschnorchelt werden darf. Es sind ebenfalls Zonen gekennzeichnet, in denen Picknicks durchgeführt und ›sanfte‹ Wassersportarten (Windsurfen, Schwimmen) ausgeübt werden dürfen. Alle anderen Regionen stehen unter strengerem Schutz, denn sie dienen als Eiablageplätze für Meeresschildkröten und als Laichstätten vieler Fischarten. Darüber hinaus sollen sie helfen, eventuelle Schäden in den zur Nutzung gekennzeichneten Zonen zu heilen.

Die Nutzung der Landflächen auf den sechs Inseln des Ste. Anne Marine National Park ist auf sanften Tourismus mit kleinen, naturschonend konzipierten Hotels und Res-

Thema

taurants beschränkt. Etwa 40 000 Urlauber – also jeder dritte Seychellengast! – besuchen pro Jahr den Park. Sie leisten durch ihr Eintrittsgeld, durch die Beschäftigung von Bootsführern, Reiseleitern, Köchen, Bedienungen usw. einen erheblichen Beitrag zum Bruttosozialprodukt der Seychellen – und sie finanzieren den eingeschränkten Schutz der Meeresnationalparks durch die Marine Park Authority.

Infos

Ste. Anne Marine National Park Headquarters: Tel. 422 51 15, info@scmrtmpa.sc, Eintritt *(landing fee)* 10 €.

Steinkorallen als Lebensraum für Fische und andere Meeresbewohner

wurden mit Namensschildern versehen, sodass die Besucher die Natur um sich kennenlernen. Der Rundweg führt auch an **zwei Ruinen** vorbei, in denen vor langer Zeit einmal Einsiedler lebten.

Ein **Friedhof** auf der Insel mit nunmehr vier Grabstätten wird in historischen Dokumenten 1892 zum ersten Mal erwähnt. Zwei der Grabstätten beinhalten die Gebeine von Piraten, deren Seelen einen Schatz bewachen, der vor Hunderten von Jahren auf der Insel vergraben worden sein soll. Gruselige Geschichten werden erzählt, denn auf der Insel sollen Kämpfe zwischen Piraten stattgefunden haben, und die Seelen der dabei Getöteten sollen bis heute in finsteren Nächten spuken. Auch Brendon Grimshaw konnte gruselige Geschichten von seinem einsamen Leben auf dieser von Geistern bewohnten Insel erzählen, von geheimnisvollen Geräuschen nahe den Gräbern und verfallenen Häusern, vom Klopfen an seiner Schlafzimmertür und Rütteln an seinem Bett. 1970, Brendon Grimshaw hatte die Insel erst kurz zuvor erworben, hörte er von einem jungen Mädchen auf Mahé, dem im Traum die Lage eines Piratenschatzes auf Moyenne eröffnet worden sein sollte. Er holte das Mädchen auf die Insel, und sie führte ihn zu dem Platz. Als beide die Spaten ansetzten und zu graben begannen, fielen krachend zwei schwere Kokosnüsse unmittelbar neben ihnen auf die Erde. Das Mädchen lief in Panik davon, und auch der Inseleigentümer hat nie wieder versucht, nach dem Schatz zu graben. Er ist überzeugt, dass dies die letzte, glimpflich verlaufene Aufforderung der Geister war, den Schatz nicht anzutasten.

Nach dem Tod des Inseleigentümers wurde Moyenne entsprechend dem letzten Willen von Brendon Grimshaw der neu gegründeten **Moyenne Island Foundation** übergeben. Noch zu Lebzeiten Grimshaws war die Insel unter staatlichen Naturschutz gestellt worden. Damit ist sichergestellt, dass sie in dem naturnahen Zustand erhalten bleibt, in den sie der Eigentümer mit seinen einheimischen Helfern im Laufe der vergangenen Jahrzehnte zurückversetzt hat.

Round Island ▶ 1, H 4

Round Island ist eine winzige Insel zwischen Sainte Anne und Cerf, die nur 30 m aus dem Meer herausragt. Dichter, tropischer Wald bedeckt die Inselfläche, die gerade einmal 100 x 200 m misst. Auf einem schmalen Pfad kann man Round in wenigen Minuten gemütlich umwandern und herrliche Ausblicke auf das umgebende Meer, die Strände und die Nachbarinseln genießen. Round Island befindet sich in Staatseigentum und war vor vielen Jahren zunächst eine Leprastation, später Gefängnis. Die Insel mit dem kleinen Gefängnisgebäude (20 x 20 m) war bis vor einigen Jahren an eine Familie verpachtet, die dort ein kreolisches Ausflugsrestaurant be-

trieb. In der Gefängniszelle befand sich die Küche, die Esstische wurden im Freien auf einer kleinen Terrasse aufgestellt.

2005 wurde die Insel an eine Hotelgesellschaft verpachtet, die momentan ein exklusives Villenhotel mit nur zehn luxuriösen Chalets mit Privatpools und einem Spa errichtet. Den neuesten Stand kann man der Webseite www.enchantedseychelles.com entnehmen.

Long Island ►1, H 4

Als das Gefängnis auf Round Island zu klein geworden war, hat man es im 20. Jh. auf die größere Nachbarinsel **Long Island** verlagert, wo es bis 2006 auch bestand. Man konnte die Insel also nur unfreiwillig besuchen, bis sie an die Hotelgruppe Shangri La verpachtet wurde, die hier derzeit ein Luxusresort der Spitzenklasse errichtet (Termin der Fertigstellung unbekannt). In 55 Villen entstehen 100 Zimmer, alle mit privatem Süßwasserpool und weitem Blick auf den Indischen Ozean. Sogar ein Fitnesszentrum, ein Tennisplatz, Internetanschlüsse und eine Tauchbasis sind geplant. Und als Höhepunkt soll den Gästen der Weg auf den 60 m hohen Berggipfel, auf dem sich ein Spa befinden wird und Hochzeiten in einem Hochzeitspavillon gefeiert werden sollen, durch eine Seilbahn erleichtert werden Infos über den aktuellen Stand unter (www.seychelles.com/de/about_seychelles/island.php?rc=1&aid=28).

Die Inseln des Ste. Anne Marine National Park, im Hintergrund Mahé

Nordmahé und die Beau Vallon Bay

Die Beau Vallon Bay zwischen Mare Anglaise und Danzil ist die zentrale Tourismusregion der Seychellen mit Hotels, Restaurants, Läden etc. Der mehrere Kilometer lange Strand zählt zu den schönsten Stränden, die man sich vorstellen kann. Nördlich von Mare Anglaise windet sich die schmale Küstenstraße zwischen steilen Berghängen und vielen kleinen Buchten bis zur Nordspitze der Insel.

Von Victoria aus an der Ostküste nach Süden

▶ 1, F/G 4–6

Fährt man 30 Min. auf der alten Küstenstraße oder 15 Min. auf der Schnellstraße, erreicht man den Flughafen und damit das Ende der Inselregion, die volkstümlich als ›Nordmahé‹ bezeichnet wird und auf der 70 % der Bevölkerung der Seychellen leben.

Die alte Küstenstraße

Im Süden von Victoria schlängelt sich die **alte Küstenstraße** zwischen den hier steil ansteigenden Bergen im Westen und großen Lagunen im Osten zunächst durch einige Vororte der Stadt, später durch kleine Dörfer. Verlassen Sie also Victoria an der Küste in Richtung Süden, wobei Sie aber nicht den East Coast Highway, sondern die alte Straße, vorbei am Friedhof, nehmen. Auf der Fahrt Richtung Süden durchqueren Sie zunächst das Gewerbegebiet Mahés mit der **Brauerei** (*brewery*) und mehreren Ziegelfabriken, danach die kleinen Ortschaften **Le Rocher** und **Petit Paris.**

Die östlich der Küstenstraße gelegenen **Lagunen** enstanden erst, als in den 1990er-Jahren einige zwischen 20 m und 200 m breite, langgestreckte und durch Brücken und Dämme miteinander verbundene **Inseln** entlang der Ostküste aufgeschüttet wurden. Dieser Inselstreifen trennt nun die Lagunen vom offenen Meer, und bei Ebbe fallen manche von ihnen fast trocken. Ohne planerische Einwirkungen haben sich entlang der ursprünglichen Ostküste innerhalb dieser Lagunen für das Ökosystem wichtige Mangroven wieder angesiedelt und dienen nun als Brut- und Schutzzonen für Fische.

East Coast Highway

Eine empfehlenswerte Alternative bildet die Fahrt über den East Coast Highway. Diesen erreicht man, wenn man am Kreisverkehr am Südausgang Victorias die Ausfahrt über die Schnellstraße nimmt. Wählt man diese Strecke, so durchquert man einige neu angelegte **Industriegebiete**, einen **Sportkomplex** und auch einige **Wohnsiedlungen**, die erst in den 1990er-Jahren auf den damals noch völlig kahlen, aufgeschütteten Inseln errichtet wurden – und teils auch noch errichtet werden.

Zu Beginn des 21. Jh. wurden östlich dieses Inselstreifens nochmals mehrere **Inseln** aufgeschüttet, die mit Kasuarinen und Kokospalmen bepflanzt wurden, um dem Boden Halt zu geben. Nur für eine von ihnen bestehen bisher konkrete Pläne, die bereits verwirklicht werden. Es ist die Victoria am nächsten gelegene Insel **Eden Island** (▶ F/G 4/5). Eine Brücke verbindet sie mit der Schnellstraße. Auf der Insel wird seit 2005 von privaten Investoren ein luxuriöses Wohngebiet errichtet (s. a. Thema S. 162 f.).

Wanderung zum Wasserfall des Cascade River ▶ 1, H 6

Im Ort **Cascade** zweigt – noch bevor Sie den gleichnamigen Fluss überquert haben – nach rechts ein Fußpfad ab. Er führt am **Cascade River** entlang steil bergauf. Nach etwa 40 Min. Anstieg erreichen Sie einen kleinen **Wasserfall**, welchem sowohl der Bach als auch der Ort ihren Namen verdanken. Wenn Sie dem Weg weiter folgen, können Sie durch ein schönes Tal zwischen den Gipfeln der **Montagne Planeau** und des **New Savy** hindurch bis in die **Grand' Anse** an der Westküste hinüberwandern (ca. 3–4 Std.).

Die Nordspitze von Mahé

▶ 1, D–F 1–4

Karte: S. 184/185

Fährt man von Victoria auf der Küstenstraße nach Norden, so erreicht man bald weniger dicht besiedelte Regionen. Die Straße wird immer enger, führt durch kleine Dörfer und gibt immer wieder den Blick auf tiefblau leuchtendes Wasser und unberührte Strände frei. Man genießt wunderbare Ausblicke über das Meer, zu den neu aufgeschütteten Inseln vor der Küste und auf die bergigen Inseln des Ste. Anne Marine National Park (s. S. 172 ff.). Zum nächsten nennenswerten Ort sind es etwa 10 km.

La Bastille und Kreol Fleurage

Nicht weit nördlich von Victoria liegt an der Nordostküste **La Bastille** 1. Dieses alte Kolonialgebäude wurde in den 1990er-Jahren komplett renoviert und ist nun Sitz des Ministeriums für Kultur und Information. Als Nationaldenkmal ist es jedoch der Öffentlichkeit zugänglich (Fifth of June Ave., Victoria, Tel. 432 13 33, heritage@seychelles.net, Mo–Fr 8–16 Uhr).

Von hier fährt man über **Anse Étoile** 2 weiter Richtung Norden. Nach einigen Kilometern erreicht man bei North East Point links der Straße **Kreol Fleurage** 3, den einzigen Parfümhersteller im Indischen Ozean. Wer hierher kommt, kann das kleine Labor und die Werkstatt, wo die Duftwasser produziert werden, besichtigen. Gern stellt man dem Interessierten die Parfüms vor, erläutert die charakteristischen Inhaltsstoffe und den Herstellungsprozess. Auch durch den Garten, in dem die verwendeten Pflanzen wie Ylang-Ylang, Zitronengras, Frangipani oder Patschuli wachsen, wird man fachkundig geführt. Selbstverständlich kann man die Parfüms vor Ort probieren und auch erwerben (North East Point, Tel. 424 13 29, www.kreolfleurage.com, Mo–Fr 10–17, Sa 9–15 Uhr, Eintritt frei).

Carana Bay 4

Folgt man der schönen Küstenstraße weiter nach Norden, so erreicht man die hübsche **Carana Bay** (Bucht von Carana), in der einst ein kleines Bungalowhotel mit ausgezeichnetem Restaurant stand. Leider ist es in den vergangenen Jahren zerfallen, soll aber wieder aufgebaut werden. Besonders in den europäischen Wintermonaten ist dies eine wunderbare Badebucht, die – wohl wegen der Bauruinen – selten besucht wird.

Übernachten, Essen

Schön gelegen ▶ Manresa Small Hotel: Anse Étoile, Tel./Fax 24 13 88. Kleines Gästehaus mit nur fünf Zimmern und einem kreolischem Restaurant am Strand nördlich von Anse Étoile. DZ ab 60 €. Das Restaurant öffnet tgl. 12–14, 19–22 Uhr, 90–110 SCR.

Nach Glacis 5

Die Strecke von der Carana Bay bis Glacis gehört zu den schönsten der Insel. Die Straße windet sich in engen Kurven zwischen Berg und Meer und gibt wunderbare Blicke auf den Indischen Ozean frei. Auf der Bergseite zweigen Stichstraßen steil hinauf in die Berge ab, die zu kleinen, meist neuen Wohnsiedlungen führen. Die Straße an der Küste aber wird enger, führt durch kleine Dörfer und gibt immer wieder den Blick auf tiefblau leuchtendes Wasser und unberührte Strände unterhalb der Straße frei.

Hat man die Nordspitze Mahés umrundet, nähert man sich zügig **Glacis.** Zwischen der

0
0,5
1 km
Indischer Ozean
Beau Vallon Bay
3
Le Méridien
Fisherman's Cove
Al Mare
Korallenriff
11
Bel Ombre
Treasure Dig
9
Bel Ombre
St. Roch
La Scala
10
Danzil
Poulalier
206 m
Anse Major Nature Trail
12
Anse Major
13
Baie aux Chagrins
Jasmin
Moustache
Danzil
Mamzelle Anna
Grand St Louis
Sixpenny Hill
Anse Jasmin Estate
Major
Cap Ternay
Cap Ternay Estate
Mont Le Niol
681 m
Mte. Jasmin
643 m
Cascade
Anse du Riz
Du Riz
Baie Ternay
14
Baie Ternay
Marine National Park
Mare aux Cochons
Morne Seychellois National Park
15
Souillac
Port Glaud
Morne Blanc (667 m)

L'Îlot
(North Islet)
North Point
4 Carana Bay
Machabée
Machabée
Mont du Nord
Montagne Glacis
Mt. Howard
458 m
Anse Nord d'Est
Restaurant 8
Glacis
Glacis 5
Hodoul
Montagne Pigeon
3 Kreol Fleurage
North East Point
119 m
Mon Plaisir
La Gogue
St. Antoine Estate
North East Point
Sunset Beach
Lablache
Glacis
La Retraite
La Gogue
Village
Anse Étoile
2 Anse Étoile
Manresa
Pointe Cedre
Hilton Seychelles
Northolme
Nézet
6 La Gogue
Reservoir
Maldive Village
Anse Étoile
Calypha
F.E.B.A. Broadcasting
Station
Praslin, La Digue
Hangard
374 m
Pti Payot
De Quincy Village
Loizeau
Beau Vallon
Beach
Mare Anglaise
Signal Hill
417 m
Baobab Pizzeria
Romance Guesthouse/
Bungalows
Pointe Conan
1 La Bastille
Beau Vallon
Pointe Conan
Mon Plaisir
Petit
Port
La Perle Noire
Coral Strand
Berjaya Beau Vallon Bay
Union Vale
Crève Coeur
388 m
Mt. Buxton
Greenwich
The
Boathouse
Belle Vue d'Or
Cathedral of the
Immaculate Conception
Victoria
Helistop
Victoria
Lighthouse
Pascal
Village
St. Louis Minor
232 m
Le Niol
Sullivan
Inner Harbour
Dardanelles
St. Paul's
Cathedral
Victoria
7 Le Niol Road
8 Le Niol
Waterworks
State House
Le Chantier
Bel Air
Port Office
Bel Eau
Pied du Morne
Mont Fleuri
Hermitage
Mont Coton
16 Les Trois Frères
699 m
Rochon Dam
Sans Souci
Eden
Island
La Misère Road
Konoba
Morne Seychellois (905 m)

sich hier hoch über dem Wasser am Berg windenden Straße und dem Meer stehen einige luxuriöse, in der Regel von Europäern als Feriendomizil gebaute Villen. Unmittelbar an der Straße stehen die alten Häuser aus der Zeit, bevor Europäer begannen, sich Feriendomizile in die vielen engen Buchten oder die steilen Hänge des Örtchens Glacis zu bauen. In Glacis findet man eine Kirche, zwei oder drei Krämerläden, eine Schule und Seychellois, die wie in alter Zeit im Schaukelstuhl auf ihrer Veranda sitzen und dem stetig wachsenden Straßenverkehr zusehen. Möchte man als Urlauber in oder nahe dem Nobelbadeort Glacis logieren, so stehen hierfür das Hilton Northolme sowie das malerisch auf einer Halbinsel gelegene Sunset Beach Hotel zur Verfügung.

Wanderung über das La Gogue Reservoir 6 nach Glacis

Wenn man einige hundert Meter nördlich von Anse Étoile beim Manresa Small Hotel – das auf der rechten Seite zwischen dem Strand und der Küstenstraße steht – nach Westen in eine asphaltierte Straße in die Berge hinauf abzweigt, erreicht man nach ca. 1 Std. Wanderung das **La Gogue Reservoir,** wo das Trinkwasser für Nordmahé und Victoria aufgestaut ist. Hier zweigt rechts eine Straße ab, die steil nach oben führt. Wenn Sie ihr folgen, erreichen Sie nach 20 Min. die Passhöhe. Auf einer Straße geht es nun wieder hinab in Richtung Westküste, auf die Sie wunderschöne Ausblicke haben. Bei der Kirche des Ortes **Glacis,** mehrere hundert Meter nördlich des Sunset Beach Hotel, erreichen Sie schließlich die Küstenstraße. Südlich von Glacis sind es nur noch wenige Kilometer auf der nun weniger kurvenreichen Straße bis nach Mare Anglaise und in das Tourismuszentrum Beau Vallon.

Übernachten

Geschmackvoller Luxus ▶ **Hilton Seychelles Northolme Resort & Spa:** Glacis, PO Box 333, Victoria, Tel. 429 90 00, www.hilton.de/seychelles. Das Northolme war das erste Strandhotel der Seychellen. 2005 riss man es nahezu vollständig ab und errichtete einen Neubau. Seither genügen Architektur und Komfort den höchsten Ansprüchen. Die Lage auf einer Halbinsel ist ohnehin unerreicht. Das Hilton Seychelles Northolme liegt in einem tropischen Garten, verfügt über einen schönen kleinen Privatstrand und ein hochseetaugliches Fischerboot. Angegliedert sind eine gut ausgestattete Tauchbasis und ein Beauty Salon. Das Haupthaus auf dem Hügel strahlt den Charme der Kolonialzeit aus, die einzeln stehenden Strandvillen eröffnen einen weiten Blick aufs Meer. Es wird besonderer Wert auf gute ›Haute Cuisine Créole‹ gelegt! DZ mit Halbpension ab 600 €.

Ruhig und familiär ▶ **Sunset Beach Hotel:** PO Box 372, Glacis, Tel. 426 11 11, www.sunset-beach-resort.com. Kleines Hotel mit 28 Zimmern, das besonders schön auf einer Halbinsel nördlich der Beau Vallon Bay liegt. Die architektonisch gelungene Anlage hat einige Zimmer unmittelbar am Strand, andere etwas erhöht, mit weitem Meerblick. Hier fühlt sich wohl, wer es ruhig wünscht, und wem es nichts ausmacht, zum Wassersport einige Kilometer in die Beau Vallon Bay zu fahren. Der Strand zählt zu den schönsten Mahés und ist sehr gut zum Schnorcheln direkt vom Strand aus geeignet. DZ mit Frühstück ab 290 €, mit Halbpension ab 370 €.

Essen & Trinken

Stylisch ▶ **›Restaurant 8‹:** Tel. 474 68 08, tgl. 20–23 Uhr. Das modern eingerichtete Restaurant mit dem kurzen Namen in einem renovierten Gebäude liegt zwischen Küstenstraße und Meer, einige Kilometer nördlich des Sunset Beach Hotels. Gehobene, internationale Küche mit einem traumhaftem Ausblick bei Sonnenuntergang. Menü ab 35 €.

Aktiv

Leicht erreichbare **Tauchgründe** befinden sich unmittelbar vor dem Northolme Hotel und dem Sunset Beach Hotel. Weitere Koral-

Farbenprächtiger Papageienfisch

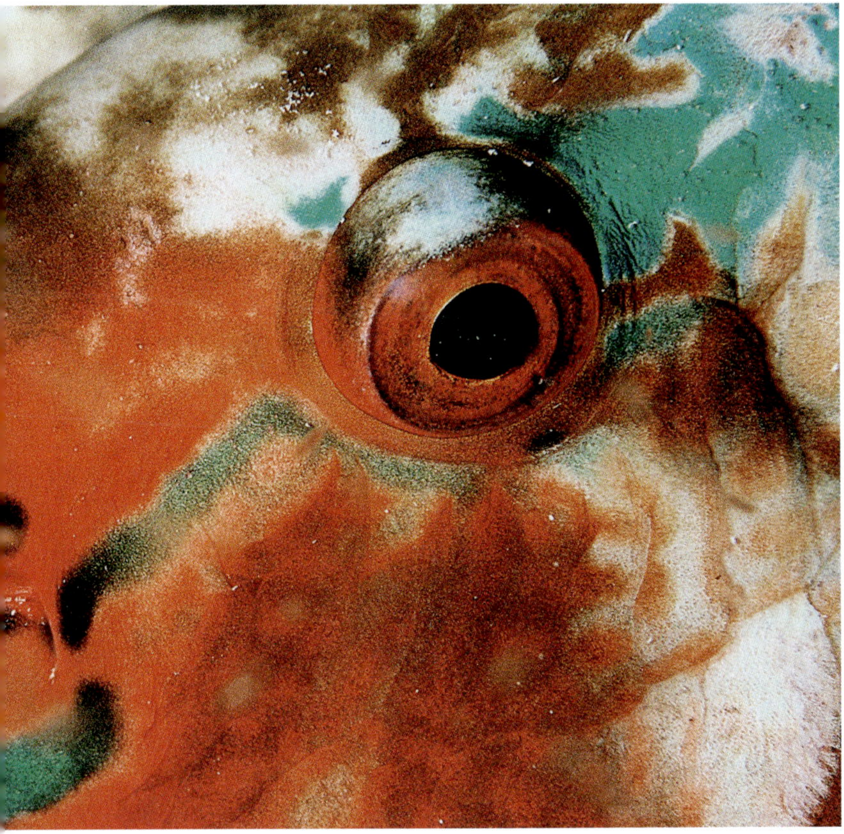

lenriffe gibt es innerhalb der kleinen Buchten, wie beispielsweise südlich des Sunset Beach Hotel, wo man Korallen und bunte Fische sogar vom Ufer aus sehen kann. Dies sind – insbesondere für Schnorchler und Anfänger im Gerätetauchen – großartige Tauchgebiete. Es gibt keine Strömungen, das Wasser ist ruhig, fast immer klar und reich an Fischschwärmen. Lediglich während des Nordwestmonsuns kann das Wasser gelegentlich unruhig und daher auch getrübt sein. Von April bis November aber finden Sie hier gute bis ideale Tauch- und Schnorchelbedingungen vor, die bequem direkt vom Strand aus erreichbar sind. Weitere Tauchgründe im Norden Mahés, s. a. ›Aktiv unterwegs‹ S. 198.

Verkehr

Von Glacis aus fahren regelmäßig alle 20–30 Min. öffentliche Busse in etwa 10 Min. nach Beau Vallon und weiter nach Victoria.

Zur Beau Vallon Bay

▶ 1, D 3

Karte: S. 184/185

Von Victoria sind es nur 10 Min. Autofahrt bis in die weite Beau Vallon Bay (Nordwestbucht) mit Hotels, Restaurants und Gästehäusern. Man fährt die Revolution Avenue nach Nordosten und passiert an deren oberem Ende das leicht verfallen wirkende Kolonialhaus Marie Antoinette. Es steht dort, wo die Landstraße scharf links abbiegt und sich in engen Kurven hinauf zum Pass St. Louis windet. Nach der Schnellstraße von Victoria zum Flughafen ist dies die meistbefahrene Strecke der Seychellen, für einen frisch ankommenden Europäer aber erscheint der Verkehr gemütlich und ohne Hast. Beiderseits der Straße sieht man, wie seychellische ›Normalbürger‹ leben. Zwischen Appartementhäusern neueren Datums findet man in schmalen Tälern und an Berghängen Holzhäuser mit Wellblechdächern, die aber keineswegs ärmlich wirken – ganz im Gegenteil. Häufig sind sie blitzsauber hergerichtet, mit Spitzengardinen an den Fenstern und Bambusmöbeln auf der Terrasse und natürlich einer Fernsehantenne auf dem Dach. Damit das Holz nicht verrottet, erhalten sie alljährlich einen neuen, meist farbigen Anstrich.

Kaum hat man die Passhöhe von St. Louis im Nordosten der Stadt überschritten, glaubt man eine andere Welt zu betreten. Während Victoria zu Bürobeginn und Büroschluss von Verkehrsstaus geplagt ist und hupende Autos an mitteleuropäische Städte erinnern, herrscht hier gediegene Ruhe.

Wanderung vom Pass St. Louis über Le Niol nach Beau Vallon

Mit dem Bus fährt man von Victoria bis kurz hinter die **Passhöhe bei St. Louis**. Sie steigen dort aus, wo links eine Stichstraße zum kleinen Ort Le Niol abzweigt, die **Le Niol Road 7**. Folgen Sie dieser asphaltierten Straße, von der aus sich wunderbare Ausblicke auf die Beau Vallon Bay und die Insel Silhouette bieten ca. 20 Min. Sie durchquert bald einen dichten Urwald und erreicht einen kleinen Bach, der vom höchsten Berg der Seychellen, dem über 900 m hohen Morne Seychellois herunterfließt. Hier neben den **Le Niol Waterworks 8** ist der Ausgangspunkt einer einfachen, aber lohnenden Wanderung. Sie führt teilweise durch unberührte Natur, teilweise auch vorbei an Villen, die auf einen gewissen Wohlstand hinweisen. **Achtung:** Es kann passieren, dass Sie gelegentlich vor einem Zaun stehen und nicht mehr weiter gehen können. Bitte fragen Sie sich durch!

Von den Waterworks aus folgen Sie der Straße weiter über eine Betonbrücke. Dort zweigt nach links oben eine Straße ab, die in einem privaten Anwesen endet. Gehen Sie nicht hinauf, sondern halten Sie sich rechts. Sie kommen an Papayabäumen und Bananenstauden vorbei. Schließlich wird der Weg schmaler und führt nach kurzer Zeit oberhalb eines tief eingeschnittenen Flussbetts entlang. Bald kommt das Meer im Nor-

Sonnenuntergang in der Tourismushochburg Beau Vallon Bay

Tipp: Sonnenauf- und Sonnenuntergang

Bedenken Sie bei all Ihren Vorhaben, dass die Sonne auf den Seychellen das ganze Jahr hindurch gegen 6 Uhr auf- und bereits um 18 Uhr untergeht. Die Dämmerung ist mit etwa einer halben Stunde außerordentlich kurz.

den in Sicht, und der Weg biegt nach links ab in Richtung der Berge und des unberührten Dschungels. Nach etwa 300 m stoßen Sie auf einen Bach. Folgen Sie dem Weg, vorbei an Appartmenthäusern, zwischen zwei riesigen Granitfelsen hindurch und an einem hohen, an die Felsen gebauten Haus vorbei. Kurz hinter dem Haus zweigt ein Weg nach links oben ab, Sie folgen jedoch dem unteren Weg.

Nach einigen hundert Metern biegen Sie beim ersten Bungalow nach rechts ab und stoßen auf einen Fußweg, der abwärts zum jetzt nahen Meer führt. Folgen Sie dem Pfad durch ein Stück dichten Waldes und genießen Sie das Zwitschern der Vögel und die Kühle der Luft in diesem ewigen Schatten. Hier finden Sie alle Früchte, alle Bäume, alle Palmen, die es auf den Seychellen gibt. Rechts und links des Weges wuchern wilde Ananas, die im Dezember reif werden. Bald mündet der Fußpfad in eine breite Schotterstraße. Rechts des Weges begleitet Sie ein Bergbach. Bei der nächsten Abzweigung nehmen Sie den rechten Weg, der nach unten in Richtung Meer führt, den Bach überquert und bald in die asphaltierte Straße zwischen Beau Vallon und Bel Ombre mündet.

Um nicht auf der Straße nach Beau Vallon zurückgehen zu müssen, durchqueren Sie das Gelände des **Fisherman's Cove Hotel** – das nur einige hundert Meter entfernt liegt –, um zum Strand von Beau Vallon zu gelangen. Am Wasser entlang können Sie so nach Beau Vallon und zu ihrem Hotel zurückkehren. Die Gesamtdauer dieses Spazierganges beträgt zwei Stunden, von der Bushaltestelle in St. Louis an gerechnet.

Verkehr

Da die Wanderung am Strand von Beau Vallon endet, ist es am besten, von Victoria oder von Beau Vallon aus einen der in 15-minütigem Abstand nach St. Louis fahrenden Busse zu nehmen.

3 Beau Vallon Bay

Viel schneller als der Wanderer erreicht der Auto- oder Busreisende von der Passhöhe in St. Louis steil abwärts fahrend die **Beau Vallon Bay** und den Ort **Beau Vallon**. Hier kann man den Wagen an der Strandpromenade im Schatten ausladender Laubbäume abstellen und einen großartigen Blick auf die Bucht genießen. Sie ist besonders an Wochenenden ein Treffpunkt für Seychellois und Urlauber aus aller Welt. Die Einheimischen verbringen die Nachmittagsstunden beim Baden, Kinder graben im Sand nach Tec-Tec-Muscheln oder schauen einfach nur den sich wunderlich verhaltenden Touristen zu. Die Familien haben Getränke, oft auch etwas zu essen für das Picknick dabei und sitzen im Schatten auf der kleinen Granitmauer, die den sich auftürmenden Sand von der Uferstraße fernhält. Die Urlauber genießen es, für ein paar Stunden Teil einer fröhlichen, unbefangenen Gesellschaft zu sein, in der es keine Schranken zwischen Einheimischen und Urlaubern oder zwischen Menschen unterschiedlicher Hautfarben gibt. Abends spazieren die Gäste die Strandpromenade auf und ab, kleine Boutiquen bieten Souvenirs an.

In den Ferienzeiten ist hier für seychellische Verhältnisse viel los, doch erinnert der **Strand** auch dann eher an einen abgelegenen sizilianischen Strand im Oktober! Es gibt zwei mittelgroße Hotels, ein paar Restaurants und eine überschaubare Anzahl von Gästehäusern. Dicht gesät sind lohnende **Tauch- und Schnorchelreviere**, mehrere Tauchbasen fahren zwei- oder dreimal pro Tag hinaus. Vom Nordostende der Beau Vallon Bay erstreckt sich ein nahezu ununterbrochenes **Korallenriff** einige Kilometer weit nach Norden. Zum Schnorcheln sind die **Riffe in Mare Anglaise** am Ende der Bucht am besten geeignet. In Beau Vallon bieten zwei **Wasser-**

aktiv unterwegs

Wanderung von La Bastille in die Beau Vallon Bay

Tour-Infos

Start: Central Bus Station Victoria
Länge: ca. 5 km
Dauer: ca. 2 bis 3 Std.
Schwierigkeitsgrad: sehr einfach
Anfahrt: Ab Central Bus Station Victoria zwei Stationen mit dem Bus Richtung Anse Étoile.
Karte: s. a. S. 184/185

Die beste Zeit für diese 2–3-stündige Wanderung ist der frühe Nachmittag, da Sie dann im Schatten den Aufstieg bewältigen können. Der Abstieg führt ohnehin über weite Strecken durch dichten Wald und ist daher der Sonne weniger ausgesetzt.

Nach Verlassen des Busses gehen Sie in Fahrtrichtung weiter und passieren ein großes Gebäude – **La Bastille** (s. S. 183). Es ist nicht zu verkennen, da es deutlich beschildert ist. Etwa 100 m hinter La Bastille biegen Sie in einen Fahrweg nach links oben ab. Nach etwa 1 Std. Aufstieg, zunächst auf einer Straße und später auf einem Fußweg, erreichen Sie eine Abzweigung nach rechts (links des Weges stehen zwei Hütten). Folgen Sie dem Weg geradeaus weiter über eine Wiese (der Weg nach rechts führt zu dem Berggipfel Ma Pavillon). Nach 50 m stoßen Sie auf einen anderen Fußpfad, der von rechts kommt. Diesem folgen Sie nach links oben. Schon nach 5 Min. erreichen Sie den höchsten Punkt der Wanderung.

Von nun an geht es bergab, einen wesentlich breiteren, stärker ausgetretenen, steilen Fußweg hinunter. Bei einer Abzweigung nach etwa 200 m nehmen Sie den rechten Weg, wenn Sie in die Beau Vallon Bay hinuntergehen wollen (der breitere Weg links abwärts führt zum Ort Mount Buxton und dann zurück nach Victoria). 50 m tiefer stehen Sie mitten im Wald, und gleich links des Weges sehen Sie eine aus einem Bambusrohr sprudelnde **Frischwasserquelle** (absolut sauber und trinkbar!).

100 m tiefer führt eine Wegabzweigung nach links hinunter zu einem Haus. Nehmen Sie den rechten, schmalen Pfad. Dieser führt weiter zum nächsten Haus, an dessen rechter Seite Sie vorbeigehen (unterhalb einer Stützmauer). 10 m hinter diesem Haus zweigt der Pfad nach rechts ab (der Pfad geradeaus führt zu einem Anwesen). 100 m weiter gelangen Sie auf eine zum Teil betonierte Fahrstraße, der Sie nun hinunter bis in die **Beau Vallon Bay** (s. S. 190 ff.) folgen können. Wenn Sie die Küstenstraße nach links 100 m weitergehen, können Sie sich in mehreren indischen Kolonialwarenläden gekühlte Erfrischungsgetränke kaufen.

Tipp: Übernachtung mit Frühstück

Am Strand von Beau Vallon gibt es so viele kleine und preiswerte Restaurants, dass man jeden Abend anderswo zum Essen gehen kann. Daher, wenn möglich, nur Übernachtung mit Frühstück buchen!

sportzentren sogar Wasserski an – was an anderen Stränden der Seychellen nicht gestattet ist.

Übernachten

... in Beau Vallon

Mit eigener Sternwarte ▶ Coral Strand Hotel: Tel. 462 10 00, www.coralstrand.com. Das Coral Strand Hotel (158 Zimmer) besitzt alle Einrichtungen eines guten Hauses wie Klimaanlage, Swimmingpool, Restaurant etc. Die Beachbar neben dem Swimmingpool ist ein beliebter Treffpunkt – sowohl für Geschäftsleute aus Victoria als auch für Einheimische und Gäste, die sich während ihres Urlaubs kennengelernt haben. Das Coral Strand ist eine gute Wahl, wenn Sie *»never a dull moment«* (Motto des Hotels) erleben möchten. In der Anlage befindet sich eine Sternwarte, in der interessierten Gästen der Blick vom Äquator aus auf ungewohnte Sternenkonstellationen erläutert wird. DZ mit Frühstück ab 150 €.

Mit großem Pool ▶ Sun Resort Hotel: Tel. 428 55 55, www.seychelles.net/sun. Von der kleinen Hotelanlage (20 Zimmer) mit großem Pool und gutem Restaurant sind es 5 Min. zu Fuß zum Strand. Die Zimmer sind gut ausgestattet (u. a. verfügen sie über eine Kochgelegenheit!). DZ mit Frühstück ab 140 €.

Am schönsten Strand mit vielseitigem Freizeitangebot ▶ Berjaya Beau Vallon Bay Hotel: Tel. 428 72 87, www.seychelles.net/berjaya. Das Hotel mit 230 Zimmern liegt am berühmtesten Strand der Seychellen, der nicht überlaufen, aber auch nicht einsam ist. Alle Arten von Wassersport vom Windsurfen über Wasserskifahren bis zum Paragliding werden angeboten, und das Hotel bietet – auch Nicht-Hotelgästen – die Möglichkeit, Tennis zu spielen. Für die Abendunterhaltung gibt es eine Disco und ein Kasino! DZ mit Frühstück ab 100 €.

Freundlich & familiär ▶ Romance Guesthouse: Tel. 424 73 82, 24 78 48, www.seychelles.net/bvbung. Familienpension mit 14

Strandfußball: Urlauber sind auf den Seychellen als Mitspieler willkommen

Zimmern, 50 m hinter dem Strand von Beau Vallon. Die Zimmer sind nicht luxuriös, aber hübsch gestaltet und mit Dusche und WC ausgestattet. Preiswerte Restaurants befinden sich in unmittelbarer Nähe. Bis zu den Wassersporteinrichtungen der Hotels Berjaya Beau Vallon Bay und Coral Strand sind es nur 3 Min. zu Fuß am Strand entlang. Die Nähe zur Bucht macht es zum interessantesten der Hotels dieser Preisklasse im Norden Mahés. DZ mit Frühstück ab 90 €.

... in Mare Anglaise

Grandioser Blick ▶ Le Pti Payot: Tel. 426 14 47, http://home.hccnet.nl/g.jacobs. In Mare Anglaise, einige hundert Meter im Norden der Beau Vallon Bay, stehen die drei Bungalows an einem steilen Hang. Von den Terrassen hat man einen grandiosen Blick auf die Bucht und zur Nachbarinsel Silhouette. Maximal 2 Erwachsene im Bungalow 60 €.

Essen & Trinken

... in Beau Vallon

Mediterran-italienisch und kreolisch ▶ La Perle Noire Restaurant: Gegenüber dem Coral Strand Hotel, Tel. 462 02 20, Fax 462 02 01, perlnoir@seychelles.net, Mo–Sa 19–22 Uhr. Italienische Nudel-, Fisch- und Fleischgerichte werden im Herzen von Beau Vallon gleich gegenüber dem Coral Strand Hotel auf einer offenen Veranda oder im klimatisierten Innenraum serviert, auch kreolische Küche. 150–280 SCR.

Beste Strandlage ▶ La Plage Restaurant: Tel. 462 02 40, Fax 462 02 42, info@laplage.sc, Do–Di 12–22 Uhr. Zum Sonnenuntergang gibt es keinen besseren Ort als auf der großen Terrasse dieses Lokals unmittelbar am Strand von Beau Vallon. Keine billige, aber preiswerte internationale Küche sowie ausgezeichnete Weine. 250–1000 SCR.

Hervorragendes Büfett ▶ The Boathouse: Tel. 424 78 98, www.boathouse.sc, Sonnenuntergang bis Mitternacht. In diesem preiswerten Strandrestaurant treffen sich die Gäste der vielen kleinen Guesthouses in der Beau Vallon Bay mit Einheimischen. Sie lockt die fröhliche Atmosphäre und das ausgezeichnte kreolische Büfett, das je nach Wochentag 250–400 SCR kostet.

Preiswert ▶ Baobab Pizzeria: Tel. 424 71 67, 458 38 68, tgl. 11.30–16.30, 17.30–22.30 Uhr. In diesem offenen Restaurant auf dem weißen Sand des Beau Vallon Beach treffen sich Urlauber und Seychellois am frühen Abend, um am Strand eine preiswerte Pizza oder Spaghetti zu essen – und dabei den Sonnenuntergang zu genießen. 40–70 SCR.

Einkaufen

Souvenirs und Unterhaltung ▶ Bazaar Labrin: Zwischen Coral Strand Hotel und den Restaurants, Mi ab 17 Uhr. Basar mit Kerzenlicht und Lampions. Es gibt Kleinkunst, Souvenirs, Musik etc.

Aktiv

Spielkasino ▶ im **Berjaya Beau Vallon Bay Hotel,** Beau Vallon, PO Box 550, tgl. 12–3 Uhr. Tagsüber stehen lediglich ›einarmige Banditen‹ zur Verfügung (ab 1 SCR oder 0,50 US-$), ab 20 Uhr werden Black Jack und Roulette angeboten.

Aktiv

Wassersportzentren ▶ Diverse Veranstalter finden sich am Strand zwischen Coral Strand Hotel und Beau Vallon Bay Hotel. Sie bieten u. a. Wasserski und Windsurfen an.

Tauchbasen ▶ Die folgenden Tauchbasen arbeiten alle nach dem PADI-System und bieten Tauchgänge ebenso an wie eine Tauchausbildung. Die Preise beginnen bei ca. 40 € für einen einfachen Tauchgang, sofern die Ausrüstung nicht gestellt werden muss. **Big Blue Divers:** Mare Anglaise, Tel. 426 11 06, 424 80 46, www.bigbluedivers.net, tgl. 8–17 Uhr. Tauchfahrten vor der Nordwestküste Mahés werden auf Wunsch mit Barbeques an unberührten Stränden verbunden! **Le Diable des Mers:** Romance Guesthouse/Bungalows, Tel. 424 83 85, 457 54 74, www.seychelles.net/odream, tgl. 8–17 Uhr. **Underwater Centre:** Coral Strand Hotel, PO Box 384, Beau Vallon, Tel. Dive Center 424 73 57, www.diveseychelles.com.sc, tgl. 8–17 Uhr. Im Angebot sind Tauchausflüge (zwei voll ausgestattete Tauchboote) sowie Tauchkurse.

Verkehr

Mietwagen: Union Vale Car Hire, Beau Vallon, Tel. 424 70 52; Exoticars, Mare Anglaise, Tel. 426 11 33.

Taxistand: Im Beau Vallon Bay Hotel, Tel. 424 74 99.

Bel Ombre und Danzil

▶ 1, C/D 3/4

Karte: S. 184/185

Biegt man von Victoria kommend an der Polizeistation nach links ab, führt die Straße 50 m vom Strand entfernt an der Einfahrt

Der Piratenschatz von Bel Ombre

Thema

Einst ging der französische Pirat Le Vasseur im Indischen Ozean auf die Jagd nach Schätzen, die holländische, englische und französische Handelsschiffe aus Asien nach Europa bringen sollten. Er war auf allen Inseln gleichermaßen berühmt und gefürchtet und die von ihm erbeuteten Schätze sollen von unermesslichem Wert gewesen sein.

Heute gehen moderne Piraten auf die Jagd nach den Schätzen, die Le Vasseur und andere möglicherweise auf den Seychellen versteckt haben. Anfang 1990 waren alle Zeitungen im westlichen Indischen Ozean voll von sensationellen Nachrichten: Man habe auf den Seychellen den Schatz des Piraten Le Vasseur (genannt La Buse, der Bussard) gefunden. Es sei nur noch eine Frage von Tagen, bis der wohl legendärste Schatz der Piratenzeit gehoben sei. Die Aufregung hielt einige Monate an, dann geriet die Angelegenheit in Vergessenheit. Was war geschehen?

La Buse war 1730 auf La Réunion gefangen genommen und gehenkt worden. Der Sage nach soll er – schon mit der Schlinge um den Hals – einen Lageplan in die Menge geworfen und höhnisch ausgerufen haben: »So findet den Schatz doch anhand dieses Planes, wenn ihr klug genug dazu seid!« Der englische Rentner Reginald Cruise-Wilkins nahm sich das zu Herzen und forschte seit 1948 im Norden Mahés.

Anhand eines auf einem norwegischen Schiff gefundenen Planes und aufgrund von Beschreibungen aus dem Nationalarchiv der Seychellen war er zu dem Schluss gekommen, dass der Schatz westlich des Fisherman's Cove Hotel in Bel Ombre vergraben sein müsse (**Bel Ombre Treasure Dig**). Den Unterlagen zufolge plante La Buse, seinen Ruhestand auf den Seychellen zu verbringen. Warum sollte er also nicht einen seiner Schätze als Altersversorgung in der Traumbucht von Beau Vallon versteckt haben?

Reginald Cruise-Wilkins hatte herausgefunden, dass der Bussard ein gebildeter Mann gewesen war, der seine Reichtümer so versteckte, dass sie nur finden kann, wer mit Astronomie und griechischer Mythologie im Detail vertraut ist. Mit beidem hat Cruise-Wilkins sich intensiv befasst. Aber das reicht allein nicht aus, denn zusätzlich soll der Schatz von Geistern bewacht sein, deren Kraft nur von mächtigen Magiern besiegt werden kann. Um zu überprüfen, ob auch diese Behauptung der Wahrheit entsprechen kann, hatte Cruise-Wilkins ›Medien‹ aus Madagaskar einfliegen lassen, die als besonders mächtig angesehen werden. Sie bestätigten ihm, dass nahe der Grabungsstätten ungewöhnlich starke und böse Geister Wache halten!

Die Kraft dieser Geister – aber auch das gigantische Gewicht einiger Granitfelsen an der Grabungsstätte – brachten die Arbeiten des Schatzsuchers ins Stocken. Um die Felsen zu bewegen, sind schwere Baumaschinen erforderlich, die es auf den Seychellen nicht gibt! Die Regierung der Seychellen, mit 50 % an den Erlösen des ›Unternehmens La Buse‹ beteiligt, und die Familie Cruise-Wilkins warten nun darauf, dass ein neuer Schatzsucher bereit ist, gegen eine Beteiligung am Erlös größere Summen für modernes technisches Material zu investieren. Dass der Schatz hier vergraben liegt, daran zweifeln sie nicht.

zum Beau Vallon Bay Hotel einige Kilometer weiter nach Bel Ombre. Am Südwestende des Strandes von Beau Vallon, aber bereits zu Bel Ombre zählend, liegt hier das luxuriöse Fisherman's Cove Hotel (s. u.). Auf der dem Meer abgewandten Straßenseite findet man einige nette Familienpensionen.

Bel Ombre 9 erstreckt sich über einige Kilometer beidseits der Küstenstraße. Der Ort weist zwei Geschäfte, eine Kirche und viele ruhige Strände auf. Immer wieder unterbrechen kleine Felsvorsprünge die Strände. Die Straße endet schließlich im Dorf **Danzil** 10, wo sich auch das italienisch geführte Restaurant La Scala befindet, das als eines der besten Restaurants der Seychellen gelobt wird.

Übernachten

... in Bel Ombre

Glamouröse Vergangenheit ▶ Le Méridien Fisherman's Cove Hotel: Tel. 467 70 00, www.lemeridien.com/fishcove. Dieses ehemals beste Hotel der Seychellen (70 Zimmer) liegt am äußersten westlichen Ende der Beau Vallon Bay, wo diese durch Felsen von der steilen Küste abgegrenzt wird. Ein riesiges palmblattgedecktes Dach beschattet die große Empfangs- und Speisehalle. In dem gepflegten tropischen Garten rundherum liegen gut ausgestattete, klimatisierte Zimmer. Als die Seychellen noch Geheimtipp der High Society waren, haben sich die Prominenten aus Film und Fernsehen hier gedrängt. Vergessen Sie nicht Taucherbrille und Schnorchel, denn im klaren Wasser hinter den Felsen finden Sie viele der Korallenfische, die es auf den Seychellen zu sehen gibt. Taucherausrüstung ist nicht erforderlich. DZ mit Frühstück ab 500 €.

Essen & Trinken

... in Bel Ombre

Direkt im Hafen ▶ Le Corsaire Restaurant: Tel. 424 71 71, 451 51 71, corsaire@seychelles.net, Di–So 19–22 Uhr. Das Restaurant ist eine Dépendance des Fisherman's Cove Hotel in einem renovierten Gebäude im Hafen von Bel Ombre mit einer großen Auswahl an französischen und italienischen Weinen. Gekocht wird kreolisch, italienisch und französisch. Spezialität ist seychellischer Edelfisch nach französischer Art zubereitet. 200–300 SCR.

... in Danzil

Gehobene italienische Küche ▶ La Scala: PO 962, Victoria, Mahé, Tel. 424 75 35, www.

Ziel einer schönen Wanderroute: die Anse Major

lascala.sc, Mo–Sa 19.15–21.30 Uhr (letzte Bestellung), im Juni geschlossen. Seit vielen Jahren renommiertes italienisches Restaurant der gehobenen Klasse am Westende der Beau Vallon Bay. Reservierung notwendig. Wenn Sie der Bucht nach Südwesten bis zu ihrem äußersten Ende folgen und dann noch 10 Min. die Straße geradeaus weitergehen, finden Sie an deren Ende auf der linken Seite das eindrucksvoll auf riesige Felsen gesetzte Restaurant La Scala. Es gilt als eines der besten Restaurants der Seychellen. Die Küche ist in erster Linie italienisch mit kreolisch-französischem Einschlag. 200–300 SCR.

aktiv unterwegs

Ausflüge zu den Tauchgründen im Norden Mahés

Tour-Infos

Start: Beau Valllon
Länge: verschiedene Exkursionen mit unterschiedlichen Entfernungen
Dauer: ca. 2 Std. pro Tauchausfahrt
Wichtige Hinweise: diverse Veranstalter s. S. 194. Die Ausflüge müssen mit der Tauchbasis besprochen werden. Die Tauchlehrer wissen, wann der Besuch welcher »Spots« empfehlenswert ist. Preise der Tauchfahrten: 60 € bis ungefähr 100 € je nach Länge der Anfahrt.

Ein etwas größerer Aufwand ist notwendig, um an den folgenden bekannten und ganz besonders schönen Plätzen im Norden Mahés zu tauchen. Die Tauchbasen in Beau Vallon veranstalten regelmäßig Tauchausflüge dorthin, sodass man gut begleitet dort tauchen kann.

Trompeuse Rocks: 24 km nordöstlich von Mahé ragen die Trompeuse Rocks aus dem Meer heraus, um die herum ein reges Unterwasserleben herrscht. Achtung: häufig starke Strömung!

Mamelles: Auf halbem Weg zu den Trompeuse Rocks liegt die unbewohnte Insel Mamelles mit guten Tauchgründen an der Südseite, mit einem flachen Riff und nur geringer Meerestiefe.

Das Wrack der Ennerdale: Nahe der kleinen Felseninsel Mamelles, nordöstlich von Mahé, liegt das Wrack des englischen Tankers Ennerdale in einzelne Teile zerbrochen in einer Tiefe von fünf bis 25 m auf dem sandigen Meeresboden. Das Schiff lief 1970 auf Grund, sank und wurde daraufhin von Tauchern gesprengt, um es zum Wracktauchen zu nutzen. Inzwischen haben es sich verschiedene Arten von großen Fischen zur Heimat erwählt. Für einen geübten Taucher ist es ein aufregendes Abenteuer, im Inneren des Schiffes umherzuschwimmen.

Brissare Rocks: Ebenfalls im Norden von Mahé, in nur 5 km Entfernung, liegen diese zwei Felsinselchen, die eine besonders große Vielfalt an unterschiedlichsten Korallen und den dazugehörigen Fischen bieten. Wo es viele Korallenfische gibt, gibt es auch viele Raubfische, also auch kleinere Haie und Barrakudas.

L'Îlot: Dieses palmenbestandene Felseninselchen sieht man im Norden von Mahé nur wenige hundert Meter vor der Küste aus dem Meer ragen. Am Ost- und Westende, insbesondere aber im Norden finden sich reizvolle Felsengärten mit Schwärmen von größeren Riff-Fischen und Ansammlungen von Weichkorallen. In den Monaten November bis März haben Taucher gute Chancen, hier einem Walhai zu begegnen.

Aktiv

... in Bel Ombre

Schnorcheln und Tauchen ► Westlich des Korallenriffs, an dem das Hotel Fisherman's Cove gebaut wurde, befindet sich ein langgestrecktes **Korallenriff 11,** an dem man wunderbar schnorcheln und tauchen kann. Während der Zeit des Nordwestwindes (Dez.–März) ist der Strand allerdings manchmal starker Brandung ausgesetzt. Die schönsten Korallen befinden sich vor dem Hotel Fisherman's Coveca. ca. 50 m außerhalb der Bucht, wo die Felsgruppe Schutz bietet. Während des Südostmonsuns ist dies ein sehr guter Schnorchel- und Tauchplatz, da es in dem flachen und leicht zugänglichen Wasser keine Strömungen gibt und die Bucht durch die Berge von den Winden geschützt ist.

Verkehr

Bus: Ca. alle 30 Min. von Beau Vallon über Bel Ombre nach Danzil und zurück.

Mietwagen: Silversands Car Hire, Bel Ombre, Tel. 436 11 33.

Wanderung von Danzil zur Anse Major

Eine der schönsten und daher inzwischen auch recht häufig begangenen Wanderungen, der **Anse Major Nature Trail** **12**, führt von Danzil am Südwestende der Beau Vallon Bay (Danzil) in diese wunderschöne, kleine Bucht.

Vom Ende der Straße in Danzil führt ein Fußweg zunächst nach oben, bis er eine Höhe von etwa 100 m über der Küste erreicht hat. In dieser Höhe verläuft der Weg weiter nach Westen und gibt einen schönen Blick auf das Meer frei. Sie wandern oberhalb schwarzer Granitfelsen, die zunächst sanft, dann aber gefährlich steil zum Meer hin abfallen. Gelegentlich durchquert man dichten Wald, oft ist man aber auf den Granitfelsen der prallen Sonne ausgesetzt.

Nach etwa 60 Minuten schlängelt sich der schmale, aber gut markierte Weg hinunter in die **Anse Major** **13**. Hier können Sie sich erfrischen und eventuell ein Picknick machen (viel Wasser mitnehmen!). Die Anse Major ist deutlich seltener besucht als die Beau Vallon Bay, hat jedoch ebenfalls sehr schöne Schnorchelplätze. Tipp: Fragen Sie in Ihrem Hotel nach, ob es eine Abholung per Boot arrangieren kann. Die Fahrt um die Granitabstürze der Nordküste ist ein Erlebnis!

Alternative: Wenn Ihnen eine Wanderung von nur 1 Std. zu einfach erscheint, können Sie auch einen weiteren Weg nehmen, der etwas höher in die Berge führt: Nach einigen Minuten Gehzeit ab Danzil zweigt nämlich nach links ein Fußweg ab. Folgen Sie diesem nach oben und umrunden Sie den Gipfel des **Mont Poulalier** im Osten.

Wenn der Gipfel dann westlich von Ihnen liegt, erreichen Sie eine Abzweigung, der Sie nach rechts folgen, sodass der Gipfel des Berges nördlich von Ihnen bleibt. Nach etwa einer Viertelstunde erreichen Sie wieder den Fußweg oberhalb der rundgeschliffenen Granitfelsen, der Sie nach links zur Anse Major bringt.

Verkehr

Von Beau Vallon aus fahren Sie am besten mit dem Bus oder einem Mietwagen bis zum Ende der Straße in Danzil, von wo es dann zu Fuß weitergeht.

Wanderung zur Westküste

Zwischen dem Dorf Danzil und der langen Westküste der Insel Mahé gibt es bisher keine befahrbare Straße. Wer vom Touristenzentrum Beau Vallon die in Luftlinie nur wenige Kilometer entfernte Westküste und die wunderbaren Strände von **Port Launay** und **Port Glaud** (s. S. 225) besuchen will, muss daher zunächst den Umweg über Victoria nehmen und von dort über den hohen Pass La Misère zurück nach Westen fahren. Mit dem Auto dauert das ca. 1 Std.

Zu Fuß kann man die Westküste in fast der gleichen Zeit erreichen, hat dabei aber ungleich schönere Ausblicke! Zunächst geht es – wie bereits beschrieben (s. links) – in die Anse Major. Von dort aus spaziert man weiter in Richtung Südwesten. Nach etwa einer Stunde gelangt man so in die **Baie Ternay** **14** bzw. in den **Baie Ternay Marine National Park** (s. auch S. 228), wo sich noch kaum berührte Traumbuchten mit weißen Sandstränden befinden (Anse du Riz, Baie aux Chagrin). Der Pfad ist mit Punkten auf den Felsen und kleinen Schildern im Wald markiert. Aufgrund der zuweilen steilen Anstiege ist er allerdings recht anstrengend zu begehen. Zudem ist man der Sonne streckenweise ungeschützt ausgesetzt, weil man weite, heiße Granitflächen überqueren muss. Diesen Weg sollte man am besten in den frühen Morgenstunden gehen, wenn die Sonne noch nicht so hoch am Himmel steht und die Berge noch Schatten werfen.

Verkehr

Der Rückweg nach Beau Vallon per Bus ist langwierig, denn man muss mehrfach umsteigen und den hohen Pass von La Misère überqueren. Es empfiehlt sich spätestens gegen 16 Uhr an der Bushaltestelle in **Port Glaud** zu sein, um vor Einbruch der Dunkelheit zurückzukehren.

Die Berge zwischen Victoria und der Beau Vallon Bay ►1, D–F 3–5

Karte: S. 184/185
Viel zu selten erleben Seychellen-Urlauber die außergewöhnliche Schönheit der Insel Mahé in Regionen über 300 m! Schon auf den Passstraßen, die in Nordmahé von Victoria am höchsten Gipfel der Insel, dem **Morne Seychellois** (905 m), vorbei in die Bucht von Port Glaud an der Westküste (**Sans Souci Road,** s. S. 228) und von Mont Fleuri aus – einem südlichen Vorort von Victoria – über die Berge nach Grand' Anse führen **(La Misère Road),** bieten sich dem Reisenden grandiose Ausblicke auf die Ost- und auf die Westküste. Zudem durchquert man in den höheren Regionen dichte, undurchdringlich erscheinende Urwälder. Eine Rundfahrt über diese beiden Pässe sollte für jeden Besucher zum ›Pflichtprogramm‹ eines Seychellen-Urlaubs zählen.

Noch intensiver aber erlebt man die Bergwelt Mahés, wenn man sie zu Fuß erkundet – was zumindest für erfahrene Bergsteiger problemlos möglich ist. Allerdings sollte man sich darüber im Klaren sein, dass es auf den Seychellen keine Bergwacht gibt und Wegmarkierungen nicht systematisch erneuert werden. Es ist nicht immer einfach, den richtigen Pfad zu finden, der auf dem schnellsten Weg zum Ziel führt.

Le Morne Seychellois National Park 15

Der **Le Morne Seychellois National Park** ist ein Naturschutzgebiet im Herzen Nordmahés, in dem oberhalb von ca. 600 m keine Eingriffe in die Natur erlaubt sind. Der Park wurde erst Ende der 1970er-Jahre eingerichtet und ist mit einer Fläche von insgesamt 3045 ha (ca. 10 x 4 km) das größte Naturschutzgebiet der Seychellen und macht immerhin ungefähr 20 % der Landfläche des Staates aus. Hier kann man auch einige der lohnendsten Bergtouren durchführen, die auf der Insel unternommen werden können. Gute Ausrüstung, vor allem rutschfeste Leichtbergschuhe und viel Wasser sind eine Grundvoraussetzung, wenn man sich in die Berge Mahés wagt.

Bergtouren oder Fahrten lassen sich von verschiedenen Orten aus unternehmen. **Les Trois Frères** 16 erreicht man am einfachsten von Victoria aus (Bergtour auf Les Trois Frères, s. S. 170 f.). Den **Morne Blanc** (s. S. 228) erklimmt man am besten von der Sans Souci Road aus.

Infos

Ansprechpartner bezüglich der Nationalparks im Umweltministerium (weniger touristisch, denn politisch): Tel. 467 05 00, j.françois@env.gov.sc.

Übernachten

Bungalowhotel ► **Auberge Louis XVII:** La Louise, Tel. 434 44 11, www.seychelles.net/brymich/index.html. Die familiäre Bungalowhotel liegt spektakulär in einem tropischen Garten mit Swimmingpool und bietet wegen seiner Lage etwa 100 m über dem Meer einen ausgezeichneten Blick über die Mahé vorgelagerten Inseln. Angeschlossen ist eine Bar und ein Restaurant mit kreolischer Küche. Gut geeignet als Ausgangspunkt, um Mahé zu erkunden, oder als Stopp für die letzte Nacht, bevor es auf den Rückflug geht. DZ mit Frühstück ab 100 €.

Essen & Trinken

Schöne Lage ► **Chilli Bar & Steakhouse:** La Misère Rd., Tel. 434 41 55, www.chillibar.sc, tgl. 11–23 Uhr. Von dem Lokal genießt man einen großartigen Ausblick auf die Inseln im Osten Mahés. Sportsbar mit Liveübertragung internationaler Sportereignisse, am Wochenende gibt es Liveunterhaltung. Zudem besitzt das kleine Restaurant sogar einen Konferenzraum für bis zu 25 Personen. Das wichtigste aber: Die hier servierten Steaks sind nicht nur gut, sondern auch kreolisch gut gewürzt. 100–500 SCR.

Rastas sind auf den Seychellen eine eher seltene Erscheinung

Der Süden und der Westen von Mahé

Südmahé umfasst die Ostküste südlich des Flughafens und die gesamte Westküste. Seychellois nennen den Inselteil Owan (*au vent* = im Wind oder wo der Wind herkommt) und Einheimische, die aus Owan stammen, werden als rückständig belächelt. Urlauber empfinden diese Rückständigkeit als angenehm, denn das Leben ist hier beschaulich, die Menschen haben Zeit.

Die Südostküste

► 1, G/H 8–12,

Karte: S. 205

Wenn man schnell den Süden von Mahé erreichen will, fährt man am besten über die Schnellstraße, den East Coast Highway, der auf den aufgeschütteten Inseln und Dämmen vor der Küste Mahés verläuft. Auf diese Weise benötigt man lediglich 15 Min. bis zum Flughafen, an dem Nordmahé endet. Auf der alten Küstenstraße dauert die Fahrt doppelt so lange, ist dafür aber landschaftlich reizvoller (s. S. 182 ff.).

Île Anonyme 1

500 m von der Landebahn des Internationalen Flughafens entfernt liegt das Inselchen **Anonyme** im Osten von Mahé mit schönen Stränden. Vor allem der nach Südosten ausgerichtete Strand ist unter Seychellois während des Norwestmonsuns (November bis Mai) beliebt, da er dann im Windschatten Mahés liegt und sehr schön zum Baden und Feiern am Strand geeignet ist. Allerdings befindet sich die Insel seit einigen Jahren in Privatbesitz, sodass man nur bis zur Hochwasserlinie vom Boot aus Zutritt hat.

4 Creole Institute

Südlich des Flughafens erstrecken sich Bucht und Strand von Anse aux Pins 2 5 km nach Süden bis Pointe au Sel, einem Dorf an einer Felsnase, welche die Anse aux Pins von der sich südlich anschließenden Anse Royale trennt. Die Anse aux Pins ist auf der Meerseite nur spärlich bebaut, der Strand selbst aber sehr flach und nicht so gut zum Baden geeignet wie die meisten anderen Strände der Seychellen. In der Mitte der Anse aux Pins liegt rechts der einzige Golfplatz der Insel in einem Kokospalmenhain, linker Hand sieht man das langgestreckte Gebäude des **Reef Hotel,** das älteste der großen Hotels auf Mahé, das seit einigen Jahren als Hotelfachschule genutzt wird.

Im Zentrum der Bucht liegt der Ort **Anse aux Pins,** der die zweitgrößte Ansiedlung der Seychellen mit Banken, Tankstelle, ein paar Geschäften und regem Busverkehr ist.

Das eigentliche Highlight von Anse aux Pins ist das **Creole Institute,** eine Einrichtung zur Pflege der kreolischen Tradition, in der **Maison St. Joseph**. Die wunderbare, renovierte Villa im Kolonialstil erblickt man rechter Hand nahe der Küstenstraße, wenn man durch Anse aux Pins gen Süden geht. Allerdings gilt die Villa als verwunschen. Die mündliche Überlieferung besagt, dass der Erbauer des Hauses in jungen Jahren einen Pakt mit dem Teufel geschlossen habe. Letzterer habe ihm versprochen, seinen Todestag frei wählen zu dürfen. Als Gegenleistung allerdings sei seine Seele anschließend zu ewigem nächtlichem Wandeln in den Räumen seines Hauses verurteilt. Der Eigentümer wählte seinen Todestag und gab ihn auch seiner Familie bekannt – und starb Jahrzehnte später exakt an diesem Tag!

Seither stand der stilvolle Kolonialbau leer – niemand wagte es, darin zu übernachten, denn nächtliche Geräusche raubten den Schlaf. Das Haus war für Jahrzehnte unverkäuflich und drohte zu verfallen. Schließlich erwarb der Staat das Haus, stellte es unter Denkmalschutz und richtete das Creole Institute ein. Hier wurde alle Literatur zusammengetragen, die sich mit dem Kreol der Seychellen befasst. Sprachforscher durchleuchten die Sprache bis heute und versuchen, sie zu einer Schriftsprache zu entwickeln, damit sie auch als offizielle geschriebene Landessprache genutzt werden kann. Die Geschichte des Hauses ist ein Symbol für seine heutige Bestimmung: Die bisher mündliche Überlieferung der Mythen der Seychellen schriftlich festzuhalten, ohne sie ins Englische oder Französische übersetzen zu müssen. Hier werden auch die Grundlagen erarbeitet, damit die Muttersprache aller Seychellois als Unterrichtssprache verwendet werden kann. Es werden Lehrbücher für die ersten Schuljahre in Kreol erarbeitet, es wird die korrekte Schreibweise kreolischer Worte entsprechend den von Annegret Bolée – einer deutschen Sprachwissenschaftlerin von der Universität Bamberg – gefundenen Regeln festgelegt – und hier wird auch das seit 1985 jedes Jahr im Oktober stattfindende Festival Kreol geplant und organisiert (Creole Institute, PO Box 1383, Victoria, Tel. 432 133, Fax 432 48 92, kreolfst@seychelles.net).

Übernachten

Bungalows ▶ **Hotel La Roussette:** Tel. 437 62 45, www.hotel-laroussette.com. Das kleine Hotel hat nur 5 Bungalows mit jeweils 2 Doppelzimmern. Es ist eine preiswerte Alternative zu Hotels und liegt auf der Inselseite der Küstenstraße 5 km südlich des Flughafens, die nächste Bushaltestelle ist nur 2 Min. entfernt. Ein Highlight ist die kreolische Küche die von den einheimischen Eigentümern zubereitet wird. Einen Strand findet man auf der gegenüberliegenden Straßenseite nur wenige Meter entfernt. DZ mit Frühstück ab 123 €.

Abends & Nachts

Disco, teilweise unter freiem Himmel ▶ **Katiolo:** Anse Faure, Tel. 437 54 53, Mi, Fr/Sa 21–3 Uhr. Am Ende der Landebahn macht die Küstenstraße eine scharfe Rechtskurve ins Land hinein, umfährt einen kleinen Granitfelsen auf der Landseite und kehrt ein paar hundert Meter weiter wieder auf Meereshöhe an die Küste zurück. Auf dieser kleinen Halbinsel liegt zwischen der Straße und der Küste die beliebte Disco Katiolo, die besonders am Freitag- und Samstagabend in jeder Hinsicht ›heiß‹ ist! Obwohl die Tanzfläche zur Hälfte im Freien liegt, wird Ihnen beim Tanzen der Schweiß auf der Stirn stehen, die Musik könnte in einer Disco in Europa nicht mitreißender sein. Die Mädchen machen sich schön, die Jungs bringen sämtliche Rupien mit, die sie im Lauf der Woche verdient haben. Eintritt 50 SCR.

Aktiv

Hochseefischen ▶ Ausflüge zum Hochseefischen können Sie über **Wallaby Tours** (Anse aux Pins, Tel. 437 62 45) buchen.

Verkehr

Mietwagen: City Car Hire, Tel. 437 52 89; Victoria Car Hire, Tel. 437 63 14.

Taxistand: Am Flughafen, Tel. 437 33 49.

5 Le Domaine de Val des Près/Vilaz Artizanal

Im Süden von Anse aux Pins öffnet sich wieder der Blick auf das Meer im Osten. Auf der Landseite führt eine schmale Stichstraße (beschildert mit Domaine de Val des Près) nach rechts zu einer Gruppe originalgetreu renovierter kreolischer Villen sowie einer kleinen Ansammlung von Bungalows, in denen heimische Kunsthandwerker arbeiten und ihre Werke verkaufen. Das Ensemble heißt **Le Domaine de Val des Près,** ist aber bekannter unter den Namen **Vilaz Artizanal** oder **Craft Village.**

Tipp: Souvenirs finden

Die Seychellen sind nicht reich an Möglichkeiten, Souvenirs zu finden, sieht man einmal von den recht teuren Meereskokosnüssen (s. S. 155) und den ebensowenig billigen Siebdrucken von Sir Michael Adams (s. S. 215 f.) ab. Man kann aber zumindest auf den Märkten in Victoria stöbern, die Geschäfte durchsuchen oder sich sogar ganz in Ruhe und ohne Trubel direkt bei den Herstellern in Le Domaine de Val des Près (s. S. 203 ff.) oder bei La Marine Model Ships (s. unten) nach etwas Passendem umschauen. Selbst wenn man letztendlich vielleicht nichts findet, das einem gefällt oder preislich in Frage kommt, kann man hier ein paar erholsame Stunden verbringen.

Das größte Haus der Gruppe, das **Grand Kaz,** wurde um 1870 errichtet und dient heute als Museum, in dem man die Lebensweise der *grands blancs* – der weißen Adelsfamilien – nachvollziehen kann. In einem zweiten, offenen Holzhaus aus der gleichen Epoche, **La Kaz Rosa,** befindet sich das Restaurant Vye Marmite.

Nur 50 m neben diesen beiden Gebäuden befinden sich die **Bungalows der Kunsthandwerker.** Die Anlage ist aus der Initiative seychellischer Künstler und Kunsthandwerker entstanden, die ihre Produkte gemeinsam vermarkten wollten. Sie haben in kleineren Gebäuden bzw. Hütten Werkstätten eingerichtet, in denen sie unterschiedliche Produkte herstellen und verkaufen.

Etwas abseits steht **La Maison de Coco,** ein Haus im Stil der traditionellen Arbeiterhäuser. Das Besondere daran: Es besteht ausschließlich aus Materialien, die eine Kokospalme zur Verfügung stellt! Es wird kein Nagel, kein Ziegel und auch kein Holz anderer Bäume zum Bau verwendet – so wie die Arbeiter nach der Sklavenbefreiung ihre Hütten ausschließlich aus Kokospalmenmaterial gebaut haben (PO Box 1383, Au Cap, Tel. 437 61 00, 37 61 55, valdepre@seychelles.net, Le Domaine (Kolonialhäuser), Mo–Sa 8–16 Uhr, Kunsthandwerksgeschäfte Mo–Sa 9–17 Uhr).

Essen & Trinken

Traditionelle Kreolenrezepte ▶ **La Plaine St. André:** Au Cap, Mahé, Tel. 437 20 10, www.laplaine.sc, Mo–Sa 10–24 Uhr. Koloniale Architektur, koloniale Atmosphäre, koloniale Gerichte. Das passt zusammen und lohnt den Besuch, auch wenn ein Essen hier ein paar Euro mehr kostet als anderswo. Der Rum wird vor Ort hergestellt. Besichtigung der Distillerie, des Grundstücks und des Gartens Mo–Fr 10–16 Uhr, Sa nur nach Voranmeldung. Menü mit drei Gängen ohne Getränke 25–40 €.

Einkaufen

Kunst und Kunsthandwerk ▶ **Domaine de Val des Près/Vilaz Artizanal:** Le Cap, Tel. 437 61 00, 437 61 55, valdepre@seychelles.net, Mo–Sa 9–17 Uhr. In den verschiedenen Werkstätten findet man diverse künstlerische und kunsthandwerkliche Dinge, von Pareos, Sonnenhüten und Schmuck bis zu Kleidern, T-Shirts und vielem mehr.

Maßstabgerechte Modellschiffe ▶ **La Marine Model Ships:** La Plaine St. André, Tel. 437 14 41, Mo–Fr 9–16 Uhr. Nur wenige Meter weiter im Süden steht ebenfalls rechts ein wenig zurückgesetzt ein Kolonialhaus, in welchem die Fabrik La Marine in handwerklicher Feinarbeit maßstabgetreue Modellschiffe herstellt. Bis auf das kleinste Detail werden hier Fregatten, Dreimaster und Kriegsschiffe aus vergangenen Zeiten gebaut und finden ihre Liebhaber unter Modellbaubegeisterten. Gewiss gibt es preisgünstigere Reiseandenken an die Seychellen, denn für eine Dreimastbark aus dem 18. Jh. muss man mit einem Preis von etwa 1000 € rechnen.

Verkehr

Es bestehen Busverbindungen von/nach Victoria und Anse Royale. Die Busse fahren etwa alle 15 Min. Stoßzeiten vor Bürobeginn und -ende vermeiden.

Südmahé

Île Anonyme
Île aux Rats
Roche Tortue
Seychelles International Airport
Helistop
Île du Suète
La Misère
New Savy 587 m
Cascade
Whernside
Talbot
Cascade Estate
Bardau
Mont Sebert
Pointe Larue
Dauban
Mte. Planeau 668 m
Les Dents 555 m
Pointe La Rue
Anse Faure
Mondon
Barbarons
Planeau
Barbarons
Barbarons 216 m
Grand Bassin
Capucins
Anse aux Pins
Longue Mare
Dondée 119 m
Casuarina Beach Guesthouse
St. Joseph
Anse Boileau
Bon Espoir
Creole Institute
Le Domaine de Val des Près/Vilaz Artizanal
Du Cap
Vye Marmite
Roche Amour
Boileau Bay
Mte. Brulée 501 m
Le Cap
La Plaine St. Andre
Maia Luxury Resort & Spa
Anse Louis
Ecomuseum
Piton de L'Eboulis
La Marine Model Ships
La Salette
Dans Gravier
Mont Plaisir
Jardin des Palmes
Canelles 186 m
Pointe au Sel
L'Esperance
Monte Cristo
Fairyland
Pointe au Sel
Villa Bambou
Le Relax Hotel
Île Chauve Souris
Anse à la Mouche
Les Canelles Rd
Les Canelles
Souris
Kaz Kreol
Blue Lagoon
Anse Royale
Anse Soleil
Roche Soleil 125 m
Anchor Café
Royale
Studio von Sir Michael Adams
Anse Soleil Café
Roche Gratte Fesse
Sweet Escott Rd
Anse Royale
Anse Soleil Beachcomber
Le Désert 330 m
Le Jardin du Roi
Petite Anse
Baie Lazare Village
Terrain Maillet
Kempinski
Four Seasons
Mte. Toupie 200 m
Val d'Endor
Bougainville
Cap Lazare
Baie Lazare
Anse Gaulettes
Baie Lazare
Anse Bougainville
Anse Gaulettes
Lazare Picault
Pointe Lazare
Pointe Maravi
Mont Parnel 378
Anse Parnel
Li-al-do Maison
Clovis
Cap Lascars (Cap Maçons)
Takamaka
Anse Takamaka
Villas Chez Batista
Chalets d'Anse Forbans
Anse Forbans
Le Réduit
Anse Marie Louise
Le Reduit
Banyan Tree Hotel
Quatre Bornes
Roche de l'Intendance
Anse Marie Louise
Anse Intendance
Beau Séjour 301 m
Collines du Sud
Montagne Cachée
Pointe Capucins
Mte. Corail
Montagne Capucines
Pointe Golette
Anse Capucins
Petite Boileau
Petite Police
Police Bay
Pointe du Sud
Police Point
0
1
2 km

Restaurant Vye Marmite: Hort traditioneller kreolischer Kochkunst

Wanderung auf die Montagne Brulée 3

Eine selten befahrene, gewundene Bergstraße führt vom Ortskern Anse aux Pins' aus nach Westen hinauf zum Fuß der **Montagne Brulée**. Der nur 500 m hohe Gipfel ist von der Passhöhe aus in nur einer guten Stunde zu erwandern. Der **Montagne Brulée Nature Trail** führt durch wunderbare Urwälder, an kleinen Wasserfällen vorbei und endet am Fuß hoch aufragender Granitfelsen. Von hier aus hat man einen unvergleichlichen Ausblick auf die Westküste Mahés.

Knapp hinter (westlich) der Passhöhe steht links ein großes Schild, das auf den Beginn des Wanderwegs hinweist. Er durchquert zunächst eine Mahagoniplantage, später ursprünglichen Palmenwald und dichte Urwälder. Der Rastpunkt befindet sich unterhalb mehrerer gigantischer Granitfelsen, die nur besteigen sollte, wer sich schwindelfrei und trittsicher in Gebirgen bewegen kann. Die Wanderung dauert hin und zurück 2–3 Std. Gutes Schuhwerk mit griffigen Sohlen ist wichtig, denn nach Regenfällen können die Pfade im Dschungel glatt sein.

Verkehr

Die Autofahrt von und nach Anse aux Pins dauert etwa 15 Min.

Anse Royale 4

Südlich von Anse aux Pins steigt die Straße nach einiger Zeit steil an und windet sich auf

Der neue Jardin du Roi Thema

Auf den an Attraktionen nicht armen Seychellen stellt der Jardin du Roi eine Besonderheit dar. Eine Wanderung durch die Anlage mit ihren ausgeschilderten Wegen führt durch eine liebevoll angelegte kleine Gewürzplantage und vermittelt hautnahe Eindrücke von der Produktion von ›Kolonialwaren‹ auf den Seychellen.

In der Anse Royale befand sich die erste große Gewürzplantage der Seychellen, der Jardin du Roi, der schon wenige Jahre nach seiner erfolgreichen Gründung (s. S. 55) zerstört wurde. In Erinnerung daran hat eine einheimische Familie nicht weit vom historischen einen neuen **Jardin du Roi** **5** angelegt. In diesem Garten werden alle Gewürze kultiviert, die den ersten Reichtum der Seychellen in den Jahren zwischen 1770 und 1780 ermöglicht hatten. Aus der hier geernteten Vanille, aus Muskat, Zitronengras, Gewürznelken, Bananen, Zuckerrohr, Tamarinde werden wieder Produkte hergestellt, die in den vergangenen Jahrzehnten aus Indien oder Südafrika importiert wurden, da der Anbau auf den Seychellen nicht mehr lohnend war.

Zudem glaubt die Eigentümerfamilie beweisen zu können, dass der Stammvater der Familie jener geheimnisvolle Monsieur Poiret war (s. Thema S. 213), der Anfang des 19. Jh. auf den Seychellen gelandet war. Wenn dies richtig ist, fließt das Blut des französischen Königshauses in den Adern der heutigen Eigentümer, und der Garten trägt zu Recht den stolzen Namen Jardin du Roi.

Der Garten ist aber nicht nur aus historischen Gründen einen Besuch wert. Das Gelände war bis zur Unabhängigkeit der Seychellen als Obst-, Gemüse- und Gewürzgarten genutzt worden, mangels Pflege verfielen in den Folgejahren jedoch die Plantage, das einst schöne Kolonialhaus und die Wirtschaftsgebäude. Seit einigen Jahren sind sie wieder hergerichtet, das **Kolonialhaus** dient der Eigentümerfamilie als Zuhause. In den **Nebengebäuden** befindet sich ein **Laden**, in dem die Gewürze und daraus hergestellte Produkte ebenso verkauft werden wie handgemachte Kerzen und andere Souvenirs aus Naturmaterialien. Im **Museum** liegen Bildbände und Postkarten aus, die das Farmleben vergangener Jahrhunderte illustrieren. Traditionelle *achards* (in Essig und Öl eingelegte Mischung kleingeschnittener Gewürze) werden ebenso wie Kopra hergestellt, Zimt wird zubereitet. Im **Restaurant** serviert man Gerichte, die weitgehend aus den Erzeugnissen der eigenen Plantagen zubereitet sind. Besucher gewinnen einen guten Eindruck vom Leben auf den Seychellen, wie es war, als es weder Straßen noch Autos gab.

Im die Plantage umgebenden **Wald** finden sich gigantische Bambusstauden, alte Koko-Dmer-Palmen und viele Kilometer gepflegter schmaler Fußwege durch teils dichten Urwald.

Jardin Du Roi – Spice Garden: Domaine de L'enfoncement, Anse Royale, Tel. 437 13 13, brymich@seychelles.net, tgl. 10–17.30 Uhr, Eintritt 5 €, Kinder unter 12 Jahren 2 €.

Anfahrt: Von Victoria auf der Küstenstraße nach Süden bis Anse Royale fahren. Dort, ca. 300 m hinter der Tankstelle, nach rechts in die Les Canelles Road, nach ca. 1 km links in die Sweet Escott Road, nach 200 m rechts in einen Fahrweg bergan einbiegen. Er endet nach etwa 2 km im Jardin du Roi.

Vor dem nördlichen Ende der Anse Royale liegt die Île Souris

einen kleinen Rücken hinauf. Von hier aus überblickt man die Südostküste bis zur Pointe Capucins. Im Vordergrund sieht man die weite **Anse Royale** (Königliche Bucht) mit dem gleichnamigen Ort. Hier hatte der Generalgouverneur die ersten Plantagen errichten lassen, die ausgezeichnet gediehen sein sollen. Doch ein Brand vernichtete sie (s. S. 55) und beendete die erste erfolgreiche Etappe der Kolonisierung der Seychellen. Im Süden der Bucht steht malerisch eine Kirche am Strand, um sie herum gruppiert sich der kleine Ort mit einer Bank, einer Tankstelle, einer Polizeistation und einem gemütlichen Strandrestaurant. Die Anse Royale ist zum Baden ideal. Das Wasser erreicht nicht weit vom Ufer entfernt 2–3 m Tiefe, der Boden ist mit weichem, weißem Sand bedeckt. Erst weiter draußen, dort wo Fischerboote ankern, findet man ca. 3 m unter der Wasseroberfläche Korallenbänke. An schönen Tagen sind sie sogar von der Oberfläche aus klar und farbig leuchtend erkennbar. Am Wochenende kommen viele Seychellois zum Picknick an den Strand, unter der Woche aber ist man mit den am Strand sitzenden Fischern allein. In den europäischen Sommermonaten (Juni–Sept.) weht häufig ein landeinwärts gerichteter Wind, der für Windsurfer ideale Bedingungen schafft. Schwimmen und Schnorcheln sind dann aber nicht so angenehm.

Übernachten

Spektakulärer Ausblick ▶ **Le Relax Hotel:** Tel. 438 29 00, www.lerelaxhotel.com. Das Gästehaus liegt hoch oberhalb der Anse

Royale und bietet einen großartigen Ausblick. Die Zimmer sind klimatisiert; im dazugehörenden Restaurant wird kreolisch mit starkem indischem Einfluss gekocht (indische Eigentümer). DZ mit Frühstück ab 137 €.

Essen & Trinken

Gemütliches Strandrestaurant ▶ **Kaz Kreol:** Tel. 437 16 80, chefinparadise@hotmail.com, Mo–Sa 11–23 Uhr. Das angenehme Lokal im Stil der alten Herrenhäuser unmittelbar am Strand der Anse Royale bietet kreolische Gerichte ebenso wie italienische und chinesische Küche. Es ist für ausgezeichnete Pizza bekannt. Tagsüber gibt es auf der Terrasse am Strand Kaffee und Imbisse, abends wird auch gehobene kreolische Küche zubereitet. 40–150 SCR.

Rund um die Südspitze von Mahé ▶ 1, G–K 11/12

Karte: S. 205

Am Südende der Anse Royale überquert die Straße einen Felsvorsprung und führt in die **Anse Bougainville** 6 (Wanderung von der Anse Gaulettes zur Anse Bougainville, s. S. 212) und in eine kaum erschlossene Region Mahés. Sie reicht vom Südende der Anse Royale um die Südspitze Mahés bis zur Anse à la Mouche an der Ostküste.

Anse Forbans und Anse Marie Louise

1 km südlich der Anse Bougainville beginnt der lange Strand der **Anse Forbans** 8 und

Tipp: Surfer's Beach Restaurant

In der selten besuchten **Anse Parnel 7** zwischen der Anse Bougainville und der Anse Forbans liegt direkt am Strand das **Surfer's Beach Restaurant.** Das Essen ist kreolisch, preiswert und gut, die Atmosphäre informell-entspannt – ein Ort weit entfernt von den touristischen Hotspots der Insel (tgl. 10–22 Uhr, Hauptgerichte wie Spaghetti, Pizza oder Burger ab 5 €, kreolische Currys ab 10 €, Hummer bis 40 €).

die sich südlich anschließende **Anse Marie Louise 9**, welche die südlichsten erschlossene Badebuchten an der Ostküste Mahés sind. Hier stehen zwei kleine Hotels (Allamanda und Chalets d'Anse Forbans), und der lange Strand gehört den wenigen Gästen dieser Häuser. Besonders im Südsommer von Oktober bis Mai hat er wunderbare Schnorchelreviere, im Südwinter kann das Meer aber unruhig und daher zum Schnorcheln über Korallenbänken ungeeignet sein.

Übernachten

Bungalowanlage ► **Chalets d'Anse Forbans:** Anse Forbans, PO Box 3030, Anse Royale, Tel. 436 61 11, www.forbans.com. Sechs Doppelbungalows (zwölf Zimmer) und zwei Einzelbungalows mit jeweils Schlaf- und Wohnraum für Selbstversorger. Einkaufsmöglichkeit in der Nähe und schöner Strand zum Baden und Schnorcheln. DZ ab 120 €.

Anse Capucins und Petite Boileau

Wer noch tiefer in das ursprüngliche Mahé eindringen möchte, kann vom Südende der Anse Marie Louise aus auf einem schmalen Trampelpfad (oft schwer aufzufinden!) weiter nach Süden wandern bis in die Anse Capucins oder gar bis in die Anse Petite Boileau. Nehmen Sie sich mindestens 3 Std. Zeit, damit Sie zwischendurch in Ruhe ein Bad nehmen können und nicht in die Dunkelheit geraten, wenn das Auffinden des alten Wegs einmal längere Zeit in Anspruch nehmen sollte.

Rechts und links des Pfades breitet sich ein zum Teil undurchdringlicher Dschungel aus, der den Weg gelegentlich überwuchert. Selten gehen Arbeiter hier entlang, um Kokosnüsse zu ernten, und noch seltener Reisende, die mehr sehen möchten als das, was mit einem Fahrzeug erreichbar ist.

Bis zur **Pointe Capucins 10** gehen Sie etwa 50 m oberhalb des Meeres entlang, das in ungebrochenen Wellen gegen die Felsen brandet. Nach etwa 45 Min. erreichen Sie ein **Haus**, von dem aus ein Pfad hinunter in die **Anse Capucins 11** führt. Achtung: Baden ist während der Wintermonate Juni bis Oktober wegen der starken Brandung nicht empfehlenswert!

Wenn Sie sich vom Haus aus durch dichtes Gestrüpp und kaum erkennbare Trampelpfade etwa 2 km weiter nach Süden durchschlagen, erreichen Sie die unberührte **Petite Boileau 12**. Da dieser Bucht kein Korallenriff vorgelagert ist, herrscht auch hier insbesondere während der Monate Juli, August und September starker Seegang, der Schwimmen unmöglich macht. Gehen Sie bitte kein Risiko ein! Baden ist auch wegen gefährlicher Strömungen äußerst riskant.

Quatre Bornes 13

Wenn man südlich der Anse Marie Louise die Ostküste verlässt und der Straße ins Landesinnere folgt, erreicht man in wenigen Minuten den Ort **Quatre Bornes** auf der Passhöhe zwischen den Buchten Marie Louise an der Ost- und Takamaka an der Westküste. Quatre Bornes selbst hat wenig zu bieten. Es gibt eine große Kirche und einige Krämerläden. Doch von hier gelangt man zu den Buchten im äußersten Süden und eben auch hinüber zur Westküste.

6 Anse Intendance

Folgt man in Quatre Bornes der nach Süden abzweigenden Straße, so gelangt man zu einigen herrlichen Buchten. Die bekannteste unter ihnen ist die Anse Intendance, aber auch die Police Bay und die Anse Cachée sind

Einen Kilometer lang ist der Sandstrand der Anse Intendance

wahre Traumbuchten, wie man sie nur selten findet.

Zweifellos zählt die **Anse Intendance** zu den schönsten tropischen Badebuchten der Welt, daran hat auch der Bau des Villenhotels Banyan Tree an deren Nordende nichts geändert. Der Strand ist fast 1 km lang und beiderseits von imposanten Granitfelsen abgeschlossen. Kokospalmen und dichtes grünes Buschwerk spenden Schatten (Vorsicht: fallende Kokosnüsse!), und einzelne Granitfelsen ragen wie Skulpturen aus dem weißen Sand. Im europäischen Winter (Südsommer) liegt das Meer sanft und klar in der Bucht, von Juni bis September aber rollen manchmal große Brecher an den Strand. Bodysurfer lieben diese Wellen, doch für Badende können sie zur Gefahr werden, wenn sie in den Strudel der brechenden Welle geraten.

Am Wochenende wird die Bucht von Einheimischen besucht, die Getränke zum Picknick mitbringen. Doch immer wird für jeden Besucher viel Raum bleiben, in welchem er sich wie Robinson fühlen kann.

Kehrt man die Stichstraße zurück, die in die Anse Intendance führt und biegt dann rechts ab, erreicht man am **Police Point** 14 die Südspitze Mahés. Rund um die kleinen vorgelagerten Felsen und in den westlich bzw. östlich gelegenen Buchten **Petite Police** 15 und **Police Bay** 16 finden sich erstklassige Tauchplätze. Das Baden vom Strand aus aber ist oft wegen hoher Wellen gefährlich.

Übernachten

Sehr luxuriöses Villenhotel ► **Banyan Tree Hotel:** Anse Intendance, Tel. 438 35 00, www.banyantree.com. Am Nordende der kilometerlangen Bucht von Intendance liegt das Banyan Tree Hotel mit seinen 47 Privatvillen. Es gehört zu den wenigen Villenhotels dieser äußerst gehobenen Kategorie auf Mahé mit privaten Pools und individuell eingefriedeten, großzügigen Wohneinheiten, mehreren Restaurants und einem riesigen, weitgehend von Urwald bewachsenen Grundstück. Von den Hillside-Villen genießt man einen atemberaubenden Ausblick auf die Anse Intendance. Villa für zwei mit Frühstück ab 700 €.

Anse Takamaka 17

Von Quatre Bornes aus kann man dann der Ost-West-Verbindung folgen und nun die Straße bergab in die Anse Takamaka nehmen. Sie ist landschaftlich von besonderem Reiz, führt sie doch durch eine kaum bebaute Bergwelt. Und schon bald sieht man in der Ferne die Westküste Mahés und die wunderbare fast ganzjährig vor Wind und Wellen geschützte **Anse Takamaka**. Etwa 2 km westlich von Quatre Bornes macht links der Straße ein Schild auf das einfache, aber gute Restaurant Le Réduit aufmerksam. Es liegt am Ende einer Stichstraße an einem steilen Berghang mit fantastischem Blick zur Westküste Mahés und auf die Berge der Insel. Ein weiteres, empfehlenswertes Restaurant (Chez Batista) einige Kilometer weiter am Strand von Anse Takamaka ist vor allem für seinen ausgezeichneten gegrillten Fisch bekannt.

Tipp: Wanderung in die Anse Bougainville

Von Takamaka aus ist es nicht mehr weit zum Dorf **Baie Lazare** (Baie Lazare Village). Etwa 2 km vor Ortsbeginn, in der **Anse Gaulettes,** zweigt nach rechts ein Fahrweg in das **Val d'Endor** 18 nach Osten ab. Auf dem Weg gewinnen Sie einen guten Eindruck vom Landleben auf den Seychellen, denn er führt über einen flachen Pass an die Ostküste, durchquert ursprüngliche Landschaften, in denen Gemüse, Kokospalmen und Früchte angebaut werden. Von der Passhöhe bietet sich ein wunderbarer Blick zu beiden Küsten im Osten und im Westen. Durch weite Plantagen gelangt man hinunter zur Anse Bougainville an der Ostküste (Bushaltestelle!). Die 8 km lange Wanderung dauert bei gemütlichem Gehtempo etwa 3 Std.

Übernachten

In Strandnähe ▶ **Villas Chez Batista:** PO Box 3013, Takamaka Beach Tel. 436 63 00, www.chezbatista.com. Am Strand der Anse Takamaka in Südmahé steht – von der Straße aus nicht sichtbar – eine unscheinbare Hütte. Hinter dem Strandrestaurant verbergen sich drei Doppelbungalows mit je zwei Doppelzimmern, drei weitere Zimmer gibt es im Annex. DZ mit Frühstück ab 100 €.

Li-al-do Maison: s. Tipp S. 220.

Essen & Trinken

Seychellen-Spezialitäten ▶ **Le Réduit Restaurant:** Anse Takamaka, Tel. 436 61 16, 436 62 25, lereduit@seychelles.net, tgl. 11–22, letzte Bestellung um 21.30 Uhr. Das Restaurant auf dem Berg nahe dem Ort Takamaka wird von einer freundlichen, einheimischen Familie geführt. Hier kann der Gast auf Vorbestellung die Spezialität Flughundcurry in Kokosmilch probieren! 10–25 €.

Verkehr

In Anse Gaulettes und Anse Bougainville halten die Busse, die entlang der südlichen West- bzw. südlichen Ostküste fahren.

Die Südwestküste

▶ **1, G 10–12**

Karte: S. 205

Baie Lazare 19

Die **Baie Lazare** mit ihrem gleichnamigen Dorf (Baie Lazare Village) ist eine kilometerlange Traumbucht im Südwesten Mahés. Strand und Dorf sind nach Lazare Picault benannt, der als erster Franzose von Mauritius aus zu den Seychellen gesandt wurde, um zu erkunden, ob man dort erfolgreich eine Kolonie errichten könne. Allerdings ergaben Studien seiner Reisebeschreibungen, dass er vermutlich nicht in dieser Bucht an Land gegangen war, sondern in einer geschützten Bucht weiter im Norden,

Louis XVII.

Thema

Im Jahre 1802 tauchte vor Mahé unerwartet ein Segelschiff auf und warf vor Victoria Anker. Ihm entstieg ein junger Mann in Begleitung eines distinguierten älteren Herren namens Dangreville, der seinen Schützling als »Monsieur Poiret« vorstellte. Dieser plane, sich für einige Jahre auf Mahé niederzulassen. Doch Monsieur Poiret blieb für immer.

Monsieur Dangreville beschaffte für seinen jungen Herren ein Haus und Personal und verschwand ebenso überraschend wieder, wie er gekommen war. Obgleich die Inselverwaltung normalerweise über Ankünfte und Abreisen Buch führte, ist weder eingetragen, wie das Schiff hieß, mit dem Monsieur Poiret gekommen war, noch ist festgehalten, mit welchem Schiff Monsieur Dangreville wieder abreiste. Es ist aber verbrieft, dass der damalige Gouverneur Queau de Quincy seinem neuen Untertan ein Stück Land zuteilte und ihm Sklaven überließ. Dort lebte der erst 20-jährige Mann und hielt sich von den übrigen Kolonialfamilien fern, die ihm mit höchstem Respekt begegneten. Monsieur Poirets Sklaven pflanzten Baumwolle und Reis, und er selbst heiratete bald die Tochter eines Siedlers. Ihre erste Tochter nannten sie Marie Lisette Dauphine, die zweite Marie Elise Dauphine – beides Namen, die traditionell den Kindern des französischen Königshauses gegeben wurden!

Bald verbreiteten sich Gerüchte über die Insel, wonach Monsieur Poiret königlicher Herkunft sei, ja der Thronfolger Louis XVII. sein könnte. Erst viele Jahre später sprach Herr Poiret über seine Herkunft – ob er die Wahrheit sagte, ist bis heute nicht sicher:

Sein Vater sei König Louis XVI. gewesen, der hingerichtet wurde. Er selbst sei in einen Kerker geworfen worden, aus dem ihn Freunde der Königsfamilie Jahre später 1793 befreit hätten. Man habe die Bewacher bestochen und ihn gegen einen fremden Jungen ausgetauscht. Anschließend habe man ihn in Kirchen und bei Bauern versteckt, bis er in Begleitung von Monsieur Dangreville auf die Seychellen habe reisen können. Da der Gouverneur Queau de Quincy dem Königshaus gewogen war, sei es ihm hier leicht gemacht worden, sich niederzulassen.

Als Monsieur Poiret im Alter von 74 Jahren starb, fand man in seinem Nachlass Abschriften von Briefen aus dem Jahr 1800, in denen der 18-jährige Sohn König Louis' XVI. europäische Adelshäuser um Hilfe bat – damals war auch Poiret 18 Jahre alt und lebte noch nicht auf den Seychellen. Im Besitz jener seychellischen Familie, deren Stammbaum auf Monsieur Poiret zurückgeht, befinden sich bis heute Silbergegenstände aus jener Zeit, die das Wappen der französischen Könige tragen.

Mit Unterstützung des Kultusministeriums reiste 1995 eine Gruppe französischer Historiker und ›Louis-XVII.-Spezialisten‹ zu einem Seminar nach Mahé, um das Schicksal des Thronfolgers zu diskutieren. Es stellte sich heraus, dass mehr als 100 Theorien über den Verbleib des *dauphin* in Umlauf sind, von denen viele als Fantasiegebilde zu durchschauen sind. Nur wenige scheinen einen ernsthaften Hintergrund zu haben – eine davon ist die, welche Monsieur Poiret vor seinem Tod erzählte.

Die Anse Takamaka ist ganzjährig vor Wind und Wellen geschützt

die heute Anse Boileau (s. S. 221) heißt. **Baie Lazare Village** erstreckt sich vom Zentrum der Bucht bis auf eine kleine Passhöhe 3 km weiter im Norden, wo sich eine Schule, eine Tankstelle, ein Café (Harvey's Café) und eine Polizeistation befinden.

Übernachten

Sehr ruhige Lage ▶ **Lazare Picault:** Tel. 436 11 11, www.lazarepicaulthotel.com. Die Bungalows (insgesamt 16 Zimmer) liegen am Hang, 30 m oberhalb des Strandes der Baie Lazare. Alle mit weitem Blick über die Bucht. Wer Wassersport treiben möchte, kann z. B. bei den Blue Lagoon Chalets Surfbretter leihen (s. S. 217). DZ mit Frühstück ab 260 €.

Zwischen Granitfelsen und Traumstrand ▶ **Kempinski Seychelles Resort:** Tel. 438 66 66, Fax 438 66 99, reservations.seychelles@kempinski.com. Die weitläufige Anlage liegt an dem Strand, an dem vor 200 Jahren vermutlich der erste Siedler, Lazare Picault, an Land ging. Auf den Grundmauern des Plantation Club entstand ein Hotel mit überraschend günstigen Preisen. Langer Sandstrand, Zimmer nur 30 m vom Meer entfernt, mehrere Restaurants etc. DZ/HP ab 240 €.

Essen & Trinken

Kreolische Küche in Gartenambiente ▶ **Cap Lazare:** Tel. 428 01 00, 52 46 42, Fax 422 58 17, info@creoleholidays.sc, Di/Mi, Fr 12–16.30 Uhr. Unbedingt mindestens zwei Stunden im Voraus telefonisch reservieren! Das Cap Lazare serviert in seinem wunderbar weitläufigen Gartenareal auf einfachen Bänken unter einem weiten, schattenspendenden Palmdach kreolische Küche. Res-

taurantgäste dürfen den zugehörigen tollen Strand nutzen. Achtung: Manchmal ist das Restaurant von Busgruppen gebucht und dann nicht ganz so ›intim‹! Daher sollten Sie bei Ihrer Voranmeldung nachfragen, ob große Gruppen anwesend bzw. angekündigt sind.

Verkehr

Bushaltestelle vor der Einfahrt zum ehemaligen Hotel Plantation Club. **Mietwagen** gibt es im Hotel Val Mer Resort auf der gegenüberliegenden Straßenseite.

Petite Anse und Anse Soleil

Bei der Polizeistation in Baie Lazare zweigt nach links (Westen) eine Straße ab, die erst seit Kurzem eine gute Verbindung zu den beiden Traumstränden Anse Soleil und Petite Anse im Westen einer Halbinsel herstellt. Die touristische Zukunft beginnt hier gerade, denn in der **Petite Anse** 20 hat ein Luxushotel der Kette Four Seasons eröffnet, das mit den allerbesten Hotels der Seychellen konkurriert. Seine Lage in der dicht bewachsenen Bucht und vor einem wunderbaren, einige hundert Meter langen Strand ist unvergleichlich schön.

Folgen Sie einer Abzweigung nach rechts, erreichen Sie bald den Strand der **Anse Soleil** 21 mit ihrem kleinen Gästehaus und einem einfachen Strandrestaurant, das erstklassige Fischgerichte zubereitet.

Übernachten

Luxusherberge in wunderschöner Lage ▶ **Four Seasons Seychelles:** Petite Anse, Tel. 439 30 01, www.fourseasons.com/seychelles. Internationales Spitzenhotel in einer weiten Traumbucht. Knapp 70 sehr geräumige Villen mit Privatpool und breiter, beschatteter Terrasse liegen weit verstreut am Hang mit Blick auf die Petite Anse und die untergehende Sonne. DZ mit Frühstück ab 600 €.

Einfach, jedoch an einem Traumstrand ▶ **Anse Soleil Beachcomber:** Anse Soleil, Tel. 436 14 61, www.beachcomber.sc. Der Vorteil dieses einfachen Gästehauses mit zehn Zimmern: Es liegt an der Anse Soleil und damit an einem Traumstrand. Wegen der Lage weitab von Sehenswürdigkeiten und touristischen Einrichtungen ist ein Mietwagen sinnvoll. DZ mit Frühstück ab 120 €.

Essen & Trinken

Unter freiem Himmel ▶ **Anse Soleil Café:** Anse Soleil, Tel. 436 10 85, Mo–So 11–20 Uhr. Strandrestaurant mit authentischer, kreolischer Küche am Traumstrand der Anse Soleil am Ende der Piste von Baie Lazare nach Westen. Hier bekommt man sehr gute kreolische Fisch- und Currygerichte. 10–30 €.

7 Studio von Sir Michael Adams

Anse aux Poules Bleues zieht vor allem wegen des **Ateliers** und der **Galerie von Michael Adams** Besucher an. Wer ihn besuchen will, muss auf dem Weg von der Polizeistation in Baie Lazare nach Norden die Augen offen halten, denn das Haus liegt etwas versteckt links der Straße inmitten dichter Vegetation. Sie erkennen es an dem von Michael Adams gemalten Hinweisschild ›Michael Adams Paintings‹, das zwischen Sträuchern und Bäumen hervorlugt. Die Bilder, aber auch die gesamte Atmosphäre des alten, von Heather und Michael Adams liebevoll hergerichteten Kolonialhauses sind es wert, besucht zu werden.

Der bekannteste Künstler des westlichen Indischen Ozeans ist ein englischer Maler, Sir Michael Adams, den Queen Elizabeth II. im Jahr 2000 sogar adelte. Er hat sich bereits 1975 auf den Seychellen niedergelassen und arbeitet seither in einer kleinen, originellen Kolonialstilvilla im Süden der Insel Mahé, umgeben von einem riesigen tropischen Garten. Nicht selten wird er als Gauguin des Indischen Ozeans bezeichnet. Seine Siebdrucke schmücken so manche Rezeption eines Luxushotels auf den Seychellen, aber auch auf der Nachbarinsel Mauritius. Einige Spitzenhotels (z. B. das St. Géran auf Mauritius und das Hotel Frégate Island Private auf den Seychellen) gaben darüber hinaus bei ihm Originalaquarelle in Auftrag, mit denen sie ihren Empfangshallen besonders starken Ausdruck verleihen. Michael Adams hat es schon zu Lebzeiten zu einiger Bekanntheit in England und anderen europäischen Ländern gebracht, obwohl er keinerlei Marketing betrieben hat. Sein Leben weit abseits der führenden Kunstmärkte in Amerika und Europa erlaubte das nicht.

Wer Freude an guten Aquarellen und Siebdrucken hat, sollte es nicht versäumen, einen Blick in sein Studio in der Anse aux Poules Bleues zu werfen. Es ist empfehlenswert, vorher anzurufen, denn Michael und seine Frau Heather sind nicht immer zu Hause. Es könnte passieren, dass man vor verschlossener Türe steht, denn oft arbeitet er in seinem Atelier oder macht es sich mit seinen Aquarellfarben und einer Leinwand an einem Fluss in einem dichten Urwald auf Mahé oder im Vallée de Mai auf Praslin bequem und malt inmitten der herrlichen seychellischen Natur.

An solchen Orten hat er schon viele Dschungelbilder geschaffen, jedes ein wenig anders, jedesmal in intensiven, ausdrucksvollen Farben und doch natürlich. Sieht man sich die Menschen, die Hunde, die Palmstämme, die er auf den Malgrund gebannt hat, nur oberflächlich, so erscheinen sie wie flüchtig aufgesetzte Puppen – ohne Tiefe und ohne Perspektive. Bei längerem Betrachten jedoch erkennt man, dass die grellen Farben einen Aspekt der Wirklichkeit treffen, der jenseits der rein optischen Wahrnehmung liegt. Die Haltung der Figuren ist so ausdrucksvoll, dass man meint, den Menschen in der Bewegung zu sehen. Ein Bild von Michael Adams erscheint in der freien Natur nicht wie ein Fremdkörper, man könnte vielmehr meinen, es sei dort gewachsen.

Siebdrucke fertigt Michael Adams ungewöhnlich aufwendig in Druckereien in Europa in Auflagen von 500–1000 Exemplaren an. Auf dem Markt kosten sie momentan 600–3000 €. Original-Aquarelle sind in den vergangenen Jahrzehnten im Wert ungeheuer gestiegen. Das liegt einerseits an der wachsenden Bekanntheit des Künstlers, andererseits daran, dass er lediglich zehn bis zwölf Aquarelle pro Jahr anfertigt. Die Preise für ein Aquarell liegen bei 5000–50 000 €. Siebdrucke und Aquarelle kann man im Studio in Anse aux Poules Bleues, in einigen Galerien auf Mahé und Praslin sowie in Deutschland via Michael Adams Pictures erwerben.

Infos

Michael Adams Studio: PO Box 405, Anse aux Poules Bleues, Tel. 436 10 06, 436 15 13, www.michaeladamsart.com, Mo–Fr 10–16 Uhr. In Deutschland: **Michael Adams Pictures,** c/o Trauminsel Reisen, Summerstr. 8, 82211 Herrsching, Tel. 08152-56 94, Fax 08152-53 67, Mo–Do 9–18, Fr 9–16 Uhr. Einige Abbildungen seiner Werke finden Sie auch im Internet unter www.trauminselreisen.de/AdamGal.htm.

Anse à la Mouche 22

Einige Kilometer weiter die Küste entlang gen Norden erreichen Sie die weite, offene **Anse**

Wertvolle Erinnerung an die Seychellen: Aquarell von Michael Adams

à la Mouche. In früheren Jahrhunderten war diese nicht nur ein beliebter Hafen für Küstenfischer, sondern hier wurden auch Algen geerntet, die – nach entsprechender Bearbeitung – als Delikatesse auf dem kreolischen Speisezettel galten. Die essbare Alge heißt auf Kreolisch *mousse* und gab der Bucht ihren Namen! Fälschlich wird manchmal behauptet, sie trüge ihren Namen, weil es dort viele Mücken gäbe.

Wer einmal am weiten Strand der Anse à la Mouche im Schatten der Takamaka-Bäume gelegen hat, der weiß, dass das nicht stimmen kann. Neben einigen netten Restaurants (Anchor Café, La Sirène, Chez Oskar – die beiden letztgenannten sind derzeit geschlossen, Neueröffnungstermin noch unklar) findet man hier auch einige kleine, gepflegte Gästehäuser, die von einer gehobenen Wohngegend umgeben sind.

Übernachten

Mit Charme ▶ **Villa Bambou:** s. Tipp S. 220
Zum Wohlfühlen ▶ **Jardin des Palmes:** PO Box 131, Victoria, Tel. 438 91 00, www.jardindespalmes-seychelles.com. Der Jardin des Palmes (ex Palm Resort) ist eine kleine Anlage mit nur zehn Zimmern etwa 50 m oberhalb der Anse à la Mouche. Ein kreolisches Restaurant, Billardtisch, ein großer Pool, eine gemütliche Poolbar sowie großzügige, klimatisierte Zimmer sorgen dafür, dass die Gäste sich zu Hause fühlen. Herrlicher Ausblick auf die Anse à la Mouche. Der Strand unterhalb des Hotels ist allerdings recht flach und nur bei Flut zum Baden geeignet. Frühstück wird auf Wunsch auch im Appartement serviert. DZ mit Frühstück ab 256 €.
Sehr gepflegt ▶ **Blue Lagoon Chalets:** Tel. 437 11 97, www.seychelles.net/bluelagoon. Die Anlage umfasst nurmehr vier Bungalows mit je zwei Doppelzimmern. Zu jedem Doppelzimmer gehören ein großes Bad, eine Toilette und eine Terrasse. DZ ohne Frühstück 100 €.

Essen & Trinken

Wenn Sie die einheimische Küche außerhalb des Hotels probieren möchten, so gibt es direkt neben den Blue Lagoon Chalets das Anchor Café etwa in der Mitte der großen Bucht das Opéra Restaurant.

Granitfelsen säumen auch die Anse Soleil

Tipp: Privatunterkünfte ›créole style‹ mit Charme

Zwei Unterkünfte im Südwesten Mahés sind es wert hervorgehoben zu werden. Wer im Li-al-do Maison oder der Villa Bambou Urlaub macht, erlebt die Seychellen authentischer als in einem der bekannten Hotels. Beide Häuser werden von einheimischen Familien liebevoll und in einem positiven Sinn ›unprofessionell‹ geführt. Und wer etwas unternehmen möchte, muss nur mit Bus oder Mietauto in eines der nahen Hotels (Ban–yan Tree, s. S. 211) fahren oder bei einer Tauchbasis anrufen, die ihre Gäste gern abholt (z. B. Angel Fish, s. S. 172).

Li-al-do Maison ist eine in einem großen Garten stehende, von italienischen Innenarchitekten geschmackvoll und großzügig gestaltete Villa. Die Villa liegt jenseits der Küstenstraße, etwa 50 m erhöht an einem steilen Berghang zwischen den Buchten Gaulettes im Norden und Takamaka im Süden. Vom Garten und vom privaten Pool aus hat man einen grandiosen Blick auf die Anse Takamaka und die Baie Lazare (Li-al-do Maison, Maravi, Anse Takamaka, Tel. 436 66 86, www.lialdomaison.com. Villa pro Tag (all-inclusive) für bis zu acht Personen 1000 €).

Die **Villa Bambou** ist ein ebenerdiges – in Anlehnung an tropische Baustile rundum von einer Terrasse umgebenes – Haus mit großem Wohnraum, Bar, drei Doppelzimmern mit privater Terrasse und einer Küche. Zu ihr hat ausschließlich die Familie Zutritt, die das Frühstück und – auf Wunsch – auch Abendessen (ausgezeichnete ›kreolische Hausmannskost‹) zubereitet. Serviert wird beides an einer Tafel auf der zum Meer hin offenen, breiten Terrasse. Dort sitzt man leicht erhöht unter einem weit ausladenden Dach und genießt den Blick auf den tropischen Garten und die nur 50 m entfernte Anse à la Mouche jenseits der schmalen Küstenstraße. Einheimische Schreiner fertigten die Möbel für die geschmackvoll eingerichteten Zimmer an, es gibt keine Glasscheiben, sondern Lamellenfenster, die gesamte Bauweise sorgt für eine natürliche Ventilation, sodass keine Klimaanlage erforderlich ist. Herzlicher Service (Villa Bambou, Anse à la Mouche, Tel. 431 11 77, in Deutschland 08152-93 19-0, www.trauminselreisen.de/sgbambu.htm. Ein Mietwagen für einige Tage ist inklusive. Bitte sehr früh buchen! DZ mit Frühstück ab 160 €).

Die Villa Bambou ist in einen tropischen Garten integriert

Gehobene Küche ▶ **Restaurant Opera:** Tel. 437 19 43. Etwa 500 m weiter im Norden liegt das gehobenere Opéra Restaurant mit kreolischen und italienischen Gerichten.
Selbstbedienung ▶ **Anchor Café:** Tel. 437 12 89, keith@seychelles.net, Mo–Sa 11–21 Uhr. In diesem Gartenrestaurant mit weitem Blick über die Anse à la Mouche wird nicht serviert, sondern jeder holt sich sein Essen an einer Theke. 5–20 €.

Einkaufen

Kunst ▶ **Studio Tom Bowers:** Nahe der Les Canelles Road, die von der Anse à la Mouche über die Berge nach Anse Royale führt, Mo–Sa 9–18 Uhr, Tel. 437 15 18; artworks@seychelles.net. Seit den 1980er-Jahren lebt der aus England stammende Bildhauer Tom Bowers auf den Seychellen. Seine Themen sind Menschen und Tiere der Inseln, als Material verwendet er Bronze bzw. ein Kunstharz.

Aktiv

Surfbrettverleih ▶ Das Hotel **Blue Lagoon Chalets** (s. S. 217) verleiht Surfbretter.

Die mittlere und nördliche Westküste ▶ 1, G–D 8–6

Karte: S. 224/225
In der Mitte der mehrere Kilometer weiten Bucht von Anse à la Mouche mündet von Osten die Passstraße von Les Canelles (Les Canelles Road) ein, welche die Berge von Anse Royale aus nach Westen überquert. Biegt man nach Norden ab, erreicht man die Region der mittleren und nördlichen Westküste. Hier findet man einige Dörfer und Plantagen, wunderbare Strände und vergleichsweise wenige Hotels, Gästehäuser und Restaurants. Dafür kann man besonders lohnende und nicht allzu schweißtreibende Bergwanderungen unternehmen.

Anse Louis und Anse Boileau

Fährt man von Anse à la Mouche auf der Küstenstraße nach Norden, so erreicht man die **Anse Louis** 1, die bei ruhigem Meer eine traumhafte Badebucht ist. Bei Wind allerdings rollen recht hohe Wellen herein, da die Bucht nur durch ein schmales Korallenriff geschützt wird. Hier hat man ein Luxushotel errichtet.

In der nördlich folgenden **Anse Boileau** 2 liegt der gleichnamige Ort, ein verschlafenes Fischerdorf, das dank des guten Restaurants Chez Plume einen Besuch wert ist. Die Bucht selbst ist sehr flach, bei Ebbe fällt sie sogar häufig trocken. Hier haben die Fischer ihre Boote liegen, als Badebucht wird sie jedoch nicht genutzt. Die in der Mitte der Bucht nach Westen abzweigende Montagne Posée Road führt zum Ausgangspunkt der Wanderung auf die Montagne Brulée (s. S. 206).

Übernachten

Exklusiv und Luxus pur ▶ **Maia Luxury Resort & Spa:** Anse Louis, Tel. 439 00 00, www.maia.com.sc. 30 exklusive Villen stehen am Strand und am Hang oberhalb der kleinen Anse Louis. Jede Villa ist mit allem Komfort ausgestattet und hat einen eigenen Pool. Villa für zwei Personen mit Frühstück ab 1200 €.

Essen & Trinken

Kreolisch-französische Küche ▶ **Chez Plume:** Anse Boileau, Tel. 435 50 50, plume@seychelles.net, tgl. ab 19 Uhr. Das Restaurant hat sich den Ruf erworben, eines der besten der Insel zu sein. Was die Inhaber im Laufe des Tages von den Fischern bekommen, wird abends köstlich auf kreolisch-französische Manier zubereitet. Menü ca. 30 €.

Barbarons 3

Barbarons ist ein langgestrecktes Dorf an der Küstenstraße zwischen den Stränden **Barbarons Beach** 4 und **Grand' Anse** 5. In einer Plantage oberhalb der Straße werden Anthurien und Orchideen gezüchtet, die man im Plantagenladen preiswert kaufen kann.

Die Grand' Anse ist eine unbebaute und landschaftlich besonders attraktive Bucht. Beim Baden sollte man sich allerdings vor-

Tipp: Richtiges Verhalten bei Strömungen

Im Vergleich zu vielen tropischen Inseln ist das Baden an den Stränden der Seychellen ungefährlich. Fast alle Buchten sind durch ein Korallenriff geschützt, und auch bei bei Wind oder Seegang erreichen die hohen **Brecher** nicht die Küste. Auch gefährliche Strömungen treten selten auf.

In der **Grand' Anse** in Barbarons (Westmahé) allerdings sind sie nicht selten, und man sollte beim Baden vorsichtig sein. Zwischen Juli und September brechen sich nur wenige Meter vor dem Strand der Grand' Anse große Wellen und verlocken dazu, auf einem Surfbrett an Land zu reiten. Nicht nur Kinder unterschätzen leicht die Wucht, mit der diese Wellen brechen und schon mancher Urlauber musste den Rest seiner Ferien mit Gipsmanschette verbringen.

Auch einige andere Strände sind besonders zur Zeit des europäischen Sommers mit Vorsicht zu genießen: **Anse Intendance** im Süden Mahés, die **Grand' Anse** an der Westküste der Insel La Digue und auch die selten besuchte **Anse Cocos** auf La Digue. Auch die Police Bay an der Südspitze Mahés gilt ganzjährig als nicht ungefährlich, während die **Anse Lazio** auf Praslin nur gelegentlich in den Monaten Dezember, Januar und Februar starken Seegang hat. Aber nicht nur die sich auftürmenden Brecher stellen eine Gefahr dar, sondern auch **Strömungen** können zu Unfällen führen. Diese allerdings sind weit einfacher zu vermeiden, wenn eine Grundregel beachtet: Wo ein Bach in die Bucht mündet, kann eine ins Meer gerichtete Strömung auftreten. Daher zuerst schauen, ob und wo ein Bach mündet. Mündet ein Bach, dann sollten Sie 50–100 m rechts oder links davon zum Schwimmen gehen! Eine leichte Strömung entlang des Ufers in die Richtung der Bachmündung ist ungefährlich, wenn man immer wieder einmal parallel zum Ufer einige Meter von der Flussmündung weg schwimmt.

Wer unaufmerksam ist und daraufhin von der Strömung erfasst wird, die ihn ins offene Meer treibt, sollte einen klaren Kopf bewahren und keinesfalls versuchen, gegen diese Strömung in Richtung Ufer anzuschwimmen. Statt dessen sollte man im 90° Winkel zur Strömungsrichtung gleichmäßig 50–100 m und damit parallel zum Ufer schwimmen! Zunächst wird die Strömung den Schwimmer noch einige Meter ins Meer hinaus tragen, doch schon nach 30–40 m lässt die Strömung nach und wendet sich dann sogar in die umgekehrte Richtung auf die Küste zu! Die gleiche Menge Wasser, die aus der Bucht hinausströmt (bei Flut mehr als bei Ebbe), muss nämlich rechts und links auch zum Strand zurückfließen! Diese Rückströmung kann man sehr gut ausnutzen, um mit wenigen Schwimmstößen zum Strand zurückzugelangen.

sehen, denn gelegentlich rollen große Brecher in die Bucht und außerdem sollen auch starke Strömungen vorkommen. Warnschilder beachten!

Übernachten

Traditionshaus unter Palmen ▶ **Le Méridien Barbarons:** Barbarons Beach, Barbarons, PO Box 626, Victoria, Tel. 467 30 00, www.lemeridien.com/barbarons. Das vor einigen Jahren renovierte Hotel liegt abgeschieden an einem privaten Traumstrand unter Palmen. Da es zu den ältesten Hotels der Seychellen gehört, besitzt es einen jahrzehntelang gewachsenen, schönen Garten. Alle 126 Zimmer sind klimatisiert, geschmackvoll und hell eingerichtet, haben Terrasse oder Balkon. Der weite Sandstrand ist ideal zum Baden und Schnorcheln (fischreiche Korallenbänke und Granitfelsen). Das Hotel bietet aufgrund von Lage und Einrichtungen (Tennisplatz, Bar, tropischer Garten, Tauchbasis) eine gute Kombination aus Unterhaltungsmöglichkeiten sowie seychellischer Naturverbundenheit und Ruhe. DZ mit Frühstück ab 210 €.

aktiv unterwegs

Reitausflüge an der Westküste Mahés

Tour-Infos

Start: Barbarons, Utegangar Riding Center (s. u.)
Dauer: 1–2 Std.
Wichtige Hinweise: Das Utegangar Riding Center ermöglicht Ausritte unterschiedlicher Länge in Barbarons und Grand' Anse. Die Pferde stehen nahe dem Le Méridien Barbarons (s. S. 222), Termine sollten am besten mindestens zwei Tage vorher telefonisch vereinbart werden, Tel. 471 23 55, www.utegangar.info.com, tgl. 8–18 Uhr.
Preise: 1 Std. kostet 50 €, 1,5 Std. 75 €
Karte: s. a. S. 224/225

Nach einer kurvenreichen Fahrt erreicht man mit einem Mietwagen über **La Misère** den kleinen Ort Barbarons im Westen der Hauptinsel Mahé. Direkt neben der Straße befindet sich das **Utegangar Riding Center.** Geritten wird auf ägyptischen Vollblutarabern und auf englischen oder Barefoot Satteln.

Neben dem Stall schlängelt sich ein gut ausgetretener Pfad entlang eines kleinen Flusses durch den Wald Richtung **Anse Cimitière,** einem idyllisch zwischen Palmen und Granitfelsen liegenden Strand. Trittsicher laufen die eher kleinen Pferde über Wurzeln und umgefallene Palmenstämme. Unterwegs begegnen den Reitern Geckos, Eidechsen, Beos und die gefährlich wirkenden Palmspinnen, eine vollkommen harmlose Spezies, die durch ihr abschreckendes Äußeres Fressfeinde in die Flucht zu schlagen sucht.

Schon von Weitem ist das sanfte Rollen der Wellen zu hören und wenig später wird **Barbarons Beach** erreicht; sein Sand ist strahlend weiß und fein wie Puder. Die ersten Meter laufen die Pferde gemütlich im Schritt, über kleine Felsen, Korallen und Muscheln, dann fallen sie in einen langsamen Trab. Nachdem etwa der Hälfte des Strandes überquert ist, geht es im Galopp weiter. Am Ende von Barbarons Beach gibt es die für die Seychellen typischen Granitfelsen – ein beliebtes Fotomotiv. Nun führt die Strecke seitlich am Meridien Barbarons Hotel vorbei und durch einen Mangroven-Sumpf. Kurze Zeit später wird noch einmal ein kleiner Fluss überquert und der Weg mündet wieder am Strand. Der Anblick der bald erreichten **Grand' Anse** ist überwältigend: Der Strand scheint unendlich, die Farbe des Meeres ist atemberaubend türkisblau.

Nun geht es zurück über den kleinen Fluss und nochmals am Meridien Hotel vorbei und über den Barbarons Beach wieder in das Waldareal. Die Stille dort wird lediglich vom Vogelgezwitscher unterbrochen. Auf einem alternativen Pfad entlang alter **Kokosnuss- und Zimtplantagen** reitet man den letzten Teilabschnitt zu den Stallungen und kann noch einmal den intensiven Duft der Zimtbäume genießen.

Aktiv

Fahrradvermietung ► Le Méridien Barbarons: Tel. 437 82 53.
Reiten ► Utegangar Riding Center: s. ›Aktiv unterwegs‹ S. 223
Surfbrettverleih ► Le Méridien Barbarons Hotel: s. S. 222.

Vacoa Nature Trail 6

Im Zentrum der weiten Grand' Anse mündet die La Misère Road, eine steile Passstraße nach Victoria, von den Bergen aus ein. Etwa 700 m südlich der Einmündung (kurz vor einer kleinen Brücke) befindet sich ein **Parkplatz,** der Ausgangspunkt eines markierten Wanderwegs, des **Vacoa Nature Trail** ist. Hier fließt der Dauban River in einen Mangrovenwald.

Folgt man dem gekennzeichneten Rundweg, so passiert man bald einige große Granitfelsen und erreicht eine Brücke. Beiderseits des Weges findet man nun dichte Vacoas-Wälder *(Pandanus horneii).* Der Weg durchquert weitere eindrucksvolle Urwaldlandschaften, passiert nochmals einige Granitfelsen und endet wieder auf dem Parkplatz.

Inseln vor der nördlichen Westküste

Vor der Küste von Barbarons liegt die Île aux Vaches und ein wenig weiter im Norden Thérèse Island. In den Gewässern zwischen der Küste und diesen beiden Inseln tauchen besonders zwischen Juni und Oktober ungewöhnlich häufig die bei Tauchern so begehrten **Walhaie** auf! Die **Île aux Vaches** 7 ragt felsig und abweisend aus dem Meer. Sie mit dem Boot zu besuchen ist wenig interessant, doch die Gewässer rundherum wimmeln von Großfischen wie Haien, Rochen und Thunfischen. Deshalb ist die nördliche Westküste und die Region rund um die Île aux Vaches ein beliebtes Tauchgebiet.

Weiter im Norden folgen kleine Inseln, die nur wenige hundert Meter vor der Küste liegen: **Thérese Island** 8 (ÎleThérèse) und **L'Islette** 9. Auf beiden Inseln gab es früher Restaurants, auf L'Islette sogar einige Bungalows. Inzwischen sind die Strände beider

Inseln Geheimtipps, die nur mit privaten Booten erreichbar sind.

Das Riff vor dem langen Sandstrand von Thérèse Island lädt zum Schnorcheln ein, und vom Gipfel des 160 m hohen Berges genießt man einen sehr guten Ausblick auf die höchsten Gipfel von Mahé und auf die Landzunge Pointe L'Escalier im Norden. Diese Landzunge wird Pointe L'Escalier (Treppenspitze) genannt, weil man hier im Felsen my-

steriöse Treppenstufen gefunden hat. Niemand weiß bis heute, ob diese Formationen eine Laune der Natur sind, die den Felsen gleichmäßig ausgewaschen hat, oder ob vielleicht frühe Siedler die Stufen in das Gestein geschlagen haben. Jedenfalls beflügeln sie die Fantasie manchen Schatzsuchers, der glaubt, es handele sich um eine Treppe, welche von Piraten in den Fels gehauen wurde, um ein Versteck leichter erreichen zu können, in welchem sie ihre erbeuteten Schätze vergraben haben.

Port Glaud und Umgebung ►B–D 5/6

Das Dorf **Port Glaud** 10 beginnt aus einem Dornröschenschlaf zu erwachen, seit nicht weit im Norden ein Hotel der Gesellschaft ge-

Erzbischof Makarios im Exil

Zypern gilt als ein mit den Seychellen besonders freundschaftlich verbundener Staat. Der Grund hierfür liegt in der freundlichen Aufnahme, die der zypriotische Erzbischof Makarios und seine Gefährten während ihres gut einjährigen Exils (1956–57) auf den Seychellen erfuhren.

Der zypriotische Erzbischof Makarios fuhr im Jahr 1956 mit seiner schwerkranken Schwester zum Flughafen von Nikosia, um sie zur medizinischen Behandlung nach London zu begleiten. Polizeiwagen folgten ihm. Das machte ihn, der als Feind der englischen Kolonialverwaltung galt, misstrauisch. Der Erzbischof ließ seinen Fahrer stoppen, in der Hoffnung, der Polizeiwagen führe vorbei – was auch geschah. Doch als Makarios am Flughafen eintraf, warteten Polizisten und forderten ihn auf, im Polizeifahrzeug Platz zu nehmen. Dann bat man ihn höflich, in ein bereit stehendes Flugzeug einzusteigen. Nachdem Makarios sich gesetzt hatte, las ihm ein Offizier einen Deportationsbefehl vor. Wenig später hielt ein weiterer Polizeiwagen, dem der Priester Papastavros entstieg und ebenfalls an Bord ging. Auch ihm verlas man den Deportationsbefehl. Selbiges geschah mit Bischof Kypreanos und Polykarpos Joannides.

Schließlich startete die Propellermaschine. Die Flugroute führte über das Mittelmeer nach Ägypten bis nach Aden (Jemen). Nach kurzem Aufenthalt setzte sich der Flug bis in die Nähe der kenianischen Hauptstadt Mombasa fort. Im Flughafen wies man den Gefangenen einen Raum zu, ließ sie duschen und ein Abendessen einnehmen. Als die Gruppe im Anschluss auf ein Kriegsschiff gebracht wurde, erinnerte sich Makarios, dass andere politische Gefangene auf die Seychellen deportiert worden waren. Als kenne er das Ziel der Reise, fragte er einen Offizier, wie lange die Überfahrt zu den Seychellen dauern werde. Als dieser antwortete, dass man in drei bis vier Tagen eintreffen werde, war alles klar. Auf Mahé führte man die Gefangenen in ein Kolonialhaus hoch über dem Meer – bis heute als Sans Souci Lodge bekannt. Am 14. März 1956 wurde Makarios und seinen Mitgefangenen ein Brief vorgelesen und ausgehändigt:

»Ich habe die Ehre, Sie zu informieren, dass Ihre Unterbringung auf den Seychellen auf den §§ 5, 9, 11 und 13 der Political Prisoners Detention Order beruht. Es ist Ihnen nicht gestattet, mit anderen Menschen als Ihren Mitgefangenen, den Polizisten und den Angestellten der Sans Souci Lodge Kontakt aufzunehmen. Alle Fragen, Beschwerden und Vorschläge sind über Captain P. S. Le Geyt weiterzureichen, der zum Verwalter der Sans Souci Lodge ernannt ist. Wenn Sie Nachrichten weitergeben möchten, müssen Sie diese an ihn schriftlich aushändigen. Es ist der Wunsch der Königin des Vereinigten Königreiches, der Regierung von Zypern und der Regierung der Seychellen, dass Ihre Gefangenschaft auf den Seychellen so komfortabel wie möglich sein wird. Hierfür wurden angemessene finanzielle Mittel zur Verfügung gestellt. Soweit es die Sicherheitsvorschriften erlauben, wird jede Anstrengung unternommen werden, Ihre Wünsche zu erfüllen. Sie können tagsüber die Insel besuchen und – auf Kosten der Regierung – einkaufen. Zwischen 6 Uhr abends und 6 Uhr morgens werden Sie gebeten, sich innerhalb der Lodge

Thema

und ihres Gartens aufzuhalten. Ich soll Sie weiter davon informieren, dass Ihnen auf Wunsch Kleidung sowie religiöse Utensilien aus Zypern übersandt werden können.«

Die Sans Souci Lodge hatte man vor der Ankunft der Gefangenen renoviert. Sie hatten einen Diener, zwei Köche, eine Wäscherin, ein Hausmädchen, drei Gärtner – und sechs Wachmänner. In paradiesischer Umgebung verbrachten die vier Zyprioten viele Monate damit, Briefe zu schreiben, einzukaufen, sich mit ihren Bewachern und Angestellten zu unterhalten. Abends sangen sie im tropischen Garten orthodoxe Kirchenlieder. Nach 13 Monaten wurde ihnen mitgeteilt, dass sie in Kürze würden nach Zypern zurückkehren dürfen. Sie luden an drei Abenden zunächst die politischen Führer der Seychellen, dann die führenden Familien der Insel und an einem dritten Abend die Familien ihrer Angestellten ein, um sich zu verabschieden. Erzbischof Makarios und seine Mitgefangenen bedankten sich für die Freundlichkeit, mit der sie behandelt worden waren, und versicherten, dass sie den Aufenthalt genossen hätten, hätten sie ihn freiweillig verbracht.

Gut ein Jahr lebte Erzbischof Makarios auf Mahé im erzwungenen Exil

baut wird, der auch das bekannte Lémuria Resort auf der Insel Praslin gehört.

Port Launay Marine National Park 11

Die Eröffnung des fantastisch gelegenen Ephelia Resorts unterhalb des **Port Launay Marine National Parks** hat reges Interesse an der Erschließung auch anderer Grundstücke in der Region ausgelöst. Landschaftlich gehört dieser abgelegene Fleck ohnehin zu den reizvollsten, die es auf Mahé gibt. Nicht nur die geschützte Bucht des Nationalparks ist eine ungewöhnlich schöne ›Badewanne‹ mit schneeweißen Stränden, sondern auch der einige Kilometer weiter im Norden gelegene Baie Ternay Marine National Park (s. auch S. 199) ist wie geschaffen, um Werbefilme für Bacardi zu drehen, die den Traum vom sorglosen Leben an unberührten Südseestränden wecken.

Wanderung von Port Glaud zum Sauzier-Wasserfall 12

Der **Sauzier-Wasserfall** ist ein von Port Glaud aus bequem zu erreichendes Ausflugsziel. Er stürzt in ein von Granitfelsen gerahmtes Becken, in dem man unter Schatten spendenden Bäumen ein erfrischendes Bad nehmen kann (Badekleidung mitnehmen). Folgen Sie von der Kirche in Port Glaud dem Fußpfad am Bach entlang landeinwärts. Nach 10–15 Min. gelangen Sie an ein einfaches Haus, in dem der Besitzer dieses Geländes wohnt. Meist verlangt er eine kleine Eintrittsgebühr und bringt seine Gäste dann persönlich zum Wasserfall. Dort hält er auch Wacht, bis die Besucher zurückkehren möchten. Dies ist eine Vorsichtsmaßnahme, die nötig wurde, weil leichtsinnige Gäste versucht haben, gegen den Strom des Wasserfalls die Felsen hochzuklettern und dabei zu Tode gestürzt sind.

Sans Souci Road

► 1, D–F 4–6

Karte: S. 224/225

Um von der Westküste nach Victoria zurückzukehren, müssen Sie bei der Polizeistation von Port Glaud in Richtung der Berge auf die **Sans Souci Road** 13 abbiegen. Sie ist die steilste und höchste aller Passstraßen auf Mahé und nicht nur deshalb die eindrucksvollste. In engen Windungen geht es bis zur Passhöhe, die 500 m über dem Meer liegt. Kurz vor dem höchsten Punkt befinden sich rechts und links der Straße **Teeplantagen** 14 und eine **Taverne**, in der man den ausgezeichneten Seychellentee, der hier ohne Verwendung von Pflanzenschutzmitteln angebaut wird, probieren kann.

Etwa 2 km weiter, kurz vor einer scharfen Rechtskurve, zweigt links ein Fahrweg ab. Er führt zu einem Parkplatz, von dem aus Sie in ein paar Minuten zur **Viewing Lodge** 15 gelangen. Auf einem Plateau oberhalb der Straße stehen ein Holzhaus und einige Bänke. An diesem historischen Ort der nach seinem Gründer auch ›Venn's Town‹ genannt wird, wurden in den Jahren nach 1872 Kinder befreiter Sklaven von englischen Missionaren unterrichtet. Daher wird der Ort auch gelegentlich ›Mission Lodge‹ genannt. Heute sieht man nur noch wenige verbliebene Steine des alten Schulhauses am Wegesrand.

Von der Viewing Lodge aus reicht der Blick über die Berge nach Südmahé und zur Westküste. Durch die Vororte Sans Souci und Bel Air führt die Sans Souci Road in ca. 30 Fahrminuten wieder nach Victoria zurück. In **Sans Souci** 16 kann man den tropischen Garten und das Kolonialhaus **Sans Souci Lodge** in einer der Haarnadelkurven entdecken. Hier verbrachte einst der zypriotische Erzbischof Makarios seine Zeit im seychellischen Exil (s. Thema S. 226 f.).

Wanderung auf den Morne Blanc ► 1, D/E 5

Karte: S. 224/225

Ausgangspunkt für eine leichte **Morne-Blanc-Bergwanderung** 17 durch teils dichten Wald ist ein Weg (Hinweistafel an der Straße), der nahe der Teetaverne an der Sans Souci Road von der Passstraße abzweigt. Der Weg führt durch Teeplantagen bergauf, wird

Vor dem Strand von Port Glaud liegt eine kleine Insel

bald flacher und zieht sich an einer Bergkette entlang, von der aus man einen weiten Blick über die Westküste Mahés und in die zentralen Berge hat. Weiter oben mündet er in dichten tropischen Bergwald. Der Pfad endet auf dem Gipfel des **Morne Blanc** bei einem Vermessungspunkt, den die Vereinten Nationen 1959 aufbauten. Vorsicht: An allen Seiten fallen die Felsen steil ab und sind meist feucht und glatt. Nicht ungefährlich, besonders bei Nässe! Dauer der Wanderung: ca. 2 Std.

Obwohl sie bergsteigerisch nicht schwierig ist, sollte man die Besteigung nicht ohne ortskundige Führung unternehmen, denn es ist an manchen Stellen nicht klar erkennbar, welchen Pfad man nehmen muss. Es kann passieren, dass man unvermittelt an einem Abhang steht oder der Weg sich im Dickicht verliert. Schon mancher verbrachte eine kühle Nacht in 800 oder 900 m Höhe, weil er den richtigen Rückweg nicht vor Einbruch der Dunkelheit fand. Die Hotels und Gästehäuser können Führer empfehlen (s. auch S. 128).

Übernachten

Höchster Komfort **Constance Ephelia Resort:** Port Launay, Mahé, Tel. 439 50 00, www.epheliaresort.com. Die Eigentümer des bekannten Luxushotels Lémuria auf Praslin haben 2010 auch auf Mahé ein 5-Sterne-Hotel eröffnet, das größte der Seychellen. Es erstreckt sich über ein riesiges Gartengelände zwischen dem Strand von Port Launey im Norden und Port Glaud im Süden. Gut 270 Zimmer befinden sich in Häusern mit 1 bis 6 Wohneinheiten, von 60 bis fast 1000 m². Dazu 5 Restaurants, großes Spa, 5 Bars, Kids Club und Wassersportzentrum.

Essen & Trinken

Einfach, aber kreativ ▶ **Sundown Restaurant:** Port Glaud, Tel. 437 83 52, Mo, Mi, Fr 12–21 Uhr. Unmittelbar am Strand genießt man in einfachem kreolischen Ambiente kreolische Küche. Wunderbare Sonnenuntergänge! Das kleine Restaurant an der Westküste von Mahé hat einfallsreiche Menüs und ist auf gegrillten Fisch spezialisiert. 5–25 €.

Die Granitinsel La Digue

Kapitel 2

Praslin, La Digue und Satelliteninseln

Praslin (s. S. 234 ff.) und La Digue (s. S. 258 ff.) haben mit ihren Stränden und dem Vallée de Mai (Praslin) landschaftliche Superlative vorzuweisen. Dennoch sind beides ruhige Inseln, und ihre Strände zählen zu den schönsten, die man in tropischen Urlaubsregionen finden kann.

Die Insel La Digue kann man in einem Tag zu Fuß erkunden. Dann muss man aber auf die Wanderungen auf den Gipfel des Nid d'Aigle und zur Anse Cocos verzichten. Mit einer Länge von nur 10 km und 4 km Breite lässt sich auch Praslin zu Fuß an einem Tag erschließen. Doch die Insel ist vielfältig. Wer Praslin wirklich kennenlernen möchte, sollte sich einige Tage Zeit nehmen, um ihre Reize zu Fuß, mit dem Bus oder einem Mietwagen kennenzulernen.

Im Naturschutzgebiet Vallée de Mai (s. S. 250 f.), wo man unbedingt einige Stunden wandern sollte, wächst neben vier weiteren endemischen Palmen auch die Meereskokosnuss in ihrer ursprünglichen Umgebung. Der Salazie Track (s. S. 248) zwischen Grand' Anse und Anse Volbert und der nur zu Fuß oder mit einem Charterboot mögliche Besuch der Anse Georgette (s. S. 244 f.) sind lohnende Unternehmungen.

Silhouette (s. S. 292 ff.) ist die drittgrößte der Inneren Seychellen-Inseln und bis heute weitgehend im Urzustand verblieben, während North Island (s. S. 296 ff.) und Frégate (s. S. 298 ff.) sich heute als reine Hotelinseln der Superklasse mit entsprechenden Preisen präsentieren.

Die flachen Koralleninseln Bird (s. S. 302 ff.) und Denis (s. S. 302 ff.) sind ebenfalls unbewohnt und beherbergen jeweils eine kleine, aber komfortable Lodge.

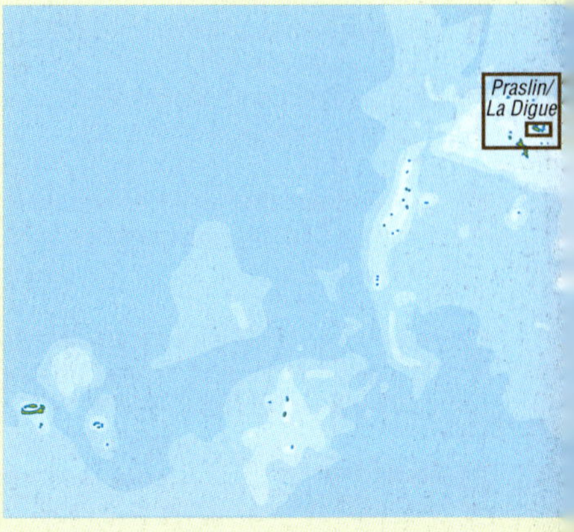

Auf einen Blick

Praslin, La Digue und Satelliteninseln

Sehenswert

8 **Anse Lazio:** Traumstrand im Nordwesten Praslins (s. S. 242).

9 **Vallée de Mai National Park:** Zum Welterbe erklärter Urwald (s. S. 250).

10 **Anse Patates:** Dieses Schnorchelparadies zwischen Granitfelsen (s. S. 260).

11 **Source d'Argent**: Meistfotografierter tropischer Traumstrand (s. S. 262).

12 **Cousin Island:** Aus einem ökologischen Desaster wird ein Naturparadies (s. S. 274).

13 **Aride:** Eine vor 60 Jahren ausgebeutete und zerstörte Insel wird zum Tropenparadies zurückentwickelt (s. S. 278).

14 **Île St. Pierre:** Schnorchelparadies vor der Nordostküste Praslins (s. S. 289).

Schöne Routen

Von der Anse Lazio zur Anse Georgette und weiter bis nach Anse Kerlan: Durch dichten Wald auf schmalen Pfaden kann man sich in etwa 2 Stunden vom Westende der Anse Lazion zur Anse Georgette und weiter durch das Gelände des Golfplatzes beim Lémuria Resort zur Anse Kerlan an der Westküste Praslins durchschlagen (s. S. 242).

Zu Fuß auf dem Pasquière Track: Zunächst scheint die Wanderung quer durch die Insel beschwerlich, doch bald gewöhnt man sich an die Temperaturen und wandert durch ursprüngliche Landschaften auf dem kürzesten Weg von der Anse Possession an der Nordostküste zur Grand' Anse im Südwesten Praslins (s. S. 249).

Meine Tipps

Hotelrestaurants auf Praslin: Hotels sind auf Praslin anders als in vielen Urlaubsländern. Erstens sind die meisten klein und unscheinbar, und zweitens haben viele von ihnen ausgezeichnete Restaurants, die man auch als Gast eines anderen Hotels oder Gästehauses kennenlernen kann und sollte (s. S. 237).

Stilvolles Mittagessen in der Anse Lazio: An einem der schönsten Flecken der Erde – in der Anse Lazio – steht das Restaurant Richelieus. Seiner Familie gehört das Hinterland der Bucht seit Generationen (s. S. 244).

Luxusurlaub mit Umweltbewusstsein – Cousine Island: Nur vier Villen am schönsten Strand der Insel, leider nur für gut Betuchte (s. S. 275).

aktiv unterwegs

Wanderungen auf Praslin: Die Insel kann man auf vielen Wegen von Ost nach West überqueren (s. S. 248).

Um die Südspitze von La Digue wandern: Nur erfahrene Wanderer sollten die Strecke ohne einheimischen Führer wagen (s. S. 267).

Per Flugzeug und Fähre oder per Hubschrauber nach La Digue: Per Hubschrauber herrliche Inselblicke genießen (s. S. 271).

Rundwanderung auf Aride: Auf einer begleiteten Wanderung lernt man eine Seychellen-Insel kennen, die in ihren ›Urzustand‹ zurückversetzt wurde (s. S. 280).

Bottomfishing und Tauchen: Fischen und Tauchen in unberührten Gewässern rund um Silhouette, North Island und Frégate (s. S. 297).

Praslin ►2, C–J 8–12

Praslin ist mit 26 km² nach Mahé die zweitgrößte Insel der Inneren Seychellen und hat mit ca. 8000 Bewohnern auch die zweithöchste Einwohnerzahl. Dennoch ist die Insel im Vergleich zu Mahé ruhig und verträumt. Busfahrer halten sich nicht an den Fahrplan, Eile und Pünktlichkeit sind nahezu unbekannt. Für einen Europäer bietet die Insel also Erholung – wenn er auf Zuverlässigkeit vorübergehend verzichten kann.

Wer friedliche Natur liebt, wird auf Praslin auf Sseine Kosten kommen, denn während der Inselwanderungen oder Rundfahrten mit dem Bus oder einem Mietwagen kommt man aus dem Staunen über neue Ausblicke auf dunkle Urwälder, glitzernde Buchten oder versteckte Wasserfälle nicht heraus. Aber auch hinsichtlich angenehmer Unterkünfte und – wenn gewünscht – Unterhaltung am Abend gibt es Möglichkeiten.

Bei den Unterkünften handelt es sich um Bungalowanlagen, deren Häuser entweder direkt am Strand oder nicht weit davon entfernt jenseits der Küstenstraße in grünen Gärten liegen. Wirklich große Hotels gibt es nicht. Das mit Abstand größte hat 115 Zimmer und zählt damit nach internationalem Standard zu den kleinen Boutiquehotels. Für Unterhaltung sorgen die Diskothek Oxygen in Baie Ste. Anne, eine Disco in Grand' Anse und das Casino des Îles an der Anse Volbert. Im Paradise Sun Hotel finden regelmäßig unter freiem Himmel Tanzabende mit Livemusik statt, zu denen auch die jungen Praslinois(es) kommen. Gäste anderer Hotels sind zu diesen Veranstaltungen willkommen.

Tagsüber können die Gäste windsurfen und schnorcheln, Ausflüge zu den Nachbarinseln Cousin und Curieuse unternehmen oder einen Tag zur Vogelinsel Aride (s. S. 278 ff.) hinüberfahren. Die Hotels und Reisebüros organisieren auch Tauchfahrten und Ausflüge zum Hochseefischen. Ein Tagesausflug nach La Digue gehört zum ›Pflichtprogramm‹ eines Urlaubs auf Praslin, sofern man nicht ein Island Hopping gebucht hat und ohnehin ein paar Tage dort verbringen wird. Das Fährschiff Lady Mary und sein Schwesterschiff fahren ab dem frühen Morgen vom Pier in der Baie Ste. Anne hinüber. Allein die knapp 30-minütige Überfahrt ist die Reise wert.

Praslin ist wegen seiner flachen Hügel im Landesinneren ein idealer Platz für Wanderer, die nicht allzusehr ins Schwitzen kommen wollen. Die Wege sind nur selten steil und bieten oft wunderbare Ausblicke. Wegen der geringen Entfernungen erreichen Sie nach kurzer Zeit wieder ein Dorf oder einen Strand, wo Sie sich erfrischen können. Die lange Nordost- und die lange Südwestseite von Praslin sind von breiten Korallenriffen geschützt. Die Schmalseite nach Südosten besitzt dagegen keine Riffe und eignet sich daher weniger zum Schnorcheln.

Essen & Trinken

Ausgewählte Einkehrmöglichkeiten sindbei den einzelnen Orten angegeben. Entlang der Küstenstraße zwischen dem Flughafen und der Grand Baie, dem Hauptort der Südwestküste, sind mehrere kleine Cafés und Restaurants im ›Inselstil‹ angesiedelt, in denen man in angenehmer Atmosphäre in offenen Gärten einen Kaffee oder ein Erfrischungsgetränk zu sich nehmen oder auf einfachen Bänken eine Pizza essen kann.

Verkehr

Siehe auch bei den einzelnen Orten.

Flüge: Täglich fliegen Propellermaschinen der Air Seychelles 16–20 x von Mahé nach Praslin und zurück. Preis ca. 40 € p. Pers. u. Strecke.

Mietwagen: Die Preise für einen Mietwagen schwanken zwischen 50 und 80 € pro Tag, je nach Saison, Größe und Qualität des gemieteten Fahrzeugs. Standard Car Hire, Flughafen, Tel. 423 35 55, 451 35 55, stdc@seychelles.net; Amitié Car Hire, Flughafen, Tel. 423 33 58, 71 58 00.

Taxistände: Flughafen, Tel. 423 34 29.

Praslins Nordostküste

▶ 2, C–H 8–10

Karte: S. 240/241

Die Nordostküste ist touristisch gut erschlossen, nicht zuletzt, weil sie vor den besonders während des Südwinters (Juni–Okt.) von Südost bis Süd wehenden Winden durch die Halbinsel Au Morne geschützt ist. Nur der – seltene – Ostwind bläst landeinwärts, und das Meer wird unruhig und trüb.

Anse Gouvernement und Anse Matelot

In der windgeschützten **Anse Gouvernement** **1** findet man in üppige Vegetation eingebettet das wohl beste Hotel der Region, das L'Archipel Hotel. Folgt man am Ostende der Anse Gouvernement einem Trampelpfad weiter zunächst nach Norden, anschließend nach Osten, dann erreicht man in ca. 15 Min. die von Einheimischen nur gelegentlich besuchte schöne Bucht **Anse Matelot** **2**.

Übernachten

Jeder erdenkliche Luxus ▶ **L'Archipel Hotel:** Anse Gouvernement, Tel. 428 47 00, www.larchipel.com. Bei der Errichtung dieser Bungalowanlage mit 30 sehr geräumigen Zimmern hat man den landestypischen Kolonialstil mit modernen Baumaterialien verbunden. Außer der luxuriösen Ausstattung gibt es ein großzügiges Restaurant, einen exzellenten Service, eine Bar am Strand – und die herrliche Lage am südöstlichen Ende der Anse Volbert (Anse Gouvernement) machen den Traum vom paradiesischen Inselleben wahr. Ein kleiner Wermutstropfen: Da das Hotel an einem Hang liegt, sind nur einige der Zimmer für Gäste geeignet, die nicht gerne Treppen steigen. DZ mit Frühstück ab 400 €.

Côte d'Or und Anse Volbert

Die **Côte d'Or** **3**, nur durch einen Granitfelsen von der Anse Gouvernement getrennt, und die nordwestlich anschließende **Anse Volbert** **4** sind zwei fast nahtlos ineinander übergehende Badebuchten. Ihr langer, sanft abfallender Strand ist angefüllt mit weichem, weißem Sand und nahezu das ganze Jahr ohne Seegang. Wegen dieser guten Voraussetzungen und weil ausreichend flaches, nutzbares Hinterland vorhanden ist, hat sich hier – neben der Beau Vallon Bay auf Mahé – eine der ausgeprägtesten touristischen Regionen der Seychellen gebildet. Entlang der 4 km reihen sich mehrere familiäre Gästehäuser und einige Hotels der gehobenen Mittelklasse aneinander. Glücklicherweise ist zwischen den Gästehäusern und Hotels noch ausreichend unbebauter Grund und die Bettenzahl mit nur einigen hundert überschaubar. Tagsüber trifft man sich bei Strandwanderungen oder in einem der kleinen Straßenrestaurants und in den wenigen Boutiquen im Ort. Abends ist der Strand ruhig – nur vereinzelte, romantische Wanderer bewundern den sternenklaren Nachthimmel. Lediglich freitags wird die Ruhe gelegentlich durch Livemusik aus dem Strandrestaurant des Paradise Sun Hotels gestört.

So wie Beau Vallon in Nordwestmahé mit zwei großen Hotels und einem halben Dutzend Gästehäusern das Bade- und Vergnügungszentrum Mahés bildet, ist die Côte d'Or das Zentrum eines ruhigen Gästehaustourismus, der nicht durch motorisierten Wassersport (Tauchbasen gibt es) gestört wird.

Infos

Grand' Anse Internet Bureau: Versteckt hinter der Küstenstraße, Anse Volbert, Tel. 423

Wunderbar in die Natur eingepasst sind das Paradise Sun Hotel und sein Pool

30 73, Mo–Sa 9–19 Uhr. 1 Std. surfen oder E-Mail schreiben ca. 8 €.

Übernachten

... in Anse Volbert

Ruhig und gemütlich ▶ **Paradise Sun Hotel:** Tel. 429 32 93, www.paradisesun.com. Am Nordende der Anse Volbert ruhig und geschützt gelegenes Hotel mit 80 Zimmern. Die teils ebenerdigen, teils zweistöckigen Gebäude sind in einen Kokoshain wenige Meter vom Strand entfernt gebettet. Jedes der gemütlich gestalteten Zimmer verfügt über eine Dusche und eine Veranda. Den Gästen stehen Segelboote, Windsurf-Bretter, Fahrräder und eine Tauchbasis im Hotel zur Verfügung. DZ mit Halbpension ab 450 €.

Großzügig ▶ **Villas d'Or:** Tel. 423 27 77, www.seychelles.net/villador. An einem traumhaften Strandabschnitt stehen die Villen (2 Doppel- und 8 Einzelbungalows mit insgesamt 12 Zimmern) und ein Rezeptionsgebäude 50 m vom Ozean entfernt. Die Bungalows sind großzügig mit Wohnraum, großem Schlafzimmer, Küche und einer überdachten Terrasse ausgestattet und mit heimischen Möbeln eingerichtet. Das Frühstück wird auf der Terrasse serviert. Abendessen kann man selbst zubereiten oder in einem der Restaurants im nahen Ort Anse Volbert einnehmen. DZ mit Frühstück ab 225 €.

Sehr gutes Preis-Leistungs-Verhältnis ▶ **Le Duc de Praslin:** Tel. 423 22 52, www.leduc-seychelles.com. Gut ausgestattetes und liebevoll gepflegtes 18-Zimmer-Hotel mit Doppel-Bungalows, komfortablen und geräumigen Suiten, Pool sowie einem Restaurant nur wenige Meter vom Traumstrand der Anse Volbert entfernt. Das Preis-Leistungs-Verhältnis in den 100 m² großen Suiten und auch

Tipp: Hotelrestaurants auf Praslin

Die Hotels auf den Seychellen haben fast alle offene, nicht klimatisierte und an den schönsten Plätzen des jeweiligen Hotels gelegene Restaurants. Fast alle verfügen über weit mehr Plätze, Personal und Küchenausstattung als nötig, um nur den eigenen Hausgästen ein gutes Essen zu servieren. Sie sind darauf eingerichtet, nicht nur als Halbpensionsrestaurants genutzt zu werden, sondern auch Gäste zu bewirten, die zur Abwechslung außerhalb ihrer Unterkunft essen gehen möchten. Das ist ein guter Grund, lediglich Übernachtung mit Frühstück zu buchen und sich so die Möglichkeit offen zu halten, nach Belieben in einem unabhängigen Restaurant oder im Restaurant eines anderen Hotels zu speisen.

Das Restaurant im **La Réserve Hotel** (s. S. 239) ist für seine gute Küche und das besondere Ambiente auf dem Bootsanlegesteg bekannt. Wenn Sie einmal besonders gepflegt in kolonialer Atmosphäre speisen möchten, gehen Sie ins **L'Archipel Hotel** (s. S. 235). **Le Laurier,** ein kleines Gästehaus neben dem Hotel Village du Pecheur, freut sich auch über Gäste, die nur zum Abendessen kommen. Das Ambiente ist einfach, aber täglich (außer Mi) wird ab 19.30 Uhr ein ausgezeichnetes, typisch kreolisches *Homecooking* als Buffet angerichtet (30 € p. P., Anmeldung ist ratsam, Tel. 423 22 41). Wenn es nur eine Pizza oder ein einfaches, aber gutes Nudelgericht sein soll, sitzt man in der **Pizzeria** am Strand des Praslin Beach Hotels (Côte d'Or) angenehm. Nicht billig ist das Essen im Restaurant Café des Arts, das dem Hotel Le Duc de Praslin (s. S. 236) angegliedert ist. Unmittelbar am Strand genießt man eine wunderbare Atmosphäre und ausgezeichnete kreolisch-internationale Küche.

In jedem Fall sollten Sie vorher anrufen, um sicher zu gehen, dass das Restaurant weder geschlossen, noch durch eine Gruppe ausgebucht ist.

in der 130 m² großen Familiensuite ist ausgesprochen gut! Alle Zimmer sind klimatisiert. DZ mit Frühstück ab 180 €.

Essen & Trinken

... in Côte d'Or

Renommierte Küche ▶ **Restaurant Tante Mimi:** Casino des Îles, Tel. 423 25 00, desisles@seychelles.net, tgl. 19.30–23 Uhr, So auch Mittagessen ab 12.30 Uhr. Professionell geführtes Speiserestaurant im Erdgeschoss des großen Kolonialhauses in der Anse Volbert, obwohl man auch hier keinen 3-Sterne-Service erwarten sollte. Man speist im klimatisierten Saal oder auf der offenen Terrasse an einem sorgfältig gedeckten Tisch ausgezeichnete kreolische Küche. Hier fühlt man sich in Kleid oder langer Hose wohl und wird freundlich und stilvoll bedient. Kurze Hosen und Sandalen sind eher nicht erwünscht. Tante Mimi gilt als eines der besten Restaurants der Insel. 10–50 €.

Hübsches Straßenrestaurant ▶ **La Goulue Caféteria:** Tel. 423 22 23, richmond@seychelles.net, Mo–Sa 8–22.30 Uhr. Das einfache Restaurant mit schönem Blick auf die Anse Volbert eignet sich gut für einen Snack zu Mittag oder für ein einfaches, aber gemütliches Abendessen. Serviert werden kreolische Speisen zum günstigen Preis. 6–30 €.

Aktiv

Fahrradverleih ▶ **Côte d´Or Bicycle Hire:** neben der Pizzeria am Strand des Praslin Beach Hotel, Tel. 423 20 71.

Hochseefischen ▶ **Bedier & Son:** Côte d'Or, Tel. 423 21 92, 451 38 40. Hochseefischen ab 530 €. **Barracuda:** Côte d'Or, Tel. 422 98, 423 22 41, sybille@seychelles.net, ab 400 €. **Corsaire Boat Charter:** Anse Gouvernement, Tel. 423 21 38, 451 59 98, bigarade@seychelles.net. Hochseefischen ab 425 €.

Tauchbasen ▶ Wie auf Mahé beginnen die Preise der Tauchbasen bei ca. 40 € (einfa-

cher Tauchgang ohne Stellung der Ausrüstung). **Whitetip Divers:** Paradise Sun Hotel, Anse Volbert, Tel. 423 22 82, 51 42 82, www.whitetipdivers.com. **Octopus Diving Centre Anse Volbert:** Tel. 423 23 50, 423 26 02, 471 54 41, www.octopusdiver.com.

Einkaufen

Kunst und Kunsthandwerk ▶ **Galerie im Hotel Le Duc de Praslin:** Tel. 423 21 70, www.leduc-seychelles.com, tgl. 10–18 Uhr. **Galerie George Camille:** Casino des Îles, Côte d'Or, Tel. 423 29 56, sunstroke@seychelles.sc, Mo–Fr 10–18, Sa 10–13 Uhr.

Abends & Nachts

Spielcasino ▶ **Casino des Îles:** Côte d'Or, Tel. 423 25 00, www.seychelles.net/desiles, tgl. 12–14, 19.30–3 Uhr (Spieltische nur abends). Im ›Kasino der Inseln‹ spielt man Black Jack und Roulette. In getrennten Räumen finden sich ›einarmige Banditen‹ bzw. auch ein Billardtisch. Wer hinein möchte, muss mindestens 18 Jahre alt sein und darf nicht in Shorts oder Sandalen erscheinen.

Verkehr

Mietwagen: Austral Car Hire, Côte d'Or, Tel. 423 20 15, 451 03 73, www.australcarhire.com.

Bushaltestellen und **Taxistände** gibt es bei den Hotels in Anse Volbert.

Anse Petite Cour 5

Ein Schnorchelparadies ist die **Anse Petite Cour**, die sich nordwestlich der Anse Volbert hinter einer nach Norden herausragenden Halbinsel versteckt. Diese kleine Bucht und vor allem die rechts und links davon aus dem Wasser ragenden Felsgruppen gelten als eines der schönsten Schnorchelreviere Praslins. Da die Halbinsel und die Bucht in Privatbesitz sind, ist der Strand der Anse Petite Cour über Land nur mit Genehmigung des Managements des Hotels La Réserve erreichbar. Wenn Sie sich zu einem romantischen Abendessen auf dem berühmten Landungssteg des Hotels anmelden, wird man Ihnen den Zugang zum Strand sicher nicht verwehren! Von der Anse Possession im Norden kann ein guter Schwimmer mit Flossen ausgerüstet am Strand entlang in die Anse Petite Cour hineinschnorcheln. Wer über gute Kondition verfügt, entsprechende Flossen (am besten auch gleich Taucherbrille und Schnorchel aufsetzen!) und keine Angst vor manchmal tiefem Wasser hat, kann bei ruhigem Meer auch vom Nordende der Anse Volbert aus um die Halbinsel und den Pointe Zanguilles herumschwimmen und so in die Bucht gelangen. Wenn Sie erschöpft den Strand des Hotels in der Anse Petite Cour erreichen, wird niemand etwas dagegen einzuwenden haben, wenn Sie durch den Hotelgarten zur Küstenstraße zurückgehen und dieser einige hundert Meter nach Osten folgen, um erneut zum Nordwestende der Anse Volbert, dem Startpunkt der ›Schnorcheltour‹, zu kommen. Die Anse Petite Cour ist sowohl während des Nordwest- als auch während des Südostmonsuns gut abgeschirmt, und das Wasser ist fast immer sehr ruhig.

Aufschäumende Gischt im Abendlicht in der Anse Lazio

Übernachten

Eins der besten Häuser ▶ **La Réserve Hotel:** Tel. 429 80, www.lareservehotelpraslin.com. Komfortable Bungalowanlage mit 40 Zimmern in der privaten Anse Petite Cour. Das La Réserve gehört hinsichtlich Gartengestaltung, Zimmerqualität und Essen zu den besten Hotels der Seychellen. Berühmt ist das Hotel für sein besonders gelungenes Restaurant auf dem Landungssteg! Der Strand ist schön, allerdings bei Ebbe etwas flach. Dafür gibt es ausgezeichnete Schnorchelreviere beiderseits des Strandes. Das Hotel arrangiert für seine Gäste wöchentliche Kreuzfahrten (inklusive im Hotelpreis) und Ausflüge zum Hochseefischen. DZ mit Halbpension ab 400 €.

Anse Possession, Anse Takamaka und Anse Boudin

Im Westen schließen sich lange, sanft abfallende und fast ganzjährig von Wind und Wel-

Praslin

Anse Badamier
Fond Blanc
Curieuse 172 m
Pointe Caimant
Baie Laraie
Visitor Centre
Anse St. José
ehem. Leprastation
Pointe Chevalier
Roche Grand Maman
Chevalier Bay
Anse Georgette
10
Anse Lazio
8
Bon Bon Plume
8 Anse Boudin
Baie Curieuse
Lémuria Resort
Le Chevalier
Savoie
Anse Boudin
Chenard 190 m
Zimbabwe 9
Newcome
7 Anse Takamaka
11
Anse Kerlan
Grand Fond
Raffles Prasin, Seychelles
Anse Possession 6
Islander Guesthouse
Hotel Castello Beach
Jalousie
L'Amitié
Anse Possession
Pasquiere
Anse Kerlan
Pasquière Track 15
Salazie Track 14
Flugplatz
Plain Hollandaise
Bois Verse
Indian Ocean Lodge
Beach Villas Guesthouse
Salazie
Amitié
13
Black Pearls of Seychelles
Grand'Anse 12
Jungle Disco
Grand' Anse
Mt. Cabris
Anse St. Sauveur
Le Rocher
Anse Bateau
Indischer Ozean
0
1
2 km

Pointe Rouge
Grand' Anse
Indischer Ozean
Curieuse Marine National Park
Île St. Pierre
Pointe Zanguilles
5 Anse Petite Cour
Chauve Souris
La Réserve Hotel
Paradise Sun Hotel
Le Laurier Restaurant
Le Duc de Praslin
Anse Gouvernement 1
Anse Matelot 2
Pointe Joséphine
4 Anse Volbert
Anse Volbert
La Goulue Caféteria
Côte d'Or 3
Côte d'Or
L'Archipel Hotel
Fond Diable 213 m
Villas d'Or
Casino des Îles
Tante Mimi
17 Anse La Blague
Anse Takamaka
Île Malice
Vallée de Mai
Entrance Gate
Fond B'Boffay
Anse Madge
Au Morne
9 Vallée de Mai National Park
New Emerald Cove Hotel
16 Baie Ste. Anne
Anse La Farine
Eve Island
Baie Ste. Anne
Praslin 367 m
Anse L'Amour
Round Island 75 m
Round Island
Côté Mer Hotel
Port Side Café
Coco Rouge
Colibri Guesthouse
Pointe Cabris
La Digue
Château de Feuilles
Coco de Mer Hotel
Consolation
Anse Marie-Louise
Anse Marie Louise
Anse Bois de Rose
Anse Consolation
Pointe Cocos
Anse Consolation
Mahe

len geschützte Strände an. In der ersten von ihnen, der **Anse Possession** 6, ging vor Jahrhunderten der erste Kolonist auf Praslin an Land und vergrub die Besitzergreifungsurkunde in einer Schatulle. Daher der Name Anse Possession (Bucht des Besitzes).

Anse Takamaka und Anse Boudin

Es folgen in Nordwesten die traumhaften Strandlandschaften der **Anse Takamaka** 7 und **Anse Boudin** 8, in deren sanft abfallenden Stränden rötlich leuchtende Granitfelsen liegen.

Übernachten

Neues Luxus-Resort ▶ **Raffles Praslin, Seychelles:** Tel. 402 48 29 60 00, www.seychellesraffles.com. Eines der luxuriösesten Hotels der Seychellen befindet sich am Hang oberhalb der der Anse Takamaka. Knapp 90 Villen jeweils mit einem Privatpool bieten alle einen weiten Blick über die Bucht und zur Nachbarinsel Curieuse. DZ mit Frühstück ab 800 €.

Zimbabwe 9

Gegen Abend sollte man von Anse Boudin aus die Straße in Richtung **Zimbabwe** hinauffahren. Mit einem Mietwagen ist das am bequemsten, aber gelegentlich fährt auch ein öffentlicher Bus. An der Abzweigung im Ort Anse Boudin steht ein unübersehbares Schild mit der Aufschrift Zimbabwe und von dort sind es 2 km bis zum abgesperrten Gelände einer Sendestation. Von hier aus bietet sich ein großartiger Rundumblick bis Cousin und Cousine im Westen, zur Insel Aride im Norden und Curieuse im Osten. Besonders schön ist es hier zur Zeit des Sonnenuntergangs.

8 Anse Lazio ▶ 2, D 8

Karte: S. 240/241

Die Küstenstraße entlang der Nordostküste endet an einem Parkplatz nahe des Traumstrandes Anse Lazio im Norden Praslins. Die Bucht ist ein spiegelglattes, blaues, palmengesäumtes Paradies mit strahlend weißem

Eine bunte Welt für Taucher

Verhaltensregeln beim Tauchen

Thema

Für Tauchanfänger gibt es unmittelbar am Strand der Anse Volbert gefahrlose Tauchgebiete ohne Strömungen und ohne beängstigende Blicke in unergründliche Tiefen. Zur Vorbereitung für Tauchanfänger hier einige Grundregeln, die man beim Tauchen auf den Seychellen beachten sollte.

Wenn Tauchen eine wichtige Urlaubsaktivität sein soll, ist es eine gute Entscheidung, eine Unterkunft in der Anse Volbert zu suchen. Hier findet man im Hotel Paradise Sun und auch am Strand unabhängig von Hotels einige gute Tauchbasen.

Für Tauchanfänger ist es besonders angenehm, dass nur sehr wenige große und dem Menschen gefährlich erscheinende Fische in den Gewässern um die granitenen Seychellen-Inseln leben. Es sind in den vielen Jahren des Tauchtourismus keine Unfälle geschehen, die auf unfreundliche Begegnungen von Fischen und Tauchern zurückzuführen wären.

Kleine **Riffhaie** von bis zu 1 m Länge kann man zwar immer wieder beobachten, sie greifen jedoch niemals einen Menschen an. Die Gefahren, die von Haien ausgehen, sind in Filmen aus Sensationslust übertrieben dargestellt worden. Deshalb verspürt wohl jeder Taucher Angst, wenn er erstmals einem größeren Hai begegnet. Die Angst legt sich jedoch rasch, wenn man ihn beobachtet und sieht, dass der Hai selbst zwischen Angst, Scheu und Neugier hin und her gerissen ist. Wenn Sie als Taucher ruhig bleiben und warten, so wird er wieder verschwinden. Allerdings kann es passieren, dass er seine Scheu überwindet und aus Neugier näherkommt und das merkwürdige Wesen begutachtet, das in seinem Revier eigentlich sonst nicht vorkommt.

Auch **Barrakudas** sehen nicht den geringsten Anlass, einen Menschen zu attackieren, denn er gehört nicht zu ihren Beutetieren. Dennoch ist es üblich und empfehlenswert, beim Tauchen Arm- oder Halsbänder abzunehmen, denn deren im Sonnenlicht blitzende Reflexe könnten einen Barrakuda erschrecken.

Muränen sehen furchterregend aus, wenn sie in ihrer ganzen Länge (bis zu 2 m!) aus ihren Höhlen hervorschießen. Doch auch sie sind ungefährlich und alles andere als aggressiv. Auch die mit einem langen Schwanz ausgerüsteten **Stachelrochen** haben kein Interesse daran, Tauchern ein Leid anzutun. Wie Haie werden sie den Taucher neugierig umkreisen und anschließend lautlos in der Weite des Meeres verschwinden.

Die häufigsten Verletzungen beim Tauchen in Korallenriffen entstehen durch unvorsichtiges Verhalten. Man kann sich Risswunden durch die Berührung mit **Korallen** zuziehen oder auf **Seeigel** treten. Der Gefahr einer solchen Verletzung entgehen Sie, wenn Sie sich unter Wasser sehr ruhig und kontrolliert bewegen. Fassen Sie nichts an, und treten Sie nirgendwo auf – auch nicht, wenn Sie (glauben zu) wissen, dass keinerlei Gefahr lauert. Wozu überhaupt anfassen? Machen Sie es sich zur bindenden Regel, stets einige Meter über den Korallen zu schwimmen. Auf diese Weise laufen Sie nicht Gefahr, sich selbst zu verletzen, weil Sie auf einen Seeigel, eine scharfkantige Muschel oder eine Koralle treten – und Sie bewahren darüber hinaus die Unterwassernatur vor Beschädigungen.

Sand. Lediglich zwischen November und März rollen hin und wieder hohe Brecher an Land, da die Bucht nicht durch ein Korallenriff geschützt ist. Nur zwei private Wohnhäuser und zwei Restaurants stehen jeweils am West- bzw. am Ostende der Bucht. Obwohl die Eigentümer der Grundstücke und viele Hotelgesellschaften um Erlaubnis angefragt haben, Hotels oder Guesthouses bauen zu dürfen, wurde dies bisher nicht gestattet. Nur ein kleines 5-Sterne-Hotel ist im Landnutzungsplan vorgesehen, das aber nicht näher als 60 m von der Hochwasserlinie entfernt landeinwärts am Hang stehen darf. Die Anse Lazio soll in ihrer ganzen Schönheit auch Einheimischen und Gästen anderer Hotels erhalten bleiben. Der Strand darf daher nicht bebaut oder anderweitig kommerziell genutzt werden. Seit die Straße bis nahe zum Strand asphaltiert wurde, kommen vor allem am Wochenende Besucher mit einem Mietwagen oder mit dem öffentlichen Bus in diese herrliche Bucht. Manche Hotels auf Praslin, die an weniger schönen Strandabschnitten liegen, bringen ihre Gäste tagsüber hierher und holen sie dann am Nachmittag wieder ab. Dadurch ist die Anse Lazio keine einsame Traumbucht mehr, was aber ihrer landschaftlichen Schönheit nahezu keinen Abbruch tut.

Zu Fuß von der Anse Lazio in die Anse Georgette 10

Am Westende der Anse Lazio beginnt ein Trampelpfad, der sanft bergauf und dann an der Küste entlang nach Westen führt. Wer über ein wenig pfadfinderisches Geschick und über die nötige Geduld verfügt, kann sich bis zur **Anse Georgette** und ihrem schönen Strand durchschlagen. Die Gehzeit beträgt zwar nur 1–2 Std., doch muss man

Tipp: Stilvolles Mittagsessen in der Anse Lazio

Als der Tourismus Mitte der 1980er-Jahre von der Insel Mahé aus Praslin erreichte, beschloss die Regierung der Seychellen, einige der schönsten Strände dieser ›jungfräulichen‹ Insel von touristischen Entwicklungen freizuhalten. Eine davon war die Anse Lazio, die nach Ansicht weit gereister Inselkenner eine der schönsten tropischen Badebuchten dieser Erde ist. Richelieu Verlaque, der glückliche Eigentümer dieses Naturwunders, war hierüber nicht traurig, obwohl es für ihn ein Leichtes gewesen wäre, durch den Verkauf der Bucht Reichtümer anzuhäufen. Doch Richelieu wollte das nicht, obwohl immer häufiger Segler in der Bucht vor seinem Häuschen Anker warfen, an den Strand kamen und fragten, ob sie bei ihm übernachten oder wenigstens zu Abend essen könnten. Doch reifte in ihm die Idee, ein Restaurant zu bauen und es nach den grünen Pflanzen zu benennen, die auf den Seychellen als Übergang von der grünen Wiese zum weißen Strand wachsen: **Bon Bon Plume.** Es dauerte einige Jahre, bis die Regierung ihr Einverständnis zu dieser bescheidenen touristischen Entwicklung gab. Richelieu konnte in den 1990er-Jahren schließlich aus Holz und Blättern der Latanier-Palme ein offenes Strandrestaurant mit hohem Holzdach und edlen, vom Hausschreiner gefertigten Holzmöbeln im Schatten riesiger Takamaka-Bäume errichten.

Tagsüber serviert er kreolische Spezialitäten, zubereitet mit Gemüse, Salaten und Gewürzen aus der eigenen Farm und frisch in der Anse Lazio gefangenem Fisch. Seither verführt das Restaurant Gäste vieler Hotels rund um Praslin dazu, morgens hierher zu kommen, den Tag am Traumstrand zu verbringen und zwischendurch einen Drink oder einen Snack in Richelieus Restaurant zu holen. Den Reiz der Unberührtheit hat die Bucht seither verloren, ihre einmalige Schönheit aber hat kaum gelitten (Bon Bon Plume, Tel. 423 21 36, tgl. 12.30–15 Uhr. Ab zehn Personen nimmt Bon Bon Plume auch Reservierungen für den Abend an und serviert dann ausschließlich für die gebuchte Gruppe. 15–40 €).

sich darüber im Klaren sein, dass es sich um eine schweißtreibende Dschungelwanderung handelt und nicht um einen gemütlichen Parkspaziergang. Zurück geht es durch das Gelände des Lémuria Resort bis zur Bushaltestelle in Anse Kerlan im Nordwesten Praslins.

Essen & Trinken

Mit Stil und Umweltbewusstsein ▶ Bon Bon Plume: s. Tipp S. 244.

Etwas für jeden Gechmack ▶ Le Chevalier: Westende der Anse Lazio, Tel. 423 23 22, chevalierbay@seychelles.sc, tgl. 8–22 Uhr. Das Restaurant serviert Frühstück sowie Mittag- und Abendessen, aber auch Sandwiches, Salate und Pommes Frites. 70–250 SCR.

Praslins Südwestküste

Die gut 10 km lange Südwestküste Praslins ist touristisch noch wenig erschlossen, was daran liegt, dass sie im Südwinter (Juni–Okt.) dem Südostwind stärker ausgesetzt ist, da ein Schutz wie die Halbinsel Au Morne fehlt. Daher kann, wenn der Wind aus Süden weht, Seegras an die langen Strände geschwemmt werden.

Anse Kerlan 11

Seit 2001 der Flughafen und 2000 das Luxushotel Lémuria mit Golfplatz nahe dem Dorf **Anse Kerlan** fertiggestellt wurden, hat der Westen dieser Küste erheblich an Attraktivität gewonnen. Nun gibt es Restaurants, Gästehäuser, Eisdielen und Geschäfte.

Lémuria Resort Golf Course: anspruchsvolles Golfen mit herrlicher Aussicht

Übernachten

Mit hervorragenden Wellnessangeboten und Golfplatz ▶ Lémuria Resort: Tel. 428 12 81, www.lemuriaresort.com. Im Jahr 2000 eröffnete dieses Strandhotel mit 5-Sterne-Qualität auf einem Gelände nördlich des Flugplatzes zwischen den drei Traumstränden Anse Kerlan, Petite Anse Kerlan und Anse Georgette, die alle zum Hotelgelände zählen. Restaurant, Pool, Bar und die 115 Zimmer liegen in einer weitläufigen, ehemaligen Kokosplantage. Teile dieser seit langem aufgelassenen Plantage und einige Hektar Urwald fielen einem 18-Loch-Championship-Golfplatz zum Opfer, ein großer Teil wurde durch Aufforstungen mit endemischer Inselvegetation in den Urzustand vor Bestehen der Kokosplantage zurückversetzt. Um Erosionsschäden zu vermeiden, wurde die Strandvegetation vor den Bungalows nicht angetastet. Mit seinem erstklassigen Wellnesszentrum, Tennisplätzen, dem sensationellen Golfplatz, den einmaligen Stränden und drei Restaurants gehört das Lémuria Resort zu den am besten ausgestatteten Hotels an tropischen Stränden weltweit. DZ mit Frühstück ab 640 €.

Kleine Anlage in Strandnähe ▶ Islander Guesthouse: Tel. 423 32 24, www.islander-seychelles.com. Nur 50 m von einem schönen Strand entfernt und zu Fuß nur wenige Minuten bis zum Traumstrand der Anse Kerlan liegt diese kleine Anlage mit nur zehn Zimmern, in der Sie Übernachtung mit Frühstück oder auch Ihr eigenes Appartement mit Küche buchen können. Frühstück und Abendessen werden in einem offenen Restaurant 50 m vom Strand entfernt serviert. Bei Nordwind (Frühsommer) gibt es zuweilen Fluggeräusche von startenden Propellerfliegern. DZ mit Frühstück ab 120 €.

Aktiv

Golf ▶ Lémuria Resort Golf Course: Tel. 428 12 81, www.lemuriaresort.com, tgl. 7–19 Uhr, Greenfee inklusive Clubcar 80 US-$, Hotelgäste bezahlen keine Greenfee. Einer der landschaftlich reizvollsten und sportlich anspruchsvollsten Golfplätze (18 Loch, Par 70) erstreckt sich an weißen Sandstränden, durch Kokosplantagen und ist gesäumt von dichten Urwäldern. Geleitet und gepflegt wird die Anlage von der Constance-Gruppe, die auch auf Mauritius zwei der besten Golfplätze führt.

Verkehr

Mietwagen: Grand Bleu Rent-A-Car: Anse Kerlan, Tel. 423 36 60, 451 06 42, 451 06 40.

Grand' Anse 12

Die **Grand' Anse** erstreckt sich vom Flughafen im Nordwesten Praslins bis zur Abzweigung der Bergstraße hinauf zum Vallée de Mai. In der Mitte der Bucht liegt der Ort Grand' Anse. Zum Baden ist der Südteil der Bucht nicht so sehr geeignet, da das Wasser das weite Korallenriff meist nur knapp bedeckt. Der Ort ist ein guter Ausgangspunkt für Wanderungen über die Insel und ist durch öffentliche Busse gut erschlossen.

Zwischen Küstenstraße und Meer liegt – gleich beim Flughafen – die Zuchtstation für schwarze Perlen **Black Pearls of Seychelles 13**. Man kann die Farmen der Riesenmuscheln, die Perlenzucht und den kleinen Schmuckladen besuchen (Black Pearls Seychelles Ltd., Amitié, Tel. 423 31 50, 423 39 87, www.seychelles.net/prof, Mo–Fr 10–16, Sa 10–12 Uhr, Eintritt 2,50 €).

Infos

Creole Travel Services: Praslin Office, Amitié, Tel. 429 42 94, info@creoltravelservices.com, Mo–Fr 8–17, Sa 8–13 Uhr.

Übernachten

Boutiquehotel ▶ Hotel Castello Beach: Tel. 429 89 00, www.castellobeachhotel.com. Im Jahr 2009 eröffnetes Boutiquehotel mit 28 schönen Zimmern im mediterranen Stil und Blick auf die Nachbarinseln Cousin und Cousine und die untergehende Sonne. Mit kleinem Strand und Pool, Bar, Massagesalon und Miniclub. Wegen einiger großer Familienzimmer ist das Hotel auch gut für Familien mit Kindern geeignet. DZ mit Frühstück ab 250 €.

Auf Pisten im Hinterland unterwegs

Günstig & schön ▶ **Indian Ocean Lodge:** Tel. 423 33 24, Fax 423 39 11, iol@seychelles.net. Geschmackvoll restauriertes Hotel aus der Pionierzeit des Tourismus auf Praslin. In acht Häusern befinden sich 32 Zimmer. Schönes kleines Hotel am Strand zu günstigem Preis. DZ mit Frühstück ab 100 €.

Einfach und gemütlich ▶ **Beach Villas Guesthouse:** Tel. 423 34 45, Fax 423 30 98, martin@seychelles.net. Eine der preiswertesten Möglichkeiten auf Praslin zu wohnen. Neun einfache, aber sehr gemütlich eingerichtete Zimmer, zum Teil in Einzel- oder Doppelbungalows am Strand. Das Guesthouse bildet einen schönen Ausgangspunkt für die Inselerkundung und auch zum Schnorcheln. Hier genießt man den Blick auf die untergehende Sonne. DZ mit Frühstück ab 90 €.

Essen & Trinken

Elegant balinesisch: **Café Le Monde:** Tel. 78 11 21, tgl. 10–22 Uhr. Einige Hundert Meter nordwestlich von Grand Anse liegt auf der Ostseite der Straße ein kleines Restaurant-Café mit balinesischen Möbeln und stilvoller Dekoration, das als netter Zwischenstopp bei der Erkundung von Praslin dient. Kreolische und internationale Gerichte zu durchschnittlichen Preisen. 140–320 SCR.

Aktiv

Angeln und Schnorcheln ▶ **Makaira Boat Charter:** Tel. 423 30 98, 51 30 98, www.beach-villa-sportfishing.com. Hochseefischen, Schnorchelausflüge und Picknicks an einsamen Stränden. Hochseefischen (halber Tag) ab 425 € mit maximal vier Personen. Ausrüs-

aktiv unterwegs

Wanderungen auf Praslin

Tour-Infos

Start: Grand' Anse und Anse Lazio
Länge: ca. 6 bis 10 km
Dauer: 2 bis 5 Std.
Wichtige Hinweise: Diese Pfade werden nicht gepflegt und nur selten begangen. Sie können daher manchmal schwer zu erkennen sein. Sonnenschutz und Wasser nicht vergessen
Karte: s. S. 240/241

Von Grand' Anse aus lassen sich schöne Wanderungen quer über die Insel unternehmen. So kann man z. B. zur Anse Kerlan (s. S. 245) im Nordwesten Praslins wandern. Von dort führt ein schmaler Fußweg durch das Lémuria Resort in die Anse Georgette oder weiter in die Anse Lazio. Wenn Sie diesen Fußweg begehen möchten, sollten Sie vorab im Lémuria Resort telefonisch die Genehmigung einholen, das Hotelgelände zu durchqueren (Tel. 423 30 04).

Salazie Track 14

Nehmen Sie in Grand' Anse den Weg, der nördlich der Kirche im Ortszentrum ins Landesinnere abbiegt. Folgen Sie ihm bis zur Passhöhe hinauf (etwa 30–45 Min. Gehzeit). Dort erreichen Sie eine Abzweigung, die links über den Pasquière Track (s. S. 249) zur Anse Possession führt. Folgen Sie nun jedoch dem Weg nach rechts, der **Salazie Track** genannt wird. Von diesem haben Sie einen guten Blick hinüber zur Insel La Digue und über das Tal des Salazie River bis zur Nordostküste von Praslin (Dauer der Wanderung 1,5–2 Std).

Der Weg mündet ca. 1 km östlich von Baie Ste. Anne in die Küstenstraße ein. Hier befindet sich auch eine Bushaltestelle. Entweder Sie gehen jetzt zu Fuß nach rechts (nach Westen) Richtung Baie Ste. Anne weiter oder warten auf den Omnibus (wann immer dieser kommen mag). Dieser bringt Sie zunächst bis Baie Ste. Anne und dann über die asphaltierte Straße durch den Vallée de Mai National Park zurück nach Grand' Anse.

Wanderung in die Anse Lazio

Die einmalig schöne weiße Bucht von Anse Lazio sollte man gesehen haben. Ausgangspunkt des Ausflugs ist der Ort Grand' Anse. Fahren Sie mit dem Bus oder mit dem Auto

tung für Grundfischen und Schleppangeln ist an Bord. Bootscharter 95 €/Std.

Bootsausflüge ▶ Unterkünfte organisieren Ausflüge mit Booten privater Eigner zu umliegenden Inseln, z. B. eine Tagestour Curieuse–St.-Pierre–Cocos inkl. Schnorcheln. Man kann sich alternativ auch an die lokale Touristenorganisation wenden, die ebenfalls mit privaten Bootseignern kooperiert.

Fahrradvermietung ▶ Sunbike Rent-a-Bike: Tel. 423 30 33.

Abends & Nachts

Livemusik und Partystimmung ▶ Oxygen Nightclub: Tel. 251 23 00, Fax 423 29 62, Fr/Sa ab 22 Uhr. Hier treffen sich die bekanntesten Musiker der Seychellen mit Seychellois im ›Saturday Night Fever‹ sowie Urlauber, die sich tagsüber ausruhen, um in der Nacht lebendig zu werden. Mittwochs ist Ladies Night. Das Motto des Nachtclubs lautet: »As wild as it gets«, Eintritt 10 €.

Verkehr

Mietwagen: 50–80 €/Tag. Explorer Cars, Tel. 423 33 1, 471 37 72, 471 41 54; United Car Rental, Tel. 423 36 50, 451 06 31, 451 13 27, 451 06 35, -36, unitedcr@seychelles.net; Prestige Car Hire: Tel. 423 32 26, 451 52 26, www.hotellagonbaron.com.

die Küstenstraße nach Norden, vorbei am Flughafen, bis Sie auf der rechten Seite eine Straße sehen, die den Berg im Osten hinaufführt.

Steigen Sie dort aus, und gehen Sie die Straße bis zu deren Ende. Links sehen Sie bald tief unten den Anse Kerlan River. Je weiter Sie nach oben gelangen, desto weiter wird der Blick auf die umliegenden Inseln, insbesondere auf Cousin und Cousine im Westen. Wenn Sie die Höhe erreicht haben, überqueren Sie auf einer **Brücke** den Anse Kerlan River.

Dann führt der Weg in nördlicher Richtung (nach links) an einem Höhenzug entlang. Hier bietet ein dichter Wald Schatten, und Sie finden beiderseits des Weges einzelne Häuser. Schließlich beginnt der Weg steiler abwärts zu führen, und der Blick öffnet sich auf die **Chevalier Bay** und die großartige **Anse Lazio.** Von einem in einem schönen Garten gelegenen einzelnen Haus auf der linken Seite des Weges geht es nun steil hinab in die Bucht. Von der Küstenstraße aus bis hierher brauchen Sie etwa 1–1,5 Std. Wenn Sie in Eile sind, gehen Sie auf dem gleichen Weg zurück.

Pasquière Track

Wer Zeit hat, kann von der Anse Lazio aus nun noch die Gelegenheit zu einer Umwanderung des nordwestlichen Teils von Praslin nutzen. Gehen Sie zum Nordende der Anse Lazio, wo ein gut ausgebauter Fahrweg Richtung Südosten ins Landesinnere abzweigt. Er steigt zunächst flach an und wird später steiler, bis er eine Passhöhe von etwa 100 m über dem Meer erreicht. Von dort geht es abwärts in die **Anse Boudin,** wo Sie auf die Küstenstraße treffen.

Folgen Sie dieser nach Südosten, so treffen Sie nach etwa einer halben Stunde auf einen Wanderweg, der nach rechts in die Berge führt. Dieser Weg heißt **Pasquière Track** **15** und führt entlang des gleichnamigen Flusses an der schmalsten Stelle der Insel hinüber zur Südwestküste. Er steigt sanft bergan und erreicht nach ca. 2 km die Passhöhe, um von dort in Richtung Westen wieder relativ steil hinunterzuführen nach Grand' Anse, wo er beim Markt in die Küstenstraße mündet.

Für diese Wanderung benötigen Sie bei einem eher gemütlichen Tempo und einigen Zwischenstopps zum Baden und Ausruhen etwa weitere fünf Stunden.

Baie Ste. Anne und das Vallée de Mai

► 2, G/H 10–11

Karte: S. 240/241

Baie Ste. Anne **16**

Im Südosten der Insel Praslin befindet sich die weite, durch eine kleine Insel (Round Island) und Korallenbänke geschützte Bucht mit einem kleinen Hafen, in dem die Fähren nach La Digue und Mahé ablegen: **Baie Ste. Anne**. In der Bucht wurde neues Land aufgeschüttet und durch Brücken mit dem Ort Baie Ste. Anne verbunden. Auf dem neuen Areal sollen vor allem Büros und Geschäfte, aber auch der Jachthafen und einige Wohnviertel angelegt werden, um den Siedlungsdruck auf die Berge der Insel zu vermindern. Die große Bucht mit mehreren Kilometern Durchmesser wirkt wie ein Binnensee, denn sie hat nur einen schmalen Ausgang zum Meer. Als Badebucht ist sie nicht geeignet, weshalb man auch keine Hotels oder Gästehäuser, sondern Büros, Banken, eine Tankstelle und Geschäfte hier findet. Das Meer ist ruhig, Segeljachten liegen vor Anker, und um den kleinen Pier gruppieren sich einige Fischerboote und die Segelschoner, die einen Fährverkehr nach La Digue ermöglichen.

Nimmt man von Baie Ste. Anne aus die Straße nach Norden Richtung Anse Volbert, so zweigt etwa 1 km vom Ortsausgang entfernt eine schmale Straße nach Nordosten (rechts) in die **Anse La Blague** 17 ab. Diese Bucht ist noch wenig besiedelt und wird selten besucht, obwohl sie einen wunderbaren Sandstrand besitzt.

9 Vallée de Mai National Park

Fährt man von Baie Ste. Anne einige Kilometer landeinwärts, so erreicht man an einer Passhöhe den Eingang zum berühmten **Vallée de Mai,** der Heimat der Meereskokosnuss. Der hier beginnende Nationalpark zählt zu den Naturdenkmälern, die als Welterbe unter dem Schutz der UNESCO stehen (Eintritt ca. 15 €).

Bis vor 40 Jahren war das Tal völlig unberührt, nur an einigen Flecken hatte man versucht, Plantagen anzulegen. Die Ehrfurcht vor der Einmaligkeit dieses Tales mit seinen über 5000 Exemplaren der sagenumwobenen Meereskokosnuss veranlasste die Regierung der Seychellen, es unter Naturschutz zu stellen und einen Park einzurichten. Auf gut gepflegten Pfaden können Sie nun von einem Parkplatz aus durch das Herz des Vallée de Mai spazieren und einen seit Jahrmillionen unberührten Urwald bewundern. Wer fotografieren möchte, sollte unbedingt ein Blitzlicht mitnehmen, das natürliche Licht reicht hier nur bei äußerst lichtstarken Objektiven aus! Die riesigen Blätter der Meereskokosnuss und anderer Palmenarten lassen keinen Sonnenstrahl zur Erde dringen. Besonders schönes Licht haben Sie in den frühen Morgenstunden und kurz vor Sonnenuntergang.

Neben der Meereskokosnuss wachsen weitere fünf Palmenarten in diesem Park, die es nirgends sonst auf der Welt gibt. Außerdem ist er eines der letzten Rückzugsgebiete für den Schwarzen Papagei, eine Art, die es nur noch in wenigen Exemplaren auf den Seychellen und in einer Unterart auf Madagaskar gibt.

Im Park wurde ein Naturpfad angelegt, ein Rundweg, der Sie zu allen sehenswerten Pflanzen führt. Eine Broschüre, die Sie bei der Parkverwaltung erhalten, erläutert Ihnen die Stellen, wo Sie bestimmte Pflanzen finden. Am besten durchwandert man das gesamte Tal auf dem ausgeschilderten **Glacis Noire Trail**. Dieser beginnt als ein breiter Forstweg und verjüngt sich später zu einem schmalen Fußpfad durch den immer dichter werdenden Dschungel. Am Wegesrand liegen ›Bohnen‹ von der Größe eines Baseballschlägers, abgefallene Blätter, die groß genug wären, um als Markise über einer Terrasse zu dienen. Erst am Gipfel des Glacis Noire wird es wieder hell, und man genießt von einer schattenspendenden Hütte 360° Rundumsicht. Für den insgesamt etwa 3–4 km langen Spaziergang (hin und zurück) sollte man sich 2 Std. Zeit nehmen.

Einen mit Fotos und Zeichnungen versehenen Führer durch das Vallée de Mai erhalten Sie in den Buchläden der Seychellen oder bei Space Publishing Division, Mont Fleuri, Mahé, Seychelles (Autoren: Katy Beaver und Lindsey Chong Seng).

Übernachten

... in Pointe Cabris

Sehr reizvoll gelegen ▶ Château de Feuilles: Tel. 429 00 00, www.chateaudefeuilles.com. Das Château wird in Reisepublikationen oft als eines der 100 schönsten Boutiquehotels der Welt aufgeführt. Definitiv gehört es zu den landschaftlich reizvollsten Hotels der Seychellen. Es liegt auf einem Hügel an der Südwestspitze Praslins nahe Baie Ste. Anne und überschaut das Meer mit Blick auf La Digue, Mahé und alle anderen umliegenden Inseln. Die neun Appartements liegen verteilt im Hotelgelände und sind von 5 ha blühendem tropischem Garten umgeben. Das Haupthaus birgt drei Gästezimmer. Das Château verfügt über ein ausgezeichnetes Spa und bietet kostenlos einen Ausflug zur Privatinsel Grand Sœur an. Des Weiteren besteht die Möglichkeit zu golfen oder zum Hochseefischen hinauszufahren. Das Hotel ist seinen Preis wert, auch wenn es zum nächsten Badestrand mit dem Auto etwa 10 Min. Fahrt sind. Ein Mietwagen ist pro Zimmer in der Buchung automatisch enthalten!

Hinter Baie Ste. Anne erstreckt sich das Naturschutzgebiet Vallée de Mai

DZ ab 400 €, ab drei Nächten Mietwagen inklusive.

... in Anse La Farine

Nur per Boot ▶ **New Emerald Cove Hotel:** Tel. 423 23 23, www.emerald.sc. Das Bungalowhotel an der Südostspitze der Insel Praslin lässt sich nur mit dem Boot von Baie Ste. Anne aus erreichen. 42 Zimmer verteilen sich auf sieben Spitzgiebelvillen auf einem großes Gartengelände. Den weißen Sandstrand begrenzen eindrucksvolle rundgeschliffene Granitfelsen. DZ mit Halbpension ab 320 €.

... in Baie Ste. Anne

Teilweise mit Küche ▶ **Côté Mer Hotel:** Nahe der Bootsanlegestelle, Tel. 429 42 00, 10ccmer@seychelles.net. Das kleine Zehn-Zimmer-Hotel (6 Zimmer mit eigener Küche) am Meer bietet recht große Doppelzimmer, eine Wohnküche und einen ausgezeichneten französischen Koch als Manager und Küchenchef! DZ mit Frühstück ab 110 €.

Familiär ▶ **Colibri Guesthouse:** Am Hang, 200 m von der Bootsanlegestelle entfernt, Tel./Fax 429 42 00, colibri@seychelles.net. Diese kleine Anlage (12 Zimmer) liegt inmitten eines blütenüberfluteten Gartens. Die großen Zimmer sind geschmackvoll eingerichtet. Die französische geprägte Atmosphäre im Colibri Guesthouse ist familiär. DZ mit Frühstück ab 100 €.

Die Meereskokosnuss (Seychellennuss, Koko Dmer)

Die Meereskokosnuss, das wohl beliebteste Souvenir der Seychellen, ist nicht nur medizinisch wirksam, sondern auch eine biologische Sensation und eine der schönsten und majestätischsten Pflanzen, die es auf der Erde gibt. In europäischen Schriften wird die Koko Dmer erstmals in Magellans Bericht über seine erste Reise um die Welt erwähnt.

»Unsere Führer teilten uns mit, dass nördlich von Java in Richtung des chinesischen Meeres ein riesiger Baum wachse, in dem Vögel leben sollen, die Garuda genannt werden. Sie sind so groß und stark, dass sie Menschen zu einem Ort tragen können, an dem ein geheimnisvoller Baum wächst. Kein Boot und keine Dschunke kann näher als drei oder vier Meilen an diesen Platz kommen, denn dort ist das Meer so rau und die Stürme sind so heftig, dass jedes Boot sofort kentern würde. Es sei der Nabel des Meeres und hier herrschten immer schreckliche Stürme und riesige Wellen. Ein kleiner Junge habe einst den Untergang einer Dschunke überlebt, die versucht habe, der Insel im Zentrum der Stürme nahe zu kommen. Er habe sich an einer Planke festgekrallt und sei zu einer der Palmen getrieben worden. Er ergriff den Stamm, kletterte hinauf in die Krone und sei von Garuda ergriffen und übers Meer zurück an Land getragen worden. Dort ließ ihn der Vogel fallen und fing einen Ochsen, den er zurücktrug in seine Heimat am Nabel des Meeres.«

Nach Europa gelangte die Meereskokosnuss erstmals mit portugiesischen Seefahrern, die von ihren Reisen nach Indien, Sri Lanka und Indonesien zurückkehrten. Es wird berichtet, dass Rudolf II. von Habsburg für jede bei ihm abgelieferte Nuss 4000 Goldflorin bot. Portugiesische Seefahrer berichteten im 16. Jh., dass die Frucht an den Küsten Indiens gefunden werde und eine hervorragende Medizin enthalte. Sie sei wirksam gegen Vergiftungen und Koliken. Der holländische Seefahrer van Lischoten schrieb 1610, dass der Sultan der Malediven die wertvollen Nüsse aufbewahrte, um sie Herrschern anderer Länder bei besonderen Anlässen zum Geschenk machen zu können. Der holländische Arzt Augerius Klutius widmete in einem medizinischen Werk von 1634 alleine 57 Seiten der Heilkraft der Meereskokosnuss.

Die Heimat der Koko Dmer liegt auf den kleinen Inseln Praslin und Curieuse. Die schlanke Palme wird bis zu 40 m hoch. Sie besitzt einen kerzengeraden und glatten Stamm, riesige, fächerförmige Blätter und große, schwere, herzförmige Samen. Es gibt männliche und weibliche Exemplare, die meist nahe beieinander stehen. Die männlichen sind etwa 5 m höher als die weiblichen. Kurioserweise hat die männliche Palme ihre Pollen in einem Organ, das einem riesigen Phallus ähnelt, während die Frucht, welche man an den weiblichen Bäumen findet, auch ohne viel Fantasie einem weiblichen Becken gleicht. Auf den Seychellen geht daher die Legende um, dass die Koko-Dmer-Palmen sich in stürmischen Nächten vereinigten und so die Kinder und die neuen Kokosnüsse ge-

Die Frucht der weiblichen Exemplare der Koko-Dmer-Palme, zum Vergleich eine normale Kokosnuss

Thema

zeugt würden. Wenn es ein Mensch wage, diese Begegnungen der Palmen zu beobachten, müsse er sterben. Die wissenschaftliche Wahrheit der Vermehrung ist weniger geheimnisvoll: Die Pollen der männlichen Palme werden durch den Wind zum weiblichen Baum hinübergetragen.

Die daraus entstehenden Früchte sind wie ein großes grünes Herz geformt und wiegen 15–20 kg. Die größte bisher gefundene Meereskokosnuss war über 60 cm lang und wog gute 23 kg. Damit ist die Koko Dmer der größte auf der Erde existierende Pflanzensamen. In reifem Zustand verströmt sie einen angenehmen, intensiv fruchtigen Geruch. Normalerweise entwickeln sich zwei bis drei dieser Nüsse an einem Fruchtstand. Es kommt aber auch vor, dass bis zu zehn Früchte an einem Fruchtstand gefunden werden, dessen Gesamtgewicht daher bei stolzen 200 kg liegen kann. Jede Palme produziert drei bis vier solcher Bündel pro Jahr. Das Fleisch der Koko Dmer ähnelt dem einer normalen Kokosnuss, schmeckt jedoch intensiver und fruchtiger. Im Inneren enthält die Nuss ein süßes, weiches Gelee, das früher als Nachspeise diente. Im reifen Zustand ist der Kern elfenbeinähnlich und nussig und soll potenzsteigernd wirken.

Die Entstehung einer Koko-Dmer-Palme ist ein faszinierender Prozess. Eine Nuss fällt zu Boden und bleibt zunächst monatelang liegen. Es scheint nichts zu geschehen. Dann beginnt die dünne Außenhaut der Frucht zu verwittern und zu zerfallen und in der Mitte bricht ein grüner Sprössling heraus, in dem an der leicht verdickten Spitze der Samen verborgen ist. Der Sprössling wächst aus der Nuss und an der Erdoberfläche entlang aus dem Schatten der Mutterpflanze heraus. Dabei sucht er sich eine Stelle, an der die Erde weich ist und Licht einfällt. Wenn der Boden rund um die Mutterpflanze hart und schattig ist, kann der aus der Nuss herauswachsende Spross eine Länge von bis zu 4 m erreichen. An einer geeigneten Stelle dringt er ca. 60 cm in die Erde ein und beginnt dann, von dort aus wieder an die Oberfläche hinaufzuwachsen. Ein sehr harter Schild an der Spitze dieses Sprosses ermöglicht es ihm, bis an die Oberfläche durchzustoßen. Über der Erde wächst er noch etwa 50 cm weiter. In diesem Stadium sind zwölf Monate vergangen, seit die Nuss vom Baum gefallen ist. Der Spross ernährt sich bis zu diesem Zeitpunkt ausschließlich von den Nährstoffen, die in der ursprünglichen Frucht enthalten waren. Dies bleibt weitere zwei Jahre so, erst dann zerfällt die Nuss, und die junge Palme fängt an, Wurzeln zu schlagen, um sich selbst aus der Erde zu versorgen. Ebenso langsam wie diese Geburt der Meereskokosnüsse ist auch ihr späteres Wachstum. Es dauert 25 Jahre, bis der Baum erstmals Früchte tragen kann. Erst nach etwa 100 Jahren erreicht er seine volle Höhe von 30–40 m. Man nimmt an, dass die höchste Palme, die in Praslin gefunden wurde, ein Alter von über 800 Jahren aufweist.

Bis heute ist nicht bekannt, warum sich die Meereskokosnuss lediglich auf Praslin und Curieuse findet. Veränderte Umweltbedingungen haben sie wohl auf den Nachbarinseln und insbesondere auf den Kontinenten verdrängt. In den späteren Jahrtausenden gelang es ihr dann nicht, sich wieder weltweit zu verbreiten, wie es etwa ihre kleine Schwester, die Kokospalme, schaffte. Grund hierfür ist wohl das spezifische Gewicht der reifen Frucht, das weit über dem des Meerwassers liegt. Sollte eine reife Frucht ins Meer fallen und abgetrieben werden, so würde sie alsbald versinken. Im Gegensatz dazu

Thema

schwimmt die normale Kokosnuss an der Oberfläche und wird vom Wind weitergetrieben. Ein zweiter Grund dafür, dass die Weiterverbreitung auf dem Seeweg nicht möglich ist, ist die Zweigeschlechtlichkeit der Bäume. Falls ein Samen das Ufer einer anderen Insel oder eines anderen Kontinents erreichen sollte, kann er nicht befruchtet werden, da hierzu wieder eine andersgeschlechtliche Palme erforderlich wäre.

Wie ist aber zu erklären, dass Meereskokosnüsse in früheren Jahrhunderten häufig an den Ufern Indiens, der Malediven und Ostafrikas angeschwemmt wurden? Solange die Frucht nicht reif ist, liegt ihr spezifisches Gewicht unter dem des Wassers, und sie kann aufgrund ihrer widerstandsfähigen Oberfläche über Tausende von Kilometern an der Meeresoberfläche treiben. Am Ufer angelangt, kann jedoch kein neuer Baum aus ihr entstehen, da sie nicht zur vollen Reife gelangt war. Dennoch müssen es eindrucksvolle Exemplare gewesen sein, die an den Küsten Asiens gefunden wurden, denn sie haben die Fantasie der Finder zu wilden Spekulationen angeregt. In Japan soll die Frucht als heilig gegolten haben, auf den Malediven mussten alle Nüsse beim Sultan abgegeben werden. Auf Zuwiderhandlung stand die Todesstrafe – die in späterer, islamischer Zeit auf Abhacken beider Hände reduziert werden konnte.

An praktischem Nutzen hat die Meereskokosnuss den Menschen auf Praslin und Curieuse bei weitem nicht so viel gebracht wie die normale Kokospalme. Einige Verwendungsmöglichkeiten verdienen es aber erwähnt zu werden:

Die ausgehöhlte, harte Schale wurde als Schöpflöffel für Reis und Zucker genutzt (frz. *vaisselle de Praslin*). In den Zuckerraffinerien kratzte man damit den Zucker aus den Zentrifugen heraus.

Das Holz des Stammes dient bis heute als Rohstoff für Möbel und findet beim Hausbau Verwendung. Es ist von schöner hellbrauner Farbe und weist schwarze, ebenholzartige Flecken auf.

Während die riesigen Blätter der Koko Dmer früher als Dachabdeckung genutzt wurden, verwenden Hotels diese Blätter heute nurmehr zur Innendekoration der Zimmer und Bungalows. Vereinzelt werden auch attraktive Körbe, Matten und Hüte daraus hergestellt.

Der harte Nusskern der reifen Frucht ist zu holzig, als dass man ihn essen könnte. Lediglich die Pflanzenheilkundigen nutzen ihn, um verschiedene Medikamente herzustellen. Bis Anfang der 1980er-Jahre exportierten die Seychellen etwa 100 Nüsse pro Jahr nach Indien, wo sie geöffnet und zur Herstellung von Medikamenten für die indische Naturheilkunde verwendet wurden. Inzwischen wurde der Export der Nuss jedoch endgültig eingestellt, und man hat die Zahl der Nüsse, die verkauft werden dürfen, gesetzlich limitiert: Etwa 1000 Stück werden jährlich je nach Größe und Art der Bearbeitung zu Preisen zwischen 1000 und 1500 SCR (200–300 €) – am preiswertesten beim Umweltministerium im Botanischen Garten nahe Victoria, wo auch die Händler einkaufen – als Andenken verkauft. Nüsse, die nicht ebenmäßig geformt und daher als Andenken wenig begehrt sind, werden weiterhin zu Salatschüsseln, Wassereimern, Tellern und Tassen verarbeitet.

Nur einzelne Meereskokosnüsse dürfen für besondere Anlässe noch jung geerntet werden, damit man das darin befindliche Gelee als Nachtisch servieren oder daraus Mixgetränke anfertigen kann.

... in Anse Bois de Rose

Gelungene Architektur ▶ **Coco de Mer Hotel** und **Black Parrot:** Tel. 429 05 55, www.cocodemer.com. Beide (zusammengehörige) Hotels sind von unberührten Bergen umgeben, seewärts genießt der Gast einen wunderbaren Blick aufs Meer. Das **Coco de Mer Hotel** ist ein architektonisch gelungenes Hotel an einem langen, einsamen Sandstrand im Südwesten Praslins. Es verfügt über 40 Deluxe-Zimmer und zwölf Juniorsuiten, mehrere Restaurants sowie mehrere Pools mit Poolbar. Auch Boutiquen sind vorhanden. Sportliche Gäste können das Wassersportzentrum, den Tennis- oder Squashplatz nutzen oder Minigolf spielen. Die zum selben Hotel gehörende Luxusdépendance **Black Parrot** liegt 200 m weiter nördlich. Sie birgt zehn großzügige Suiten, hat ein eigenes Restaurant, einen Pool und eine gemütliche Bar. DZ mit Halbpension im Coco de Mer ab 240 €, im Black Parrot ca. 80 € darüber. Der Bustransfer zur Anse Lazio ist im Preis inklusive.

... in der Anse St. Sauveur

Familiär ▶ **Villa Flamboyant:** Tel. 423 30 36, vila@seychelles.net. An einem 2 km langen Sandstrand weitab aller Ortschaften liegt die Villa Flamboyant umgeben von 2 ha tropischen Gartens. Nur sechs Zimmer, freundliche Atmosphäre, es werden sowohl Frühstück als auch Abendessen serviert. DZ mit Frühstück ab 125 €.

Essen & Trinken

... in Baie Ste. Anne

Einfach ▶ **Port Side Café:** Am Landungssteg der Fähre nach La Digue und Mahé, Baie Ste. Anne Jetty, Tel. 471 28 00, tgl. 7.30–18 Uhr. Einfaches und preisgünstiges Snackrestaurant (kreolische Snacks), 4–30 €.

Preiswert ▶ **Coco Rouge:** Tel. 423 22 28, Mo–Sa 11–14, 19–22 Uhr. Familiär geführtes, preiswertes Restaurant mit kreolischer und internationaler Küche, 10–30 €.

Unter dem Schutz der UNESCO: der unberührte Urwald im Vallée de Mai National Park

... in La Pointe

Romantisch ▶ **Le Rocher:** Tel. 423 30 34, bitte telefonisch klären, ob geöffnet. Romantisches, kleines Open-Air-Restaurant an einem wunderbaren Platz am Meer umgeben von großen Granitfelsen. Die Küche genießt einen ausgezeichneten Ruf und serviert anspruchsvolle kreolische Gerichte, deren Zubereitung Zeit benötigt. Telefonische Voranmeldung empfehlenswert! Gerichte ab 80 €.

Abends & Nachts

Nachtclub ▶ **Oxygen Nightclub:** Baie Ste. Anne, Tel. 451 23 00, 423 29 39, babetta@seychelles.net, Fr/Sa ab 22 Uhr, Eintritt 10 €.

Verkehr

Mietwagen: Austral Car Rental, Baie Ste. Anne, Tel. 423 20 15.

Taxi: Tel. 423 38 59.

Fährschiffe: Cat Cocos, Büro Praslin, Tel. 423 26 16, www.catcocos.com. Die klimatisierte Katamaranfähre legt Mo–Sa 3 x tgl., So 2 x tgl. die Strecke von Praslin nach Mahé in 1 Std. zurück. Es gibt 3 Klassen: Economy Main Cabin (174 Sitzplätze), Economy Class Upper Cabin (142 Sitzplätze) und Business Class (34 Sitzplätze). Preis pro Strecke etwa 50 €. **Inter Island Ferry,** Baie Ste. Anne, Tel. 423 23 29, 423 23 94, www.seychelles.net/iiftgl., 7 x tgl. (erstmals um 7 Uhr) fährt der Segelschoner in etwa 30 Min. von Praslin nach La Digue und zurück. Preis 15 € pro Strecke.

Jachten: Dream Yacht Seychelles, Baie Ste. Anne, Tel. 423 26 81, www.dreamyachtcharter.com. Großes Jachtunternehmen mit 30 verschiedenen Booten zu unterschiedlichen Preisen. Darunter befinden sich der Einrumpfsegler Harmony 42 mit drei Doppelkabinen (ab 2200 €/Woche) sowie der Katamaran Catana 47OC, der vier Kabinen besitzt und mit allem erdenklichen Luxus ausgestattet ist (ab 4700 €/Woche). **Charming Lady & Summer's Day,** c/o Hotel Coco de Mer, Anse Bois de Rose, Tel. 429 05 55, www.cocodemer.com. Zwei große Segeljachten (Katamaran) mit Crew und ausgezeichneter Verpflegung, für mehrtägige Kreuzfahrten zu mieten. Preis ab 1600 €/Tag.

La Digue ► E/F 3–5

La Digue ist die Seychellen-Insel par excellence, denn hier werden die meisten Bilder aufgenommen, welche die Vorstellung von den Trauminseln prägen. Egal ob es eine Werbung für Bacardi ist oder für leichte Sommermode einer luxuriösen Bekleidungsfirma – die weißen Strände, die Granitfelsen, das klare Licht und die türkisfarbenen Lagunen der Insel bieten ideale Landschaftsräume für Werbeaufnahmen.

Nur knapp 3000 Menschen leben auf dieser etwa 5 km² kleinen Insel östlich von Praslin. Es gibt keine Stadt auf La Digue und nur ein paar Dutzend Autos, die Kokosnüsse aus den Plantagen zur Bootsanlegestelle von La Passe bringen oder als Taxis die verschiedenen Strände miteinander verbinden. Einige Pick-ups mit Sitzbänken zum Personentransport vervollständigen den Wagenpark. Aber wozu solche Eile auf der schönen Insel? Fast jede Stelle der Insel kann man zu Fuß in weniger als einer Stunde erreichen. Nehmen Sie sich die Zeit, dann können Sie sicher sein, nichts zu versäumen!

Vor noch nicht einmal 40 Jahren war die Reise von La Digue nach Mahé ein Abenteuer. Kinder, die in Mahé zur Schule gingen, mussten bereits eine Woche vor Schulbeginn starten, um sicher zu sein, dass sie rechtzeitig ankamen. Auf das Segelschiff wurden Schweine geladen, damit man notfalls Proviant hatte, denn es kam vor, dass die normalerweise eintägige Überfahrt eine Woche oder länger dauerte. Wenn man Pech hatte, trug der Westwind das Schiff immer wieder weit hinaus aufs Meer. Erst seit es Motorboote und den Hubschrauber gibt, hat La Digue regelmäßigen Kontakt zu Mahé, die ›Zivilisation‹ hat aber dennoch kaum Einzug gehalten.

Wer auf La Digue Urlaub macht, hat die Qual der Wahl – und auch wieder nicht. Die Insel ist groß genug, sie in drei Regionen aufzuteilen, sie ist aber auch klein genug, dass man sie in wenigen Tagen komplett erkunden kann, egal, wo man sein Quartier aufgeschlagen hat. Nach der Ankunft im Hafen von La Digue muss man sich entscheiden: Entweder wendet man sich nach links und geht am Hafenbecken entlang nach Norden, wo einige kleine Hotels und Gästehäuser an Traumstränden stehen.

Oder man hält sich rechts, durchquert den Ort La Passe und gelangt zum ersten echten Hotel der Insel, der La Digue Island Lodge. Die dritte Möglichkeit ist, auf einem Schotterweg ins Landesinnere zu gehen, wo familiär geführte Gästehäuser mit drei bis zehn Zimmern typisches Seychellenambiente vermitteln. Und wo ist es am Schönsten? Wer gehobenen Hotelstandard sucht, sollte die La Digue Island Lodge oder die L'Union Chalets wählen, wer ein authentisches Inselerlebnis liebt, ist in einem der Gästehäuser im Inselinneren gut untergebracht, und wer am schönsten Strand der Insel wohnen möchte, sollte nahe der Anse Patates Quartier suchen.

La Digue erwandern

Auf La Digue hat jeder Zeit, nehmen Sie sie sich auch! Die Ruhe und natürliche Schönheit der Insel kann bewahrt werden, wenn wir – die wir die Insel zu unserer Erholung nutzen – mit diesem Frieden ›zufrieden‹ sind. Haben wir ein Recht, die Zerstörung eines Paradieses zu beklagen, wenn wir gleichzeitig eine komfortable Anreise und die Möglichkeit fordern, die Insel ›schnell‹ zu erkunden? Besorgen Sie sich eine Landkarte, suchen Sie sich Fußpfade abseits der breiten Wege und wandern Sie drauflos. Gefahren lauern nur in einigen abgelegenen Regionen, überall werden Sie auf freundliche, hilfsbereite Menschen und nach spätestens einer Stunde Wanderung auf einen Strand treffen, an dem Sie sich erfrischen können. Die Unternehmungslustigen sollten es nicht versäumen, auf den Gipfel des **Nid d'Aigle** zu steigen, rund um die **Südspitze** der Inseln in die Grand' Anse zu wandern oder zur **Anse Cocos** zu gehen. Allerorten und natürlich auch im **Schutzgebiet für den Paradiesfliegenschnäpper** (frz. *veuve*) wird man über den Frieden dieser Insel staunen. Und wie zur Belohnung für einen entspannten und doch aktiven Tag, bietet am Strand der **Anse La Réunion** täglich zwischen 18 Uhr und 18.30 Uhr der Untergang der Sonne zwischen den Inselsilhouetten von Mahé (links) und Praslin (rechts) ein überwältigendes tropisches Schauspiel.

Tauchen und Schnorcheln

Die wegen der bizarren Felsstrukturen reizvollste der drei wichtigsten Inseln der Seychellen ist auch ein idealer Ausgangspunkt zum Schnorcheln, für Tauchfahrten oder den Besuch unbewohnter Nachbarinseln. Mit Ausnahme der Gegend um La Passe, wo sich der Pier befindet, ist das westliche Ufer der Insel von einer seichten Lagune umgeben, die ein schönes, gesundes und gut entwickeltes Außenriff besitzt. Da das Wasser über dem Riff jedoch sehr seicht ist, kann das Schnorcheln dort von Dezember bis März gefährlich sein. Beste Zeiten zum Tauchen um La Digue sind die Übergangszeiten (März–Mai, Sept.–Nov.). Lassen Sie sich mit dem Ruderboot über das Riff hinausbringen, das der Anse La Réunion vorgelagert ist. Hier finden Sie ein großartiges, ungefährliches Schnorchelrevier!

Verkehr

Hubschrauber: Zil Air, Tel. 437 51 00, www.zilair.com, 20-minütiger Hubschrauberflug ab Flughafen Mahé, ab 200 € pro Person und Strecke *(one way)*.

Fährschiffe: La Belle Seraphina, Anse Réunion, Tel. 451 13 45, 423 42 54. Der mit Segel und Dieselmotor ausgestattete Segelschoner pendelt regelmäßig zwischen La Digue und Mahé. Er bietet Platz für bis zu 40 Passagiere und Fracht. Abfahrt in La Digue Mo–Fr gegen 5 Uhr, Abfahrt ab Mahé gegen 12 Uhr. Preis pro Strecke 15 €. **Dauphin Noire,** Anse Réunion. Das Frachtschiff, das auch einzelne Passagiere mitnehmen kann, verkehrt Mo, Di, Do zwischen La Digue und Mahé. Abfahrt ab La Passe 4 Uhr, ab Mahé gegen Mittag, Fahrtdauer ca. 3 Std., Erwachsene 10 €, Kinder bis 12 Jahre 5 €. Wer auf Wellengang empfindlich reagiert, sollte lieber nicht mit den Frachtschiffen reisen, sondern zunächst nach Praslin fliegen (ca. 50 € pro Strecke). Von Praslin aus setzt zwischen 7 und 18 Uhr etwa fünf- bis sechsmal ein Fährschiff in ca. 25 Min. nach La Digue über, Fahrpreis ca. 10 €.

Auf La Digue: Wem es zu Fuß zu langsam wird, der kann den Heimweg abkürzen. Das traditionelle Transportmittel der Insel, der **Ochsenkarren,** war einige Jahre lang nur als folkloristische Attraktion für Touristen in Gebrauch. Die Karren wurden unmodern und daher abgeschafft. Nachdem man auf der Insel erkannt hat, dass es besser ist, so wenige motorisierte Fahrzeuge wie möglich zu haben, fahren aber wieder einige Ochsenkarren die Schotterstraßen der Insel auf und ab und nehmen – gegen Gebühr – jeden mit, der den Daumen ausstreckt. Wer noch schneller vorankommen möchte, mietet sich am Hafen oder bei seinem Hotel ein **Fahrrad,** um zu den Stränden, zu den kleinen Krämläden und zum Fischmarkt zu fahren. Etwas mühsam ist allerdings die Fahrradfahrt zur Traumbucht Grand' Anse im Südosten. Zwar befindet sich die Straße in gutem Zustand, doch muss man eine Passhöhe von ca. 100 m überwinden und das ist bei der Temperatur und den meist recht klapprigen Fahrrädern nicht ganz einfach.

Aktiv

Fahrradverleih ► **Tarosa Bicycle Rent:** Tel. 423 42 50.

Im Hafen von La Digue

La Digue nördlich des Landungsstegs

Karte: S. 263

Nach Eintreffen der Fähre von La Digue herrscht Trubel auf dem **Landungssteg in La Passe** 1. Hoteliers begrüßen ihre Gäste, Koffer werden auf Wagen geladen und vom Steg gefahren. Nach wenigen Minuten aber kehrt wieder Ruhe ein. Die meisten Neuankömmlinge werden sich auf der Küstenstraße nach Süden wenden, denn im Norden der Insel gibt es nur wenige Hotels und Gästehäuser. Rechts der Straße stehen ein altes Kolonialhaus, eine Polizeistation und ein paar Wohnhäuser, die von großen Gärten umgeben sind.

Schon nach wenigen hundert Metern sieht man nur noch den Strand, ein paar Segelboote, ein kleines Hotel auf der Landseite. Nun verschwindet der Uferweg hinter einem Felsen, führt am Inselfriedhof vorbei und dann wieder Richtung Strand. Und dieser Strand, **Anse Sévère** 2, gehört zu den landschaftlichen Höhepunkten der Insel, denn er ist die meiste Zeit des Jahres vor Seegang geschützt, hat Schatten spendende Takamaka-Bäume und – mangels Hotels oder Gästehäusern – nur wenige Besucher.

10 Anse Patates

Am Ende der Bucht hat man die Nordspitze La Digues erreicht. Der Fahrweg wendet sich nach Südosten und linker Hand öffnet sich die **Anse Patates**, eine von Granitfelsen gerahmte Traumbucht, an der die beiden Hotels L'Océan und Patatran Village stehen. Die Bucht und vor allem die Felsen rechts und links von ihr gelten bei ruhigem Meer als einer der schönsten Schnorchelplätze der Insel. Der Blick von den Terrassenrestaurants der beiden Hotels auf das hier tiefblaue Meer und die weiter im Osten liegenden Inseln Félicité, Marianne und Les Sœurs ist unvergesslich.

Wenige hundert Meter weiter endet der Fahrweg, und man kann sich nur noch mit Pfadfindergeist weiter durchschlagen, um zur Anse Fourmis, Anse Cocos und Petite Anse an der Südküste zu gelangen. Vorsicht, denn wenn man den richtigen Pfad nicht findet, muss man im Meer um einige Granitfelsen waten, was bei steigender Flut unangenehm, ja sogar gefährlich werden kann.

Übernachten

Zimmer mit großartigem Ausblick ► **Hôtel L'Océan:** Anse Patates, Tel. 423 41 80, hocean@seychelles.net. Das kleine Hotel verfügt über lediglich acht klimatisierte Zimmer und ein Terrassenrestaurant. Von jedem Zimmer und vom Restaurant aus genießt man einen großartigen Ausblick auf die vorgelagerten, unbewohnten Inseln. DZ mit Frühstück ab 200 €.

Bungalowanlage in schöner Lage ► **Patatran Village:** Anse Patates, Tel. 429 43 00, www.patatranseychelles.com. Oberhalb des Weges an der Nordostspitze der Insel liegen die Bungalows (18 klimatisierte Zimmer) und das Restaurant des Hotels. Zimmer und Terrasse bieten einen grandiosen Ausblick auf die Nachbarinseln. Das Terrassenrestaurant serviert kreolische Küche und einmal in der Woche gibt es ein kreolisches Büfett. DZ mit Frühstück ab 150 €.

La Digue südlich des Landungsstegs

Karte: S. 263

Da mit den Ortschaften **La Passe** 3 und **Anse La Réunion** 4 die beiden größten Ansiedlungen La Digues südlich des Landungsstegs liegen, ist diese Region die belebteste der Insel. Hier ist mit Abstand am meisten los – aber dennoch sehr wenig. Die Kinder der Inselbewohner gehen zur Schule, die drei Fußballmannschaften La Digues kämpfen um die Inselmeisterschaft, das Inselkrankenhaus liegt unten am Strand. Daneben laden einige landschaftliche Höhepunkte, die Kirche sowie zwei Naturreservate zum Besuch ein.

Eustache Sarde's House

Rechts des Weges am Strand steht das wegen seiner für die Insel typischen Bauweise unter Denkmalschutz gestellte und gut erhaltene **Holzhaus von Eustache Sarde** 5. Der Holzbau wurde zu Beginn des 20. Jh. von Eustache Sarde errichtet. Ursprünglich stand er auf sechs Steinpfählen, die jedoch wegen Baufälligkeit durch ein solides Betonfundament ersetzt werden mussten. Die Balustraden rund um die Terrasse sind mit Ornamenten verziert, die Fenster sind durch Lamellen geschützt, sodass das Haus von der Meeresbrise durchweht werden kann.

L'Union Estate 6

Am südlichen Ende der Küstenstraße liegt **L'Union Estate**, ein Gelände, das wegen seiner besonderen Naturschönheit und einiger gut erhaltener Bauten aus kolonialer Zeit zum Nationalerbe erklärt wurde. Gegen ein Eintrittsgeld kann man beobachten, wie in einer traditionellen **Kopramühle** Kokosnüsse verarbeitet werden. In einem Gehege leben einige der ältesten und größten **Riesenschildkröten** der Seychellen. Auf dem Gelände ragt ein riesiger **Granitfelsen**, ein Monolith, der 4000 m^2 Landfläche bedeckt, 40 m in die Höhe. Er entstand vor über 700 Mio. Jahren aus einem Gesteinskonglomerat unter hohen Temperaturen und unvorstellbarem Druck.

Das renovierte **Plantation House** steht nicht weit von dem Granitfelsen entfernt und stellt eine weitere Attraktion dar. Das Haus gilt als eines der ältesten Exemplare erhaltener französischer Kolonialarchitektur und wurde ursprünglich von der Familie Hossen errichtet. Diese Familie, die aus Mauritius auf die Seychellen gekommen war, zählte zu den ersten Siedlern auf der Insel. Das ganz aus Edelholz gefertigte Gebäude steht auf Granitfundamenten und hat ein Dach aus Palmblättern. In den 1960er-Jahren diente es als Attraktion in dem Film »Goodbye Emmanuelle«, einem der ersten ›Sexfilme‹.

Auf dem **Friedhof** am Rand des Geländes liegen die ersten Siedler der Insel begraben, und nur 100 m weiter beginnt einer der schönsten Strände der Seychellen, die Source d'Argent – vermutlich einer der am häufigsten fotografierten Strände der Erde. (Tel. 423 42 40, tgl. 7–17 Uhr, Eintritt 4 €).

11 Source d'Argent

Den **Strand der Source d'Argent,** der sich im Süden an das Gelände des Plantation House anschließt, darf man als Seychellenurlauber nicht verpassen. Er ist einer der schönsten Strände und sicher der bekannteste Strand der Seychellen. Hier werden Sie die Bilder wiedererkennen, die Sie schon oft auf Werbeplakaten gesehen und für Südseeimpressionen gehalten haben. Die Source d'Argent mit ihren vielen kleinen Sandbuchten zwischen hoch aufragenden Granitfelsen ist eine Augenweide, die man kaum vergessen kann.

Infos

Internetcafés: Es gibt zwei Internetcafés auf La Digue. Beide haben Mo–Sa 9–20 Uhr geöffnet. Das erste Café erreicht man, wenn man vom Hafen kommend ca. 50 m nach rechts geht und dann links in Richtung Inselinneres abbiegt. Das namenlose Café befindet sich nach 10 m neben einem ebenfalls namenlosen Takeaway-Imbiss. Das zweite Internetcafé liegt, wenn man vom Hafen links geht, rechter Hand im ersten doppelstöckigen Haus (in diesem Haus sind auch ein Laden und ein Friseur).

Essen & Trinken

Hübsches Ambiente ▶ **Lanbousir:** tgl. 10–16 Uhr geöffnet. Hübsches ›Island Style‹-Restaurant mit Sandboden und Palmblattdach.

Übernachten

... in La Passe:

Elegant ▶ **Le Domaine de l'Orangeraie:** Tel. 429 99 99, www.orangeraie.sc. Das kleine 45-Villen-Hotel am Hang und zwischen Granitfelsen zählt seit seiner Fertigstellung im Jahr 2011 zu den elegantesten Unterkünften auf den Hauptinseln der Seychellen. Dazu gehören neben den Villen in einem großen Garten ein erstklassiges Spa, 2 Restaurants und 2 Bars. DZ/Frühstück ab 220 €.

Sehr gepflegt ▶ **Calou Guesthouse:** Tel. 451 27 07, Tel. 423 40 83, www.calou.de. Familienunterkunft mit insgesamt fünf Zimmern in drei Doppelbungalows etwa 700 m von Strand entfernt. Geführt wird die Pension von einer Seychelloise und ihrem deutschen Ehemann, der früher an einer Tauchbasis der Insel gearbeitet hat. Sehr sauber, gepflegt und preiswert. DZ mit Halbpension 125 €.

Großzügig ▶ **Fleur de Lys:** Ca. 150 m vom Hafen entfernt, Tel. 423 44 59, www.fleurdelysey.com. Die vier großzügigen Bungalows verfügen über eine eigene Küche, ein Schlafzimmer mit Doppelbett sowie einen Wohnraum, in dem sich zwei Schlafcouches befinden. Wenn Sie zu viert ein Haus buchen, ist dies eine preisgünstige Möglichkeit, auf La Digue zu wohnen. Bungalow mit Frühstück ab 120 €.

... in La Réunion/Anse Réunion

Viel Privatsphäre ▶ **L'Union Estate Beach Chalets:** Tel. 429 25 25, www.ladigue.sc. Diese Dépendance der La Digue Island Lodges liegt privilegiert innerhalb des Geländes des L'Union Estate, das sonst nur gegen Eintritt betreten werden kann. In den vier Doppelbungalows befinden sich großzügige Schlaf- und Wohnräume und jeweils eine Terrasse nur wenige Meter vom Strand entfernt. Hier genießt man nahezu uneingeschränkte Privatsphäre nahe eines der schönsten Strände der Welt, der Source d' Argent. Die Gäste haben die Wahl, die eigene Küche zu nutzen oder sich vom Hotel zu den Mahlzeiten abholen zu lassen. Chalet Grundpreis 425 € (Selbstversorger), insgesamt kann ein Chalet von vier Personen genutzt werden.

Am Strand und in tropischem Garten ▶ **La Digue Island Lodge**: Tel. 429 25 25, 423 42 32, www.ladigue.sc. Die Lodge ist das beste Hotel der Insel, besitzt einen Süßwasserpool und liegt nicht weit vom berühmten Traumstrand Source d'Argent entfernt. Die Bungalows (69 Zimmer) der La Digue Island Lodge

La Digue

befinden sich zum Teil unmittelbar am Strand, zum Teil im großen tropischen Garten. Neun kleinere Zimmer befinden sich im Yellow House, einem gelb gestrichenen, kolonialen Holzgebäude, einige in einem langgestreckten Gartenhaus, die meisten aber in den palmgedeckten Nurdach-Häuschen. Diese Häuschen kann auch eine Familie mit bis zu vier Personen gut nutzen. DZ mit Halbpension ab 230 €.

Viel Komfort ▶ Grégoire's: Tel. 429 25 25, www.ladigue.sc. Knapp außerhalb der Geländes der La Digue Island Lodge liegt dieses Gebäude mit einem Supermarkt und einer Pizzeria, in deren erstem Stock die 15 Zimmer des Grégoire's untergebracht sind.

Alle sind klimatisiert, geräumig und bieten viel Komfort. Das Besondere: Alle Einrichtungen der La Digue Island Lodge (Strand, Pool, Restaurant, Bootsausflüge) können auch von Gästen des Grégoire's genutzt werden! DZ mit Frühstück 150 €.

50 m vom Strand ▶ **Paradise Flycatcher's Lodge:** Tel. 423 44 23, www.paradise-fly catcher.com. Auf einem Grundstück mit kleinem Strand befinden sich vier großzügige Bungalows mit insgesamt acht Zimmern. Sie liegen 50 m vom Strand entfernt, auf der Inselseite des Küstenwegs. Jede Villa hat zwei Doppelzimmer mit Bad und privater Terrasse. Ein großer Wohnraum mit Küche kann von beiden Parteien genutzt werden. Lage nahe der Source d'Argent! DZ mit Frühstück 150 €.

Familienpension ▶ **Pension Michel:** Tel. 423 40 03. Hinter der La Digue Island Lodge, nur über einen schmalen Weg erreichbar, liegen die beiden Häuser mit je drei bzw. vier Zimmern. Die Pension wird für ihre sauberen Zimmer, den freundlichen Service und die ausgezeichnete Küche gelobt. Weiteres Plus des Hauses: Die Lage – nicht weit von der Source d'Argent und der La Digue Island Lodge. DZ mit Frühstück ab 95 €.

Essen & Trinken

... in La Passe

Kreolische Currys ▶ **Tarosa Restaurant:** Tel. 423 44 07, patatran@seychelles.net, tgl. 7–23 Uhr. Ideal gelegen, um vor der Abfahrt der Fähre nach Praslin noch einen Snack oder Drink zu sich zu nehmen. Man kann aber auch ganztägig kreolische Currygerichte bestellen. 5–25 €.

... in La Réunion/Anse Réunion

Snacks und mehr ▶ **Zerof:** Tel. 423 44 39, tgl. 8–22 Uhr. Ruhig gelegenes Restaurant und Snackrestaurant, das nur wenige Minuten zu Fuß von den zahlreichen Gästehäusern in der Inselmitte entfernt ist. Hier treffen sich Diguois und Touristen am Abend auf ein Curry und ein Seybrew. (Vergessen Sie Ihre Taschenlampe nicht, auf La Digue gibt es keine Straßenbeleuchtung!). Abends wird ein festes Büfettmenü für alle Gäste zubereitet. Mittagessen 8–15 €, Abendessen etwa 30 €.

Einkaufen

... in La Réunion/Anse Réunion

Lebensmittel und mehr ▶ **Supermarkt:** Hotel Grégoire's, Mo–Fr 8–16, Sa 8–12 Uhr. Der Supermarkt führt nicht nur Lebensmittel, hier bekommt man auch Haushaltsartikel.

Künstleratelier ▶ **Art Gallery/Studio:** Tel. 423 44 06, jenson@seychelles.net, Mo–Sa 10–18 Uhr. Barbara Jenson lebt und malt auf La Digue in ihrem Studio am Strand. In ihrer Galerie stellt sie ihre Arbeiten aus, u. a. Aquarelle, Kohlezeichnungen, Siebdrucke.

Aktiv

... in La Passe

Hochseefischen ▶ **Zico 1:** Tel. 451 55 57, 434 46 15. Hier steht ein 9 m langer Katama-

Traumbucht Source d'Argent

ran mit moderner Ausrüstung zum Hochseefischen zur Verfügung. Er kann maximal acht Passagiere zum Hochseefischen oder 15 Passagiere zu Picknickausflügen mitnehmen. Bootscharter ab 40 €/Std., Hochseefischen ab 120 €/2 Std. **Lone Wolf Charters:** Tel. 457 03 44. Lone Wolf Charters verfügen über einen 8 m langen Katamaran zum Hochseefischen oder für Inselausflüge mit bis zu 20 Personen. Halbtagesausflug zum Fischen ab 300 €. Bootsmiete 45 €/Std.

... in La Réunion/Anse Réunion

Hochseefischen ▶ Belle Petra: Tel. 423 43 02, 471 62 20, petra@seychelles.sc. Belle Petra bietet einen Katamaran für 22 Passagiere an, der über eine Ausrüstung zum Hochseefischen verfügt. Die Bootsmiete beträgt ab 30 €/Std., halbtägiges Hochseefischen ab 250 €.

Inselausflüge ▶ Verschiedene Bootsbesitzer auf La Digue bieten Halbtages- oder Tagestouren zu der Inselgruppe im Osten des Eilandes an. Zu dieser Inselgruppe gehören Les Sœurs, Félicité und Marianne. Besonders Marianne ist einen Besuch wert, denn die Schnorchelreviere vor der Küste und der unberührte Sandstrand sind unvergleichlich, s. S. 291. **La Fidelité:** Tel. 471 22 37, 423 42 37, lafidelite@seychelles.sc. Hier kann man ein Boot für bis zu zehn Personen mieten und damit verschiedene Inseln besuchen.

Reiten ▶ Auf dem Gelände des L'Union Estate unterhält **Cliff Ladouceur** einen Reitstall, Tel. 423 42 40, 423 44 80, Mo–Fr 8–15

Wer des Wanderns müde ist, kann ein ›Ochsenkarren-Taxi‹ besteigen

Uhr. Er besitzt einige gute Reitpferde und mehrere Ponys. 1 Std. reiten kostet ab 100 SCR.

Tauch und Wassersport ▶ Azzura Pro-Dive Centre: c/o La Digue Island Lodge, Tel. 429 25 25, www.ladigue.sc. Für den Tauchgang werden 45–70 € verlangt.

Wandern ▶ s. S. 266 ff., 273.

Zu Fuß in Küstennähe unterwegs

Zur Grand' Anse, Anse Cocos und Anse Patates

Ausgangspunkt der Wanderung ist die **Polizeistation** am Hafen von **La Passe** 3. Gehen Sie von hier aus nach Süden, mit dem Meer auf Ihrer rechten Seite. Nach einigen Geschäften zweigt etwa 40 m südlich der Polizeistation nach links eine Straße ab, die unter Kokospalmen und Takamaka-Bäumen ins Landesinnere führt. Nach etwa 1 km wendet sie sich nach Süden. Sie folgen ihr weiter bis zu einer Abzweigung, die rechts zurück zur Westküste führt und links in Richtung Grand' Anse. Nach etwa 30 Min. beginnt der Weg leicht anzusteigen und schlängelt sich durch die **Vallée de La Retraite** 17.

Am südlichen Abhang können Sie bereits hören, wie sich die Wellen in der Bucht brechen. Jetzt sind es noch einige Minuten durch Farmgelände, bis Sie die **Grand' Anse** 16 erreicht haben. Da dem Strand kein Korallenriff vorgelagert ist, schlagen große Brecher auf das Ufer und machen das Baden zu einem Kampf mit den Wellen. Einige bizarr aus dem Sand herausragende Felsen spenden Schatten.

Um zur Anse Cocos zu gelangen, gehen Sie zum Nordosten der Bucht, wo Sie einen schmalen Pfad durch die Felsen (Pointe Bélize) finden, der zunächst in die nächste Bucht **Petite Anse** 18 führt. Der Name

aktiv unterwegs

Um die Südspitze von La Digue wandern

Tour-Infos

Start: Bootslandesteg im Ort La Passe
Länge: etwa 10 km
Dauer: 3–4 Std.
Schwierigkeitsgrad: hoch
Wichtige Hinweise: Früh aufbrechen, griffiges Schuhwerk, Wasser und Sonnenschutz, einheimischen Begleiter mitnehmen.
Karte: s. S. 263

Nur wenige wagen diese spannende ›Südumgehung‹, denn wenn etwa unerwartet ein Gewitter hereinbricht oder man nicht bedacht hat, wann Ebbe und wann Flut ist, kann der Wanderer in Schwierigkeiten geraten. Wer keine Erfahrung hat und nicht wirklich trittsicher ist, sollte sie keinesfalls ohne einheimische Begleitung durchführen, denn diese kleine Expedition ist nur etwas für Pfadfinder. Heuern Sie für diese Tour einen Führer an! Die üppige Vegetation zwang schon manchen zur Umkehr oder gar zur Übernachtung in den Bergen. Brechen Sie sehr früh auf und gehen Sie nicht bei steigender Flut, damit der Rückweg um die Felsen auf der Meerseite nicht durch die Brandung abgeschnitten wird.

Zunächst folgen Sie der Küstenstraße von La Passe nach Südwesten und gehen an dem Hotel La Digue Island Lodge vorbei. Nach 30 Min. erreichen Sie die Kokosplantage **L'Union Estate** **6**. Sie sehen die großen schwarzen Felsen, den Teich mit Wasserlilien, einen Garten, in dem Riesenschildkröten leben, verschiedene Pflanzungen – darunter eine kleine Vanilleplantage – und eine Kopramühle.

Gehen Sie zur Küste und folgen Sie dem Fußpfad, bis dieser im Sand der **Anse Source à Jean** **7** (kleine Bucht, die leicht mit der unmittelbar daneben liegenden Source d'Argent zu verwechseln ist) endet. Hier teilt sich die Küste in verschiedene kleine Buchten auf, die von bizarr geformten Granitfelsen voneinander getrennt werden. Man muss es gesehen haben!

Die Felsen können Sie auf deren Rückseite passieren und kehren dann zum Strand zurück, an dem man dann weiter zur **Anse Pierrot** **8** wandern kann. An deren Südende finden Sie – nach mehr oder weniger langer Suche – einen Trampelpfad, der zur **Anse aux Cèdres** **9** und zur **Anse Bonnet Carré** **10** führt. Ein Stück weiter endet der Pfad.

Wenn das Wasser sehr niedrig steht, können Sie versuchen, an den großen Felsen der **Pointe Jacques** **11** vorbeizuwaten. Wenn das nicht geht, müssen Sie hinter den Felsen nach Süden weitergehen, bis Sie den Bach **La Source Marron** **12** erreichen. Hier finden Sie (hoffentlich) wieder einen Fußpfad, der steil den Berg hinauf in dichten Regenwald führt. Nach etwa 10 Min. Anstieg müssen Sie einen Fußpfad nach rechts suchen, der Sie weiter nach oben auf einen riesigen flachgeschliffenen Felsen führt.

Zwischendurch überqueren Sie einige Bäche, die mit den Stämmen von Kokospalmen überbrückt sind. Gehen Sie über den Felsen hinweg, bis Sie links unten den Weg hinunter finden. Bei **Grand Cap** **13** erreichen Sie wieder die Küste, gehen weiter nach Süden, dann an der **Grande L'Anse** **14** entlang zur **Pointe Canon** **15**. Dort finden Sie hinter den Felsen einen Fußpfad in Richtung **Grand' Anse** **16** und von dort den breiten Weg zurück nach La Passe.

Wenn alles optimal läuft und Sie mit Führer – was Sie wirklich sein sollten – unterwegs sind, ist die Tour in 2 Std. zu bewältigen. Sonst kann es erheblich länger dauern. Eine ausführliche, bebilderte Beschreibung eines Teils dieser Route findet man im Internet unter www.roundtheworld.de/sey1/sey02.html.

Eine der schönsten Seychellenbuchten: Anse Source

Ein reizvolles Bild bietet La Digue beim Anflug mit dem Hubschrauber

täuscht, denn so klein ist die Bucht nicht! Aber Vorsicht: auch hier ist – wie in der Grand' Anse – das Schwimmen wegen starken Seegangs oft nicht ungefährlich.

Fast am Südende der Petite Anse führt ein Pfad in Richtung eines rund 200 m entfernten Hauses. Ihm folgt man über eine Kuhweide und über zwei Bretterbrückchen, die Bäche überqueren. Ungefähr 20 m hinter dem zweiten Bach führt nach rechts ein Pfad in Richtung der Felsen, dem man in die einsame und geschützte **Anse Cocos** **19** folgt. Dort ist Baden, wenn nicht gerade ungewöhnlich starker Seegang herrscht, gefahrlos möglich. Gelegentlich können Strömungen auftreten.

Die Wanderung weist kaum Höhenunterschiede auf und ist daher nicht sehr anstrengend. Wegen der Entfernungen aber dauert sie hin und zurück 3–4 Std. Sie ist gut geeignet, um La Digue kennenzulernen, wenn Sie auf einem Tagesausflug auf die Insel mehr als die Source d'Argent und ein Restaurant erleben möchten.

Haben Sie Lust, noch ein paar Stunden zu wandern? Dann gehen Sie weiter in Richtung Norden. Am höchsten Punkt, der Pointe Ma Flore am Ende der Anse Cocos, erreichen Sie eine Weggabelung. Nach rechts geht es hinunter in die **Anse Caiman** **20**, nach links oberhalb der Bucht und der im Norden anschließenden Felsformationen in die **Anse Fourmis** **21**, an deren Nordende die Küstenstraße nach **Anse Patates** beginnt. Von dort aus brauchen Sie bei gemütlichem Wandertempo ca. 1 Std. bis zur Mole in La Passe.

Die Wanderung über Anse Fourmis und Anse Patates nach La Passe dauert ab der

aktiv unterwegs

Per Flugzeug und Fähre oder per Hubschrauber nach La Digue

Tour-Infos

Start: Inter Island Terminal auf Praslin
Länge/Dauer: 20 Min. mit dem Helikopter, 3–4 Std. bei Island Hopping mit Bus, Flugzeug und Fähre
Hinweise: Verkehrsanbindung mit Flugzeug, Fähre bzw. Hubschrauber s. S. 259

Es gibt viele Wege nach La Digue, doch es lohnt sich, wenigstens eine Strecke mit dem Helikopter von Mahé aus zurückzulegen. Die meisten Island Hopper fahren zunächst von ihrem Hotel auf Mahé zum Inter Island Terminal, fliegen 20 Min. zum Flughafen auf Praslin, fahren von dort 20 Min. zum Hafen, setzen mit der Fähre eine halbe Stunde über und werden dann mit dem Ochsenkarren (manchmal auch mit einem Taxi) zum Hotel auf La Digue gebracht.

Billig ist dieser Transfer nicht, denn immerhin muss man ja fünf Verkehrsmittel nacheinander nutzen. Und man sollte dafür mindestens eine halben Tag einplanen, denn die Wartezeiten auf das nächste Transportmittel können manchmal erheblich sein. Die Fahrt lohnt sich, denn man sieht die wunderbaren Landschaften Mahés, hat vor der Landung auf Praslin einen schönen Blick auf die Insel. Vom Flughafen kommend fährt man dann auf dem Weg zum Landungssteg durch das berühmte Vallée de Mai.

Und auch die Fahrt mit der Fähre von Praslin nach la Digue kann erlebnisreich sein, wenn Delfine neben dem Segelschoner springen. Aber einmal sollte man auch die Insel aus der Helikopterperspektive erleben, und da bietet es sich an, entweder die Anreise von Mahé oder die Rückreise nach Mahé auf den etwa 30-minütigen Helikopterflug zu kürzen! Da man sich den Flug mit Air Seychelles von Mahé nach Praslin (oder umgekehrt), den Transfer auf Praslin und die Fähre spart, ist der Hubschrauberflug kaum teurer als der normale ›Umweg‹, und er ist ein Erlebnis! In der kleinen Kabine der Bell Ranger von Zil Air (s. S. 259) hat man einen weiten Rundumblick und fliegt nur wenige Hundert Meter über die Berge, Lagunen und Riffe vor Mahé und La Digue.

Spezialisierte Reiseveranstalter in der Heimat buchen die Island-Hopping-Reise nach Gästewunsch und können den Hubschraubertransfer integrieren.

Anse Cocos ca. 3 Std. Achtung: Die Wege sind nicht einfach zu finden und manchmal von Gestrüpp überwuchert! Wenn man sich nicht mehr auskennt, sich körperlich nicht in guter Verfassung fühlt oder die Zeit knapp wird, sollte man umkehren. Es könnte nämlich eine lange Suche werden, bis man den richtigen Pfad gefunden hat.

Essen & Trinken

Preiswerte Snacks am Strand ▶ Loutier Coco: Grand' Anse. Einfaches, hübsch aus Naturmaterialien errichtetes Snackrestaurant an der Bucht.

Das Inselinnere

Karte: S. 263
Wo beginnt auf La Digue eigentlich das ›Inselinnere‹? Da die Insel nur einen Durchmesser von zwei bis drei Kilometern hat, zählt hier alles, was weiter als 100 m vom Strand entfernt ist und über keinen unmittelbaren Strandblick verfügt, als Inselinneres. Wer hier wohnt, verspürt vielleicht etwas weniger das Gefühl, auf einer Insel Urlaub zu machen, doch ist der Strand ebenso wie jeder andere Punkt auf La Digue in einigen wenigen Minuten zu Fuß oder mit dem Fahrrad zu erreichen.

Auch per Fahrrad lässt sich La Digue erkunden

Besteigung des Nid d'Aigle 22

Da man den halben Weg auf den Gipfel per Auto (Taxi) zurücklegen kann, handelt es sich um eine gemütliche Halbtageswanderung. Aber sie lohnt sich, denn vom rund 300 m hohen **Nid d'Aigle** genießt man einen grandiosen Blick über La Digue und hinüber zu den Nachbarinseln. Bei klarem Wetter sieht man bis Frégate.

Die Besteigung ist einfach, denn man überwindet rund zwei Drittel des Höhenunterschieds auf dem ausgebauten Fahrweg nach **Belle Vue,** der einige Hundert Meter südlich des Hotels Château St. Cloud links abbiegt. An seinem Ende folgt man dem Wanderweg zum Gipfel. Wer sich noch weniger anstrengen möchte, kann sich mit einem der wenigen Inseltaxis bis Belle Vue bringen lassen.

Tipp: Wanderungen

Wanderungen gehören zu den schönsten Beschäftigungen auf La Digue, aber sie sind nicht überall ungefährlich. Manchmal sind die Pfade nur schwer zu erkennen, dann wieder muss man an Felsen vorbei durchs Wasser waten oder über Felsklüfte steigen. Wer trotzdem abenteuerliche Touren machen möchte, kann sich an den **La Digue Safari Club** (Tel. 423 47 57, www.seychelles.net/safariclub) wenden, dessen Führer auch die abgelegensten Wege kennen, die am Wegesrand wachsenden Pflanzen und die Vogelwelt erklären und zudem das Picknick organisieren. Einen guten Ruf genießt auch der Veranstalter **La Digue Adventure Tours** (Tel. 252 53 57). Der Inhaber Robert Agnes kennt sich auf der Insel sehr gut aus.

Jeder, der sich auf den Seychellen abseits der Straßen bewegt, sollte ein paar Liter Wasser und etwas zum Essen dabeihaben. Unerlässlich ist außerdem gutes Schuhwerk mit griffiger Sohle.

Übernachten

Einfache Zimmer und komfortable Bungalows ▶ Château St. Cloud: Tel. 423 43 46, www.seychelles.net/stcloud. Rund um das alte Pflanzerhaus, das mitten auf der Insel am Fuß des Nid d'Aigle liegt, haben die Eigentümer einige Zimmer sowie vier Bungalows errichtet. Gutes Restaurant im ruhigen Garten. DZ mit Frühstück ab 170 €.

Veuve Reserve 23

Das **Veuve Reserve** (Paradiesfliegenschnäpper-Reservat) gehört zu den erst vor wenigen Jahren eingerichteten und noch wenig organisierten Naturschutzgebieten. Es wurde geschaffen, um dem vom Aussterben bedrohten Paradiesfliegenschnäpper auf La Digue ein Rückzugsgebiet zu erhalten. Von hier aus ist auf Denis Island eine zweite Population ausgewildert worden.

Im **Büro** des Naturschutzgebietes am Eingang erhält man Informationen zu Besonderheiten von Fauna und Flora der Insel, über Schutzbemühungen für Meeresschildkröten und andere seltene Tierarten – und natürlich zum Paradiesfliegenschnäpper. Die Mitarbeiter des Zentrums stehen auch für **botanische Führungen** in und außerhalb des Reservats zur Verfügung (c/o Ministry of Environment & Natural Resources, Tel. 423 43 53, jederzeit zugänglich, Führungen Mo–Fr 8–16 Uhr, nach besonderer Vereinbarung auch an Sonn- und Feiertagen).

Kleine Inseln rund um Praslin und La Digue

Die Inseln Praslin und La Digue sind von einem Dutzend (fast) unbewohnter Inseln umgeben, die unter unterschiedlich intensivem Naturschutz stehen. Manche von ihnen kann man nur in Gruppen und in Begleitung lokaler Parkranger besuchen, bei anderen genügt die Entrichtung einer Landegebühr. Für den Besuch all dieser Inseln sind Praslin und La Digue gute Ausgangspunkte.

Cousin und Cousine Island ►2, A–C 10/11

Karte: S. 279

Zwei Inseln mit den Namen Cousin und Cousine liegen wenige Kilometer vor der Nordwestküste Praslins. Beide weisen rundum strahlend weiße Sandstrände und im Inselinneren einen kleinen Hügel von etwa 70 m Höhe auf. Cousin steht seit vielen Jahrzehnten unter strengem Naturschutz, während Cousine erst 1999 zum Naturschutzgebiet erklärt wurde. Für beide gilt, dass sie in erster Linie als Refugium für bedrohte Vogelarten dienen sollen, in zweiter Linie einem beschränkten Ökotourismus.

Um die ursprüngliche Natur der Inseln zu erhalten, bitten die Verwalter alle Besucher, sich an folgende **Regeln** zu halten:

1. Verlassen Sie die Wanderwege nicht.
2. Stören Sie weder Vögel noch andere wild lebende Tiere.
3. Nehmen Sie nichts mit, auch keine Muscheln, Korallen oder Blumen.
4. Rauchen Sie nicht (Feuergefahr).
5. Lassen Sie keine Abfälle zurück.
6. Benutzen Sie beim Fotografieren kein Stativ und keine Nahbereichslinsen.

12 Cousin

Cousin Island steht seit 1968 als Cousin Island Special Reserve unter Naturschutz. Ursprünglich verwaltete der International Council for Bird Preservation die Insel, heute dessen nichtkommerzielle private Nachfolgeorganisation Nature Seychelles. Das Reservat umfasst sowohl die Inselfläche selbst als auch das umgebende Meer bis 400 m vom Strand entfernt. Neben Aride ist sie die am besten geschützte Insel der Seychellen mit den meisten endemischen Pflanzen und Tieren. Angeblich soll es keinen anderen Ort auf der Welt geben, der eine solche Dichte an Geckos besitzt wie Cousin Island!

Das Inselchen von etwa 300 m Durchmesser bewohnen ca. 300 000 Vögel, einige seit 100 Jahren heimische Riesenschildkröten und eine Handvoll Naturforscher und Vogelkundler. Der Verwalter führt mehrmals pro Woche naturinteressierte Gäste über die Insel und erläutert die einmalige Natur dieses Reservates. Seine Hauptaufgabe aber ist es, die Vogelwelt der Insel zu beobachten und dafür zu sorgen, dass die Tiere im Reservat ungestört bleiben.

Beim Ankauf von Cousin Island im Jahr 1968 war die Rettung des Seychellen-Buschsängers und des Toc-Toc als Hauptaufgabe gesehen worden. Dieses Ziel ist längst erreicht. Inzwischen findet man den Buschsänger auch auf der Nachbarinsel Cousine und in Kooperation mit North Island und Frégate ist man erfolgreich dabei, ihn auch auf diesen beiden unter Naturschutz stehenden Eilanden wieder heimisch zu machen. Im Lauf der Jahre hat Cousin den eigenen Auftrag aber erweitert und sich der Re-

Tipp: Luxusurlaub mit Umweltbewusstsein – Cousine Island

Cousine Island (s. S. 277) ist eine der wenigen Unterkunftsmöglichkeiten auf den Seychellen, die man mit Recht als Geheimtipp bezeichnen kann – selbst wenn die Insel inzwischen in einigen (wenigen) Veranstalterkatalogen erscheint. ›Geheim‹ sind die Insel und das Luxushotel an ihrem schönen Strand, weil man sehr selten etwas über die nur vier Villen liest und weil nur wenige Glückliche es sich leisten können, dort einen – recht kostspieligen – Urlaub zu verbringen. Doch sind es bei weitem nicht allein die exklusive Abgeschiedenheit, die exquisite Küche, die großzügigen Villen im französischen Kolonialstil und der traumhafte Sandstrand, die die Zeit auf Cousine wohl für jeden Besucher zu einem besonderen Erlebnis machen.

Nachgerade selbstverständlich ist, dass die Einnahmen, die aus dem luxuriösen Urlaub gewonnen werden, teilweise für den Schutz und die Renaturierung der Insel eingesetzt werden – womit jeder Gast finanziell hierzu beiträgt. Doch auf Cousine genießen die wenigen Urlauber über diese indirekte Beteiligung am Schutz der Insel hinaus ein weiteres Privileg: Sie können auch persönlich aktiv zur Renaturierung beitragen.

Der kleinste Beitrag, den eigentlich jeder Urlauber auf Cousine leistet, ist bereits in der Zimmermiete enthalten, die Kosten für die Anpflanzung eines jungen, endemischen Baumes. Dieser wird an einer der Stellen gepflanzt, an der zuvor eine der in Kolonialzeiten eingeführten Kulturpflanzen wuchs. Wenn der Gast es vorzieht, nicht selbst Spaten und Erde in die Hand zu nehmen, übernimmt ein Inselangestellter gerne das Einpflanzen des Bäumchens – aber der Gast darf auch selbst Hand anlegen.

Darüber hinaus aber hat die Erfahrung gezeigt: Wer sich entscheidet, auf Cousine einen Luxusurlaub zu verbringen, ist fast immer bereit, auch persönlich aktiv etwas für den Naturschutz auf diesem herrlichen Eiland zu tun! Zu den Privilegierten, die hier mehr als ein Bäumchen hinterlassen haben, gehört u. a. Paul McCartney, der auf Cousine seine Flitterwochen verbrachte!

Cousine Island Lodge: PO Box 977, Victoria, Mahé, Tel. 432 11 07, www.cousineisland.com. Villa für zwei Personen, *all-inclusive* (ausgenommen Weine von Zusatzkarte) 1400 €, die gesamte Insel kostet für acht Personen 4800 € pro Tag.

naturierung der gesamten Insel verschrieben. Die in der Kolonialzeit eingeführten Pflanzen wurden zurückgedrängt, damit die heimischen Vogelarten Ernährung und Brutplätze gemäß ihrem ursprünglichen Lebensraum erhalten. Beim Buschsänger hat sich dies gelohnt: Aus einem Restbestand von 26 (!) Vögeln entwickelte sich eine Kolonie von über 1000 Exemplaren.

Dank des jahrzehntelangen Schutzes hat sich Cousin zudem zu einem der wichtigsten Eiablageplätze der vom Aussterben bedrohten Karettschildkröte entwickelt. Pro Saison kommen sie bis zu sechsmal in Abständen von zwei bis drei Wochen an den Strand. Dann legen sie eine Pause von etwa drei Jahren ein. Übrigens wurde noch nie beobachtet, dass eine der auf Cousin gekennzeichneten Schildkröten an einem anderen Strand der Seychellen ihre Eier abgelegt hätte – ein eindeutiger Beweis dafür, dass diese Tiere nur an den Strand zurückkehren, an welchem sie geboren wurden. Wird diesem Strand allerdings seine Ruhe genommen, wagen sie es nicht mehr, an Land zu gehen – und sterben.

Folgende **Schutzziele** hat sich Nature Seychelles für Cousin gesetzt:

1. Die große Zahl von Seevögeln erhalten.
2. Endemische Pflanzen auf der Insel wieder einführen, sofern das mit dem Vogelschutz vereinbar ist.

Ausflugsboote vor Cousine Island

3. Alle anderen auf der Insel heimischen Tiere schützen und erhalten.
4. Brutplätze für Schildkröten am Strand und im Ufergrün der Insel sichern.
5. Möglichkeiten erforschen, auch auf anderen Inseln die endemische Tier- und Pflanzenwelt zu reaktivieren.
6. Umweltbewusstsein in der heimischen Bevölkerung stärken.

Jährlich besuchen ca. 10 000 Urlauber und 1000 Seychellois die Insel. Dank der erhobenen Landungsgebühr wird damit ein Erlös von ca. 250 000 € erwirtschaftet. Hinzu kommen Einnahmen der Bootsbesitzer und der Reiseleiter und Biologen. Insgesamt bringt die Insel der Bevölkerung einen Jahreserlös von etwa 500 000 €. Da es sich um eine nichtkommerzielle Einrichtung handelt, werden

alle Erlöse in Schutzmaßnahmen oder in Umwelterziehungsmaßnahmen investiert. Durch die jahrelange Erfahrung hat die seychellische Bevölkerung inzwischen verstanden, wie wichtig Cousin als Naturschutzgebiet ist. Das früher häufige *poaching* (nächtliches Räubern der Eier der Seeschwalben oder der Gelege von Meeresschildkröten) kommt kaum mehr vor.

Infos

Nature Seychelles: Tel. auf Mahé 460 11 00, auf Cousin 471 88 16, www.natureseychelles.org. Gäste können die Insel Di–Fr 9.30–12, 14–16 Uhr besuchen, ein längeres Verweilen ist nicht vorgesehen. Als Landegebühr sind pro Person 25 € zu entrichten.

Verkehr

Reisebüros und Hotels in Praslin stellen mehrmals pro Woche Bootsfahrten nach Cousin zusammen.

Cousine 1

Die Insel **Cousine**, etwa 2 km südwestlich von Cousin gelegen (s. a. S. 275), befindet sich seit 1993 in Privatbesitz und steht seither ebenfalls unter Naturschutz. Allerdings ist die Renaturierung noch nicht so weit fortgeschritten wie auf dem Nachbareiland: Die Vögel sind noch nicht so zahlreich, in den Wäldern wachsen noch Kaffeestauden, Bambus, Chili, Limonen und verschiedene Mangobäume, und auch die früher in Plantagen angebaute Baumwolle kann man vereinzelt verwildert finden. Insgesamt aber ähneln sich Flora und Fauna.

Auf Cousine leben der Inselverwalter und einige Ornithologen. Der Verwalter ist zugleich Hotelmanager und Barkeeper für die maximal zwölf Hotelgäste, die in vier Villen am Strand wohnen können. Um zu verhindern, dass Katzen oder Ratten auf die Insel gelangen, sind Bootslandungen am Strand nicht gestattet. Man darf die Insel nur mit dem Hubschrauber besuchen. Der exklusiven Gruppe von Urlaubern stehen neben der einmaligen Natur der Insel ein Spitzenrestaurant, Pool, Bar und eine Bibliothek zur Verfügung (s. Tipp S. 275).

Quer durch die 25 ha große Insel führen schmale Wege, an deren Rand man (wieder) fast alle Pflanzen findet, die zum ursprünglichen Gleichgewicht der Natur auf den Inseln der Seychellen gehörten. Viele davon waren 1999 – als das Hotel gebaut wurde – nicht mehr vorhanden und durch Kulturpflanzen verdrängt. Der ständig auf der Insel stationierte *conservation manager* – ein Biologe aus Südafrika – ist tagtäglich unterwegs und sieht sich nach Möglichkeiten um, gemeinsam mit den Inselgästen die Spuren der Kolonisierung nach und nach zu tilgen.

Zum Glück sind niemals Ratten und Katzen auf die Insel gelangt, sodass die auf Raubtiere in ihrem Brutverhalten nicht eingestellten Vogelarten überleben konnten. Der Seychellendajal (engl. *magpie robin*, frz. *pie chanteuse*) existiert weltweit nur noch in knapp 100 Exemplaren – 25 davon leben auf Cousine Island! Auch die Blue Pigeon (Blaue Taube) und Tausende von Feenseeschwalben nisten auf der Insel. Zwischen September und Januar kommen Hunderte von Meeresschildkröten, Hawksbill Turtles, an den Strand der Insel, um hier ungestört ihre Eier abzulegen. Durchschnittlich 14 000 (!) junge Schildkröten schlüpfen pro Jahr auf Cousine Island und gelangen sicher in den Indischen Ozean!

Verkehr

Hubschrauberverbindung ausschließlich im Auftrag des Hotels.

Weitere Inseln nahe Praslin

Karte: S. 279

Round Island ► 2, H/J 11

Das 100 x 200 m kleine **Round Island** 2 (nicht zu verwechseln mit Round Island im Ste. Anne Marine National Park!) liegt nur etwa 500 m von der Südostspitze Praslins entfernt, in dem Kanal, der Praslin von La Digue trennt. Auf diesen wenigen Quadratmetern drängen sich spektakuläre Felsformationen, Palmenhaine, weiße Sandstrände und weite Rasenflächen. Ein Paradies, das allerdings nur wenigen Glücklichen offen steht.

Übernachten

Luxuriöse Villenanlage ► **Round Island:** Tel. 467 16 00, www.round-island.net. Alle vier Villen dieser Anlage liegen am weißen Sandstrand mit Blick hinüber nach Praslin. Hinter ihnen erhebt sich ein dicht bewaldeter Hügel. Die drei Villen mit jeweils zwei Doppelzimmern, Wohnraum, Küche und allem denkbaren Komfort befinden sich am Nordoststrand von Round Island, die vierte Villa mit drei Schlafräumen steht etwas abseits an der Nordwestseite. Für die maximal 20 Gäste des Hotels gibt es eine Wassersportbasis, Spa/ Fitnesscenter, Videothek, Bibliothek, Schwimmbad etc. Villa für zwei Personen pro Tag *all-inclusive* ab 2750 €, *all-inclusive* ab 17 000 € für die gesamte Insel (Kinder bis 12 Jahre frei).

Verkehr

Mit dem Boot 10 Min. ab Praslin.

13 Aride ► 2, B/C 5

Die Insel Aride steht als **Aride Island Special Reserve** unter Naturschutz. Sie ist schwer zugänglich, denn es gibt weder Landebahn noch Hubschrauberlandeplatz und auch keinen Landungssteg. Ferner ist der Seegang vor dem einzigen zur Anlandung geeigneten Strand – mangels schützendem Korallenriff – häufig stark. Besonders in den Monaten Juli bis September ist es nur selten möglich Aride zu besuchen. Nur das Boot der Inselverwaltung selbst darf auf dem Sandstrand anlanden. Gäste die mit den Booten der Ausflugsanbieter aus Praslin kommen, müssen auf dem Meer umsteigen und mit dem Inselboot durch die Brandung an den Strand fahren. So soll ausgeschlossen werden, dass Raubtiere oder Schädlinge – vor allem Ratten – auf die Insel gelangen können. Wer Aride sehen möchte – was Naturliebhabern sehr zu empfehlen ist –, sollte dies mit einem der Touranbieter auf Praslin frühzeitig besprechen. Der Organisator wird dann mit den im alten Pflanzerhaus auf der Insel stationierten Biologen klären, wann voraussichtlich der nächste Besuch möglich ist.

Aride liegt 10 km nördlich von Praslin und ist 0,4 km^2 groß. Ihre höchste Erhebung, der **Gros la Tête**, erreicht 134 m über dem Meeresspiegel. Von besonderem Interesse ist Aride für Botaniker und Zoologen, denn hier finden sich unzählige Pflanzen- und Tierarten,

Inseln nahe Praslin

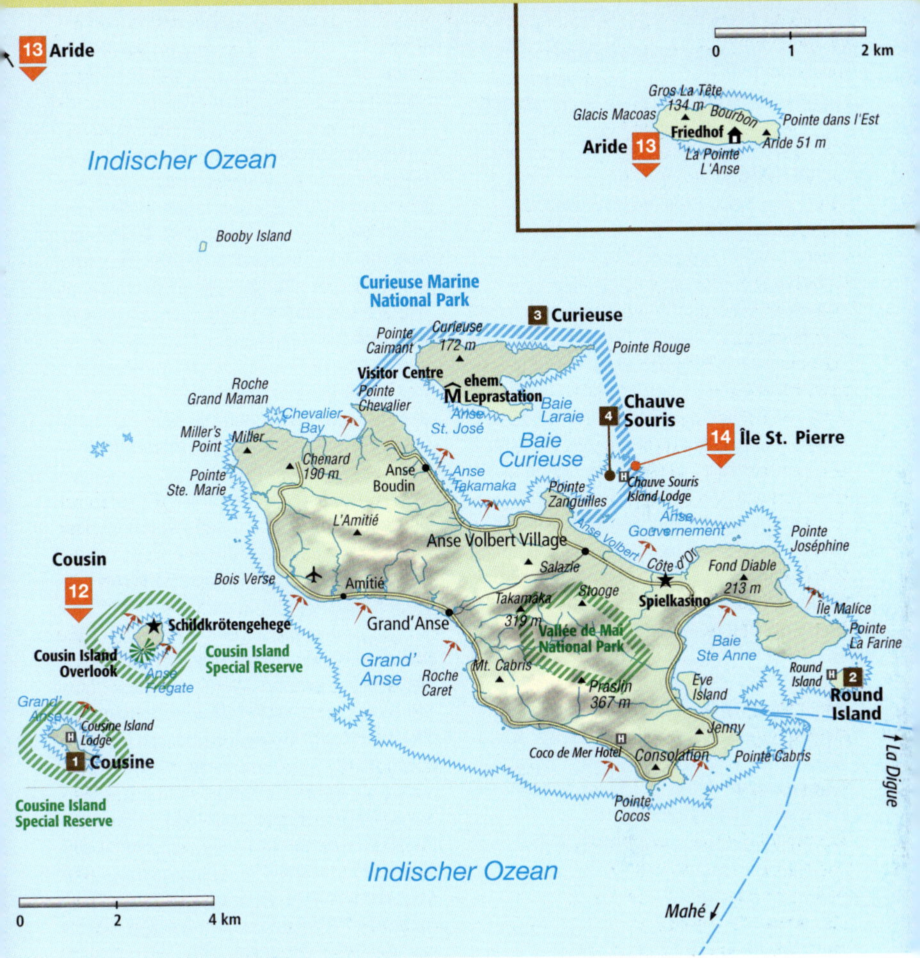

die auf anderen Seychellen-Inseln selten geworden sind. So finden sich u. a. die Blaue Seychellentaube ebenso wie die Ruß- und Feenseeschwalbe oder Tropik- und Fregattvögel. Unter den Bäumen und Sträuchern, die auf Aride wachsen, gilt Wright's Gardenia als endemische Art. Sie wird bis zu 6 m hoch, ihre rot gesprenkelten weißen Blüten verströmen einen ausgeprägten, schweren Duft. Drei Skink-Arten (Eidechsen) und drei Gecko-Arten sind ebenso wie einige harmlose Schlangenarten auf Aride zu Hause und zwei verschiedene Meeresschildkrötenarten legen auf der Insel ihre Eier ab. Insbesondere für die Hawksbill-Meeresschildkröte gewinnt Aride als Eiablageplatz offensichtlich immer mehr an Bedeutung.

Der englische Schokoladenfabrikant Christopher Cadbury rettete diese einmaligen Schätze, indem er die Insel kaufte und von da an keinen Eingriff in ihre Natur mehr erlaubte. 1973 wurde Aride auch vom Staat zum Naturreservat ernannt und steht seither unter der Verwaltung der Royal Society for Nature

aktiv unterwegs

Rundwanderung auf Aride

Tour-Infos

Start: Haus des früheren Inselbesitzers
Länge: ca. 2 km
Dauer: mit Führung ca. 2 Std.
Schwierigkeitsgrad: einfach
Hinweis: Bitte nichts anfassen und nichts mitnehmen.

Die einmalige Natur von Aride erschließt sich bei einer Wanderung über die Insel. Bitte verlassen Sie den gekennzeichneten Weg nicht, um die nistenden Vögel und die übrigen Tiere nicht zu stören.

Startpunkt der Wanderung ist das **Haus** des früheren Besitzers der Insel. Zwischen Haus und Meer stehen mehrere **mächtige Bäume** – die endemischen Arten Takamaka, Badamier und Bois Blanc. Gen Westen passieren Sie linker Hand eine Bananenplantage (für die Inselverwalter!), während rechts unter den Felsen weiße Tropikvögel (frz. *paye-en-queue*) nisten. An den Stämmen der Bananenstauden finden Sie viele der typischen seychellischen **Geckos** – kleinere, hellgrüne und große, dunkelbraune Arten.

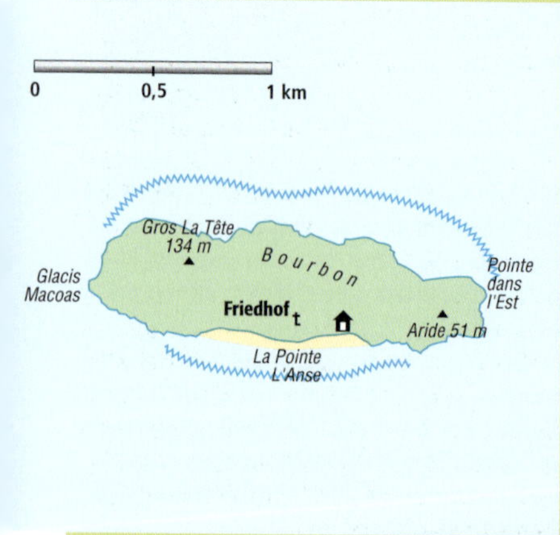

Nicht weit vom Plantagenhaus stehen auf der rechten Seite zwei kleine Bäume, die eine interessante botanische Eigenart der Insel darstellen. Es handelt sich um das **Zitronenholz** (frz. *bois citron*), eine Pflanze, die es nur auf Aride gibt. Sie hat weiße Blüten, die einen starken Geruch verströmen. Etwas weiter sehen Sie verschiedene **Obstbäume**, darunter Papaya, Guave, Bilimbi, und auch Ingwer, Gelbwurz (Kurkuma, engl. *turmeric*) und andere **Gewürze**. Auch die sehr nahrhafte und im Geschmack der Kartoffel ähnelnde **Yamswurzel** wird für den Eigenbedarf angepflanzt. In einem Tümpel leben **Süßwasserfische**, deren Herkunft und Art noch ungeklärt ist.

Entlang des Weges werden Sie immer wieder auf Eidechsenarten der Gattung **Mabuya** treffen. Angeblich soll Aride weltweit (!) die höchste Dichte an Eidechsen aufweisen! Auf der rechten Seite des Weges steht der höchste Baum der Insel, ein riesiger **Banyan,** der ca. 1000 **Noddi-Seeschwalben** als Nistplatz dient! An der Kreuzung weiter im Westen finden sich **Schmetterlinge,** und die Wahrscheinlichkeit ist groß, hier den Gesang der **Kardinalsvögel** (engl. *fody*) zu hören. Ganz in der Nähe wächst in einem großen, einst von einem Schatzsucher ausgehobenem Erdloch eine **Kasuarine.** Wenn Sie gen Westen geradeaus weitergehen, finden Sie unter den Felsen viele **Krabben** (frz. *cacassaile*) und **Schlammspringer** (engl. *cabot sauter*), eine Fischart, die sowohl dem Wasser als auch der Luft den lebensnotwendigen Sauerstoff entnehmen kann. Manchmal verbringen sie lange Zeit über der Wasseroberfläche an einem Granitfelsen klebend. Bei Gefahr schnalzen sie sich durch eine plötzliche Körperkrümmung ins Wasser und verschwinden.

Bei klarer Sicht erkennen Sie vom höchsten Punkt des Rundwegs (von rechts nach links) die **Inseln** North, Silhouette, Mahé,

Auf Aride entdeckt man auch Tropikvögel

Cousine, Cousin, Praslin, Curieuse, La Digue, Felicité, Marianne, Petite Sœur und Grande Sœur. Wenn Sie nach oben blicken, können Sie die großen **Fregatt-** und **Tropikvögel** beobachten, die meist in großer Höhe über der Insel schweben. Wenn Sie an der nun folgenden Wegkreuzung links abzweigen, durchqueren Sie eine ehemalige **Kokosplantage** aus dem Jahr 1920 und erreichen den weißen **Sandstrand.** Hier kann man bei ruhigem Meer die **Kakatoi-Fische** beobachten, wie sie an Korallen nagen. Dabei brechen sie mit ihrem harten Maul auch Stücke des Korallenskeletts ab und zermalmen es mit ihrem Kiefer. Dieser feine Staub hat sich in Jahrtausenden angesammelt und macht nun die Strände der Seychellen weich und weiß. Dieser Strand ist auch – neben dem auf Cousin – einer der wichtigsten Eiablageplätze für **Meeresschildkröten** auf den Seychellen. Die entsprechenden Strandregionen sind gekennzeichnet, und Sie werden gebeten, sie nicht zu betreten.

Folgen Sie dem Weg nach Osten bis zu einer **Besucherhütte,** von der aus Sie den **Inselfriedhof** sehen können. Wenn Sie von hier aus links nach Norden abbiegen, finden Sie **Bäume** der Arten Mapou, Takamaka und Lafouche, die in früheren Zeiten die Insel für sich gehabt haben dürften.

Conservation, deren Präsident bis zu seinem Tod Mr. Cadbury war. Inzwischen verwaltet eine Organisation mit dem Namen Island Conservation Society die Insel.

Heute leben etwa zehn Menschen auf Aride, darunter ein Verwalter, einige Arbeiter und Biologen. Da sie häufig von Praslin und Mahé abgeschnitten sind, ernähren sie sich weitgehend von den Früchten der Insel und dem nahe dem Pflanzerhaus angebauten Gemüse.

Vor 1973 hatten die damaligen Inseleigentümer die **Eier der Rußseeschwalbe** gesammelt und in Mahé verkauft. Es sollen pro Jahr mehrere Hunderttausend gewesen sein! Sie gelten den Seychellois bis heute als Delikatesse – besonders seit sie nur noch in beschränktem Maß vor allem auf Bird Island gesammelt und verkauft werden dürfen.

Zu Beginn der 1960er-Jahre war das anders: Um die Eier leichter ›ernten‹ zu können, hatten die Eigentümer die Wälder der Insel gerodet. Natürlich fehlten den Vögeln danach Nistplätze und sie wechselten zu anderen Inseln über. Weil sich das Vogeleigeschäft bald nicht mehr lohnte, wurde es schon in den 1960er-Jahren eingestellt und der Eigentümer verkaufte die Insel. Schon wenige Jahre später kehrten die Vögel zurück.

Die einst etwa 30 auf der Insel lebenden Pflanzer und Vogelsammler hatten auch Schweine, Rinder und Hühner als Proviant auf die Insel gebracht, die ebenfalls zur Verfremdung der Natur beitrugen. Doch auch sie wurden 1973 entfernt und die Vegetation hat begonnen sich zu erholen. Der Prozess beschleunigte sich nach der Rückkehr der Vögel, deren Kot wertvollen Dünger brachte. Heute hat Aride wieder ein stabiles ökologisches Gleichgewicht erlangt.

In den Brutmonaten sind heute auf Aride wieder Hunderttausende Rußseeschwalben und entsprechend viele Eier zu finden, die aber nicht angetastet werden. Von den früheren Besitzern angelegte Kokosplantagen sind inzwischen weitgehend entfernt worden, auf einem höher gelegenen Plateau war die ursprüngliche Vegetation 1973 noch weitgehend unberührt erhalten geblieben.

Es lohnt sich, den **Gipfel des Gros la Tête** im Inselzentrum zu besteigen, denn Sie überschauen von dort aus die gesamte Seychellen-Gruppe. Bei klarem Wetter sind nahezu alle Inseln der Inneren Seychellen im Süden zu identifizieren. Und die Myriaden von Vögeln, die den Berggipfel umkreisen, bieten zudem ein großartiges Schauspiel – allen voran die von Aldabra kommenden Fregattvögel, die über Aride dahinschweben. Achtung: Versuchen Sie nicht, den Berg alleine zu besteigen, denn der Weg hinauf ist schwer zu finden! Die Inselverwaltung stellt gerne – gegen ein Trinkgeld – einen Führer zur Verfügung.

Ähnlich wie in Bel Ombre (Mahé) und auf Moyenne wird auch auf Aride ein **Piratenschatz** vermutet. Frühere Besitzer hatten Felsen in die Luft gesprengt und Bohrungen durchgeführt, blieben aber erfolglos. Allerdings wurde das Skelett eines in sitzender Haltung bestatteten Menschen gefunden, der vermutlich afrikanischer Herkunft gewesen sein dürfte. Dieser Fund regte die Fantasie der Besitzer umso mehr an, und die Suche nach dem Schatz wurde intensiv weiter betrieben. 1973 wurde die Suche eingestellt, die Insel selbst wurde nun als der Schatz gesehen.

Infos

Parkverwaltung: Tel. 71 97 78, www.arideisland.com. Bei ruhigem Meer kann man die Insel Mo–Fr 10–15 Uhr (Fei. geschl.) besuchen. Landegebühr, die auch eine geführte Rundwanderung beinhaltet, 30 €.

Literatur: »The beautiful Plants of Seychelles« von Adrian und Judith Skerrett ist ein bebildertes, kleines Buch, das es dem Besucher ermöglicht, die Pflanzen der Insel selbst zu bestimmen. Erhältlich in den Buchläden auf Mahé oder bei Camerapix Publishers International (Nairobi, P.O.Box 45048, Kenya).

Übernachten

Es ist beabsichtigt, das große Pflanzerhaus bei der Anlegestelle auf Aride so herzurich-

Beim Blick über die Weite des Meeres bei Aride kann man Vögel beobachten

Praslin und Curieuse – General Gordons Paradies

Thema

Die Seychellen werden wegen ihres üppigen Grüns, des ganzjährig angenehmen Klimas und ihrer Palmenstrände als Paradies bezeichnet. General Charles George Gordon, ein englischer General im Ruhestand, fand sogar ›Beweise‹ dafür, dass die Seychellen das echte, biblische Paradies waren!

Nachdem General Gordon viele Jahre als Verwalter für die englische Krone in China und Indien tätig gewesen war, verbrachte er seine späten Jahre auf den friedlichen Seychellen. Stets arbeitsam beschäftigte er sich eingehend mit der Natur der Inseln und verfasste interessante Aufsätze, deren einer sich mit der Meereskokosnuss und ihrer Geschichte befasste. Das Originalmanuskript kann man im Botanischen Garten von Pamplemousses auf Mauritius einsehen.

1881 jedoch legte er eine weniger wissenschaftliche, dafür aber spannendere und fantasievollere Geschichte nieder. Darin versuchte er nachzuweisen, dass die Seychellen mit dem biblischen Paradies identisch sind! Gordon war kein Naturwissenschaftler, sondern Militär und vor allem ein gläubiger Christ. Als solcher hatte er stets versucht, sich das Paradies vorzustellen, wie es in der Bibel beschrieben ist. Und im Schaukelstuhl vor seiner Villa haben sich die Bilder der seychellischen Wirklichkeit wohl mit den biblischen Beschreibungen zusammengefügt.

Die Entwicklungsgeschichte der Meereskokosnuss stellte er in Zusammenhang mit der Entstehungsgeschichte der Erde und des Menschen, wie sie die Bibel in der Geschichte vom Garten Eden beschreibt. Da die äußere Form der Frucht – bevor ihre weiche, faserige Hülle entfernt ist – einem Herz ähnelt, hielt er sie für die Frucht des Baums der Versuchung. Die Form der inneren holzigen Schale erinnert an ein weibliches Becken, worin er den Grund sah, warum Adam der Versuchung erlag, die ihm von Eva gereichte Frucht anzunehmen, obwohl ihm Gott dies verboten hatte.

Auf der Suche nach dem in der Bibel erwähnten Baum des Lebens, fand General Gordon den Brotfruchtbaum. Die Brotfrucht diente – und dient bis heute – als Nahrungsmittel für die Bevölkerung und war in einer Zeit, als die Versorgung mit importiertem Reis noch nicht verlässlich sichergestellt werden konnte, lebenswichtig. Allerdings hätte er wissen müssen, dass dieser Baum auf den Seychellen nicht heimisch ist, sondern zum Zweck der Nahrungsbeschaffung aus Indien eingeführt worden war.

Seine Theorie erweiternd, fertigte der General eine Landkarte an und verzeichnete darin die genaue Lage des Garten Eden. Er war der Meinung, dass die in der Bibel erwähnten Flüsse Euphrat, Tigris, Nil und Jordan das Paradies mit Süßwasser versorgt hatten. Über den Persischen Golf und das Rote Meer fließen sie nämlich in den Indischen Ozean. Hier also musste der Garten Eden sein! Und er erstreckte sich laut General Gordon über den Äquator hinaus – bis zu den Seychellen.

Das Zentrum des Garten Eden, das Paradies, waren seiner Ansicht nach die Seychellen-Inseln Praslin und Curieuse – auf denen die Meereskokosnuss, die ›Frucht der Versuchung‹ wächst!

ten, dass Besucher dort übernachten können. Dann soll es einzelnen Gästen auch ermöglicht werden, von Praslin aus zwei volle Tage auf Aride zu verbringen. Bisher fehlen hierfür allerdings noch die finanziellen Möglichkeiten.

Aktiv

Tauchen ▶ **Rund um Aride:** Die Tauchmöglichkeiten rund um Aride sind hervorragend. Insbesondere unterhalb der Granitfelsen im Norden finden Sie alles an Korallen, was Sie sich vorstellen können. Wem es Freude macht, der kann zum Außenriff schwimmen und die an der Riffwand patroullierenden Haie beobachten. Für erfahrene Gerätetaucher sind auch die Schmalseiten im Osten und im Westen, wo es kein Korallenriff gibt, interessant. Hier tummeln sich häufig Delfine und neugierige junge Haie. Während des ruhigeren Nordwestmonsuns beträgt die Sichtweite unter Wasser hier über 30 m.

Verkehr

Es besteht kein regelmäßiger Boots- oder Luftverkehr nach Aride. Wer die Insel besuchen möchte, muss sich an eines der Reisebüros oder das Tourist Board in Victoria (Mahé) oder auf der Insel Praslin wenden, die die Anfahrt dann organisieren werden.

Curieuse ▶ 2, E/F 8

Curieuse 3 ist eine 3 km² große Insel vor der Nordostküste Praslins, die seit langem unbewohnt ist. Sie steht unter Naturschutz und ist von dem **Curieuse Marine National Park** umgeben, beide werden von dem Seychelles Centre for Marine Technology – Marine Parks Authority verwaltet.

Mit ihren eindrucksvoll aus den Stränden herausragenden Granitfelsen, den frei umherlaufenden über 200 Riesenschildkröten und den Mangrovenwäldern ist Curieuse ein beliebtes Fotomotiv für Gäste, die von den Hotels auf Praslin und La Digue Ausflüge unternehmen.

Meist bringen Ausflugsboote von Praslin aus ihre Gäste zur **Baie Laraie**, einer weiten Bucht, in deren klarem Wasser von der Oberfläche aus Gruppen von Papageienfischen (engl. *parrot fish,* frz. *cacatois*) zu beobachten sind. Am Strand tummeln sich nahe dem Haus des Parkranger darüber hinaus einige Riesenschildkröten.

Eine weitere schöne Bucht der Insel heißt **Anse José**. Zu ihr kann man auf einem mit Brettern und Stegen gesicherten Pfad durch einen sumpfigen Mangrovenwald hinüberwandern. Am Wegesrand sieht man dabei einige Bauruinen, die zu der **ehemaligen Leprastation** gehörten. In der Anse José steht des Weiteren ein Haus im französischen Kolonialstil aus dem Jahr 1870, in dem der Arzt der Leprastation wohnte. Heute beherbergt es ein kleines **Museum** und das **Besucherzentrum** *(visitor centre).*

Neben Praslin ist Curieuse die einzige Insel der Seychellen, auf der die Meereskokosnuss existierte, bevor der Mensch einzelne Exemplare auch nach La Digue und Mahé brachte. Bei einem Buschfeuer in den 1970er-Jahren ist jedoch der Bestand stark dezimiert worden und an die Stelle dichten Grüns ist die rote Lateriterde getreten, die der Insel in manchen Regionen ein karges Aussehen verleiht.

Infos

Ranger Base: PO Box 1240, Victoria, Mahé, Curieuse Island, Tel. 456 03 88, 451 72 21, info@scmrt-mpa.sc.

Aktiv

Tauchen – auch für Anfänger geeignet ▶ Die **Ostseite** der Insel und der im **Südosten** herausragende Arm sind von einem Korallenriff umgeben. Das Riff selbst ist weniger interessant als die Riffe in anderen Gegenden der Seychellen, der Fischreichtum aber ungeheuer. Gerade Anfänger fühlen sich hier sicher, da es keine Strömungen gibt und die Sicht klar ist. Lediglich in der Zeit des Südostmonsuns machen auffrischende Winde die See gelegentlich zu rau, um zu tauchen. Bei ruhiger See darf man vor allem den **Korallengarten bei Pointe Rouge** nicht verpassen. Eine **Tauchbasis** gibt es auf der Cu-

Ideal der ›typischen Seychellen-Insel‹: die winzige Île St. Pierre

rieuse nicht, jedoch fahren die Tauchbasen auf Praslin und La Digue häufig die besten Tauchspots nahe der Insel an. Dazu gehört natürlich auch die nahegelegene Insel St. Pierre, s. u.

Verkehr

Die Hotels im Nordosten Praslins (Anse Volbert) organisieren Ausflugsfahrten nach Curieuse. Landegebühr 10 €.

14 Île St. Pierre ► 2, G 9

Dieses mit 0,005 km² winzige Inselchen vor der Südküste von Curieuse wurde zum Inbild der ›typischen Seychellen-Insel‹. Von Kokospalmen beschattete, übereinander getürmte Granitfelsen ragen aus einem türkisgrünen Meer, in dem es von Fischschwärmen wimmelt. Diese Insel scheint als Vorbild für alle Plakatwände mit tropischen Inseln geschaffen worden zu sein! Leider gibt es die Meereskokosnusspalmen nicht mehr, die vor Jahrzehnten die anderen Palmen überragten, doch noch immer ist St. Pierre eine Trauminsel wie aus dem Bilderbuch. Ausflüge zum Schnorcheln und Baden rund um die Insel werden von den Hotels auf La Digue und Praslin angeboten, am häufigsten von der nahe gelegenen Côte d'Or aus, wo sich die meisten Gästezimmer Praslins finden.

Chauve Souris ► 2, F 9

Eine weitere kleine Insel, **Chauve Souris** **4**, ragt aus der flachen Lagune südlich von Curieuse und östlich der Anse Volbert (Praslin) heraus. Chauve Souris ist nur 0,007 km² groß. Das Eiland besteht aus einer Gruppe von Granitfelsen, einem guten Dutzend Kokospalmen, einigen Büschen und Sträuchern sowie einem kunstvoll in die Felsen geschmiegten Hotel der 5-Sterne Kategorie. Bei Ebbe kann man die nur wenigen hundert Meter zum Strand von Praslin durch das flache Wasser waten!

Wunderbar zum Klettern: Luftwurzeln der Würgefeigen *(Banyan Tree)*

Übernachten

Ruheoase ► **Chauve Souris Island Lodge (Relais Chauve Souris):** PO Box 177, Côte d'Or, Praslin, Tel. 423 20 03, www.igrandiviaggi.it. Das kleine Hotel besteht aus fünf Zimmern, die, zwischen die Felsen gebaut, sich in Form und Größe den Gegebenheiten der Natur anpassen. Jedes Zimmer ist nach einem Motto gestaltet (z. B. Captains Room). Wer in der Chauve Souris Island Lodge wohnt, hat Vollpension, kann einmal am Tag zum Tauchen hinausfahren und genießt im Übrigen absolute Ruhe. Das Hotel ist vom 22. Dezember bis 31. März geöffnet. DZ mit Vollpension ab 400 €.

Inseln nahe La Digue

Karte: S. 291

Auf den kleinen Inseln nordöstlich von La Digue – Marianne, Félicité, Petite und Grande Sœur – gibt es ausgedehnte Kokosnussplantagen, die von wenigen Arbeitskräften gepflegt werden. Die Versorgung der Arbeiter ist unproblematisch: Obst fällt von den Bäumen, die Fische drängeln sich um die Angelhaken und in jedem Korallenstock wartet ein Oktopus oder ein Hummer darauf, zu Curry verarbeitet zu werden. Die Strände von Félicité, Marianne und Les Sœurs müssen sich nicht hinter den bekannten Traumstränden von Praslin oder Mahé verstecken. In den Hitlisten der Reisemagazine tauchen sie nur nicht auf, weil (fast) niemand sie kennt.

Félicité ► 2, G 2/3

Nur 4 km oder 20 Min. Bootsfahrt von La Digue entfernt liegt **Félicité** **1**. Nur 1,5 km lang und 500 m breit ist die hübsche Insel mit ihren sanften Hügeln, den Granitfelsen und versteckten Stränden dennoch die bekannteste der Inseln bei La Digue. Dies verdankt sie dem Umstand, dass lange nur auf ihr Touristen Unterkunft fanden. In dem luxuriösen Inselhotel, der Félicité Island Lodge, machten in den vergangenen Jahren Prominente Urlaub, darunter der britische Ministerpräsident Tony Blair oder die Tennisspielerin Steffi Graf.

Leider ist die Insel seit 2007 nicht mehr buchbar, wie sich ihre Zukunft gestaltet, bleibt abzuwarten. Im 19. Jh. hatte Félicité fünf Jahre lang dem von den Engländern deportierten Sultan von Perak (Malaysia) als Domizil gedient. Bis in die 1970er-Jahre gab es auf Félicité eine Kokosplantage, etwa 50 Menschen lebten auf ihr.

Albatross-Felsen ► 2, G 2

Die aus dem Meer ragenden **Albatross-Felsen** **2** nördlich von Félicité erreichen Sie mit dem Boot von La Digue aus in ca. 15 Min. Nur mit Schnorchel und Taucherbrille ausgerüstet, können Sie in dem flachen sandigen Gewässer rund um die Felsen Hunderte unterschiedlicher Meerestierarten in kurzer Zeit finden. Wer eine Unterwasserkamera besitzt, sollte sie auf jeden Fall hierher mitnehmen, denn das Wasser ist besonders klar und flach und bietet somit ideale Sicht- und Lichtverhältnisse.

Les Sœurs ► 2, F/G 1

Die beiden Inseln Petite Sœur und Grande Sœur, gemeinsam als **Les Sœurs** **3** bezeichnet, sind landschaftlich besonders reizvoll. Auf ausgedehnten Kokosplantagen wohnen lediglich ein Verwalter und einige Arbeiter. Packen Sie Ihre Tauchausrüstung und genug zu essen und zu trinken ein, damit Sie den Tag an den Stränden verbringen können, denn einkaufen kann man hier nicht. Mehrere schöne Spazierwege über die Klippen und die Gipfel der beiden Inseln laden zu Wanderungen ein.

Grande Sœur ist knapp 1 km² groß, Petite Sœur nur 0,34 km². Beide managt das Hotel Château de Feuilles, das für seine Gäste exklusive Ausflüge dorthin organisiert.

Infos

Hotel Château de Feuilles: Pointe Cabris, Praslin, Tel. 429 00 00, www.chateaudefeuilles.com.

Aktiv

Wandern ► Da es auf diesen beiden einsamen Inseln keine Hotels gibt, muss man sie als Tagesausflug besuchen, doch der lohnt sich! Es gibt wunderschöne Wanderwege über die Klippen und Badebuchten.

Schnorcheln ► Rund um die Inseln erstrecken sich hübsche Schnorchelreviere.

Verkehr

Mit dem Ausflugsboot, das man über sein Hotel oder eine Agentur mieten kann, sind die Inseln von La Digue aus in ca. 30 Min. zu erreichen. Landungsgebühr 25 €.

Île Cocos (Coco Island) ► 2, G 2

Nur etwa 1 km nördlich von Félicité liegt die winzige **Île Cocos** **4** (0,018 km² groß) mit dem Île Cocos Marine National Park. Zwischen großen Granitkugeln wachsen Kokospalmen – das Urbild der verträumten Südseeinsel. Wenn man sich ihr mit dem Boot nähert, setzt die Fantasie ein. Man erwartet, bald einen gestrandeten Seeräuber und sein zerschelltes Boot zu finden. Ein Korallenriff mit unzähligen Korallenfischen umgibt die Insel.

Coco Island steht unter Naturschutz, die Hotels können jedoch mit ihren Booten Ausflüge unternehmen, um ihren Gästen die Unterwasserwelt beim Schnorcheln zu präsentieren (tgl. 9–17 Uhr, Landungsgebühr 25 €).

Infos

Île Cocos Marine Park: Tel. 456 03 88, 451 72 54, www.scmrt-mpa.sc.

Landetickets auf Curieuse Island, vor Ort und in der Parish Boutique, Côte d'Or, Praslin, alle tgl. 8–17 Uhr.

Aktiv

Schnorcheln ► Die flachen Gewässer rund um die Felsen der Insel bilden aufgrund der hier im Wasser vertretenen zahlreichen Meerestierarten ein Paradies für Schnorchler. Das Korallenriff rund um die Insel bietet eine vielfältige Unterwasserwelt.

Verkehr

Die Hotels auf La Digue organisieren Bootsausflüge zu den Schnorchelgründen rund um Coco Island. Mit dem Boot sind sie in etwa 30 Min. zu erreichen.

Die Inseln nahe La Digue

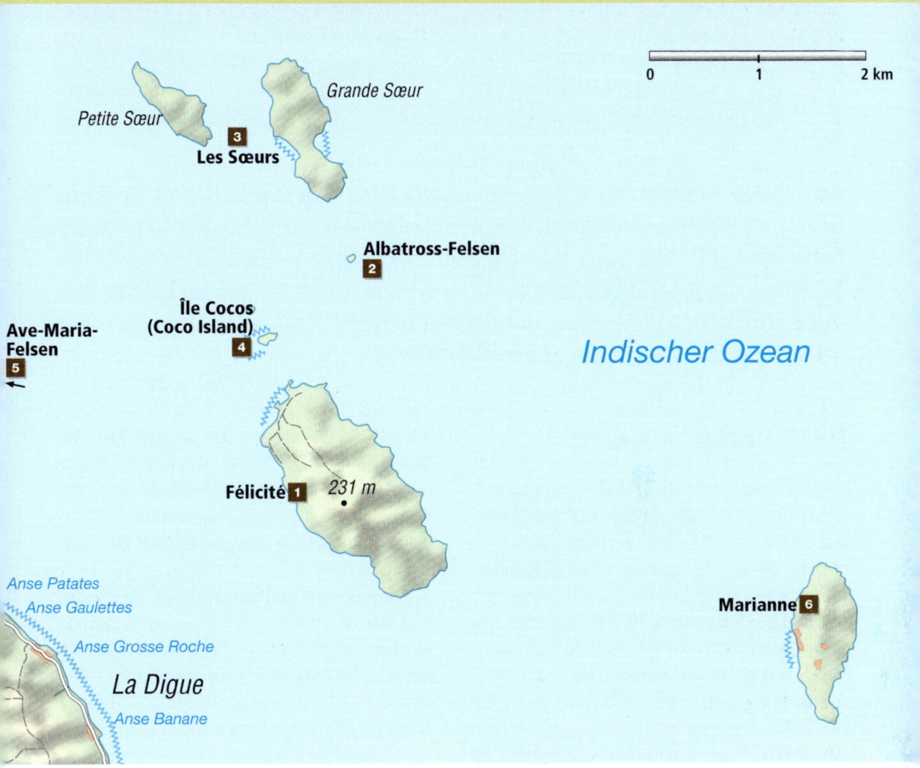

Ave-Maria-Felsen ► 2, D 3

2 km nordwestlich von La Digue liegen die **Ave-Maria-Felsen 5**, die als ein einmaliges Tauchgebiet gelten. Sie sollen fast immer von großen Fischen, wie Rochen und Haien, umgeben sein und gelegentlich sogar von Hunderten von Barrakudas. Die Wassertiefe beträgt 12–16 m, die Sichtweite liegt häufig über 30 m. Die Felsgruppe ist von der La Digue Island Lodge (s. S. 262) aus zu erreichen.

Aktiv

Tauchen ► Die Gewässer um die Felsen gelten als einmaliges Tauchrevier (s. o.).

Verkehr

Die La Digue Island Lodge (www.ladigue.sc) organisiert Bootsausflüge zu der Felsengruppe (s. S. 262).

Marianne ► 2, J 3/4

Die Insel **Marianne 6** ist dicht mit Kokospalmen bewachsen. Auf ihrer Westseite befindet sich ein ca. 200 m langer Traumstrand.

Aktiv

Tauchen ► Die Gewässer um Marianne zählen zu den besten Tauchplätzen weltweit. Wenn man Großfische wie beispielsweise Mantas und Haie (Graue Riffhaie) beobachten möchte, die entlang großartiger Unterwasserfelskulissen patroullieren. Und nicht selten begegnen die Taucher auch gewaltigen Walhaien.

Verkehr

Die Tauchbasis der La Digue Island Lodge (s. S. 266) organisiert Bootsfahrten nach Marianne.

Private Tourismusinseln der Inneren Seychellen

Silhouette, North Island, Frégate sowie Bird und Denis Island sind nahezu unbewohnte Inseln im Bereich der Inneren Seychellen, die touristisch genutzt werden. Die Eigentümer setzen die Erlöse ein, um sonstige ›Zivilisationsschäden‹ so weit wie möglich fern zu halten. Bis auf Silhouette, diese Insel gehört der Seychelles Island Development Company, befinden sich alle in Privatbesitz.

Silhouette ► 1, A–D 9–12

In den frühen Morgenstunden, wenn die aufgehende Sonne **Silhouette** flach von Osten her bescheint, kann man von Nordwestmahé aus die Berge und Täler der Insel deutlich erkennen. Wenn die Sonne gegen Mittag hoch steht, bleibt aber nur noch die Silhouette des über 700 m hohen Berges zu erkennen, dessen Gipfel meist von einer Wolke umhüllt ist. Diesem Umstand verdankt die Insel ihren Namen aber nicht! Namensgeber war ein Finanzbeamter mit Namen Étienne de Silhouette, der ihr 1767 die Ehre gab, seinen Namen tragen zu dürfen.

Silhouette ist die unerschlossenste und abgelegenste der bewohnten Inseln der Seychellen, obwohl sie nur 17 km von Mahé entfernt ist. Das gilt auch heute noch, obwohl 2006 mit Labriz ein Luxushotel mit über 100 Zimmern dort eröffnet hat. Da die Insel keinen Platz für eine Landebahn bietet und die Einfahrt in die beiden Häfen wegen der Korallenbänke bis vor kurzem gefährlich war, sind die Entwicklungen des 20. Jh. an Silhouette fast spurlos vorübergegangen. Um die Zimmer des Hotels zu füllen, muss nun allerdings ein regelmäßiger Schiffsverkehr eingerichtet werden, denn nicht alle Gäste werden mit dem Hubschrauber anreisen.

Auf Silhouette gibt es weder Straßen, Autos oder Motorräder noch Polizei und Post. Der einzige Laden der Insel öffnet lediglich zweimal in der Woche für wenige Stunden. Da 93 % der Landfläche von Silhouette im Jahr 2010 unter staatlichen Naturschutz gestellt wurde, wird sich an dem naturnahen Lebensgefühl auf der Insel in nächster Zeit auch wenig ändern.

Die nur etwa 400 Einwohner – abgesehen von vorübergehend auf der Insel lebenden Hotelmitarbeitern – wohnen in den beiden Dörfern **La Passe** und **Grand Barbe** noch wie vor 100 Jahren. Bisher lebten die Bewohner von Silhouette weitgehend vom Sammeln der Kokosnüsse, von der Kopra, die sie in einem Steinofen gleich bei der Mole in La Passe gewannen, und vom Fischfang. Im Übrigen nahmen sie sich, was die Natur ohne Pflege produziert. Der Lebensstil der auf Silhouette aufgewachsenen Seychellois hat sich durch das 5-Sterne-Hotel kaum verändert. Mangels qualifizierter Einheimischer vor Ort werden die Mitarbeiter des Hotels aus Mahé herübergebracht, wo sie auf der Hotelfachschule oder in einem der vielen Hotels und Gästehäuser den Umgang mit Reisenden gelernt haben.

La Passe ► 1, C 10/11

Die Insel Silhouette war von der Mitte des 19. bis zur Mitte des 20. Jh. im Besitz der Familie Dauban, die bei **La Passe** 200 ha Kokosplantage bewirtschaftete. 300 Arbeiter waren hier einst beschäftigt, die nebenbei Zimt und Vanille anbauten und Meeresschildkröten fingen. Das Fleisch der Schildkröten wurde gegessen, aus den Panzern stellte man Gebrauchsgegenstände her. Heute werden nur noch reife Kokosnüsse gesammelt, denn das Töten von Meeresschildkröten ist verboten und der Gewürzanbau nicht mehr lohnend.

Das alte **Pflanzerhaus** der Kokosplantage von La Passe wurde renoviert und strahlt Würde aus – wie viele dieser wunderbar dem Klima angepassten Kolonialbauten. Von vier Seiten kann man eine breite Steintreppe zu der das Haus umgebenden ebenfalls breiten Terrasse hinaufsteigen. Vermutlich errichtete der damalige Inseleigentümer Henri Dauban das Haus um das Jahr 1870.

Ein weiteres auf dieser so naturbelassenen Insel überraschendes Gebäude ist das **Dauban Mausoleum,** das inmitten der Kokosplantage steht. Hier liegen mehrere Mitglieder der Dauban-Familie in einem großen, mit griechischen Säulen verzierten Grabmal, wie es auf den Seychellen kein zweites gibt, bestattet. Mehr noch als das Pflanzerhaus zeigt dieses Mausoleum, dass die einstige Plantage der Eigentümerfamilie Reichtum, hohes Ansehen und Familienstolz gebracht hat.

Wanderung nach Grand Barbe

Wer sich für die Natur der Seychellen interessiert, wie sie existierte, bevor die Inseln besiedelt wurden, hat allen Grund, Silhouette in den Reiseplan aufzunehmen. Man findet in den Bergen noch Harthölzer, die auf den anderen Inseln seit langem verschwunden sind. Die fleischfressende Kannenpflanze ist häufig anzutreffen, wenn man auf den **beiden Fußwegen** die Insel überquert. Sie verbinden die Inseldörfer La Passe im Osten und **Grand Barbe** im Westen. Die Wanderung ist nicht schwierig, wenn man auch gelegentlich über kleinere Felsen klettern muss. Und da die Wege weitgehend im Schatten des dichten Waldes liegen, wird es auch tagsüber nicht zu heiß, um ein paar Stunden durch den Dschungel zu gehen. Sie sollten aber frühzeitig aufbrechen und die Wanderungen in Begleitung eines Führers machen, da immer wieder Abzweigungen auftauchen, die Sie möglicherweise auf dem Rückweg nicht mehr erkennen. Für die einfache Wegstrecke von La Passe nach Grand Barbe benötigen Sie etwa 3–4 Std.

Anse Mondon ► 1, B 10

Nur etwa 1–2 Std. dauert die Wanderung von La Passe aus in die traumhaft schöne Badebucht **Anse Mondon** auf der Nordseite der Insel. Der Weg führt über große, glattgeschliffene Felsen, die gelegentlich ein wenig Klettergefühl verlangen. Auf einem Ausflug dorthin erkennt man, dass Silhouette nicht nur über Wasser das Schönste bietet, was man auf den Seychellen finden kann! Auch **Schnorcheln** ist in der Anse Mondon und vor der Nordostküste, wo sich riesige Papageienfische zwischen den Granitblöcken tummeln, besonders faszinierend. Es gibt nicht viele Korallen, aber das Leben rund um die Granitfelsen präsentiert sich reichhaltig und unberührt. Ein Paradies für Unterwasserfotografen! Von der Oberfläche kann man fast immer bis zum Grund sehen, der nicht tiefer als 13 m liegt.

Übernachten

Villenhotel mit 5-Sterne-Komfort ► Hotel Labriz: Tel. 422 50 05, www.hilton.de. Die 105 Chalets des Villenhotels verteilen sich entlang des kilometerlangen Sandstrands nördlich von La Passe und bieten den Gästen allen Komfort eines 5-Sterne-Resorts. Ob man die luxuriöseste Variante wählt – eine Villa mit 185 m² Fläche, eigenem Garten und Pool – oder sich mit einer Strand- (101 m²) oder Gartenvilla (88 m²) bescheidet, jedem stehen Spa, Gymnastikraum, Wassersportzentrum, Tauchbasis und vieles mehr zur Verfügung. Man hat die Wahl zwischen fünf Restaurants. DZ mit Halbpension ab 400 €.

Verkehr

Da mangels geeigneter flacher Landflächen eine Landepiste nicht angelegt werden kann, chartert das Hotel mehrmals pro Woche einen Hubschrauber, mit dem die Gäste bequem und sicher vom Flughafen auf Mahé in einem etwa 20-minütigen Flug – zunächst

North Island: Blick auf Silhouette

über den Nordteil von Mahé, dann über die Bucht von Beau Vallon hinaus auf den Indischen Ozean – zum Landeplatz gebracht werden. Da sich diese teure Anreise nicht jedermann leisten kann, hat das Hotel auch eine hochseetaugliche Jacht, die, je nach Seegang, ein bis zwei Stunden benötigt, um die Hotelgäste von Beau Vallon oder Victoria abzuholen.

North Island ► 1, A/B 7/8

North Island, ca. 3,5 km lang und 2 km breit, liegt 25 km nordwestlich von Mahé und 6 km nördlich von Silhouette. Sie hat sowohl im Nordwesten als auch im Südosten unglaublich schöne Strände. Zu jeder Jahreszeit findet man daher geschützte, ruhige Buchten mit schneeweißem Strand.

Das Inselinnere ist von dichtem Urwald bedeckt. Der höchste Gipfel, der **Grand Paloss**, erhebt sich im Norden der Insel 180 m hoch, **Bernica** im Südwesten ist 120 m hoch, und ein dritter Gipfel, der **Conglement** im Südosten, erreicht immerhin 100 m. Alle drei bestehen aus hartem Granit, der oben abgeflacht ist und dann steil ins Meer abfällt. Zwischen den drei Gipfeln bilden sich während regenreicher Wochen kleine Seen, welche die Inselbewohner und nun auch die Hotelgäste mit Frischwasser versorgen.

Die etwas höher gelegenen Plateaus, in denen sich diese Seen befinden, fallen zur Küste hin sanft ab und laufen dort an vier Inselseiten jeweils in einem Sandstrand aus. Immer ist mindestens einer von ihnen vor Wind und Wellen geschützt.

Der 1,5 km lange Strand **Grand' Anse** (West Beach) liegt auf der Westseite, ein Korallenriff schützt ihn vor starkem Seegang. Der längste Strand, **Anse de l'Est** (East Beach), befindet sich auf der Ostseite. Ihn rahmen pittoresk mit Dschungel bewachsene Granitfelsen ein. Den kleinen, nur 200 m langen Strand **Petite Anse** (Honeymoon Beach) im Süden der Insel nutzten die Gemüsebauern einst als Landungsstrand, von dem aus sie ihre landwirtschaftlichen Produkte nach Mahé verschifften. Dazu hatten sie durch das schützende Korallenriff eine schmale Fahrrinne geschlagen.

Geschichte der Besiedlung

North Island war die erste Insel der Seychellen-Gruppe, die von Europäern erforscht wurde: 1609 landete erstmals ein Schiff der britischen East India Company an ihrem Strand, um Wasser und Proviant an Bord zu nehmen.

Im Jahr 1784 sank dann ein Schiff portugiesischer Seeleute vor der Küste der Insel. Die Gestrandeten aber blieben nicht lange auf North Island, sondern bauten sich ein Floß und paddelten unter Lebensgefahr die knapp 30 km hinüber zu dem damals bereits besiedelten Mahé. Doch ihre Beschreibungen der Insel, besonders der Hinweis, dass sie im Inneren über ein natürliches Süßwasserreservoir verfüge, waren es, die die Familie Beaufond aus Mahé veranlassten, die Insel zu kaufen. Sie brachten Verwalter und Sklaven nach North und ließen erste Kokosplantagen anlegen. Um die Arbeiter und Sklaven zu ernähren, wurden auch Ziegen, Rinder, Schweine und Hühner auf die Insel gebracht. Man baute Kopra, Gewürze und Gemüse an. Viele Jahrzehnte lang galt North Island danach als der ›Gemüsegarten‹ Mahés.

Mit dem Bau des Internationalen Flughafens auf Mahé und den regelmäßigen Flügen von Nairobi auf die Hauptinsel Mahé wurde der Import von Gemüse aus Ostafrika einfacher und billiger als der Anbau auf und Transport von North Island. So verließen die Bauern ihre Insel, allerdings ließen sie viele Tiere zurück. Katzen und Ratten vermehrten sich explosionsartig, eine Rinderherde zog sich in dichte Waldregionen auf dem Inselplateau zurück und die Gebäude verfielen in dem feuchten und heißen Klima schnell. North Island war von 1970 an unbewohnt und ungenutzt.

Ein neues Zeitalter

Eine ökologisch engagierte Investorengruppe hat ein luxuriöses, kleines Villenhotel aus nur elf Wohneinheiten am Oststrand von North Is-

aktiv unterwegs

Bottomfishing und Tauchen

Tour-Infos

Start: Jeweiliges Wasersportzentrum bzw. Resort auf den Inseln Silhouette, North Island und Frégate (s. S. 292, 296, 298)
Länge/Dauer: ganz nach Belieben
Hinweise: Auf North Island ist Tauchen und Fischen im *all-inclusive*-Preis enthalten.
Karte: ► A–C 7–10, und 2, H/J 7

Die drei Inseln Silhouette, North Island und Frégate sind zu weit von den bewohnten Inseln Mahé, Praslin und La Digue entfernt, als dass man dorthin mal schnell zum Fischen oder Tauchen fahren könnte. Das hat für die Gäste der Hotels auf diesen nicht oder nur spärlich (Silhouette) bewohnten Inseln den Vorteil, dass die Tauchplätze wenig besucht sind und der Fischreichtum ungewöhnlich groß ist.

Die Wassersportzentren auf allen drei Inseln haben erstklassig ausgestattete hochseetaugliche Fischerboote. Doch es ist nicht jedermanns Sache, wie der alte Hemingway mit dem Schwertfisch zu kämpfen. Wenn Sie zu dieser Gruppe gehören, fragen Sie nach, ob man mit Ihnen zum *bottomfishing* fahren kann! Das ist eine traditionelle Art, Fische am Meeresgrund in ca. 40–50 m Tiefe zu fangen. Eine lange, mit Gewichten beschwerte Leine wird mit mehreren Haken und frischem Fisch als Köder senkrecht ins Meer hinuntergelassen, bis sie am Boden aufkommt. Und wenn man am richtigen Platz ist, hat man schon bald Barrakudas, Bourgeois (Red Snapper) oder Thunfisch an der Leine.

Auch die Tauchbasen auf den drei Inseln haben das Privileg, ihre schönsten Tauchspots praktisch für ihre (wenigen) Gäste allein zu haben. Hier umschwirren nicht Gruppen von zehn oder gar 20 Tauchern täglich mehrmals dieselben Felsen und Korallenbänke, sondern alle paar Tage kommt ein Tauchlehrer mit zwei oder drei Schülern vorbei und achtet peinlich genau darauf, dass die Unterwasserwelt nicht zerstört wird. Hier gibt es auch keine Fischer, die rücksichtslos Anker in das Riff werfen. Das ist Tauchen in unberührten Regionen und auf allerhöchstem Niveau!

land errichtet. Hier Urlaub zu machen, ist zwar nicht für jeden erschwinglich, doch trägt der hohe Preis dazu bei, die Insel grundlegend zu renaturieren. Die Eigentümer haben bereits die meisten Kulturpflanzen von der Insel entfernt und durch endemische Hölzer ersetzt.

Die verwilderten Rinder wurden nach Mahé geschafft, Ratten und Katzen getötet und viele der früher heimischen Vögel mit Hilfe der Umweltschutzorganisationen, die ähnliche Projekte bereits auf anderen Inseln betreut hatten (Aride, Frégate, Cousine, Cousin) wieder ausgewildert. Auch Riesenschildkröten wandern inzwischen wieder frei umher, endemisches Hartholz (Takamaka) und einige Meereskokosnusspalmen wurden gepflanzt. Das Holz der Bäume, die herausgeschlagen werden mussten, um der heimischen Vegetation Platz zu schaffen, wurde für den Bau der Villen genutzt.

Übernachten

Traumhotel ► **North Island Luxury Resort:** Tel. 429 31 00, www.north-island.com. Eine südafrikanisch-deutsche Investorengruppe hat in mehrjähriger Arbeit und Architekturplanung *on sight* ein absolutes Traumhotel am Oststrand der Insel errichtet. Architekten, Innenarchitekten, Baumeister und ›Art Director‹ waren Silvio Rech und Lesley Carstens, die gemeinsam schon viele fantastische Wilderness Lodges im südlichen Afrika (z. B. Mombo im Okawango-

Delta) errichtet haben. Ein Team von Kunsthandwerkern aus Bali, Sansibar, Malawi, Südafrika und von den Seychellen schuf zusammen mit den ebenfalls zwei Jahre lang auf der Insel unter primitivsten Verhältnissen lebenden Architekten ein Inselhotel, das seinesgleichen sucht. Dank großer Abstände und dichter Vegetation zwischen den einzelnen Bauten bietet die Anlage ihren Gästen eine geschützte Privatsphäre. Neun der Villen liegen am Strand Anse de l'Est, zwei weitere am Nordende dieses Strandes sind in den dichten Takamaka-Wald am Hang eingefügt. Die Villen mit jeweils über 450 m^2 Wohnfläche liegen sämtlich 40–50 m vom Meer entfernt unmittelbar am schneeweißen Strand. Sie bestehen aus Schlafvilla und einem Wohn- oder Arbeitsraum, der bei Bedarf zu einem zweiten Schlafraum umgeformt werden kann, verfügen über eine Terrasse mit privatem Pool und Sala Thai. Maximal können in einer Villa vier Personen nächtigen. Das Zentrum der Hotelanlage bildet die Piazza, ein Strandabschnitt am Südende der Bucht, an dem sich die Bibliothek, das Activity Centre, der große Hauptpool, Spa, Freiluftbar und -restaurant befinden. Den wunderbaren Strand der Anse de l' Est können die Gäste uneingeschränkt nutzen, es sei denn eine Schildkröte vergräbt gerade ihr Gelege im Sand. Und auch die übrigen drei Strände sind nur wenige Gehminuten vom Hauptstrand entfernt. Steife Umgangsformen gibt es auf North Island genauso wenig wie eine Kleiderordnung. Auf North Island verbringt so manch Prominenter seinen Urlaub. Villa für zwei Erwachsene (Belegung des Hauptschlafzimmers) all-inclusive ab 2500 € pro Tag.

Verkehr

Um zu vermeiden, dass Katzen und Ratten erneut auf die Insel gelangen und die wieder heimisch werdende Vogelwelt gefährden, dürfen Gäste nur mit dem Hubschrauber nach North Island kommen. Wenn Fracht auf die Insel gebracht wird, müssen die Schiffe im tiefen Wasser bleiben und ihre Fracht auf kleine Landungsboote umladen.

Frégate ► 2, H/J 7

Wenn es Inseln auf dieser Erde gibt, die das Prädikat ›Paradies‹ verdienen, dann zählt die immergrüne Insel **Frégate** dazu. Sie ist im Inneren dicht von unberührtem Dschungel bedeckt, in den Küstenebenen findet man viele Arten tropischer Früchte. Wanderungen sind einfach, da es nur geringe Steigungen gibt und die Wege fast immer im Schatten liegen. Die Insel und das Hotel erfüllen die Träume vom warmen, zeit- und sorglosen Leben an weißen Palmenstränden.

Die ersten Besucher der Insel dürften übrigens Piraten gewesen sein, die sich aus den Gewässern um Madagaskar zurückziehen mussten. Hier fanden sie sichere Schlupfwinkel, Süßwasser und reichlich Nahrung. Man hat auf Frégate Spuren ihres Aufenthalts gefunden: verfallene Häuser, Messer, aus verschiedenen Ländern stammende Gefäße, Äxte, Säbel und sogar Münzen.

Frégate steht unter Naturschutz, der zulässt, dass ein beschränkter Luxustourismus die finanzielle Grundlage schafft, die Insel nach der Verfremdung der Inselnatur in Kolonialzeiten wieder in ihren ursprünglichen Zustand zurückzuversetzen. Damals eingeführte Katzen, Ratten, Schweine, ja sogar Ziegen und wild wachsende Gewürzpflanzen wie Zimt hatten das natürliche Gleichgewicht in 200 Jahren Kolonisierung durcheinandergebracht. Sieht man vom störenden Einfluss ab, den das kleine Luxusbungalowhotel Frégate Island Private und die zur Verpflegung der wenigen Gäste angelegten Plantagen noch ausüben, ist ein großer Teil der Zerstörungen der damaligen Zeit bereits wieder geheilt. Katzen und Ratten gibt es nicht mehr, sodass sich die heimische Vogelwelt wieder vermehren kann. Im Urwald wuchernde Kulturpflanzen wurden herausgeschlagen und die dadurch gerodeten Flächen beginnen sich wieder mit endemischem Wald zu bedecken.

Heute bauen die etwa 100 Mitarbeiter des Inselhotels Papaya, Bananen, Kaffee, Zimt, Vanille, Tabak, Zuckerrohr, Süßkartoffeln und viele Gemüsesorten an. Wild wachsen Oran-

Aus der Sicht eines Fernreisepioniers

Thema

Die älteste Darstellung der Seychellen in deutscher Sprache stammt aus dem Jahr 1834. Der Fernreisepionier Gottlieb August Wimmer beschrieb die drei wichtigsten Inseln in seinem Buch »Neuestes Gemälde von Afrika und den dazugehörigen Inseln« so:

»Setzen wir unsere Fahrt gegen Süden fort, so treffen wir, indem wir den Äquator durchschneiden, eine Sandbank und ungefähr etwas über einen halben Grad südlicher einen weitläufigen Archipel von mehreren Inselgruppen. Die ersten davon werden mit dem Namen Seychellen belegt und gehören jetzt England zu; die Engländer nennen sie auch Mahé-Inseln. Dieser Archipel besteht aus einem Haufen Granitklippen, auf welchen sich Kalk abgelagert hat. Von weitem gesehen gewähren sie einen schönen Anblick, da viele derselben mit Bäumen bedeckt sind; der Boden ist indes rauh, felsig, voll Schluchten und steiler Berge. Dagegen haben sie ein angenehmes und gesundes Klima und teilen nicht die Stürme, denen die südlichen Inseln ausgesetzt sind. Die größeren Inseln haben einige Bäche und Quellen, und man findet eine Art Krokodil, das bis zu fünf Fuß lang wird. Fische und Schildkröten sind an den Küsten häufig. Die Wälder zeichnen sich besonders durch schön gefiederte Vögel aus. Ananas, Gurken, Pfeffer und der Venusapfel wachsen wild.

Sehr wohltätig ist aber die Seekokosnuß. Die Blätter dieses Baumes dienen zu Dächern, die Fasern zu Stricken, die Schalen der Nüsse werden zu Tellern, Näpfen und dergleichen verarbeitet, die unter dem Namen Praslinische Töpferwaren bekannt sind. Viele dieser Nüsse werden jetzt nach Isle de France ausgeführt, wo man Öl aus ihnen preßt. Die Bewohner dieser Inseln sind teils Franzosen, teils schwarze Negersklaven, jetzt auch Engländer. Es werden eine Menge von Südfrüchten, besonders aber köstliche Gewürznelken erzeugt. Die bedeutendste Insel ist Mahé, das 4 Grad und 35 Minuten südlich des Äquators liegt. Mahé ist 16 Meilen lang, 5 Meilen breit und von ungefähr 2700 Seelen bewohnt, wovon jedoch die Negersklaven den größeren Teil ausmachen; die übrigen sind französische Ansiedler. Ebenen Boden gibt es nicht, aber die Täler lohnen den Ackerbau mit reicher Fülle aller Kolonialprodukte; die Berge nähren Schafe und Rinder, welche sehr gutes Fleisch geben. Die Stadt Mahé gewährt in diesem lieblichen Klima einen sehr romantischen Anblick. Die Häuser sind schön, oft sogar elegant gebaut, von tropischen Gärten umgeben, im Schatten der Bananen und Kokosbäume.

Die zweitgrößte Insel Praslin ist bereits wesentlich kleiner und nur von 200 Franzosen und ihren Negern bewohnt, hat aber einen trefflichen Hafen und nährt ihre Bewohner reichlich. Die Insel La Digue hat nur 70 Einwohner, bringt aber das schönste Rotholz in den Handel. Mehrere kleine Inseln, wie die Fregatten-Inseln, die Seyco-Insel, die Flache Insel, Coétivy, Agalega, die Glorieusen usw., liegen teils bewohnt, teils unbewohnt zerstreut umher.

Diese Inseln, indem sie dem Kolonisten, der sich entschlossen hat, der Welt und ihren Händeln zu entsagen, einen wahren Aufenthalt des Friedens und ein bescheidenes Glück gewähren, dienen zugleich den Seefahrern als erquickende Erfrischungsörter.«

gen, Zitronen, Korosol und zahlreiche andere tropische Früchte. Eine Kolonie von etwa 100 Riesenschildkröten lebt in den undurchdringlichen Wäldern – und sogar die Eidechsen gedeihen auf Frégate besser als auf den meisten übrigen Seychellen-Inseln, jedenfalls sind sie hier ein gutes Stück größer! Darüber hinaus finden sich rund um die Insel Traumstrände. In jeder Jahreszeit gibt es mindestens einen, der völlig windgeschützt liegt.

Nordoststrand

Ein von einem Riff geschützter Sandstrand erstreckt sich entlang der Landebahn – vom alten Plantation House gesehen links – bis zum Hauptrestaurant der Lodge. Das Plantation House dient heute als Inselmuseum (stets geöffnet, Eintritt frei) und kreolisches À-la-carte-Restaurant. Vom Nordende des Strandes bietet sich ein wunderbarer Blick auf die Inseln Marianne, Félicité, La Digue und sogar Praslin. Unmittelbar vor dem Plantation House beim alten Landungssteg sollte man besser nicht baden, denn im schmalen Kanal, der aus dem Riff hinausführt, herrscht bei Ebbe eine starke Strömung. Es genügt, sich 100 m rechts oder links des Bootsstegs aufzuhalten, damit man von der Strömung nichts mehr spürt.

Viel schöner sind ohnehin die Badeplätze in der Anse Bambou oder der Anse Victorin – und die **Schnorchelgründe** um die felsige Spitze rechts des alten Landungsstegs. Lassen Sie sich bei Flut im ruhigen Meer über Granitfelsen treiben und beobachten Sie die riesigen Schwärme kleiner und großer Riff-Fische. Die Bedingungen für Unterwasserfotos sind hier meist ausgezeichnet, denn die Sichtweite beträgt selten weniger als 15 m.

Anse Parc

Zu der kleinen **Anse Parc** gelangen Sie auf einem Fußpfad, wenn Sie aus dem Plantation House herausgehen und am Gartentor rechts abbiegen. Folgen Sie dem Weg etwa 400 m durch hochgewachsene, grüne Wiesen, in denen einzelne Obstbäume stehen. Sie erreichen bald einen Hügel, den Sie hinaufgehen, wobei Sie einen dichteren Wald durchqueren. Auf der Rückseite des Hügels steht ein kleines Wohnhaus. Dort biegen Sie links ab und folgen dann einem Trampelpfad nach Süden, der in der Anse Parc endet. Bei Ebbe ist das Wasser zum Baden zu seicht, die scharfen Korallen liegen dann nur 50 cm unter der Wasseroberfläche. Bei Flut haben Sie aber ein wunderbares Schnorchelgebiet, in dem Sie schon vom Strand aus fast alle Fischarten erkennen, die ein Korallenriff bietet. Erkundigen Sie sich nach dem Wasserstand, bevor Sie zur Anse Parc hinübergehen!

Sand und Granit prägen auch diesen Strand auf Frégate

Grand' Anse

Ein weiterer Wanderweg führt von der Rückseite des Plantation House über einen kleinen Hügel hinweg zur **Grand' Anse**. Folgen Sie diesem Weg nach Westen. Er steigt leicht an, und Sie erreichen nach etwa einer Viertelstunde den Gipfel. Wenn Sie Riesenschildkröten in freier Natur beobachten wollen, stehen die Chancen, sie hier im dichten Unterholz zu finden, nicht schlecht! Für weniger Abenteuerlustige führt der Weg nach rechts unten zur Grand' Anse mit ihrem weiten Sandstrand und ihren Schnorchelgründen. Auch hier sollten Sie auf jeden Fall nur bei Flut schnorcheln, denn bei Ebbe liegen die Korallen zu dicht unter der Wasseroberfläche, sodass Sie sich verletzen könnten.

Anse Victorin

Der schönste Strand von Frégate ist die **Anse Victorin** im Nordwesten der Insel. Von der Rückseite des Plantation House führt ein Weg über einen Hügel dorthin. Wenn Sie diese Bucht nicht gesehen und in diesem Wasser nicht gebadet haben, haben Sie Frégate nicht wirklich erlebt!

Der Weg steigt zunächst stetig leicht an und fällt erst auf den letzten 500 m steil hinunter in die Bucht ab. Das Hotel hat zur Erleichterung des Abstiegs eine steile Holztreppe gebaut, die ihren Zweck erfüllt. Die riesigen runden Granitfelsen im pulvrigen Sand machen die Anse Victorin zu einer einzigartigen Attraktion.

Anse Bambou

Die **Anse Bambou**, unmittelbar unterhalb des Restaurants gelegen, ist die ›Hausbucht‹ der Frégate Island Private Lodge. Der kleinen Bucht mit dem weichen, weißen Sand ist zwar ein Korallenriff vorgelagert, dennoch gibt es im Südwinter gelegentlich starken, für Kinder vielleicht sogar gefährlichen Wellengang entlang der Küste.

Übernachten

Luxus pur ▶ **Frégate Island Private Lodge:** Tel. 467 01 00, www.fregate.com. 1998 wurde auf der ›5-Sterne-Insel‹ ein Hotel, die Frégate Island Private Lodge, fertiggestellt. In der Anse Bambou am Nordende der Graspiste liegen das Hauptrestaurant, die Bar und der kleine Pool, 16 Bungalows verteilen sich rund um die Nordecke der Insel zwischen Anse Bambou und Anse Victorin. Für ökologisch bewusste Gäste mit dem nötigen Kleingeld verbindet das Hotel vollkommenen Luxus mit der Möglichkeit eine tropische Insel nahezu im Urzustand zu erleben. Die in weitem Abstand voneinander entfernt stehenden Villen haben jeweils 180 m^2 Wohnfläche, Whirlpool im Garten, privaten Golfcart – um die Insel bequemer zu erkunden –, Fernseher, DVD-Player usw. Ranger befreien die Insel (etwa 2 km Durchmesser) von nicht endemischer Vegetation, Biologen befassen sich mit dem Vogelschutz und der Auswilderung vieler hier ursprünglich heimischer Tierarten, die aus anderen Reservaten (Aride, Cousin, Cousine) wieder hereingebracht werden. Und wer noch mehr Privatsphäre sucht, kann das großzügige Hauptgebäude ›Banyan Hill‹ und 3 zusätzliche Gartenvillen für etwa 10 000 € pro Nacht (8 Personen!) inklusive Vollservice (Butler) buchen.

Aktiv

Schwimmen und Schnorcheln ▶ s. bei den Stränden und Buchten.

Tauchen ▶ Rund um Frégate: Nördlich von Frégate, in Richtung La Digue, liegen die **Chimney Rocks.** Bei ruhiger See gehören sie zu den schönsten Tauchplätzen der Seychellen. Der Fischreichtum ist außergewöhnlich und die Schönheit der Korallen so, wie man es sich nur wünschen kann. An der Südostseite fallen die Felsen steil bis 22 m zum Meer hin ab, während rund um den Rest der Insel viele Felsen übereinander getürmt liegen, die langsam in die tieferen Regionen der Seychellenbank hinab führen. Die Menge der Fische, ihr Artenreichtum und insbesondere die Größe vieler Arten sind sensationell. Aus diesem Grund ist das Tauchgebiet auch nur erfahrenen Tauchern zu empfehlen. Anfänger könnten beim Anblick von Barrakudas und Haien erschrecken.

Verkehr

Frégate erreicht man mit dem Kleinflugzeug oder mit dem Helikopter in 10 bis 20 Minuten von Mahé und Praslin oder mit dem inseleigenen Boot von Mahé aus in 1 bis 2 Stunden.

Bird Island und Denis Island

Diese beiden Inseln nahe des nördlichen Rands des Seychellen-Plateaus sind sich auf den ersten Blick sehr ähnlich. Wenn man jedoch genauer hinsieht, liegen Welten zwischen beiden. Während Bird eine Kolonie von Millionen Seevögeln beheimatet, aber eher einfache Unterkünfte bietet, besitzt Denis Island komfortable, klimatisierte Villen, wunderbare Schnorchelreviere, einen Tennisplatz sowie zahlreiche Unterhaltungs- und Sportangebote.

Bird Island ▶ 2, B 1/2x

Für die knapp 100 km von Mahé aus nach Bird Island benötigt der kleine Inselflieger etwa 30 Min. Der Anblick der von weißem Sand umringten Insel inmitten eines unendlich scheinenden Ozeans beim Landeanflug ist unvergesslich. Die Süd- und Ostseite der Insel schützt ein Korallenriff. Es erstreckt sich von der Südspitze entlang der Südostküste bis hinauf zum Kap und ist bei Flut ein schönes Schnorchelgebiet, in dem Tausende von Korallenfischen zu sehen sind. Den Rest der Insel umschließt ein schneeweißer, weicher Sandstrand, der bis weit hinaus ins Meer reicht. Baden unmittelbar vor den Bungalows ist ungefährlich. Wollen Sie jedoch auf der anderen Seite der Insel schwimmen, sollten Sie möglichst nicht den Boden unter den Füßen verlieren, denn dort herrschen manchmal Strömungen, die in Richtung offenes Meer gerichtet sein können. Von Bird aus sind es nur wenige Kilometer bis zum nördlichen Rand des unterseeischen Seychellen-Plateaus, das dort steil hinunter in die Tiefen des Indischen Ozeans abstürzt.

Vogel- und Tierwelt auf Bird Island einst und jetzt

Als Bird Island 1756 entdeckt wurde, nannte man sie **Île aux Vaches** (Insel der Kühe), was aber nicht etwa auf eine Rinderherde hinweisen sollte. Sie erhielt ihren Namen, weil in den flachen Korallenbänken rund um die Insel eine große Zahl von Seekühen (Dugongs) friedlich graste – allerdings nur bis die letzte von ihnen erlegt und verspeist war. Lange Zeit war die Insel danach kommerziell uninteressant. 1896 begann man dann den in dicken Schichten auf der Insel vorhanden Kot von Seevögeln (Guano) auszustechen und als Dünger zu verkaufen. Als das Guano verschwunden war, pflanzte man Kokospalmen und baute Baumwolle und Obst (Papaya, Banane) an. Doch die Pflanzungen waren wenig ertragreich. Das Einzige, was sich noch lohnte, war das Einsammeln der Eier der auf der Insel zu Millionen brütenden **Rußseeschwalben** (engl. *fairy terns*). Auf Mahé wurden sie als hochpreisige Delikatessen verkauft.

Nachdem die Seekühe ausgestorben waren, benannte man die Insel aufgrund ihres Vogelreichtums in Bird Island um. Diesen Namen trägt sie heute wieder zu Recht, obwohl es Jahrzehnte gab, in denen die Berechtigung für diesen Namen nicht mehr gegeben war: Bevor der heutige Besitzer die Insel 1967 erwarb, hatte sich durch das bedenkenlose Einsammeln der Rußseeschwalbeneier die Zahl der nistenden Vögel auf Bird Island drastisch reduziert.

Glücklicherweise beschlossen die neuen Eigentümer in den 1970er-Jahren, ein kleines Hotel auf der Insel zu errichten und die Erlöse zum Wohle der Natur zu nutzen. Die Brutgebiete der Schwalben wurden geschützt und Eier über Jahrzehnte nicht mehr gesammelt und verkauft. In den wenigen Jahrzehnten seit die Insel ein Feriendomizil ist, hat sich die Kolonie der Rußseeschwalben von damals knapp 20 000 Vögeln auf heute wieder etwa 1 Mio. erhöht. Heute darf der Eigentümer jedes Jahr eine begrenzte Anzahl von Vogeleiern sammeln und nach Mahé bringen. Es wird aber darauf geachtet, dass sich die Gesamtzahl der nistenden Vögel dadurch nicht verringert. Heute bilden die **Rußseeschwalben**, die jährlich zur Eiablage erscheinen, wie früher die bedeutendste Vogelkolonie auf Bird Island. Sie nisten von Mai bis Oktober, den Rest des Jahres verschwinden sie über den unendlichen Weiten des Indischen Ozeans. Während der Brutzeit aber kehren in der Abenddämmerung gigantische Schwärme vom Meer zurück, wo sie auf Nahrungssuche waren. Sie kreisen einige Male über der Insel, vereinigen sich zu ›Vogelwolken‹ und setzen wie auf Kommando kurz vor Sonnenuntergang gemeinsam zur Landung in ihrem Brutgebiet im Norden der Insel an. Einige Stunden nach Einbruch der Dunkelheit klingt das Geschrei ab, das die Vögel während und nach der Landung veranstalten. Erst dann kann man wieder die Stimmen einzelner Vögel heraushören, bis sich in der Morgendämmerung die Luft erneut mit Getöse erfüllt, denn sie steigen wieder nahezu zeitgleich zur Nahrungssuche über dem Meer auf. Viele Biologen unternehmen einen Tagesausflug nach Bird Island, nur um dieses Schauspiel einmal miterleben zu können.

Wer jedoch auch die anderen Reize von Bird Island kennenlernen will, der sollte mindestens zwei bis drei Tage bleiben; erst dann

Abendstimmung auf Denis Island

spürt man, wie anders als auf Mahé die Atmosphäre der Insel ist.

Auch die früher übliche und sehr lukrative Jagd auf **Meeresschildkröten** wurde eingestellt – was dazu geführt hat, dass wieder viele von ihnen zur Eiablage an die Strände von Bird Island kommen. Schließlich hat die Ausrottung von Ratten und Kaninchen dazu geführt, dass sich auch die Populationen der am Boden nistenden **Noddi-Seeschwalben**, **Keilschwanz-Sturmtaucher** und der **Tropikvögel** erholt haben. **Schwarze Seeschwalben** (frz. *cordonnier*), **Kokosturteltauben** und **Madagaskar-Webervögel** sind ebenfalls in großer Zahl auf der Insel zu finden, sodass Besucher von Bird Island auch außerhalb der Brutzeit der Rußseeschwalben ständig von Vögeln umgeben sind.

Einfaches Inselleben auf Bird Island

Wer Luxus und Unterhaltung sucht, ist auf Bird Island nicht richtig. Hier gibt es keine Klimaanlagen, keine Radios, Telefone oder Fern-

›Strandspaziergang mit Noddi-Seeschwalben‹, die auf Bird Island brüten

seher in den Bungalows, keinen Pool. Dafür regnet es auf Bird Island, wie auf allen flachen Koralleninseln, weniger als auf den bergigen Inseln der zentralen Seychellen-Gruppe, denn Wolken können ungehindert über sie hinwegziehen. Es gibt keine Straßen, keine Autos, keine Zeitung und nur eine Handvoll ständiger Bewohner, die sich mit Fischfang und dem Anbau von Gemüse für den Hotelbedarf beschäftigen. Die 100 Jahre alte **Riesenschildkröte Esmeralda** hält sich meist in der Nähe der Lodge auf. Laut »Guinness-Buch der Rekorde« ist sie die größte und schwerste Landschildkröte, die je gewogen und gemessen wurde, und sie dürfte auch die meistfotografierte Schildkröte der Welt sein.

Um das **Nistgebiet der Rußseeschwalben** zu erreichen, gehen Sie den Strand entlang nach Norden und biegen nach ca. 150 m rechts in eine Lichtung in dem niedrigen Gestrüpp ein. Dort werden Sie eine erhöhte Aussichtsplattform finden, von der aus Sie, insbesondere bei Sonnenuntergang, einen wunderbaren Blick auf die Nistplätze haben.

Übernachten

Große Bungalows ▶ **Bird Island Lodge:** Tel. 432 33 22, www.birdislandseychelles.com, 1.–21. Dez. geschlossen. In den 24 geräumigen Bungalows findet man alles, was für einen angenehmen Aufenthalt erforderlich ist – aber auch nicht mehr. Es steht Trinkwasser in einer Karaffe bereit, das in einer inseleigenen Entsalzungsanlage hergestellt wird. Man kann duschen, hat eine eigene Toilette und einen geräumigen Schlaf- und Wohnraum. Das Gelände, auf dem nahe dem Strand die Bungalows, das Restaurant und das Rezeptionsgebäude stehen, ist mit gepflegtem Rasen und Kokospalmen großzügig angelegt. DZ ab 450 € mit Vollpension.

Verkehr

Flüge: Charterflug mit Air Seychelles ab Mahé tgl. 11.15 Uhr, ab Bird Island tgl. 14.15 Uhr, Flugdauer: ca. 30 Min.

Denis Island ▶ 2, B 3

Denis Island ist eine Koralleninsel, deren höchste Erhebung nur etwa 2 m über dem Meeresspiegel liegt. Anders als auf Bird nisten auf Denis keine Seevogelkolonien. Doch lebt auch hier eine Vielzahl heimischer **Vögel**, die sich stark vermehrt haben, nachdem Ratten und Katzen von der Insel verbannt wurden. Mit Hilfe der Biologen auf anderen ›Vogelinseln‹ wie etwa Aride, Cousine und North wurden in den vergangenen Jahren zahlreiche Vogelarten erfolgreich ausgewildert, die vor der Besiedlung der Insel durch den Menschen hier lebten.

Und im Jahr 2009 ist es den Inselbiologen sogar gelungen, den endemischen *Paradise Flycatcher* auf der Insel anzusiedeln, den es sonst auf der Welt nur noch in wenigen Exemplaren auf der Insel La Digue gibt. Die erfolgreiche Auswilderung auf der von Fressfeinden freien Insel ist eine große Chance für die Art, dem endgültigen Aussterben zu entgehen. Denis Island ist zu großen Teilen von dichtem, ursprünglichem **Wald aus Kasuarinen und Takamaka-Bäumen** bedeckt, den man auf schmalen Fußwegen durchwandern kann.

Ihren Namen erhielt die Insel von Kapitän Denis de Trobriand, der 1773 dort an Land ging und die Insel für den französischen König in Besitz nahm. Heute ist sie Privateigentum und dient Hotelangestellten und Urlaubern als Heimat. Ein 1910 errichteter **Leuchtturm** ist nicht mehr in Betrieb. Leider ist er auch recht baufällig, sodass es nicht ungefährlich ist hinaufzusteigen.

Eine kleine Farm nahe des **Dorfes**, in dem etwa 100 Seychellois leben, versorgt die Hotelküche. Die Frauen arbeiten als Zimmermädchen im Hotel, die Männer bauen Gemüse an, gehen fischen, produzieren Kopra und erledigen die erforderlichen Reparaturen im Hotel und im Dorf.

Reiche Fischgründe rund um Denis Island

Die Fischer haben ein riesiges Jagdgebiet nahezu für sich allein, denn die Insel liegt am Rande des Seychellen-Plateaus, wo es nur so von **Großfischen** wimmelt. Die Erfolgsliste der Fischer von Denis Island verzeichnet daher verschiedene Rekorde. Hier wurden die größten Hundezahnthunfische weltweit gefangen, im Oktober, November und Dezember tummeln sich riesige Schwertfische, Barrakudas, Haie und Fächerfische nahe der Insel und bereichern den Speiseplan des Hotelrestaurants.

Schnorcheln und Tauchen um Denis Island

Rund um Denis Island erstrecken sich interessante Korallenbänke. Zum **Schnorcheln** gibt es auf den Seychellen wohl nur wenige vergleichbar schöne und zugleich leicht erreichbare wie die **Korallenbank vor dem Restaurant des Denis-Island-Hotels**. Seit El Niño 1998 einen Teil der Korallen absterben ließ, hat die Attraktivität zwar nachgelassen, dennoch ist die Zahl der Fische hoch, und die ersten neuen Korallen sind bereits wieder erblüht. Die Struktur der Korallenbank ist schon in geringer Tiefe ungewöhnlich zerklüftet. Man findet bereits in 7–20 m Tiefe Höhlen in den Riffwänden, die mit Korallen und Fischen ›vollgepackt‹ sind. Gelegentlich sieht man auch im Riff selbst kleinere Haie, Stachelrochen und Meeresschildkröten.

Nicht weit von Denis Island fällt ein **Korallenriff** von 18 m auf 100 m Tiefe ab. Hier kann man sicher sein, beim **Tauchen** auch Großfischen (Haien!) zu begegnen, weshalb die Tauchbasis nur mit erfahrenen Tauchern dort ins Wasser geht. Beste **Tauchsaison** sind die Monate Oktober bis Mai, wobei von Januar bis März immer wieder stark auffrischender Wind und Gewitter die See für ein bis zwei Tage aufwühlen können. Von Juni bis September weht ein steter Wind aus Südost, und die Sichtweiten unter Wasser sind geringer als im Rest des Jahres. Während dieser Zeit schnorchelt und taucht man besser im windabgewandten Nordwesten der Insel.

Übernachten

Komfort und familiäre Umgebung ▶ Denis Island: Tel. 429 59 99, 428 89 63, www.denisisland.com. Die Hotelanlage besteht aus 23 Cottages und zwei Villen, die jeweils für zwei Personen ausgelegt sind und zusätzlich zwei Kinder aufnehmen können (ermäßigte Preise). Denis Island ist eine Barfuß-Luxushotelinsel mit familiärem Touch. Die Qualität des Essens und die Lage am Strand genügen höchsten Ansprüchen, die Schönheit der Insel und ihrer Strände ist ohnehin kaum zu überbieten. Das Hotel an der Westspitze der Insel ist ein hervorragender Stützpunkt zum Erkunden der Insel, ihrer Wälder, ihrer Vögel, zum Baden, Windsurfen, Hochseefischen, Schnorcheln und Tauchen. Alle

Bungalows sind klimatisiert, liegen nur etwa 20 m vom Strand entfernt und haben fast alle Blick auf und über das Meer. Hier findet der anspruchsvolle Urlauber eine ideale Mischung aus hohem Komfort und einfachem Leben in unberührter Natur. Seit einer umfassenden Renovierung bietet die Lodge noch mehr Komfort. Das Restaurant wurde komplett umgestaltet und moderner ausgestattet, um auch mit der immer stärker werdenden Konkurrenz in Mauritius oder auf den Malediven mithalten zu können. Dennoch aber legt man großen Wert darauf die typisch seychellische Ungezwungenheit und das familiäre Ambiente auf der Insel zu erhalten. Ein Ausbau auf ›maledivische‹ Bungalowzahlen ist nicht geplant, obwohl Denis Island nahezu so groß ist wie die maledivische Hauptinsel Male, auf der fast 60 000 Menschen leben! Bungalow ab 700 € als DZ mit Halbpension.

Verkehr

Flüge: Air Seychelles ab Mahé Mo/Di, Fr–So 11.45, Do 11 Uhr, ab Denis Island Mo/Di, Fr–So 12.30, Do 11.45 Uhr, Flugdauer: ca. 30 Min.

Doktorfische umschwirren die Korallenbänke bei Bird und Denis Island

Das Aldabra Atoll aus der Vogelperspektive

Kapitel 3

Die Outer Islands

Die Gesamtoberfläche der Seychellen ist gigantisch (1000 km x 500 km), doch der mit Abstand größte Teil davon besteht aus Meer. Im Zentrum dieses Hoheitsgebietes liegen die bewohnten Granitinseln Mahé, Praslin und La Digue sowie deren kleine Satelliten. Etwa sechzig Inseln liegen erheblich weiter im Süden der zentralen Seychellen-Gruppe. Die meisten davon sind unbesiedelte, winzige Punkte im unendlichen Indischen Ozean. Es sind weiß umrandete, grüne Flecken inmitten des Meeres, die wirtschaftlich teils gar nicht, teils als Kokosplantagen genutzt werden. In früheren Jahren wurde hier und da auch Guano als Düngemittel abgebaut.

Sieht man Bilder dieser Inseln, denkt man eher an die Malediven, denn nirgendwo sind Hügel oder Felsen zu entdecken. Flach wie ein Brett liegen sie auf dem Wasser und lediglich Kokospalmen oder manchmal eine Würgefeige ragen einige Meter in die Höhe. Allerdings sind viele der Outer Islands wesentlich größer als die Inseln der Malediven, Aldabra (s. S. 314 ff.) ist sogar weitaus größer als Mahé, die Hauptinsel der Seychellen. Doch da sie alle im Gegensatz zu diesen unbewohnt sind, sieht man sie nur selten in Reisezeitschriften und Reisesendungen des Fernsehens.

Das erste Hotel auf diesen abgeschiedenen Inseln wurde auf Desroches (s. S. 332 f.) eröffnet, bald folgte die Lodge auf Alphonse Island (s. S. 338 f.). Für einige weitere touristische Erschließungen liegen die Pläne in den Schubläden der Regierung. Was fehlt, sind mutige Investoren oder einfach Superreiche, die sich ein Refugium abseits dieser Welt schaffen möchten.

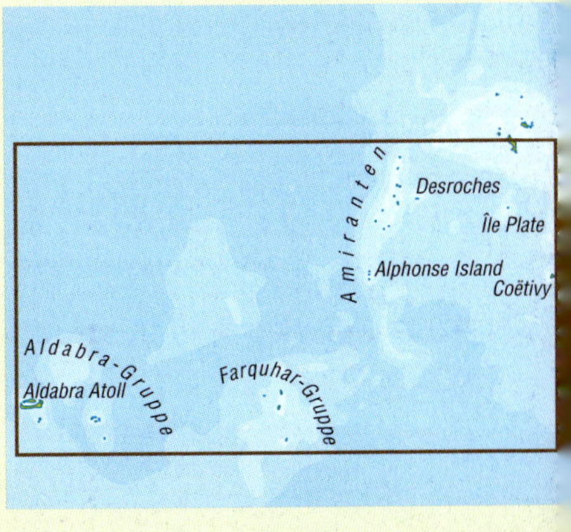

Auf einen Blick

Die Outer Islands

Sehenswert

15 **Aldabra Atoll:** Der größte geschlossen über die Meeresoberfläche herausragende Atollring der Welt ist ein streng geschütztes Naturparadies mit dem Segen der UNESCO. Sie hat Aldabra in die Liste des Welterbes aufgenommen. Der Mensch hat seit der Entdeckung des Atolls nur in geringem Maß Veränderungen bewirkt (s. S. 314).

Schöne Routen

Segeln in den Amiranten: Es ist zwar ein Genuss für Betuchte, setzt der Törn doch das Chartern einer hochwassertauglichen Jacht voraus, doch zählt die Route zu einer der schönsten des Gebiets. Allerdings sollte man sich wegen der hier zuweilen ihr Unwesen treibenden Piraten vor Beginn des mehrtägigen Ausfluges genauestens über die aktuelle Lage informieren (s. S. 329).

Mein Tipp

Drifttauchen an den Kanälen zwischen den Inseln Aldabras: Nirgendwo ist die Unterwasserwelt so unberührt wie nahe der Inseln des Aldabra Atolls (s. S. 326).

aktiv unterwegs

Besuch von Aldabra im Frühjahr und Herbst: Zu Beginn und Ende der Kreuzfahrtsaison kann man exklusive Fahrten nach Assomption und Aldabra unternehmen (s. S. 326).

Die Aldabra-Gruppe

Die Inseln Assomption, Cosmolédo und Astove werden zusammen mit dem Aldabra Atoll zur Aldabra-Gruppe zusammengefasst. Bei allen handelt es sich um Korallenstöcke, die von derselben Gruppe unterseeischer Vulkane aus über die Meeresoberfläche hinausgewachsen sind. Auch ihre Fauna und Flora stimmen weitgehend überein. Die Inseln liegen ca. 500 km nördlich von Madagaskar und ebenso weit östlich der afrikanischen Küste. Von der zentralen Seychellen-Gruppe aber sind sie über 1000 km entfernt.

15 Das Aldabra Atoll

► 5, A–D 1/2

Karte: S. 324

Das **Aldabra Atoll** besteht aus vier großen Inseln (Grande Terre, Malabar, Picard und Polymnie), die eine riesige, flache Lagune von ca. 20–30 km Durchmesser umschließen. Schließt man die Lagune ein, so hat Aldabra eine Gesamtfläche von etwa 340 km^2. Innerhalb der Lagune befinden sich zahlreiche weitere kleine Inseln. Die Außenseiten des Atolls besitzen ein intaktes, nahezu geschlossenes Korallenriff.

Aus der riesigen, flachen und rundum mit Mangroven bewachsenen Lagune in der Mitte des Atolls ragen pilzartig ausgestaltete Formationen auf, die sogenannten Champignons. Es handelt sich dabei um ausgehöhlte Korallenstrukturen, die im Laufe der Jahrtausende über die Wasseroberfläche herausgehoben und dann von unten her vom Wasser ausgewaschen wurden. Lediglich vier schmale Kanäle, in denendurch Ebbe und Flut Strömungen von bis zu zwölf Knoten Geschwindigkeit erzeugt werden, verbinden die Lagune mit der offenen See.

Auf den Inseln des Aldabra Atoll leben eine Vielzahl endemischer Tiere und Pflanzen, darunter als berühmtestes Beispiel die **Aldabra-Riesenschildkröte** (siehe Thema S. 322), die größte Schildkrötenart weltweit. Einige hunderttausend Exemplare leben hier zusammen mit nur etwa einem Dutzend Menschen. Für den Tourismus hat Aldabra keine Bedeutung, und das wird sich wohl auch nicht ändern, denn 1981 wurde dieses einmalige Atoll zum Naturschutzgebiet erklärt, was nur noch sehr geringen Einfluss von außen erlaubt.

Entstehungsgeschichte

Vor etwa 120 000 Jahren dürfte Aldabra vollständig vom Meer bedeckt gewesen sein. Zur damaligen Zeit lag der Meeresspiegel etwa 10 m höher als heute. In späteren Jahrtausenden sank er stark, und eine Landfläche von etwa 400 km^2, also etwa dreimal so viel wie heute, ragte empor. Als dann der Meeresspiegel langsam auf das heutige Niveau anstieg, überschwemmte das Meer einen großen Teil der Insel und brach die vier Kanäle zwischen den heutigen einzelnen Eilanden des Atolls. Der Ring, den die Inseln bilden, war ursprünglich der Kraterrand eines unterseeischen Vulkans, der in einer Tiefe von etwa 4000 m auf dem Meeresgrund steht. Auf den höchsten Erhebungen dieses Kraterrandes hatten sich Korallen angesiedelt. Ihre Wachstumsbedingungen waren ideal, denn sie lagen übahrtausende knapp unter der Meeresoberfläche, also dort, wo die Sonneneinstrahlung das Korallenwachstum begünstigt. Anhand des Aldabra Atoll, aber auch anhand ähnlicher Formationen in Polynesien hatte Charles Darwin die seinerzeit sensationelle Erklärung für die Entstehung kreisförmiger Koralleninseln einleuchtend präsentieren können.

Erschließungsversuche

Da dieses Atoll in der Mitte des Indischen Ozeans stets abseits der Schifffahrtsrouten lag, und seine Landfläche unwirtlich erschien, blieb es über die Jahrhunderte von der menschlichen Zivilisation unberührt. Eine eingeborene Bevölkerung aus vorgeschichtlicher Zeit hat es nicht gegeben, aber sicher kannten arabische Seefahrer die Inseln lange bevor Europäer erstmals dorthin gelangten. Portugiesische Kapitäne, geleitet von arabischen Navigatoren, vermerkten im 16. Jh. als Erste die Inseln unter unterschiedlichen Namen auf ihren noch recht ungenauen Karten. Doch da sie so abseits lagen und es darüber hinaus auf ihnen kein Süßwasser gab, wurden sie nicht besiedelt.

Erst im 20. Jh. folgte eine Periode der Erkundung und zum Teil auch der Versuche, die Inseln wirtschaftlich auszubeuten. Als die zentralen Seychellen im 18. Jh. besiedelt wurden, erhielt auch Aldabra gelegentlich Besuch von Fischern, die Meeresschildkröten und Landtiere fingen, um sie als Nahrungsmittel nach Mahé zu bringen. Vermutlich brachten sie auch die leider vorhandenen Ratten auf die Inseln. Aber erst um die Wende zum 19. Jh. wurde unter der neuen englischen Kolonialmacht begonnen, Aldabra systematisch kommerziell zu nutzen. Dies stieß schon im 19. Jh. auf erheblichen Widerstand, nicht zuletzt seitens des prominenten englischen Naturwissenschaftlers Charles Darwin, der sich für die Rettung der letzten Populationen der Aldabra-Riesenschildkröten einsetzte.

Dennoch wurden Versuche unternommen Baumwolle, Kokosnuss und Sisal zu pflanzen, wobei sich nur die Kokospalme als lohnend erwies. Letztlich dank der weiten Transportwege und vor allem aufgrund des für den Menschen lebensfeindliche Umfeld auf dem Aldabra Atoll blieben diese Aktivitäten sehr gering und wurden bald ganz eingestellt.

Von Arbeitern und Geistern

Wie schwierig es war, auf der Insel Landwirtschaft zu betreiben veranschaulicht die folgende Geschichte: Der von der Kolonialverwaltung nach Aldabra entsandte Verwalter sah sich eines Tages damit konfrontiert, dass seine Arbeiter Tag und Nacht in ihren versperrten Hütten verbrachten. Sie waren verängstigt, denn sie waren nächtens einem unheimlichen Wesen mit Hörnern und Eisenketten begegnet – einem bösen Geist! Der Inselverwalter ahnte, was sich abspielte, und versuchte seine Arbeiter zu ermutigen. Er zeigte ihnen eine Narbe an seinem Oberkörper und behauptete, er habe sich diese Verletzung einst im Kampf mit einem Inselgeist zugezogen. Er habe diesen besiegt und sei seither für Inselgeister unbesiegbar.

Einige Arbeiter fassten daraufhin Mut und waren bereit den Verwalter auf eine Erkundungsfahrt zu einer Nachbarinsel zu begleiten, wo sie in leichten Zelten übernachteten. Um Mitternacht wurde die Gruppe aus dem

Tipp: Wer darf Aldabra besuchen?

Die Inseln Aldabras stehen lediglich wissenschaftlich und naturgeschichtlich interessierten Besuchern offen, die eine Sondergenehmigung beim Ministry of National Development im Independence House in Victoria einholen müssen, wenn sie länger als ein paar Stunden auf einer der Inseln zubringen möchten. Die wenigen touristischen Gäste, die jedes Jahr hier an Land gehen, dürfen nur ein kleines Stück Land rund um die Forschungsstation erkunden. Im Übrigen beschränken sich die Besuchsmöglichkeiten darauf, zunächst nach Assomption zu fliegen und von dort aus auf einer Jacht nach Aldabra zu fahren, die kleineren und größeren Inseln des Atolls zu umrunden und die bizarre Natur unter und über Wasser zu bewundern.

Einfahrt in die Lagune des Aldabra Atolls

Schützenswerte Tierwelt auf Aldabra: Riesen- oder Kokosnusskrabbe

Schlaf gerissen, als ein schreckliches Heulen zu hören war und Ketten rasselten.

Der Verwalter sprang auf und lief auf den Geist zu, während seine Arbeiter verängstigt von Ferne zusahen. Er versetzte dem Geist einen harten Schlag mit dem Fuß und drohte, ihn zu töten. Auf einmal verwandelte sich das tierische Geheul in eine ängstliche menschliche Stimme – der Geist bat um Gnade und aus der erschreckenden Verkleidung schlüpfte ein Arbeiter, der gestand, dass er die vergangenen Wochen gespukt hatte, um bei den Kollegen Geld und Proviant zu stehlen.

Bis heute ist eines der größten Probleme der Inselverwaltung eine ausreichende Zahl qualifizierter Arbeiter zu finden, die bereit sind, einige Monate auf dem einsamen Atoll zu verbringen. Und vermutlich ist nicht nur die Einsamkeit der Grund, sondern auch die Angst, es könnte auf Aldabra böse Geister geben.

Aldabra – das größte Korallenatoll der Erde?

Thema

Häufig liest man, Aldabra sei das größte Korallenatoll der Erde. Ob diese Aussage berechtigt ist, hängt schlicht von der Antwort auf die Frage ab, wie man den Begriff Atoll definiert. Wenn man unter einem Atoll aus dem Meer herausragende Inseln versteht, die auf Korallengestein aufbauen, dann gibt es einige ernsthafte Konkurrenten.

Der schärfste Konkurrent ist die Insel Renell (Mu Nggava), in der Gruppe der Salomonen in Polynesien. Aber auch Nui 2400 km nordöstlich von Neuseeland und Lifou in Neukaledonien erheben den Anspruch, das größte aus der Meeresoberfläche herausragende Atoll der Erde zu sein.

Aldabra besitzt eine Fläche von nur knapp 155 km^2, Nui dagegen von 259 km^2, Rennell von sogar 660 km^2 und Lifou von über 1000 km^2. Aldabra liegt also bestenfalls an vierter Stelle! Doch im Unterschied zu Aldabra bilden diese drei Inseln keinen Atollring, der eine Lagune einschließt, sondern es sind ›normale‹ Inseln, ähnlich etwa wie Assomption, aus korallinem Gestein.

Sind nun solche Inseln wirklich Atolle? Wenn man eine jede Insel, die auf Korallengestein aufbaut, als Atoll bezeichnet, zweifelsohne ja. Im allgemeinen Sprachgebrauch aber versteht man unter einem Atoll keine einzelne Insel, sondern eine Aneinanderreihung von Inseln und Sandbänken, die eine Lagune umschließen. So sehen etwa die Atolle der Malediven aus, die vom Flugzeug aus betrachtet fast kreisformige Ringe sind, deren 20–30 m tiefe Lagune mit weißem Sand angefüllt ist.

Der Sprache der Malediven – dem Divehi – entstammt auch das Wort Atoll (*atolu*). Im Divehi bezieht sich diese Bezeichnung darauf, dass ein Kranz von Inseln eine flache Lagune umschließt. Dagegen wird in Divehi eine auf einem Korallenstock aufbauende Insel wie Renell nicht *atolu* genannt, sondern – je nach ihrem Alter und ihrer Vegetation – *finolu*, *fushi*, *faru* oder *hura*.

Definiert man ein Atoll also so, wie in der Sprache, aus der seine Bezeichnung stammt, als einen Inselring um eine flache Lagune, dann scheiden die drei Konkurrenten aus und Aldabra verdient die Bezeichnung größtes Atoll im ursprünglichen Sinne, nämlich als größter geschlossener Atollring. Renell hat zwar in seinem Inneren ebenfalls eine große Wasserfläche, doch diese besitzt keinen Zugang zum Meer, vielmehr handelt es sich um einen Binnensee, den bis zu 150 m hohe Berge umgeben, die zusammen mit dem Rest der Insel über das Meeresniveau hinausgehoben wurden.

Aldabra Konkurrenz machen könnten allenfalls die Atolle der Malediven, die häufig einen Durchmesser von mehr als 30 km aufweisen, wohingegen Aldabra lediglich etwa 20 km bieten kann. Im Unterschied zu den Atollen der Malediven aber präsentiert sich Aldabra tatsächlich als ein geschlossener Ring. Lediglich vier schmale ›Kanäle‹, durch die das Wasser des Indischen Ozeans bei Flut in die Lagune hinein- und bei Ebbe wieder hinausströmt, trennen die Inseln. Die Atolle der Malediven aber liegen zu 90 % unter der Wasseroberfläche, und nur einzelne Spitzen ragen als Inseln aus der Meeresoberfläche heraus.

Am Anfang und Ende der Kreuzfahrtsaison gibt es interessante Ausflugskombinationen zum Aldabra Atoll und der Insel Assomption

Das Ergebnis ist, dass die größte bekannte Anzahl von Riesenschildkröten und gewaltige Kolonien von Seevögeln auf Aldabra leben, zahlreiche Arten endemischer Pflanzen vorkommen und sich das ursprüngliche Ökosystem besser erhalten hat als auf irgendeinem anderen Atoll der Welt.

Aldabra als Forschungsobjekt

Aufgrund verschiedener Besonderheiten kann der Wert Aldabras für die Wissenschaft gar nicht überschätzt werden. Aldabra unterscheidet sich von ähnlich weltabgeschiedenen Atollen wesentlich und hat daher für die Wissenschaft weitaus größere Bedeutung als diese. Alle anderen Atolle besitzen nur wenig Landfläche und eine geringe Artenvielfalt. Die Entfernungen zu den Kontinenten sind zu groß, als dass Wind und Strömung viele unterschiedliche Samen hätten herbeitragen können, und nach erdgeschichtlichen Maßstäben sind sie zu jung für die Entwicklung ei-

gener Arten. Aldabra hingegen, unter der Wasseroberfläche entstanden und dann emporgehoben, ragt schon viel länger als die meisten anderen Atolle dieser Erde aus dem Wasser. Es besitzt eine weitaus größere Landfläche und eine wesentlich längere geologische Geschichte, sodass die Tier- und Pflanzenwelt viel artenreicher als auf anderen Atollen ist.

Von den wenigen ähnlich entstandenen Atollen, vor allem in der Südsee, unterscheidet sich Aldabra auch in anderer Hinsicht. Jene Atolle besitzen aus den über lange Zeiträume angesammelten Ausscheidungen der Seevögel große Guanoablagerungen. Da Guano ein hervorragender Dünger ist, wurde er in großem Maßstab abgebaut, was zur weitgehenden Zerstörung der Pflanzen- und Tierwelt führte. Auf Aldabra hingegen gab es solche Guanoablagerungen nicht, da die Seevögel hier die Gewohnheit haben, in den rund um die Inseln wachsenden Mangrovenwäldern zu nisten, und der von ihnen abgeworfene Kot vom Meer weggewaschen wird.

Aus diesen Gründen – und weil die Insel wegen ihrer lebensfeindlichen Natur von Menschen nur vergleichsweise gering verändert wurde – übernahm zunächst die Royal Society of London die Verwaltung der Insel und erbaute die **Aldabra Research Station,** die seither von Wissenschaftlern bewohnt wird. 1979 übergab die Gesellschaft die Verantwortung der **Seychelles Islands Foundation**. 1981 wurde Aldabra zum Special Reserve erklärt und 1983 von der UNESCO auf die Welterbeliste gesetzt.

Tiere und Vögel auf Aldabra

Seit das Aldabra Atoll unter Naturschutz steht, zählt es zu den wichtigsten Naturschätzen der Welt. Hier lebt die größte Anzahl von **Riesenschildkröten**. Zwischen Dezember und März kommt eine große Zahl von **Meeresschildkröten** an den Strand, um Eier abzulegen. Die **Grüne Meeresschildkröte** (*Chelonia mydas* oder ›Suppenschildkröte‹) und die **Karettschildkröte** *(Eretmochys imbricata)* wurden lange Zeit gefangen und verkauft bzw. gegessen, doch der Schutz der vergangenen Jahrzehnte hat ihr Überleben vorerst gesichert. Eindrucksvolle Tiere sind auch die **Riesen-** oder **Kokosnusskrabben**, die mit ihren Scheren sogar Kokosnüsse knacken können.

Zehn **Seevogelarten,** darunter auch die vermutlich weltweit größte Kolonie von **Rotschwanz-Tropikvögeln** *(Phaeton rubicauda)* und eine der größten Kolonien von Fregattvögeln *(Fregata ariel, Fregata minor)* mit

Die Riesenschildkröten von Aldabra

Der berühmteste Bewohner des Aldabra Atolls ist zweifellos die Riesenschildkröte von Aldabra. Das Atoll bildet ihr letztes Rückzugsgebiet in einer Weltregion, in der sie vor Millionen Jahren weit verbreitet war. Als die ersten Menschen die Seychellen besiedelten, waren auch die übrigen Seychellen-Inseln mit Riesenschildkröten bevölkert.

Lange Zeit war unklar, wie sich die Riesenschildkröten über die weit verstreuten Inseln des Indischen Ozeans hatten verbreiten können. Zufällig fand man dann heraus, dass die Tiere auf dem Rücken liegend wie Boote auf den Wellen treiben können. Sie halten den Kopf wie ein Periskop nach oben aus den Wellen, und ihre Zähigkeit, mit der sie monatelang ohne Essen und Trinken auskommen können, sichert ihr Überleben, wenn sie mit der Strömung in abgelegene Gebiete des Ozeans treiben.

Vermutlich wurden die letzen Schildkröten dieser Art außerhalb Aldabras Mitte des 18. Jh. ausgerottet. Die Siedler auf den Inseln und die Besatzungen der nach Indien fahrenden Schiffe schätzten sie als Fleischlieferanten. Die Schiffe nahmen gern ein halbes Hundert als lebenden Proviant an Bord. Das behäbige Tier war einfach zu fangen und konnte, auf den Rücken gedreht, nicht davon laufen. Nicht einmal Pflege benötigte es, da es lange ohne Wasser und Nahrung auskommen kann – schlicht der ideale und obendrein wohlschmeckende Proviant. Alle Versuche, die letzten Exemplare auf den zentralen Granitinseln zu retten, blieben erfolglos.

Die Riesenschildkrötenart, welche die Inneren Seychellen bevölkerte und sich von der Aldabra-Art unterscheidet, hielt man bis vor wenigen Jahren für ausgestorben. Zur Überraschung der Wissenschaft fand man aber Ende der 1990er-Jahre mit Hilfe von Gen-Analysen heraus, dass sich das Erbgut einzelner Riesenschildkröten auf der Insel Silhouette wesentlich von dem der auf Aldabra heimischen Schildkröten unterscheidet. Man nimmt an, dass es sich bei den auf Silhouette gefundenen Schildkröten um die Art handelt, die vor zwei Jahrhunderten auch auf Mahé, Praslin und La Digue lebte.

Vor einigen Jahrmillionen dürfte die Erde über und über mit Schildkröten bevölkert gewesen sein. Sie hatten das Massensterben der Saurier und anderer großer Kriechtiere überlebt. Auf den Landmassen Afrikas, Europas und Asiens konnten sie sich danach jedoch nicht gegenüber neuen Arten behaupten. Heimisch blieben sie nur auf manchen Inseln. Doch mit dem Eintreffen von Siedlern aus Südostasien und Afrika wurden sie wie auf Madagaskar auch dort oft ausgerottet. Lediglich auf abgelegenen, nicht von Menschen bewohnten Inseln – etwa den Galapagos- Inseln – konnten Riesenschildkröten überleben. Aus Berichten früher Siedler auf Mauritius, La Réunion und den Seychellen geht hervor, dass Riesenschildkröten auf den Inseln des westlichen Indischen Ozeans einst sogar wesentlich häufiger waren als auf Galapagos.

Wer die Riesenschildkröten des westlichen Indischen Ozeans heute in ihrer natürlichen Umgebung erleben will, der muss sich auf das entlegene und bis heute schwer zugängliche Aldabra Atoll begeben. Zu Beginn des 20. Jh. begann man darüber hinaus, dort ak-

Thema

tive Maßnahmen zu ihrem Schutz zu ergreifen, und in den 1960er-Jahren setzte eine intensive wissenschaftliche Forschung ein.

Auf Aldabra leben die Riesenschildkröten in großer Zahl vor allem auf dem flacheren Ostende der Hauptinsel Grande Terre. Die Riesenschildkröten ernähren sich von Gräsern, deren viele nur auf Aldabra zu finden sind. Allein Nahrungs- oder Schattenmangel werden hier den Tieren gefährlich. Dort, wo weniger Gras wächst, ist die Populationsdichte geringer, doch die Tiere legen größere Eier, und kräftigere Junge schlüpfen als in den dichter besiedelten Regionen. Die Schildkröten paaren sich in den feuchten Monaten (Feb.–Mai), legen ihre Eier in der trockenen Zeit (Juni–Sept.). Die Jungen schlüpfen in den Monaten Oktober bis Dezember.

Als Kaltblüter reagieren Riesenschildkröten empfindlich auf Temperaturschwankungen. Sie schlafen in den kühleren Nächten und fressen am frühen Morgen oder späten Nachmittag. Während der Tageshitze suchen sie Schatten. Auf Aldabra ist diese Suche ein Kampf ums Überleben, denn der von den flachen Sträuchern geworfene Schatten reicht nicht für alle aus. Wer zu spät kommt, bleibt der sengenden Sonne ausgesetzt und wird vorzeitig sterben. Im Vergleich dazu leben die Aldabra-Schildkröten in den schattigen Gehegen in den Hotelgärten der Seychellen wie im Paradies!

Riesenschildkröten haben auf dem Aldabra Atoll ein geschütztes Refugium

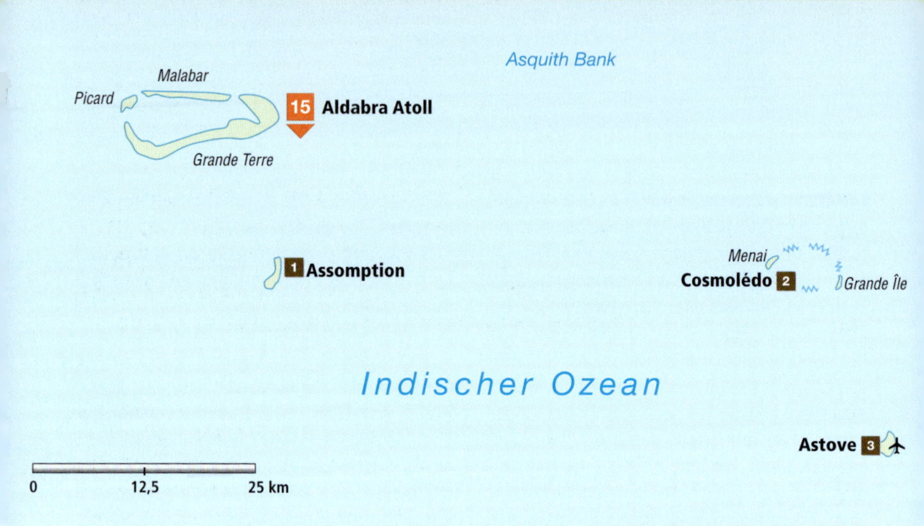

einigen hunderttausend Exemplaren, **Seeschwalben**, **Reiher** und **Flamingos** brüten auf Aldabra.

Die **Aldabra-Ralle** ist ein etwa 30 cm großer Vogel, der sich weitgehend auf dem Boden bewegt. Ihre Flugmuskulatur ist schwach ausgeprägt. Der Vogel kennt praktisch keine Furcht vor Menschen oder anderen Lebewesen, denn er hatte über Jahrtausende keine natürlichen Feinde.

In früheren Zeiten haben vermutlich ein gutes Dutzend unterschiedlicher **Landvögel** auf Aldabra gebrütet. Dazu zählte auch der **Heilige Ibis** *(Threskiornis aethiopica abbotti)*, doch einige davon starben in den 1980er-Jahren aus, weil ihre Nester von Ratten geraubt wurden.

Der **Aldabra Drongo** *(Dicrurus aldabranus)*, eine auf Aldabra endemische Art der Singvogelgattung der Drongos (sie sind in tropischen Gebieten Afrikas und Australiens heimisch), ist bis heute erhalten und zählt zu den Arten, um deren Erhaltung man besonders bemüht ist, da sie nirgendwo anders auf der Welt existiert. Drongos werden 18–36 cm groß und haben meist schwarzes oder dunkelgraues Gefieder, ihre Beine sind kurz. Auffälliges Merkmal ist der meist deutlich gegabelte Schwanz, der bei einigen in zwei auffälligen Schmuckfedern ausläuft. Sie fressen Insekten, leben im Busch oder in Wäldern und attackieren auch größere Raubvögel, wenn es um die Verteidigung ihrer Nester geht.

Die durch den Menschen auf die Inseln gebrachten **Katzen, Ziegen und Ratten** richten den größten Schaden auf Aldabra an. Zum Glück ist die Rattenart, die vermutlich schon von den ersten Seefahrern eingeführt wurde, weitgehend auf Pflanzenkost spezialisiert. Solange sie davon genug bekommt (beispielsweise Kokosnüsse), lässt sie die Gelege der Vögel unberührt. In Inselregionen, die weniger pflanzliche Nahrung bereitstellen – etwa auf kleinen Inseln in der Lagune –, wurde aber auch beobachtet, dass sie die Eier der Seevögel fressen.

Die Anzahl der Katzen wird auf den Inseln insbesondere dadurch limitiert, dass nur sehr wenig Süßwasser zu finden ist und Trockenzeiten manchmal so lange andauern, dass nur wenige Katzen sie überleben. Ziegen wurden um 1890 nach Aldabra gebracht und verbreiteten sich über alle vier Inseln. Außer von Grande Terre wurden sie inzwischen entfernt.

Probleme auf Aldabra

Thema

Obwohl Aldabra vom 16. bis 19. Jh. nicht geschützt war und gerade die Schildkröten-Population stark ausgebeutet wurde, hat sich auf dem Atoll eine weitgehend dem Urzustand entsprechende Tier- und Pflanzenwelt erhalten können. Mit dem Schutz durch die Seychelles Island Foundation besteht Hoffnung, dass dies weitere Jahrhunderte so bleibt.

Mit Hilfe der Seychelles Island Foundation soll nicht nur der Schutz Aldabras gesichert und vorangetrieben werden, sondern man hofft auch, dass die Wissenschaft auf dem Atoll viele Erkenntnisse über die Entwicklung des Lebens auf unserem Planeten gewinnen kann. Doch beides ist auf einem so abgelegenen, menschenfeindlichen Atoll nicht problemlos möglich.

Die Seychelles Island Foundation wird in den kommenden Jahren die vom Menschen eingeführten Wirbeltiere (Ziegen, Katzen und Ratten) endgültig von den Inseln entfernen. Selbiges gilt für die nicht endemischen Kulturpflanzen, die sich nach den erfolglosen Kultivierungsversuchen ausgebreitet haben. Ferner wird an einen vorsichtig und ›intelligent‹ gehandhabten, hochwertigen Ökotourismus gedacht, dessen Erlöse für Naturschutzmaßnahmen eingesetzt werden können. Vorbild hierfür sind die erfolgreichen Projekte auf den Inseln Frégate, North Island, Bird, Denis und Cousine Island im zentralen Seychellen-Archipel. Im Rahmen derartiger Projekte könnten auch Ranger ausgebildet werden, deren Wissen später dann auch für Naturschutz- und ökotouristische Aktivitäten auf anderen Inseln (etwa im Amiranten-Archipel) nutzbringend eingesetzt werden könnte.

Allerdings ist es nicht einfach, diese Aufgaben zu erfüllen, denn die große Entfernung Aldabras von besiedelten Inseln bringt viele Probleme mit sich. Es ist schwierig und nur bei Zahlung ungewöhnlich hoher Gehälter möglich, die benötigten Arbeitskräfte regelmäßig zu rekrutieren. Fehlendes Personal wiederum wirkt sich auf den Erfolg wissenschaftlicher Arbeiten aus, die immer wieder abgebrochen und später erneut in Angriff genommen werden müssen. Häufig ertragen Saisonarbeiter die Einsamkeit und Isolation nicht für die gesamte Dauer ihres geplanten Aufenthaltes und müssen vorzeitig zurückgebracht werden. Auch gibt es häufig Verspätungen bei der Anlieferung lebensnotwendiger Dinge (Lebensmittel). Ein Punkt, der notwendigerweise zu Frustration und Verlust an Motivation bei den Arbeitern auf Aldabra führt. Das Fehlen medizinischer Einrichtungen kann gelegentlich ebenfalls schwierige Situationen auslösen.

Aufgrund des Personalmangels und damit unzureichender Überwachung des Atolls kommt es darüber hinaus leider immer wieder vor, dass illegal Meeresschildkröten und deren Gelege oder auch Landschildkröten ›gestohlen‹ werden *(poaching)*.

All diese Probleme können nur gelöst werden, wenn weitaus mehr finanzielle Mittel zur Verfügung stehen, als das augenblicklich der Fall ist. Alle Schutzmaßnahmen werden ausschließlich aus (geringen) Spenden sowie aus dem seychellischen Steueraufkommen finanziert. Teilweise fließen überschüssige Erlöse aus den Eintrittsgeldern in das zum Welterbe deklarierten Vallée de Mai (Praslin) ein.

aktiv unterwegs

Besuch von Aldabra im Frühjahr und Herbst

Tour-Infos

Start: Mahé Yacht Club in Victoria
Länge/Dauer: 10 bis 14 Tage
Hinweise: Die Amiranten und Aldabra zählen zu den abgelegendsten Inseln der Erde. Solche Reisen sind Expeditionen!
Veranstalter: Silhouette Cruises, PO Box 336, Victoria, Mahé, Tel. 432 40 26, Schiffshandy 251 40 51, www.seychelles-cruises.com.

Jeweils zu Beginn und zum Ende der Kreuzfahrtsaison im Oktober (Beginn) und April (Ende) kann man exklusive Fahrten nach Assomption und Aldabra unternehmen.

Die erste Gruppe fährt mit dem Motorsegler in zehn Tagen von Mahé durch die Amiranten bis Assomption (s. S. 327) und von dort aus nach Aldabra.

Eine zweite Gruppe fliegt mit einem gecharterten Flugzeug nach Assomption, besucht von dort aus Aldabra und kehrt mit der Jacht zurück nach Mahé. Die per Jacht angereiste Gruppe nimmt anschließend das Flugzeug, um nach Mahé zurückzukehren. Auf diese Weise lassen sich die Kosten im Rahmen halten.

Der erste Halt während der Schiffsreise findet – so das Wetter es zulässt – vor Desroches statt. Im Laufe der folgenden Tage werden dann die Inseln Alphonse, Bijoutier und St. Pierre besucht. Überall erwartet Taucher und Schnorchler eine faszinierende Unterwasserwelt mit einer unglaublichen Vielfalt an Meeresbewohnern.

Nach einer Woche erreicht das Schiff das große Cosmolédo Atoll und einen Tag später dann Aldabra mit seiner sensationellen Lagune, aus der bizarre Korallenstöcke wie Pilze herausragen, mit der wissenschaftlichen Station, der gewaltigen Population von Riesenschildkröten und den weiten Sandstränden, an denen regelmäßig Meeresschildkröten zur Eiablage an Land kommen.

Pflanzen auf Aldabra

Die Pflanzenwelt Aldabras hat weit weniger unter den Einflüssen des Menschen gelitten und wird weitgehend von den Lebensbedürfnissen und der Ernährungsweise der Riesenschildkröten bestimmt. Kasuarinen (*Filaos*) und Mangroven sind die einzigen Bäume auf den Inseln, der Rest der Inseln ist von Buschwerk bewachsen, das nur selten höher als 3–4 m wächst. Ferner hat man bisher knapp 200 blühende Pflanzen gezählt, von denen 40 ausschließlich hier vorkommen. Dieser Pflanzenreichtum ist für Korallenatolle sehr ungewöhnlich.

Infos

Seychelles Islands Foundation (SIF): Tel. 432 17 35, www.sif.sc. Wer sich für die Natur dieses einmaligen Atolls interessiert, findet auf den Seychellen ein umfangreiches Werk mit dem Titel »A Focus on Aldabra«, herausgegeben vom Unterrichtsministerium in Zusammenarbeit mit der Seychelles Islands Foundation, wo es auch bestellt werden kann.
Im Internet: Weitere Infos zu Aldabra und anderen südlichen Inseln unter www.aldabra.org.

Übernachten

Komfortables Gästehaus ▶ Für Wissenschaftler und Verwaltungsmitarbeiter steht ein recht komfortabel eingerichtetes Gästehaus zur Verfügung. Ein Hotelprojekt wurde auch aus organisatorischen Problemen bei der Versorgung eines Hotels an diesem wohl – nach Nord- und Südpol – abgelegensten Orts der Welt aufgegeben.

Aktiv

(Drift-)Tauchen im Aldabra Atoll ▶ Die Unterwasserwelt rund um Aldabra hat starke

Gezeitenströmungen zwischen den Inseln, steile Korallenwände und riesige Fischvorkommen. In den seichten Lagunen grasen Seekühe (Dugong), Riffhaie und Stachelrochen sind häufig. Nahe der Forschungsstation kann man Drifttauchgänge im Riff durchführen, bei denen oft ganze Schulen von Rochen und Hammerhaien gesichtet werden. Besonders interessante Tauchgänge werden in den West Channels durchgeführt. Ein unvergesslicher Höhepunkt eines jeden Taucherlebens ist ein Nachttauchgang im Aldabra Atoll!

Verkehr

Flüge: Island Development Company (IDC): PO Box 638, New Port, Mahé, Tel. 422 46 40, idc@seychelles.sc. Die IDC hat das einzige Flugzeug auf den Seychellen, das die Strecke Mahé–Assomption fliegen und auf der dortigen Piste landen kann. Es steht für Charterflüge zur Verfügung.

Weitere Inseln der Aldabra-Gruppe

Assomption ► 5, D 4/5

Karte: S. 324

Etwa 30 km südöstlich des Aldabra Atoll liegt die zur Aldabra-Gruppe gehörende ca. 11 km² große Insel **Assomption 1.** Ihre auffälligsten Merkmale sind zwei große, über 20 m hohe Sanddünen. Auf Assomption wohnt ein Verwalter, gelegentlich – zur Zeit der Kokosnussernte – leben hier auch Saisonarbeiter.

Vor vielen Jahren wurde auf der Insel Guano als Dünger für die Zuckerrohrfelder auf Mauritius abgebaut. Der Vorrat an Guano ist jedoch längst erschöpft und die Unterkünfte der damaligen Arbeiter sind weitgehend verfallen. Um an die meterdicke, über Jahrtausende aus den Exkrementen von Seevögeln gebildete Guanoschicht heranzukommen, hatte man die darauf gewachsene Vegetation zerstört. Damit fanden die Vögel keine Nistplätze mehr und starben aus. Der wertvolle Dünger ›wuchs‹ nicht nach. Die meisten Pflanzen und Tiere waren bereits 1920 auf Assomption ausgerottet. Erst in den vergangenen beiden Jahrzehnten konnte ein Teil der ehemaligen Flora und Fauna wiederhergestellt werden.

Auf Assomption besteht noch eine Landebahn für kleine Flugzeuge, die gelegentlich Wissenschaftler nutzen, um von hier per Boot zur Station der Seychelles Island Foundation im Aldabra Atoll überzusetzen. Neuerdings dient die Insel zweimal pro Jahr als Ausgangspunkt für den Besuch des Aldabra Atoll durch Touristen. Sie erreichen Assomption mit dem Flugzeug, eine Segeljacht unternimmt dann mit ihnen eine Kreuzfahrt nach Aldabra.

Die Insel ist auch Tagesausflugsziel für Touristen, die mit großen Kreuzfahrtschiffen hier einen Tag Halt machen. Auf Assomption gibt es allerdings keinerlei touristische Infrastruktur, und die Regierung achtet im Rahmen ihres Naturschutzprogramms darauf, solche Ausflüge auf die Insel nur in begrenzter Zahl zuzulassen.

Cosmolédo und Astove Atoll

► 5, A/B 6 und C/D 10

Diese beiden völlig unberührten und nahezu unerforschten Korallenatolle liegen östlich des Aldabra Atoll. Der wenigen über sie existierenden Literatur lässt sich entnehmen, dass eine eigenständige und wissenschaftlich hochinteressante Flora und Fauna zu finden ist. Sie bleibt zu entdecken und zu erforschen. Diese Oasen inmitten des Indischen Ozeans besitzen zudem die schönsten Tauchplätze, die man sich vorstellen kann. Auf manchen der vor vielen Jahren verlassenen Inseln in beiden Atollen kann man die Überreste kleiner Dörfer finden, in denen Sisalbauern, Fischer und Kokosbauern lebten.

Cosmolédo 2 ist eine Inselgruppe mit insgesamt nur 3,6 km² Fläche. Die von den 20 Inseln des Atolls umschlossene Lagune dagegen hat eine Fläche von 145 km². 40 km südsüdöstlich des Cosmolédo Atoll liegen die **Astove-Inseln 3,** ein weiteres Atoll, das aus einem Landring rund um eine flache Lagune besteht. Die Hauptinsel Astove ist flach und halbmondförmig. Ihre Küste ist so steil, das Ankern nicht möglich ist.

Amiranten, Farquhar-Gruppe, Coëtivy, Plate

Die den Inneren Seychellen nächstgelegenen Koralleninseln der Äußeren Seychellen sind die Amiranten. Die Distanz zwischen Mahé und der nördlichsten Amiranten-Insel beträgt nur 200 km. 100–200 km östlich der Amiranten befinden sich die beiden isoliert im Indischen Ozean liegenden Inseln Plate und Coëtivy und etwa gleich weit im Südwesten liegt die Farquhar-Gruppe. Seit Kokosplantagen, Guanoabbau und Gewürzpflanzungen keinen Gewinn mehr erwirtschaften, besitzen sie alle ökonomisch nur noch geringe Bedeutung.

Auf den Inneren Seychellen wurde in den vergangenen Jahrzehnten viel für die Renaturierung der Tier- und Pflanzenwelt getan. Die Amiranten und die anderen Inselgruppen zwischen Mahé im Norden und Madagaskar im Süden hingegen wurden diesbezüglich bisher vernachlässigt – außer Aldabra natürlich, das zum Welterbe erklärt wurde und unter strengem Schutz steht. Die übrigen Inseln aber wurden in kolonialen Zeiten weitgehend denaturiert, es wurde Guano abgebaut, die endemische Vegetation ersetzte man durch Kokos- und Gewürzplantagen. Erst seit wenigen Jahren wendet man sich auch den Amiranten und den anderen Atollen im Süden zu und versucht herauszufinden, wie diese Inseln vor 200 Jahren ausgesehen haben mögen. Welche Vogelarten lebten hier, welche Pflanzen wurden ausgerottet, als Guano abgetragen wurde, was ersetzten die Kokosplantagen? Da bisher kaum mit wissenschaftlichem Anspruch geforscht wurde, bleibt viel zu tun.

Die Amiranten

Karte: S. 334

Zu den **Amiranten** werden die Inseln gezählt, die südöstlich Mahés als Teil einer unterseeischen Sandbank um einige Meter aus dem Meer hervorlugen. Der Boden der Sandbank, die eine Nord-Süd-Ausdehnung von 250 km aufweist, liegt in 20–40 m Tiefe. Die Amiranten bestehen aus einer nördlichen und einer südlichen Gruppe, die von einem etwa 150 m tiefen Kanal voneinander getrennt sind.

Die **nördliche Gruppe** besteht von Norden nach Süden aus den Inseln African Banks, Rémire, D'Arros, St. Joseph, Desroches, Poivre, Étoile, Boudeuse, Marie Louise und Desnœufs, die **südliche Gruppe** aus Alphonse, Bijoutier und St. François. Sie liegen zwischen 5° und 6° südlich des Äquators und umfassen eine Landfläche von rund 10 km^2. Die Gesamtbevölkerung schwankt im Laufe des Jahres zwischen 100 und 200 Menschen.

Einige dieser ›Inseln‹ sind genau genommen wieder in mehrere Inseln aufzuteilen, da bei Flut eine beide Seiten verbindende Sandbank überschwemmt wird und so zwei Inseln zu sehen sind. Auch diese kleinen Eilande haben auf genauen Seekarten meist einen eigenen Namen, doch werden letztere im allgemeinen Sprachgebrauch nicht benutzt. Viele der Inselchen sind zeitweise, manche sogar ganzjährig, von Fischern oder Kokospflückern bewohnt, aber nur wenige so erschlossen, dass man für längere Zeit zu Gast verweilen könnte. Die einheimischen Bewohner, die auf den Inseln leben, haben meist einen Arbeitsvertrag über mehrere Monate, ab und an auch über mehrere Jahre, als Verwalter oder Arbeiter im Auftrag der Island Development Corporation. Nach Ablauf ihres Vertrages gehen sie zu ihren Familien nach Mahé zurück.

Entdeckung der Inseln

Zwar kannten arabische Seefahrer die Inseln schon vor über 1000 Jahren, doch erst der portugiesische Admiral Vasco da Gama gab ihnen 1502 während seiner zweiten Reise nach Indien – auf der ihn arabische Navigatoren begleiteten – Namen. Dabei verzeichnete er die Sandbank als Ilhas do Almirante auf Seekarten, die man heute in den Archiven der Seychellen und von Mauritius einsehen kann. Die heutigen Namen der einzelnen Inseln sind allerdings nicht auf die portugiesischen oder gar arabischen Bezeichnungen zurückzuführen. Zum großen Teil wurden die alten Namen während der Kolonialzeit durch französische ersetzt. Beispielsweise befinden sich im Atoll St. Joseph, die Inselchen Fouquet, Ressource, Petit Carcassaye, Grand Carcassaye, Benjamina, Ferrari, Pelican und viele andere.

Seit dem Friedensvertrag von 1814 zwischen dem siegreichen England und Frankreich waren die Admiralitätsinseln offiziell in den englischen Herrschaftsbereich gelangt und wurden der Kolonie Mauritius (zu der auch die Seychellen damals gehörten) zugeteilt. Seit die Seychellen 1909 eine von Mauritius unabhängige Kolonie wurden, sind auch die Amiranten Teil der Seychellen.

Tourismus auf den Amiranten

Da es sich bei den Amiranten um Koralleninseln handelt, die von türkisfarbenen Lagunen umgeben sind, findet man wunderbare Schnorchel- und Tauchreviere mit klarer Sicht und unzerstörter Unterwassernatur. Die Fischgründe sind hervorragend und rund um die vielen Inseln kann man in den Riffen schnorcheln und tauchen. Augenblicklich gibt es nur auf den Inseln Desroches und Alphonse Landebahnen und jeweils ein kleines Bungalowhotel. Außerdem steht auf D'Arros eine luxuriöse Villa – die aber inzwischen touristischen Gästen nicht mehr offensteht.

Wer mit einem Flugzeug der Island Development Corporation in 30–45 Min. von Mahé nach Desroches oder 30 Min. weiter nach Alphonse fliegt, läuft Gefahr zu übersehen, dass er sich hier an einem der abgelegensten Orte dieser Welt befindet. Es gibt keinen Schiffsverkehr – weder von lokalen Segelbooten (wie etwa auf den Malediven) noch in kommerzieller Form. Nur alle paar Monate kommt ein Frachtschiff vorbei, um die Kopraernte abzuholen und Proviant für das kommende halbe Jahr abzuliefern. Dass man sich hier mitten im Indischen Ozean, viele hundert Kilometer entfernt vom zentralen Seychellen-Archipel befindet, wird erst wieder deutlich, wenn man mit dem Motorboot zu Nachbarinseln – etwa nach D'Arros – fährt. In diesen unendlichen Weiten des Indischen Ozeans und an den einsamen, ›unzivilisierten‹ Stränden wird klar, dass die wenigen hier lebenden Menschen auf sich selbst angewiesen sind. Nur ein Satellitentelefon hält den Kontakt nach außen aufrecht.

Segeln in den Amiranten

Wegen der vielen Untiefen ist es nicht ganz ungefährlich mit einer Segeljacht die Amiranten zu bereisen. Daher schreibt die Regierung der Seychellen vor, dass bestimmte Mindestkriterien erfüllt sein müssen, wenn man dorthin segeln möchte. Die Jachten müssen der ›über-60-Meilen-Klasse‹ zugehören, und es muss ein kundiger Kapitän an Bord sein. Wenn man die Inseln Alphonse Island, Bijoutier, Coëtivy, Desroches, Farquhar, Poivre, Plate, Providence Atoll, Rémire oder St. François besuchen möchte, muss man zuerst eine Genehmigung der Island Development Corporation (IDC) einholen. Die Inseln D'Arros und St. François befinden sich hingegen in Privatbesitz, es muss daher die Besuchserlaubnis der Eigentümer eingeholt werden.

Die Seychellen: Paradies für Taucher

Alle **Informationen** hinsichtlich der Segelkonditionen, Wind und Wetter, Wasser- und Treibstoffversorgung findet man bei www.seychelles.com.

Infos

Island Development Company (IDC): Tel. 438 46 40, Fax 422 44 67, ceo@idc.sc. Informationen zu Landegebühren und sonstigen Voraussetzungen für den Besuch der Inseln der Amiranten erhält man bei IDC. Unter anderem kann man Charterflüge nach Assumption, Farquhar, Desroches, Alphonse, Remire, Platte and Coetivy buchen.

Desroches ► 3, F/G 3

Desroches 1, die größte Insel der Amiranten, liegt ca. 230 km von Mahé entfernt auf einem unterseeischen Basaltplateau und verfügt über eine Landepiste. Sie erhielt ihren Namen von Chevalier des Roches, der von 1767 bis 1772 Gouverneur von Mauritius war. Sie ist die wichtigste Insel der Amiranten. Auf Desroches leben etwa 50 Menschen, die sich ganzjährig sowohl um das Hotel als auch um die Kokosplantage und eine kleine Rinderherde kümmern.

Auf der dicht mit Kokospalmen und alten Edelhölzern bedeckten Insel gibt es viele schmale Fußwege, über die man die zahlreichen Strände entlang der ca. 15 km langen Küstenlinie erreichen kann. Bei einem Spaziergang unter den Schatten spendenden Baumkronen lässt sich die reiche Vogelwelt beobachten – interessanterweise leben neben vielen anderen Vogelarten auch gewöhnliche Haussperlinge auf Desroches, von denen man nicht weiß, wie sie auf die Insel gelangt sein könnten.

Ein Besuch der Insel ist das ganze Jahr über ein Erlebnis, da die Ruhe und Abgeschiedenheit einen tiefen Eindruck hinterlassen. Auf Desroches könnten auch die Bedingungen zum Tauchen und Schnorcheln kaum besser sein. Zwar sind die vom Strand aus erreichbaren Tauchgründe nicht so spektakulär wie die nahe Mahé, wer aber dabei ist, sich die Grundbegriffe des Tauchens anzueignen, wird froh sein, in dem flachen Wasser innerhalb des Riffs üben zu können. Erfahrene Taucher werden sich damit nicht zufrieden geben und zu den weiter entfernten Außenriffen mit ihren Abstürzen und Höhlen fahren. Hier gibt es alles, was das Taucherherz begehrt in unerreichter Vielfalt und bei glasklarem Wasser.

Wegen der klareren Sicht unter Wasser sollten Taucher und Schnorchler jedoch die Monate des Nordwestmonsuns (Nov.–April) bevorzugen. Für fortgeschrittene Taucher hat diese Jahreszeit einen kleinen Nachteil, denn entlang der besonders artenreichen Steilwand, die am äußeren Rand der Lagune mehrere Tausend Meter in die Tiefe des Indischen Ozeans abfällt, herrscht in diesen Monaten oft eine gefährliche Strömung.

Palmblattgedeckte Dächer bieten auch auf Desroches Schutz vor der Sonne

Übernachten

Kleines Inselhotel mit guter Ausstattung ▶
Desroches Island Resort: PO Box 638, Archipel des Amirantes, Tel. 422 90 23, www.desroches-island.com. Das Hotel mit 20 Juniorsuiten verfügt über einen Tennisplatz, eine Tauch- und Wassersportbasis – und nicht zuletzt über eine ausgezeichnete Küche und mehrere Restaurants. DZ mit Vollpension ab 550 €.

Aktiv

Wassersport ▶ Die Hauptattraktion ist das Wassersportzentrum des Hotels mit **Windsurf-Möglichkeiten** und **Tauchbasis**. Für erfahrene Taucher sind die Fahrten zum Außenriff die weite Reise wert, und **Hochseefischer** haben die unberührtesten und fischreichsten Gewässer der Welt um sich. Das **Tauch- und Ausflugsboot** des Hotels kann man für ca. 100 €/Std. chartern, um Ausflüge auch zu unbewohnten Inseln wie St. Joseph oder Poivre zu unternehmen.

Tennis und Boule ▶ Des Weiteren verfügt das Desroches Island Resort über einen Tennisplatz mit Flutlicht, einen Boule-Platz und einen Golfübungsplatz.

Verkehr

Island Development Company (IDC): Tel. 422 46 40, idc@seychelles. sc. Die Island Development Company fliegt mehrmals pro Wo-

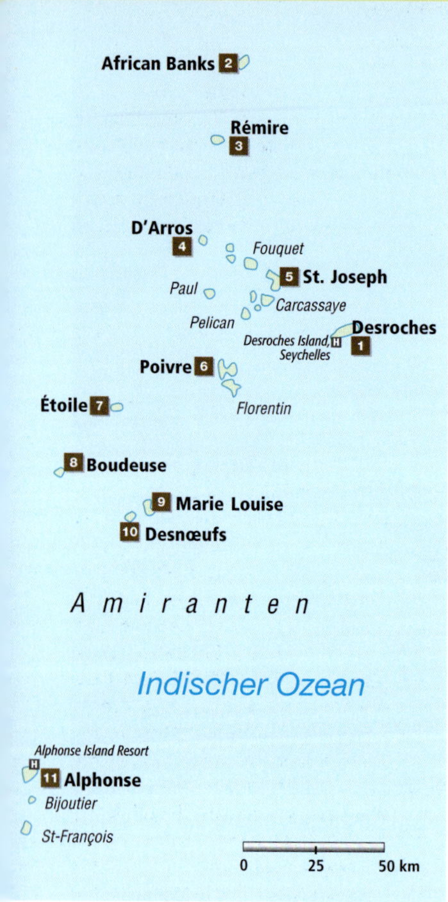

che von Mahé nach Desroches, Flugdauer ca. 30–45 Min.

African Banks ► 3, B/C 1/2

Am Nordrand der Amiranten-Bank liegt die kleine Insel **African Banks 2**, die aus einer unterseeischen Sandbank herausragt, die über eine Fläche von 10 x 5 km nur 4–8 m unter der Wasseroberfläche liegt. An ihrer Ostseite besitzt sie ein Korallenriff. Sie ist nur 275 m lang, zwischen 40 und 90 m breit und hat keine Ansiedlung. An ihrem Nordostende steht ein kleiner Leuchtturm. Nur eine einzige Kokospalme überragt die Insel, die im Übrigen von Gras und niedrigem Buschwerk bedeckt ist.

Da die Insel vergleichsweise nahe an Mahé gelegen ist (›nur‹ 200 km südöstlich), kommen in den Monaten Mai bis August recht häufig Fischer vorbei, die illegal die Eier von hier zu Tausenden brütenden Seevögeln einsammeln, um sie auf Mahé zu verkaufen.

Rémire ► 3, A/B 4/5

25 km südlich von African Banks liegt die Insel **Rémire 3**, ein winziges Inselchen mit lediglich 0,3 km² Fläche. Rémire ist unbewohnt, aber besitzt aus früheren Zeiten – als sie eine Kokosplantage war – eine asphaltierte Landebahn von fast 500 m Länge!

D'Arros ► 3, A 9

Die Insel **D'Arros 4** wurde vor Jahrzehnten von einem Neffen des letzten Schahs von Persien gekauft, der zunächst die kommerzielle Nutzung einstellte und dann den Naturschutz förderte. Insbesondere die Ausrottung des Keilschwanzsturmtauchers, dessen Küken auf den Seychellen als Delikatesse galten, konnte gestoppt werden und die Art blieb erhalten.

Die Insel ist immerhin 1,9 km lang und 1 km breit, also weitaus größer als die meisten Inseln auf den Malediven. Am Nordende ragt eine schmale Sandbank weitere 900 m in den Ozean, die allerdings bei Flut unter dem Meeresspiegel verschwindet. Sehenswert ist die nach dem Marineoffizier Baron D'Arros benannte Insel vor allem wegen der erstaunlich abwechslungsreichen Vegetation. Zur Kopragewinnung wurden einst große Plantagen angelegt, die aber heute nicht mehr genutzt werden.

Verkehr

Nach D'Arros gelangt man mit dem **Schiff** von Desroches aus (s. S. 332). Die Inselverwaltung von Desroches hat eine Vereinbarung mit den heutigen Eigentümern der Insel D'Arros getroffen – der Schah verkaufte sie 1998 –, wonach Gäste des Desroches Island Resort nach Anmeldung für ein paar Stunden zu Besuch kommen dürfen.

Flug: Da die Insel eine Graspiste besitzt, kann man sie auch direkt anfliegen, allerdings ist dies nur per Charter möglich.

St. Joseph ► 3, B 9/10

Das Atoll **St. Joseph** 5 liegt ein paar Kilometer südöstlich von D'Arros, am Ostrand der Amiranten-Sandbank. Nur 150 m weiter im Osten sinkt der Meeresboden von 40 m auf über 500 m ab. Das Atoll ist 7 km (!) lang und fast 5 km breit und besteht aus einem Ring von winzigen Inseln (St. Joseph, Fouquet, Ressource, Île Varres, Petit Carcassaye, Grand Carcassaye, Benjamin, Banc Ferrari, Chien, Banc de Sable, Banc Cocos, Île Paul und Pelican) rund um eine klare, nur 4–6 m tiefe Lagune. Die Landfläche all dieser Inselchen zusammen beträgt lediglich 1,5 km^2. Mit 4000 m^2 ist St. Joseph die größte dieser Inseln. In der Lagune tummeln sich eine große Zahl von Rochen und Meeresschildkröten, auf den Inseln selbst ernähren sich Riesenkrabben von den Kokosnüssen, die heute nicht mehr geerntet werden.

Verkehr

Das Desroches Island Resort hat ein Tauch- und Ausflugsboot, das man stundenweise chartern kann, ca. 100 €/Std, s. S. 333.

Poivre ► 3, E 3

Die schöne Insel **Poivre** 6 nahe dem Ostrand des Amirantes Trench besteht eigentlich aus zwei Inseln, von denen nur die nördliche bewohnt ist. Hier steht an der Nordostseite ein kleines Dorf. Ein Damm, der bei Flut unter Wasser liegt, verbindet die beiden Inselteile. Poivre trägt den Namen des Gouverneurs Pierre Poivre, der in die Geschichte des Indischen Ozeans einging. Poivre führte als Erster Gewürzpflanzen auf Mauritius ein und ließ sie dann ebenfalls auf den Seychellen anbauen. Dass die Übersetzung des Namens ›Pfeffer‹ bedeutet, ist ein (passender) Zufall.

Poivre war die erste Insel der Amiranten mit einem kleinen Hotel, das jedoch wegen der schwierigen Anreise vor einigen Jahren geschlossen wurde.

Verkehr

s. St. Joseph

Étoile und Boudeuse

Étoile 7 und **Boudeuse** 8 sind zwei mit niedrigem Buschwerk bewachsene Sandbänke am südwestlichen Ende der Amiranten-Bank. Beide sind unbewohnt und von klarem türkisgrünem Wasser und weißem Strand eingerahmt.

Verkehr

Anreise mit dem Boot des Desroches Island Resorts (s. S. 333).

Marie Louise und Desnœufs

► 3, F 5 und D 6

Marie Louise 9 und **Desnœufs** 10 liegen nah beieinander am Südende der Amiranten-Sandbank. Die beiden Inseln waren einst reich an Guano, das inzwischen erschöpft ist. Es leben aber noch mehrere Millionen Seeschwalben auf beiden Inseln, und es ist gestattet, einen Teil ihrer Eier zu sammeln und in Mahé zu verkaufen. Heute leben nur noch zehn bis 20 Menschen auf Marie Louise, Desnœufs ist unbewohnt. In den 1980er-Jahren versuchte man, die Insel Marie Louise für den Fremdenverkehr zu entwickeln und einige Bungalows zu errichten. Der Plan scheiterte aber, da die unzähligen Vögel, die auf der Insel leben, jede Landung eines Flugzeuges auf der 500 m langen Graspiste für eine touristische Erschließung zu riskant machen.

Und auch vom Schiff aus gestaltet es sich schwierig, die Inseln zu betreten, denn ihre Küsten fallen steil ab und sind steinig. Früher wagte man es dennoch, sie mittels eines flachen Landungsbootes anzufahren, um Guano abzubauen und diesen mit hohem Gewinn zu verkaufen: Anfang des 20. Jh. hatten die Inseln daher noch fast 100 Einwohner und exportierten 3500 t Guano pro Jahr! Nachdem Guano und Kopra ihre wirtschaftliche Bedeutung verloren hatten, wurden Des- nœufs und Marie Louise fast zu Geisterinseln, denn ohne Aussicht auf Gewinn lohnte es auch nicht mehr, das Risiko der Anlandung einzugehen.

Das Farquhar Atoll aus der Luft

Verkehr

Wer sich die Inseln aus der Nähe anschauen will – auch ohne an Land zu gehen –, ist darauf angewiesen, ein Boot zu chartern.

Die Alphonse-Gruppe

► 3, D/E 7 – 10

Die drei Inseln der Alphonse-Gruppe (Alphonse, Bijoutier und St. François) erstrecken sich über eine Länge von 16 km von Norden nach Süden auf einer Sandbank, die 150 km südlich des Amirantes Trench liegt. Dazwischen erreicht des Meer immerhin eine Tiefe von bis zu 200 m, während die Sandbänke lediglich 20–40 m tief sind. **Bijoutier** und **St. François** sind unbewohnt.

Alphonse 11 gilt als eine der schönsten flachen Koralleninseln der Seychellen. Die Insel besitzt eine riesige, flache Lagune, in der man das ganze Jahr über in türkis schimmerndem Wasser baden kann. Das Bungalowhotel hat sich daher auf Gäste spezialisiert, die den idealen Ort für verschiedene Arten von Wassersport im abgelegensten Winkel dieser Erde suchen und dort komfortabel wohnen und hervorragend essen möchten. Die dreieckige Koralleninsel ist ca. 1,2 km breit und von einem dichten Kokospalmenhain bedeckt. Man findet auch Reste von Sisal- und Baumwollplantagen, die hier zu Beginn des 20. Jh. angelegt wurden. Wahre Wunderdinge erzählt man sich von den Tauchgründen um die Insel. Alphonse hat sich aufgrund der idealen Bedingungen innerhalb der flachen Lagune zum Mekka der Fliegenfischer entwickelt.

Übernachten

Wiedereröffnung geplant ► Das **Alphonse Island Resort** wurde 2007 geschlossen und soll 2014 komplett erneuert wiedereröffnet werden. Wie auf anderen Inseln (Frégate, Cousine, North) wird eine Luxus-Lodge entstehen, die aus den Einnahmen des Tourismus' die Insel gleichzeitig mit wissenschaftlicher Unterstützung renaturieren soll.

Verkehr

Island Development Company (IDC): Tel. 422 46 40, idc@seychelles.sc. Die Island Devolopment Company fliegt mehrmals pro Woche nach Desroches (Flugdauer: ca. 45–60 Min.), von dort erreicht man in weiteren ca. 30 Min. Alphonse.

Die Farquhar-Gruppe

Wie die anderen Inseln südlich Mahés wurde auch die Farquhar-Gruppe von portugiesischen Seefahrern (darunter 1501 João da Nova) entdeckt. Obwohl die Portugiesen sie in ihren Seekarten recht detailliert und wirklichkeitsnah verzeichneten, wurde die Farquhar-Gruppe in den folgenden Jahrhunderten immer wieder wegen ihrer vielen Korallenstöcke und der sehr flachen Sandbänke zur Falle für Schiffe. Zur Farquhar-Gruppe gehören die Inseln St. Pierre, Providence Banks und das Atoll Farquhar. Auf keiner dieser Inseln gibt es jedoch touristisch nutzbare Einrichtungen. Die Inselgruppe ist daher primär für Hochseefischer und Biologen von Interesse.

Farquhar Atoll ► 4, C – E 10/11

Die **Farquhar-Gruppe** besteht aus vielen flachen Koralleninselchen, die in einem Meeresgebiet von 100 km Durchmesser verstreut liegen. Die Inseln des Farquhar Atoll im Süden der Inselgruppe (Île du Nord, Île du Sud, Manaha Nord, Manaha Milieu, Manaha Sud, Goëlettes, Trois Îles, Lapin, Île de Milieu, Déposé) sind bewaldet und umschließen eine türkisgrüne Lagune. Auf **Banc de Sable** allerdings stehen lediglich ein paar Kokospalmen und niedriges Buschwerk. Die Insel wurde erstmals in den 1950er-Jahren schriftlich erwähnt – als eine damals noch völlig vegetationslose kleine Sandbank (daher Banc de Sable). Seither hat sie sich mit Büschen begrünt und alles Leben – abgesehen von einer kleinen Kokospalmengruppe – hat den Weg von selbst auf die Sandbank gefunden. Und neben dem Buschwerk sind das vor allem Hunderte von Seevögeln und große Krabben.

Providence Atoll ► 4, C/D 2 – 5

Weiter im Norden befinden sich die Inseln St. Pierre, Cerf und Providence, die auch zum

Providence Atoll zusammengefasst werden. Alle drei ruhen auf einer sehr flachen unterseeischen Sandbank, die wegen ihres Fischreichtums berühmt ist. Nur eine Hand voll Vertragsarbeiter kümmert sich um die wenigen Kokospalmen auf der immerhin 4 km² großen Hauptinsel **Providence**.

Die beiden anderen Inseln sind unbewohnt, **Cerf Island** wirkt mit seiner kleinen Kokospalmengruppe wie der Inbegriff der Tropeninsel, auf der ein einsam Gestrandeter auf ein vorüberkommendes, rettendes Schiff wartet.

Verkehr

Island Development Company (IDC): Tel. 422 46 40, idc@seychelles.sc. Mit den zweimotorigen Turboprop-Flugzeugen der Island Development Company kann die Landepiste auf der Île du Nord (Farquhar Atoll) in 2–3 Std. von Mahé aus erreicht werden. Hier befindet sich auch eine kleine Ansiedlung, die zeitweise von Vertragsarbeitern und/oder Wissenschaftlern genutzt wird. Nur Charterflüge.

Coëtivy und Île Plate

Beide Inseln steuert man nur mit Jachten an, die Tauchausrüstung etc. mitführen. Gegessen und geschlafen wird an Bord.

Coëtivy ► 3, G 4–6

Coëtivy liegt einsam auf einem kleinen Plateau rund 250 km südlich von Mahé. Die Insel ist fast 10 km lang und ca. 1 km breit und hat die längste ununterbrochene Strandlinie aller Seychellen-Inseln.

Auf Coëtivy gibt es eine Ansiedlung, deren Bewohner vom Fischfang und von der Fleischproduktion leben. Mitte der 1980er-Jahre wurde eine Zuchtanlage für Garnelen eingerichtet, die heute die Restaurants und Hotels auf den Seychellen beliefert und die Küche sowohl der Seychellois als auch der Touristen bereichert. Für den Export reicht die Ernte noch nicht aus, dieses Ziel soll aber in einigen Jahren erreicht werden. Für die kommenden Jahre ist auf dieser Insel mit einer Hotelentwicklung zu rechnen, denn sie ist eine der wenigen, die bereits über eine Landebahn und einen brauchbaren Hafen verfügen. Regelmäßig werden Schweine-, Rind- und Lammfleisch sowie die tiefgefrorenen Garnelen mit dem Schiff abgeholt und nach Mahé gebracht.

Piraten vor der Ostküste Afrikas

Die Seychellen liegen »1 000 km von überall«. Dummerweise auch 1 000 km von der Somalischen Küste entfernt, wo Piraten ihr Unwesen treiben. Das ist zwar weit weg, überraschenderweise aber kaperten 2010 Piraten nur etwa 100 km von Mahé entfernt ein seychellisches Fischerboot. Sie hatten allerdings nicht damit gerechnet, dass inzwischen die USA, die NATO, Russland und Deutschland ›bis an die Zähne bewaffnet‹ im Hafen von Mahé auf der Lauer liegen. Und sie wussten wohl auch nicht, dass amerikanische Drohnen die gigantische Seefläche zwischen Somalia und den Seychellen von der Luft aus überwachen. Die Piraten wurden nach einigen Tagen gefasst und eingesperrt.

Das ändert jedoch nichts daran, dass die spanischen, französischen, japanischen und chinesischen Thunfischflotten es nunmehr vorziehen, auf der sicheren Westseite Afrikas auf Fang zu gehen. Und damit fehlt den Seychellen ein großer Teil ihrer so dringend benötigten Deviseneinnahmen. Nur die Thunfische freuen sich. Ihr Bestand im westlichen Indischen Ozean hat sich prächtig erholt.

Île Plate ► 1, E/F 11/12

Die **Île Plate** liegt – wie Coëtivy – als Einzelgängerin 100 km südlich von Mahé. Fischer lieben die Gewässer um diese Insel, da sie besonders ertragreich sein sollen, Taucher genießen das klare Wasser und die unberührten Korallenriffe. Auch hier ist der Bau einer kleinen, aber feinen Bungalowanlage geplant – allerdings fehlt noch ein risikofreudiger Investor.

Register

Der Haupteintrag ist **fett** hervorgehoben.

Register

Der Haupteintrag ist **fett** hervorgehoben.

Abbildungsnachweis/Impressum

Abbildungsnachweis
Bilderberg/Avenue Images, Hamburg: S. 309 (Astills 53N); 175 (Dirscherl); 2 o., 24, 70/71 (Fuchs)
Bildagentur Huber, Garmisch-Partenkirchen: S. 3 o., 62/63, 92, 160, 206 (Schmid)
Wolfgang Därr, Herrsching: S. 117, 217, 220
DuMont Bildarchiv, Ostfildern: S. 169, 251, 266, 306/307 (Huber)
F1 Online, Frankfurt/M.: S. 35 (Dirscherl)
Michael Fiala, Breitbrunn: S. 1 M., 3 M., 16, 31, 40/41, 45, 78/ 79, 83, 87, 118, 129, 189, 192/193, 208/209, 232 li., 247, 253, 260, 276/277, 281, 300/301
GettyImages, München: S. 98/99 (Barraud); 5 o., 256 (Nacivet); 180/181 (van Butsele); 150 (Westmorland)
IFA Bilderteam, Ottobrunn: S. 47 (Alastor)
Laif, Köln: S. 176/177 (Explorer/Fuchs); 148/149 (hemis.fr/Degas); 4 u., 7, 133, 145, 264/265, 286/287 (hemis.fr); 6 o., 6 u., 52/53, 152 li., 214/215, 283, 294/295, 312 li., 316/317, 318, 323 (Heuer); Umschlagrückseite u., 1 re., 5 u., 18/19, 58, 270, 310, 330/331, 336/337 (Hoa-Qui); 8/9, 320/321 (Huber); 26 (Kuenzig); Titelbild, Umschlagklappe vorn (Le Figaro Magazine/Fautre); S. 1 li., 23, 218/219, 230, 245 (Le Figaro Magazine); 1 M., 36, 74/75, 238, Umschlagrückseite o. (Linkel)
Look-Foto, München: S. 3 u., 5 M., 94, 106/107, 130/131, 166, 272/273 (Greune)
Mauritius Images, Mittenwald: S. 196/197 (Czajka); 152 re., 179 (Dirscherl); 211 (Mehlig); 89 (Scott); 229 (World Pictures)
Harald Mielke, Sachsenried: S. 2 u., 122/123, 163, 173, 201, 236, 242, 288, 304/305, 332/333
Okapia, Frankfurt/Main: S. 4 o., 186/187 (Schwitz)
Picture Alliance/dpa, Frankfurt/M.: S. 65 (Str); 84 (Bildagentur Huber/Huber); 227
Seychelles Tourist Office, Frankfurt: S. 268/269 (Sahuquet d'Argent)

Kartografie
DuMont Reisekartografie, Fürstenfeldbruck

Umschlagfotos
Titelbild: Bucht mit Granitformation auf La Digue
Umschlagklappe vorn: Traumstrand auf Bird Island

Über den Autor: Wolfgang Därr, geboren 1948, ist seit seiner Schulzeit passionierter Weltreisender und kennt die Seychellen von zahlreichen monatelangen Aufenthalten. In Herrsching bei München betreibt er gemeinsam mit seiner Frau Maisie, einer Seychelloise, ein auf die Inseln des westlichen Indischen Ozeans spezialisiertes Reisebüro. Im DuMont Reiseverlag sind von ihm das Reise-Handbuch »Mauritius« erschienen sowie das Reise-Taschenbuch »Malediven«.

Redaktion: Britta Rath, Susanne Troll (Bildredaktion), Anke Munderloh

Hinweis: Autor und Verlag haben alle Informationen mit größtmöglicher Sorgfalt geprüft. Gleichwohl sind Fehler nicht vollständig auszuschließen. Alle Angaben erfolgen ohne Gewähr. Bitte schreiben Sie uns! Über Ihre Rückmeldung zum Buch und über Verbesserungsvorschläge freuen sich Autor und Verlag:
DuMont Reiseverlag, Postfach 3151, 73751 Ostfildern, info@dumontreise.de

2., aktualisierte Auflage 2013

Grafisches Konzept: Groschwitz, Hamburg
Printed in Germany